普通高等教育酒店管理专业系列教材

酒店人力资源管理

主　编　罗旭华

参　编　陈恒起　王文慧　胡　林

刘　铮　吕　莉　倪兆莉

机 械 工 业 出 版 社

本书按照酒店人力资源管理的操作流程设置章节，以通俗易懂的形式，结合当今酒店人力资源开发与管理的发展趋势，将酒店人力资源管理的理论和技巧进行了系统阐述。本书共分 9 章，包括战略性人力资源管理、人力资源规划、工作分析和岗位说明书、招聘管理实务与面试技巧、人力资源的培训与开发、目标管理和绩效考核、薪酬设计和福利管理、员工激励及酒店劳动关系管理。为了便于读者理解和掌握酒店人力资源开发与管理的知识，提高学习兴趣，每章开始都设计了引导案例，引导读者带着问题学习，每章后配有复习思考题，帮助读者巩固所学知识。

本书可以作为应用型本科院校、高职高专院校、成人高校的酒店管理及相关专业教材或教学参考书，也可以作为酒店企业的培训教材。为方便教学，本书配备了电子课件等教学资源。凡选用本书作为教材的教师均可登录机械工业出版社教材服务网 www.cmpedu.com 免费下载。如有问题请致信 cmpgaozhi@sina.com，或致电 010-88379375 联系营销人员。

图书在版编目（CIP）数据

酒店人力资源管理/罗旭华主编. —北京：机械工业出版社，2012.3（2022.8 重印）

ISBN 978-7-111-37442-8

Ⅰ. ①酒… Ⅱ. ①罗… Ⅲ. ①饭店—人力资源管理—高等学校—教材 Ⅳ. ①F719.2

中国版本图书馆 CIP 数据核字（2012）第 022123 号

机械工业出版社（北京市百万庄大街 22 号　邮政编码 100037）

策划编辑：徐春涛　　责任编辑：徐春涛

封面设计：马精明　　责任印制：郜　敏

中煤（北京）印务有限公司印刷

2022 年 8 月第 1 版第 10 次印刷

184mm×260mm・17.25 印张・423 千字

标准书号：ISBN 978-7-111-37442-8

定价：49.00 元

电话服务　　网络服务

客服电话：010-88361066　　机 工 官 网：www.cmpbook.com

010-88379833　　机 工 官 博：weibo.com/cmp1952

010-68326294　　金 书 网：www.golden-book.com

机工教育服务网：www.cmpedu.com

普通高等教育酒店管理
专业系列教材

编写委员会

序

近年来，随着我国酒店业的快速发展，竞争也变得越加激烈。竞争的成败在于核心竞争力，而人是核心竞争力的主要因素。酒店业对高素质人员的需求日益增长，酒店业专业人才的培养迫在眉睫。

北京联合大学旅游学院是国内第一批从事旅游教育的专业学院，自 1978 年到现在，酒店管理本科教育历经了三十多年的积淀，形成了良好的知识体系和教学理念，也为酒店业输送了大批的优秀管理人才。为了适应目前酒店业对管理人才的迫切需要，我们把酒店管理的教学经验通过系列教材的形式进行总结，为酒店管理专业的学生和管理人员提供合适的教材，来弥补目前相关教材不多、教材与酒店实际管理脱节的现状，进而有效实现酒店管理人才培养需要。

该系列教材的主编具有较高的国际视野和专业知识，有些主编人员在业界具有较高的知名度。参编人员多是来自酒店、餐饮业的专家和高级管理人员，因此教材从理论到实践具有较高的水准和实用性。

本系列教材的主题涉及范围很广，它包括《酒店业导论》、《酒店服务营销》、《酒店管理信息系统》、《酒店服务流程管理》、《酒店餐饮管理》、《前厅与客房管理》、《酒店战略管理》、《酒店财务管理》、《酒店人力资源管理》、《酒店质量管理》。内容囊括了酒店业中几乎所有的管理、营销和操作领域的知识，侧重培养酒店管理人员系统性的知识、能力和技能，具有层次分明、结构合理、内容全面的特点。

本系列教材的目的是与相关院校分享我们的教学经验，为酒店管理人才培养提供好的教材，为酒店在职人员知识更新和理论提升提供有针对性的参考资料，同时也希望为我国旅游接待业的健康发展做出应有的贡献。

北京联合大学副校长

北京联合大学旅游学院院长　黄先开

2012 年 3 月 25 日

前　　言

酒店是包括人力资源在内的各种资源组合而成的竞争实体，人力资源是酒店企业持续竞争之源，是酒店最重要的核心资源之一。在激烈的市场竞争中，环境的变化、对手的改进和自身内部的资源消耗都会影响酒店的运行和发展。酒店竞争优势的持续保障是酒店获得发展的基本条件，而这又有赖于对酒店人力资源管理开发的科学定位及有效进行，它在根本上影响着酒店资源的增值潜力及竞争价值。目前我国大多数酒店对人力资源问题已经相当重视，不仅人力资源部的地位越来越重要，由原来的事务性伙伴提升为战略伙伴关系，而且每位管理者都是人力资源管理者的理念也越来越深入，高层管理者对人力资源开发的认识也越来越明确。不仅如此，为酒店培养专门人才的酒店管理本科专业也在取消了多年后重新开设了。本书的写作正是基于这种好的机遇，在编写过程中紧扣当前形势，从我国酒店人力资源开发与管理的实际出发，努力为高校学生、酒店人员及其他社会人士提供力所能及的帮助，使他们在了解酒店人力资源开发与管理的发展趋势，掌握酒店人力资源开发与管理的精髓、职能与功能的基础上，提升其人力资源开发与管理的技能，进而推动我国酒店不断发展。

本书基于作者长期从事人力资源问题教学、研究和实践的基础，在全面阐述酒店人力资源开发管理的原理、思路与方法方面有一定突破。具体表现为以下几点：

（1）前沿性强。作者紧紧围绕当前酒店人力资源开发与管理的学术理论和企业的运用实践，并结合目前的经济形势，来构筑本书的结构体系和内容框架。

（2）实践性强。本书强调理论够用，突出实践，每章都配有体验式训练项目，要求读者在掌握基本理论的基础上具体进行体验，以在实践中提升其人力资源开发与管理的技能。为了增强教材的实用性，在编写队伍的组合上突出了教师与业界管理者共同创作的特点。

（3）可读性强。本书力求用通俗的语言，简明扼要地阐述酒店人力资源开发与管理的理论与实践，尽量避免抽象的理论探讨和艰深的学术分析。同时配有大量的引导案例、小资料、本章小结、复习思考题等，来增强读者对知识的理解和掌握。

本教材由中国劳动关系学院罗旭华教授担任主编。罗旭华教授现为中国劳动关系学院旅游酒店管理学科带头人，有20年的旅游教育与管理的丰富经验，曾任《旅游学刊》主编，北京联合大学旅游学院酒店与餐饮管理系主任，人事部全国人才流动中心、职业经理研究中心职业经理资质评价项目特邀培训师，中国酒店协会客座教授，酒店业职业经理人执业资格认证培训师，中国烹饪协会培训师，中国餐饮人俱乐部特约高级讲师，清华大学、浙江大学酒店管理项目客座教授，与酒店、餐饮行业联系密切，先后为全国几十个省市的旅游局、烹饪协会、酒店协会、千余家旅游酒店、餐饮企业授课，2008年被中国酒店协会评为“改革开放30年优秀教育工作者”。参加本教材编写工作的还有：北京汇智阳光酒店管理顾问有限公司倪兆莉总经理，原长城酒店人力资源总监陈恒起先生，北京联合大学旅游学院的刘铮老师，中国劳动关系学院的王文慧老师、吕莉副教授。具体分工如下：罗旭华承担了教材总体思路与框架的拟定工作，以及第二（部分）、三、四、五章的编写工作和全书的统稿、定稿工作；陈恒起承担了第六章的编写工作；倪兆莉承担了第七章的编写工作；刘铮承担了第一、二（部分）章的编写工作及第六章的修改工作；吕莉承担了第八章的编写工作；王文慧承担了第九章的编写工作；胡林也承担了本书的部分编写工作。

酒店人力资源开发与管理，是一门涉及内容多、范围广、观念新、技术专、层次高、更新快的学科，也是一门博大精深的学问。在教材的编写过程中，我们参考、借鉴、引用了大量相关的书目、文献、资料和案例，丰富了教材的内容，为学生及行业从业人员提供了学习的便利，因此对我们曾经参考过的文献、资料作者，以及研究酒店人力资源开发与管理的各位同仁，在此一并深表谢意。机械工业出版社为该书的出版提供了大力帮助，我们对此也深表谢意！

尽管编者在编写过程中精益求精，但因水平有限，书中难免有不足之处，敬请广大读者批评指正，以便在教材修订时进行完善。

编　者

目　录

第一章

战略性的人力资源管理

知识目标

- 认识和了解战略性人力资源管理的意义。
- 理解人力资本和人力资源的含义。
- 理解人力资源经理的胜任模型。

能力目标

- 能理解战略性人力资源管理的核心理念。
- 能分辨人事管理和人力资源管理的区别。

引导案例

他能做出五年规划吗？

老马几天前才调到酒店的人力资源部，就接受了一项紧迫的任务，要求他在 10 天内提交一份本酒店 5 年的人力资源战略规划。虽然老马从事人力资源管理工作已经多年，但面对桌上一大堆文件、报表，不免一筹莫展。

他开始研究酒店的发展战略、经营状况、人员变化等问题，同时还要考虑政府的相关政策。经过 5 天的工作，老马对上述情况有了一些认识，但是如何才能在剩下的 5 天之内交出一份令人满意的战略规划呢？老马陷入了沉思……

思考：

（1）如何进行战略性人力资源管理？

（2）战略性人力资源管理和酒店战略有什么关系？

第一节 战略性人力资源管理的核心理念、规划与职能

从事人力资源管理咨询工作多年，经常碰到有人问：到底什么是战略性人力资源管理？以“战略性人力资源管理”为关键字在百度上搜索了一下，可以得到 2 270 000 项查询结果，却没有发现很好的答案。要么是把战略性人力资源管理弄得神秘玄乎，让很多酒店都觉得和自己没什么关系，要么就是偷梁换柱，还是传统的那一套做法，仅仅换了一个时髦的概念。那么，战略性人力资源管理的内涵究竟是什么呢？我们可以从以下 3 个方面来阐述。

一、战略性人力资源管理和酒店战略的关系

（1）酒店的人力资源战略必须基于和服从酒店的整体战略。比尔·盖茨曾经说过：“如果把我们最优秀的 20 名员工拿走，微软将变成一个无足轻重的公司。”在现代社会，人力资源是酒店中最有能动性的资源，如何吸引适合的优秀人才，如何使酒店现有人力资源发挥更大的效用，支持酒店战略目标的实现，是每一个领导者都必须认真考虑的问题。

战略性人力资源管理认为，人力资源是酒店整体战略不可或缺的有机组成部分，包括了酒店通过人来达到组织目标的各个方面，如图 1-1 所示。

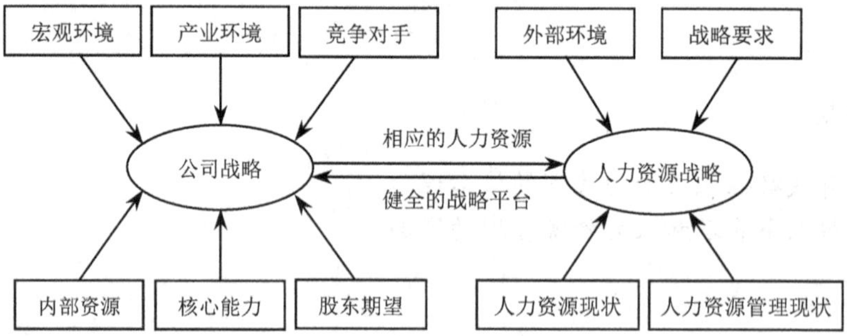

图 1-1 酒店整体战略和人力资源战略的关系

一方面，酒店整体战略的关键在于确定好自己的客户，经营好自己的客户，实现客户满意和忠诚，从而实现酒店的可持续发展。但是如何让客户满意，则需要酒店有优良的产品与服务给客户创造价值，能够带来利益；而高质量的产品和服务，需要酒店员工的努力。所以，人力资源是酒店获取竞争优势的首要资源，而竞争优势正是酒店整体战略得以实现的保证。

另一方面，酒店要获取战略上成功的各种要素，如创新能力、营销能力、生产服务能力、财务管理能力等，最终都要落实到对人力资源的开发与管理中来，因此在整个战略的实现过程中，人力资源的位置是最重要的。

（2）战略性人力资源管理强调通过人力资源的规划、政策及管理实践，达到获得竞争优势的人力资源配置的目的，强调人力资源与酒店战略的匹配，强调通过人力资源管理活动实现组织战略的灵活性，强调人力资源管理活动的目的是实现酒店的组织目标。

总之，战略性让人力资源管理把人力资源管理的理念及实践提升到了战略的地位，也就是系统地将人与酒店组织联系起来，建立统一性和适应性相结合的人力资源管理模式。

二、酒店战略性人力资源管理体系的具体内容

战略性人力资源管理不是一个概念，是一个有机的体系，它一般由战略性人力资源管理理念、战略性人力资源规划、战略性人力资源管理核心职能和战略性人力资源管理平台4 部分组成。其中，战略性人力资源管理理念是人力资源管理的灵魂，其作用是指导整个人力资源管理体系的建设；战略性人力资源规划是航标，指明人力资源管理体系构建的方向；战略性人力资源管理核心职能是手段，以此确保理念和规划在人力资源管理工作中得以实现；战略性人力资源管理平台是基础，在此基础之上才能构建和完善战略性人力资源管理职能。战略性人力资源管理体系如图 1-2 所示。

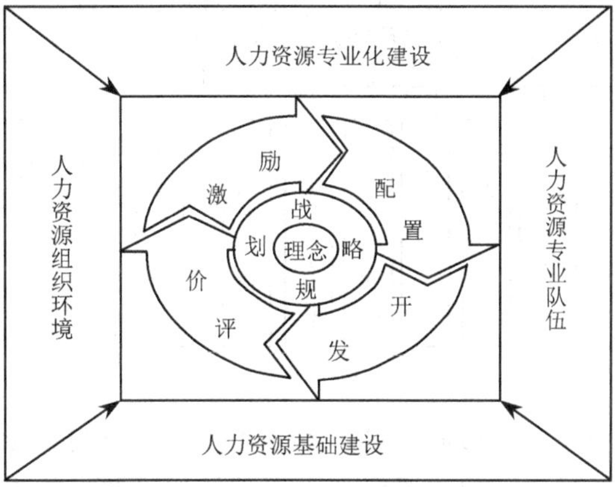

图 1-2　战略性人力资源管理体系

1. 战略性人力资源管理理念

战略性人力资源管理的核心理念是以人为本，它视人力为资源，把人力资源视为一切资源中最宝贵的资源，认为酒店的发展与员工的职业能力的发展是相互依赖的，鼓励员工不断提高职业能力以增强酒店的核心竞争力。而重视人的职业能力必须先重视人本身，把人力提升到了资本的高度，通过投资人力资本形成酒店的核心竞争力，同时把人力作为资本要素参与酒店价值的分配。

2. 战略性人力资源规划

战略性人力资源规划的核心是实现人和组织战略的匹配。人力资源规划的意义随着管理学的不断发展和演变而不同。传统的人力资源规划认为，人力资源规划的目的是对组织人员流动进行动态预测和决策的过程，人力资源规划的目的是预测组织人力资源需求和可能的供给，确保组织在需要的时间和岗位上获得所需的合格人员，实现组织发展战略和人力资源相匹配。在规划过程中，重点放在人力资源规划的度量上，也会适当注重人力资源规划和其他规划的一致性和协同性。

战略性人力资源管理规划则不同，它吸取了现代组织战略管理研究和战略管理实践的重要成果，遵循战略管理的理论框架，高度关注战略层面的内容。一方面把传统意义上聚焦于人员供给和需求的人力资源规划融入其中，同时更加强调人力资源规划与酒店的发展战略相一致。在对内外部环境理性分析的基础上，明确组织人力资源管理所面临的挑战以

及现有人力资源管理体系的不足，清晰地勾勒出未来人力资源愿景目标以及与组织未来发展相匹配的人力资源管理机制，并制定出能把目标转化为行动的可行措施以及对措施执行情况的评价和监控体系，从而形成一个完整的人力资源战略系统。

3．战略性人力资源管理核心职能

战略性人力资源管理的核心职能是打造战略所需的人力资源队伍，具体包括人力资源配置、人力资源开发、人力资源评价和人力资源激励 4 方面职能，从而构建科学有效的“招人、育人、用人和留人”人力资源管理机制，如图 1-3 所示。

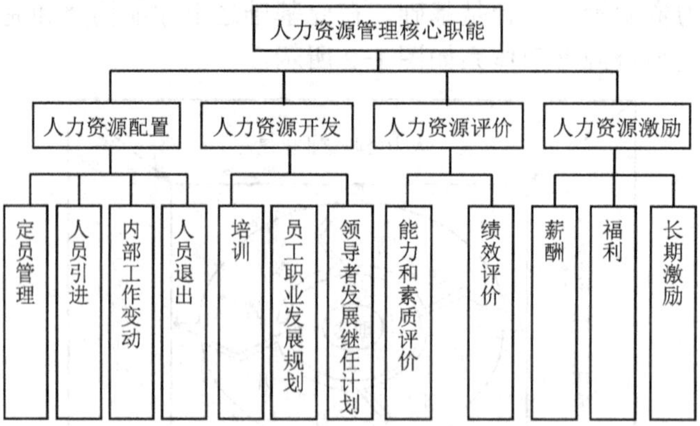

图 1-3　战略性人力资源管理的核心职能

（1）战略性人力资源配置的核心任务　基于组织的战略目标来配置所需的人力资源，根据定员标准来对人力资源进行动态调整，引进满足战略要求的人力资源，并对现有人员进行职位调整和职位优化，建立有效的人员退出机制以输出不满足组织需要的人员，通过人力资源配置实现人力资源的合理流动。

（2）战略性人力资源开发的核心任务　对组织现有的人力资源进行系统的开发和培养，从素质和质量上保证满足公司战略的需要。根据公司战略需要组织相应的培训，并通过制订领导者继任计划和员工职业发展规划来保证员工和公司保持同步成长。

（3）战略性人力资源评价的核心任务　对组织员工的素质能力和绩效表现进行客观评价，一方面保证组织的战略目标与员工个人绩效得到有效结合，另一方面为组织对员工激励和职业发展提供可靠的决策依据。

（4）战略性人力资源激励的核心任务　依据组织战略需要和员工的绩效表现对员工进行激励，通过制定科学的薪酬福利和长期激励措施来激发员工充分发挥潜能，在为组织创造价值的基础上实现自己的价值。

4．战略性人力资源管理平台

建立有效的战略性人力资源管理体系并发挥预期效果的前提，是组织要为人力资源管理提供一个必要的平台，这个平台包括人力资源专业队伍、人力资源组织环境、人力资源专业化建设和人力资源基础建设 4 个方面，它们为构建战略性人力资源管理体系提供相应的组织保证和专业能力。

（1）人力资源专业队伍　人力资源专业队伍是构建战略性人力资源管理体系的重要保障。战略性人力资源管理对人力资源专业队伍有着较高的要求，对人力资源部门进行合理的定位，明确界定人力资源部门的职责和职权，对人力资源专业人员的能力和素质有着严格的要求，同时对直线经理参与和配合人力资源管理也作出明确的要求，从各个方面保证人力资源专业队伍能成为构建战略性人力资源管理的人力基础。

（2）人力资源组织环境　合理的组织环境是构建战略性人力资源管理体系的重要外部条件。它要求从组织的战略出发，设计出一套适合酒店战略需要的组织结构，并细化每个职位的设置，同时根据酒店所处的外部环境进行优化，从而为酒店构建战略性人力资源体系提供相应的组织环境。

（3）人力资源专业化建设　人力资源专业化建设是构建战略性人力资源管理体系的专业保障。战略性人力资源管理有着明显的专业特征，通过专业化建设为有效实施人力资源管理职能奠定专业基础。

（4）人力资源基础建设　人力资源基础建设是战略性人力资源管理体系正常运行的基本保障。战略性人力资源管理是一个庞大的系统，要保证这个系统能够得到正常运行还需要建立一个与之相适应的基础管理体系，包括通过建立人力资源管理信息系统，为各项人力资源管理活动提供客观的信息，开展日常的事务性工作以保证人力资源管理体系的有效运行等。

战略性人力资源管理与传统的人事管理相比有了“质”的飞跃，人力资源管理开始进入酒店的决策层，人力资源管理的规划和策略与酒店的经营战略相契合，“人”作为一种资源，甚至作为核心资源，被纳入酒店管理决策当中，这不仅使人力资源管理的优势得以充分发挥，更给酒店的整个管理注入生机和活力，确保实现酒店的整体战略目标。

第二节　人力资源与人力资本

从历史发展来看，是先有了人力资本理论，后有的人力资源理论。但是人力资源概念的提出却早于人力资本概念。1954 年，当代著名的管理学家彼德·德鲁克（Peter Drucker）在其《管理的实践》一书中首次提出了“人力资源”一词并加以界定。1960 年，美国经济学家西奥多·舒尔茨（Theodore Schultz）在美国经济学年会上发表的演说中首次提出并解释了“人力资本”这一概念。这两个概念传入中国的时间并不长，但伴随着经济增长源泉和动力的浪潮，以及面对经济发展的压力和困境，我国也广泛开展了有关人力资源和人力资本理论的研究。

一、人力资源

德鲁克当年提出“人力资源”一词，是他在讨论管理员工及其工作时引入的。在《管理的实践》一书中，德鲁克提出了管理的 3 个更广泛的职能：管理组织、管理经理人员和管理员工以及他们的工作。在德鲁克的管理哲学思想中，最有价值的部分就是他把人当作组织最大的资源——“和其他所有资源相比较而言，唯一的区别就是他是人”，并且是经理们必须考虑的具有“特殊资产”的资源，这种资源拥有当前其他资源所没有的素质，即“协调能力、融合能力、判断力和想象力”。由此看来，德鲁克的初衷是把人看成一种相对于其他资源具有优势的“资源”，人力资源的素质是人的“特殊资产”。

从德鲁克提出“人力资源”一词以来，学者们从各个学科、不同角度对其下了很多定义，但我们认为，人力资源的定义应该考察德鲁克的原意并结合资源的经济学本质，即人力资源是指已经投入和即将投入社会物质财富和精神财富创造过程的，具有体力劳动和脑力劳动能力的人的总和，主要由现实的人力资源和潜在的人力资源构成。需要注意的是：

（1）人力资源是一种最活跃、最宝贵的资源　人力资源既是一种天然资源，又是一种再生资源。人力资源是社会财富创造过程中的一项要素，离开了人力资源，也就无所谓社会生产，也就无所谓社会财富的创造。

（2）人力资源是一个集合概念　我们不能说某一个人是人力资源，就像不能说一滴水是水资源、一瓶水是水资源一样。

（3）从质量和数量两个角度来认识人力资源　从数量上看，人力资源是指一个国家或地区内能够推动整个经济和社会发展，具有现实劳动能力和潜在劳动能力的人口的总和。从质量上看，人力资源是指一个国家或地区内的劳动者创造物质财富和精神财富的现实劳动能力和潜在劳动能力的总和，包括体力、知识、技能、经验等。但无论从哪个角度分析，都离不开劳动者，离开了劳动者和劳动，都无所谓人力资源。

（4）国家或地区人力资源的形式　一是现实的人力资源，即正在被使用的人力资源，即现实的具有劳动能力的从业人员；二是潜在的人力资源，即尚未被使用的人力资源，由劳动预备军、失业人口等组成。

二、人力资本

人力资本的渊源可以追溯到古典经济学家亚当·斯密（Adam Smith）和近代经济学家马歇尔（Alfred Marshall）等人的观点，斯密曾把资本划分为固定资本和流动资本，把人们通过学习获得的知识当作一种资本，当作一种能够得到回报的资本。马歇尔认为：“以一种抽象的和数学的观点来看，无可否认，人是资本。”舒尔茨从长期的农业问题研究中发现：从 20 世纪初到 20 世纪 50 年代，美国的经济增长除了考虑物质资本和劳动力增长之外，还有一部分经济增长不能被解释清楚。第二次世界大战后，联邦德国和日本的物质资本虽遭到了严重破坏，其经济却能迅速恢复并能飞跃发展，然而，同是接受了大量外国物质财政援助的发展中国家，其经济的发展速度却不尽如人意。这些现象的根本原因就在于劳动力质量的提高程度不同，这种劳动力质量的提高来自于对人的智力和体力的投资。于是舒尔茨在总结前人的基础上，基于传统经济理论的资本同质性假设，提出了相对于“物质资本”而言的一个经济学概念——“人力资本”。由此可见，不论是斯密、马歇尔还是舒尔茨，他们的本来愿望都是把人力资本定义在“资本”的范畴之内的。

而资本的特性就在于它是一种稀缺的生产性资源，是人们从事生产活动的投入要素之一；资本是一种价值范畴，具有预付性质，具有回报性；资本作为一种生产要素被垫支出来，经过一定时期后，它会重新流回垫支者手中；资本是在再生产过程中不断循环和周转的价值量，在循环和周转的过程中不断地得到补偿；资本在再生产过程中不断形成价值的增值，带来赢利。按照舒尔茨的观点，完整的资本概念，应包括人力资本和物质资本。人力资本属于资本的范畴，是从物质资本概念中推演出来的，是相对于“物质资本”的一个概念，具有“非物质性”。因此我们要把舒尔茨有关人力资本的内容和资本的特征结合起来界定其含义，即人力资本是经过长期投资形成的体现于劳动者身上的由智力、知识、技能和健康状况构成的资本，主要包括以下几方面内容：

（1）人力资本是有别于物质资本的一种资本，是经过长期性投资形成的，它与物质资本同样具有资本的共性。

（2）人力资本是体现于劳动者身上的，由劳动者在劳动过程中所表现出来的智力、知识、技能和健康状况所构成。

（3）人力资本作为生产活动的投入要素在再生产的过程中能够不断形成价值的增值，具有再生性、主动性和增值性。

三、人力资源与人力资本的联系与区别

1．两者之间的联系

两者是既密切联系又相互区别的概念，其密切联系主要表现在：

（1）人力资源是人力资本的载体，是人力资本形成的基础，是人力资本投资的基本对象；人力资本则是一种采取资本形态的复杂劳动力，即复杂劳动力所有者身上所蕴含的知识与技能的存量，是人力资源的特定组成部分。

（2）人力资源不仅包括复杂劳动力，也包括已不能提升为复杂劳动力的简单劳动力，而人力资本则由复杂劳动力和有可能发展为复杂劳动力的潜在人力资源组成。

（3）人力资源具有数量和质量两个方面，而人力资本是人力资源的基本属性之一，属于人力资源的质量问题。从量上看，只存在人力资本多少的问题，而不存在人力资本为零的人力资源。

2．两者之间的区别

（1）人力资源是具有体力劳动和脑力劳动能力的人的总和，人力资本是由劳动者的知识、智能和技能构成的资本，二者都是以人为研究对象的，都与劳动生产有关，离开了劳动，既无所谓人力资源，也无所谓人力资本。但人力资源是一种资源的形式，强调具有体能、智能和技能的人的资源性，这种资源性是可以得到不断进化、再生和流动的；而人力资本是一种资本形式，是一种生产要素，强调人的体能、智能和技能的资本性，其追求价值的最大化，支配和推动其他形式的资本发展。

（2）人力资源与人力资本在逻辑上是有联系的，但形成的前后顺序有区别。“人力作为一种先天遗传和后天机会与努力相结合形成的素质，并不必然是资本，它首先应是一种社会资源，只有在特定的事件或行动中表现为社会资本。”除了先天失去或因各种原因后天失去劳动能力的人以外，人与生俱来就具有潜在的体能、脑力，这样看来，人力资源是一种天然资源；同时人在成长的过程中，通过教育、培训、迁移等一系列投资行为，而获得知识、技能与经验，也就是获得了人力资本。正是由于这种投入，才形成了现实的人力资源。由此看来，人力资源是人力资本的载体，人力资源先于人力资本存在。

但并非所有的人力资源都可以成为人力资本的载体。那些潜在的人力资源，没有参加

生产劳动就不能说它是人力资本的载体。人力资源的质量有高低层级之分，其划分的依据就在于人力资本所能形成的价值增值有高低之分。同时，我们还应看到，人力资本也是不断发展、不断提高的。正是因为这样，酒店在使用人力资源时，对其人力资本都有一个评估，这才出现了酒店内与个人能力匹配的各种职位分工。

（3）无论是人力资源，还是人力资本，都离不开生产劳动。作为人力资源的人，只有参加劳动，才能体现他的劳动能力；而人力资本也只有在劳动者参加劳动，将其作为生产的要素真正投入生产之后，才能实现价值增值，才能有回报。从这个意义上说，只有当人力资源中那部分现实的人力资源在进行生产劳动时，才能体现出其资本的特性。我们说开发人力资源，一方面是要通过再教育、再培训等不断提高现实人力资源的质量，增进其人力资本；另一方面就是要通过基础教育、高等教育、技能培训等实现潜在人力资源向现实人力资源的转变，这同样要依靠对人力资本的投资。然而，从现实的人力资源开发活动和人力资本开发活动中，我们可以发现，开发人力资源主要属于管理学的研究范畴，强调的是人员的开发、使用和合理配置；开发人力资本则主要属于经济学探讨的范畴，注重的是人力的投资、收益和财富的增长。

通过对以上人力资源与人力资本的分析，可将人力资源与人力资本的差异总结为表 1-1。

表 1-1　人力资源与人力资本概念比较

项　　目	人 力 资 源	人 力 资 本
内涵不同	人力资源是指经过开发形成一定的能力，强调要充分挖掘人的内在能力，并将这些能力发挥出来，这种内在的能力是早已存在于人体内的，并不存在增值的问题	人力资本指通过一定的投资形成的、存在人体中的能力和知识的资本形式，强调通过投资而获得能力，而投资所付出的代价会在使用中得到增值，以更大的价值得到回报
外延不同	人力资源是一个宏观的、概括性的范畴，具有层次性，既包括自然人力资源，又包括经培训才能上岗的、从事复杂劳动的劳动者的能力和知识	人力资本只是人力资源中全部教育性投资的凝固，仅指从事复杂劳动的能力和知识。正是因为如此，在一个劳动力众多的国家，人力资源丰富，但由于知识水平和能力比较低，因而人力资本总量却很贫乏
强调重点不同	人力资源强调劳动者的数量，而对劳动者的素质重视不足，即只注重劳动的量，而忽视了劳动的非同质性	人力资本强调劳动的非同质性，即劳动力的素质

各国的实践表明，随着经济发展，人力资本投资的收益率在提高，物质资本投资的收益率在下降。在市场经济条件下，人们会对投资收益率的差异作出理性的反应，正确地选择自己的经济行为，自觉地增加人力资本投资，这样才会使经济迅速发展。因此，重视和加强人力资本投资，提高人口质量，便成为经济发展的关键。

我国由于经济发展水平比较低，教育、信息传递、卫生保健等涉及劳动力质量提高的行业还很不发达。和发达国家旅游酒店业相比，劳动力素质、技能和知识水平低是我国旅游酒店业人力资源的一个明显特征；人力资本存量不足是我国旅游酒店业发展的重要制约因素，其对旅游酒店业发展的阻碍在某种意义上说更甚于物质资本的短缺。因此，重视人力资本开发，即对人力资本进行投资、加速人力资本积累是我国旅游酒店业发展战略的一个重要内容。加强人力资本开发，对于我国旅游酒店业的发展具有重要意义，具体表现在：①重视人力资本开发，可以提高旅游酒店的技术创新和吸收能力。②加强人力资本开发，有利于改善我国旅游酒店劳动力素质低下的状况。③人力资本可以增强旅游酒店和从业人员的现代化意识，有利于造就具有较高科学文化素养、一定技术专长和健康体魄的旅游酒店劳动大军，从而为我国旅游酒店的发展提供人力资本的供给保证。

第三节　战略性人力资源管理与传统的人事管理的区别

很多酒店将人力资源与日常人事管理混为一谈，并由一个部门来运作，日常的人事管理还可以正常运作，但人力资源却不能得到正常发挥。人力资源不能做到为酒店分析所需人才、所用人才，不能为酒店储备人才，不知道人才的潜能是什么，也就谈不上人力资源管理。

一个酒店在高速发展时期出现阻力、发展不了，甚至崩溃，往往不寻找人力资源原因，而是去研究制度、机制、发展方向。结果往往是不知问题出在什么地方，不能诊断酒店的症结所在，酒店只能原地踏步，甚至被淘汰出局。

一、传统的人事管理与战略性人力资源管理的差异

1. “人”的假设不同

人事管理是基于“复杂人”的假设，假设人在不同的环境下有不同的需求，主张依据这些需求对人进行激励。人力资源管理是基于一种全新的“价值人”的假设，认为人人都有自我发展、自我实现、求上进、求发展的欲望与追求。当然，这种实现自我价值的需要在外界物质条件相同的情况下也存在着较大的个体差异，但那些自我实现欲望强烈的员工在公司的生存与发展中起着决定性作用。这种假设是酒店将人力资源管理的目标放在提高员工工作生活质量、满足他们成长和自我实现的需要上。

2. 对人的看法不同

传统的人事管理把人力、人才看作成本，把人事管理工作看作一般性的人事行政事务管理，并把人事管理部门视作非效益部门。人力资源管理把人力、人才看作资源，并且是最宝贵的资源——“第一资源”，把人力、人才作为资源进行开发和管理；同时，人力资源管理部门被看作是能带来效益和效率的部门。人事管理强调的是以“事”为中心，只重“事”而忽视“人”。看重人对工作的适应性，认为人应该服从领导，服从组织分配，服从工作需要。对人的评价也只是对其工作成果（绩效）的评价，而不注重甚至忽视个人的愿望和发展。人力资源管理强调以“人”为核心，寻找“人”与“工作”相互适应的契合，强调酒店的基石是人，酒店真正的资源是人，认为管理就是充分开发人力资源，创造人与酒店的价值共同体，把个人价值的实现与酒店的发展紧密联系起来。

在人事管理中，酒店对人的看法局限于人力是一种成本，在用人时以节约为目标，从人事管理角度来看，雇员的所得正是酒店的所失，这是一个简单的零和博弈，所以劳资关系比较紧张，人事部门经常陷于劳资纠纷之中，被迫通过服务、保障、职工参与等手段缓和劳资关系。

人力资源管理将人视为可开发并能带来收益的资源进行开发和控制。成本是为实现目标而必需的付出，而“资本是能带来剩余价值的价值”。这样，人力资源管理将工作重点放

在以员工与酒店共同发展为目标的人力资源开发上面。在人事管理中虽然有培训，但从酒店的角度看来，这些培训只是为满足工作需要不得不付出的成本。而人力资源开发中的培训是以提高员工素质与能力、提高工作绩效为目标的主动培训。

3. 在酒店中的战略地位不同

人事管理部门只是酒店的一个业务部门或办事机构。人力资源管理则是酒店经营战略的重要组成部分，所处的地位较高，进入决策层。人作为新知识、新技术、新思维、新理念的主体，成为酒店的特殊资本。因而，人力资源管理成为酒店最重要的经营战略核心。现代的人力资源管理部门人事管理从原来的执行职能拓展到现代人力资源决策咨询、系统规划、战略研究和科学评价等多元职能，这绝不是只具有一般办事经验者能胜任得了的。因而要求管理人员素质不断提高，并向专业化方向发展。

4. 管理的着力点不同

人事管理主要着眼于当前人员（岗位）的补充与上岗培训等。传统的人事管理，一般只进行定性分析，凭领导人和管理者的智慧经验作判断；忽视定量分析，易使所作的判断较为主观；采用计算机技术，往往也只能起到储存和简单统计作用。而人力资源管理则是谋求酒店的长远发展，追求投入产出的最佳方式，使“合适的人在合适的位置上”，以激活员工为手段，创造出以十当百、以百当千的积数效绩。现代人力资源管理在人员的选拔和人事的决定方面，采用定性分析与定量分析相结合，不仅可避免管理人员的主观片面性，同时也为考核、检验决策的成效提供客观、切实的标准，同时采用系统模型来分析各变量之间的关系，以现代管理规范和准则管理人力资源的信息资源，注重在人力资源管理中应用计算机和现代高新技术。

5. 组织绩效评价上的不同

在组织上，人事部门仅仅是组织众多部门中的一个，其功能仅仅是整个人员管理的一部分，其他部门如行政、生产等部门都承担了相应的工作。人力资源管理中，人力资源管理作为一种思想贯穿于酒店的各个层面，在组织内部建立整合式的功能。人力资源部在酒店中的作用日趋重要。人事管理的主要对象是管理层，而酒店中的操作层仍然被视为劳动力进行管理，这不仅伤害了他们的积极性，也很难融洽双方关系。在视员工为资源的人力资源管理中，对这种资源的开发就不仅限于管理层，而是拓展到劳资关系的各个方面。

人事管理中绩效评价的目的在于发现员工绩效的现状，并以此作为报酬、奖惩、提升的有力依据，因而员工有抵触心理，惧怕绩效评价。人力资源管理中的绩效评价目的在于获得员工绩效现状的信息，找到与目前及未来要求的差距，绩效优秀的员工将得到物质奖励、提升等鼓励，而绩效较差的员工将得到培训机会，为未来的职业生涯发展打下基础。所有员工将从中受益，绩效考评成为员工与酒店之间主动交流的有力手段。

二、人事管理与人力资源管理的关系

1984 年，美国哈佛商学院的迈克尔·比尔教授在其出版的《管理人力资本》一书中，对人力资本管理模式及人力资源管理和人事管理的区别作了较为系统的论述，如图 1-4 所示：

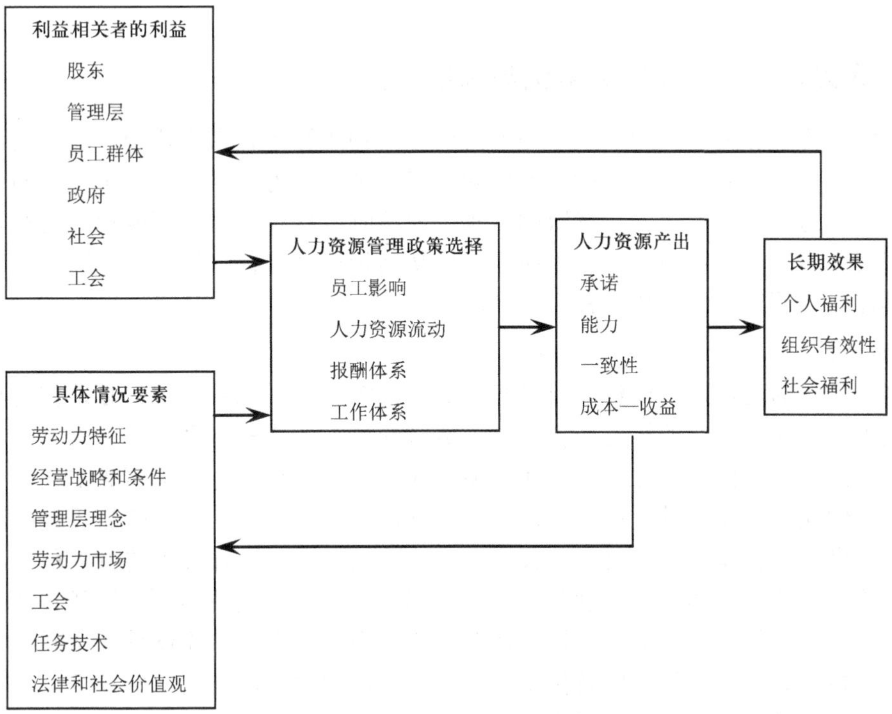

图 1-4 人力资源管理的比尔模式

比尔教授的人力资源管理模式，在归纳了人力资源管理 4 个基本方面的同时，也揭示了人力资源管理和人事管理的本质区别。

（1）人力资源管理把员工看作是酒店中与股东和管理层地位平等的一个主要利益相关者，这表明了人力资源管理协调管理层和员工间利益冲突的平等原则；而人事管理把员工看作是雇佣劳动，反映的是员工与股东和管理层之间的利益服从的不平等关系。

（2）人力资源管理，强调管理行为必须与大量的、重要的具体情况因素相一致，这些具体情况因素包括劳动力特征、酒店经营战略和条件、管理层的理念等，通过这些具体情况因素，人力资源管理把人的问题和经营问题有机地、紧密地结合起来；而人事管理强调的是劳资关系的建立、管理和维护，在酒店中人的问题和经营问题的结合是间接的、松散的。

（3）人力资源管理是在人事管理的基础上发展起来的，人力资源管理将众多而分散的人事管理行为，整合为员工影响、人力资源流动、薪酬体系和岗位结构 4 个人力资源政策领域，并强调各政策领域之间合理匹配。

（4）人力资源管理和人事管理在评估政策上也是不同的，人力资源管理在重视员工能力、员工承诺、政策一致性及政策成本收益等直接的短期效果的同时，更重视组织有效性、员工福利和社会责任等间接的长期效果；而人事管理基本上是因人因事的管理，其评估政策只重视制度监管和冲突调解等直接的短期效果。

第四节　人力资源管理在酒店中的角色定位

一、人力资源作为酒店竞争优势源泉的特性分析

一个酒店的资源可以分为3类，即人力资源、物质资源、组织资源。能力是一系列资源整合的结果。一个酒店并不是所有的资源和能力都有潜力成为持久竞争优势的基础，只有当资源和能力是具有价值的、稀缺的、难以模仿时，这种潜力才可能变成现实。人力资源作为现代酒店的核心资源之一，因而也可以从其价值性、稀缺性以及难以模仿等特性，来分析其在获取酒店竞争优势过程中的作用。

1．价值性

根据经济学的观点，一种资源要引起经济主体对其的需求欲望，就必须首先具有经济价值。人力资源作为酒店的核心资源之一，或者说作为酒店资本之一——人力资本，其价值应是能为酒店带来价值的增值，具体体现在人力资源活动能降低酒店成本或增加酒店效益等方面。例如，对员工进行技术培训，可以降低产品废品率，提高产品质量；酒店通过与员工建立良好的合作关系，公平而公正地对待他们，可以增强员工的投入程度，从而导致酒店取得更高的效率和更多的创新等。对此，酒店管理者应重视人力资源的开发与管理，注意人力资源活动的价值有效性分析，逐渐完善人力资源会计核算体系，从酒店人力资源的吸纳、选拔，到配置、使用以及保持与流动的全过程中，增强人力资源活动的有效性，剔除其低效或无效部分。这是酒店为获得竞争优势的必要条件，也是人力资源管理的基础工作之一。

2．稀缺性

在激烈的市场竞争中，酒店的人力资源活动仅仅有价值还不够，还必须具有稀缺性。所谓稀缺性，从经济学的意义上讲，即资源的相对有限性。人力资源的稀缺性，从性质上可区分为两种：一种是人力资源的显性稀缺，即一定时期内劳动力市场上具有某一特性的人才供给数量绝对不足，这种状况往往导致酒店间为猎取稀缺人才互挖“墙角”，竞相争夺；另一种是人力资源的隐性稀缺，即由于人力资源某种特性往往呈非均质分布状态，其稀缺价值又难以用市场化标准来判断，且在很大程度上依赖于酒店后天的培训与开发，由此导致不同酒店在开发与管理人力资源方面的相对差异，并造成了人力资源的稀缺性。在激烈的市场竞争中，显性稀缺的人力资源主要通过提高吸纳人力资源的初始价格来缓解。而隐性稀缺的人力资源却与酒店对人力资源的辨识、吸纳及开发能力的差异性有关。酒店可以利用这一差异，从别人认为均质的劳动力市场中，识别与开发其人力资源的稀缺特性，从而获得自身的竞争优势。

3．难以模仿性

酒店人力资源的价值性和稀缺性能够在短期内为酒店提供竞争优势，但如果其竞争对手能够模仿这些特性，那么，一段时间后其竞争优势将难以保持。因此，酒店人力资源活动必须能开发和培养难以被竞争对手所模仿的人力资源特性。这种特性应该是人力资源中难以描述的、未编码的，因而不可交易的隐性特性，它不易在酒店间传递和复制。人力资

源的不可模仿性不仅来源于劳动力市场的不完善性，更主要来源于酒店独特的发展历史、文化氛围及社会复杂现象，它们为酒店获取竞争优势提供了基础。例如，美国杜邦公司的竞争对手难以引进杜邦公司卓有成效的安全教育体系，是因为“在这个制造炸药起家的公司里，安全意识早已深深铭刻在每位员工的心里了”。而我国海尔集团也正是靠构建自身独特的文化氛围和有效的人力资源管理体系获得了竞争中的有利地位。海尔总裁张瑞敏曾强调说：“海尔集团的企业文化是一种珍贵的、稀有的、不完全可模仿，并且可以创造价值能力，因此成为一种特殊的内部资源。”综上所述，可以得出酒店人力资源特性作为酒店竞争优势来源的分析框架，见表 1-2。

表 1-2　人力资源是酒店竞争优势的来源

人力资源特性			酒店所处的竞争态势	酒 店 效 益
价值性	稀缺性	难以模仿性		
否	—	—	竞争劣势	低于正常值
是	否	—	竞争均势	正常值
是	是	否	短期竞争优势	暂时高于正常值
是	是	是	持久竞争优势	长期高于正常值

二、酒店发展的动力在于人力资源战略管理中的“人”

随着我国经济体制改革的不断深入，国家越来越重视酒店的人力资源问题，原因在于：

（1）人是最宝贵的资源。一个酒店所掌握的资源可以分为人力资源和非人力资源，自然资源属于后者。自然资源是有限的，而人力资源是无限的。如何发挥人力资源的作用，通过高效率利用人力资源来提高自然资源的利用率，应该是一条可行的途径。事实上，先进的、历史悠久的酒店的发展都是建立在员工发展的基础上。

（2）人力资源战略管理的核心就是人。酒店战略管理就是整合人力资源与非人力资源，实现经营目的，完成工作任务的组织、计划、协调、服务、指挥、控制的过程。也就是说，战略管理是借助人的能力来实现目的。其战略管理的思想和方法是集众人之力于众人之事，集中全体员工的智慧和力量实现共同愿望。给员工以明确的发展方向和目标，并通过先进的制度和文化氛围来调动员工的积极性实现它们。比如在管理上，充分信任员工，推行自主管理，充分发挥大家的主观能动性；在机制上，进一步完善激励机制与约束机制，为自由管理提供物质基础；在酒店文化上，构建以人为本的酒店文化。

（3）建立人本酒店文化。管理要发挥好作用，就必须解决好人的问题，制度与文化是解决人的问题的有效途径。酒店要用制度管理员工，通过制度告诉员工应该做什么，不能做什么，怎么去做。用制度管理人就要做到制度面前人人平等、赏罚分明。不过，重要的是要依靠文化，通过建立先进思想和酒店文化来让员工遵守制度。只有有了好的酒店文化，才能培养出优秀的员工。

（4）在酒店中，要尊重人的价值。人的本质是追求利益，解决好利益问题就能解决好人的问题，也就能解决好管理的主要问题。把个人与他人间利益关系摆正了，把个人与酒店间的关系摆正了，把酒店与社会间的关系摆正了，由此形成的方法和行为方式更符合人的动机，更符合人的愿望，更符合人性，从而引导员工与酒店形成共同的价值取向，成为利益共同体，进而发挥人力资源战略管理的效应。

三、部门角色的多元化和战略性管理目标的趋势

未来的人力资源部可望扮演5大角色。

（1）经营者角色。传统观点认为，人事管理是行政事务，与酒店经营没有什么关系；但最近美国的一项调查表明，66%的高级管理人力资源经理已成为酒店决策层成员，50%以上的高级人力资源经理参加董事局会议。

（2）支援者角色。这是指人力资源部门帮助直线经理完成有关人员方面的任务，为直线经理提供服务。

（3）监督者角色。这是指人力资源部门有责任确保酒店与员工利益的公平与公正，严格按照法律法规办事，制定公平的人力资源政策并严格监督实施。

（4）创新者角色。为了达到酒店战略目标，人力资源部有义务、有责任确定和开发新的方法来管理员工，选用新技术、新设备更好地完成人力资源开发与管理的目标。

（5）适应者角色。为了适应严酷的竞争需要，人力资源部比其他部门更有责任引导酒店的变化，并使酒店保持高度的灵活性和适应性。

未来的人力资源管理是一种战略型人力资源管理，即围绕酒店战略目标而进行的人力资源管理。因此，人力资源管理将会参与酒店重大的业务决策，把酒店战略贯彻到人力资源管理战略中去，帮助管理者创立酒店文化，提高酒店的凝聚力和向心力，提升员工的素质和人力资源的竞争力等。为了满足这种战略型的目标管理，人力资源管理职能也将得到进一步提升。

第五节　合格的人力资源经理应具备的条件

一、人力资源经理应该做什么

人力资源经理的工作归结起来不外乎在选人、用人、留人3个方面负有责任。

1. 选人

这方面包括 6 个问题：为什么需要人，需要什么样的人，需要多少人；以什么标准选择人，选择什么人，选人方式和途径。前3个问题要依靠工作分析来解决，工作分析是现代人力资源管理所有职能（包括人力资源获取、整合、保持与激励、控制与调整、开发等职能）工作的基础和前提，只有做好工作分析与工作设计，才能据此有效地完成各项人力资源管理工作的具体工作。开展工作分析有助于全面地了解各类工作职务特征、工作行为的模式和工作的程序及方法，其结果可应用于人员招聘、员工培训、绩效评价、工资管理等许多方面。因此，搞好工作分析对于搞好人力资源管理工作具有极其重要的意义。而后3个问题涉及招聘方法与技术的问题，以工作说明书中的任职资格条件为标准，以适当的方式选择合适工作岗位要求的人。

2. 用人

用人归根到底是调动员工积极性的问题，它包括工作安排和人员调配、工作设计、薪酬制度和福利体系设计等所有有利于发挥员工积极性的制度安排。

（1）工作安排和人员调配　人员安排和调整是为了达到人事相宜，适当的工作调整对发挥员工的潜能、增进团队合作意识、培养员工的技能和调动员工的积极性等都是有效的。

（2）工作设计　通过工作设计增强员工的工作职责。

（3）薪酬制度和福利体系设计　公平而有吸引力的薪酬制度、丰富而有效的福利计划对于调动员工的积极性是十分重要的。

3．留人

（1）事业留人　我们不能否认人们工作的经济动机，但人的需要是多方面的。酒店可以通过工作丰富化、工作扩大化、职位轮换、内部晋升等，让员工承担更多的职责，发挥其潜能和作用。有事可干和受到重视有时比简单的加薪更为重要。

（2）待遇留人　主要分为经济性和非经济性两类因素，具体有：

1）有吸引力的工资。工资有时会超出货币收入的范畴而成为人们事业成就和社会地位的评判标准。

2）福利制度设计。职业经理的“黄金手铐”、为高级人才提供额外退休金的黄金降落伞制度、福利套餐计划对留人都能起到积极作用。

3）培训。培训虽然是一种双赢的办法，但是通用性培训有时会起到反作用，所以培训内容的选择、完整的培训合同、培训经费的合理分担等都是十分重要的。

4）职业计划与职业发展。它对个人和酒店双方都是有利的。职业计划是一个人制定职业目标、确定实现目标手段的不断发展的过程；而职业发展是酒店用来帮助员工获取目前及将来工作所需的技能、知识的一种方法。实际上，职业发展是酒店对企业人力资源进行的知识、能力和技术的发展性培训、教育等活动。

5）工作环境的改善，如办公条件、弹性工作时间制度等。

（3）感情留人　主要是非经济因素，如经常性的关心和沟通、良好的人际环境等。需要说明的是：选人、用人、留人3个方面是密不可分、相互影响的；选人不当则会给留人、用人增加很多困难，有时甚至会带来不必要的麻烦；用人不当，则无法留人。

小资料

5P模式

5P即Philosophy（理念）、Policies（政策）、Programs（计划）、Practices（规则）、Processes（流程）的缩写。5P模式用战略需求将各种人力资源活动整合起来。将这些活动分类为战略性的还是非战略性的，取决于它们是否与酒店的战略需求系统地连接在一起，而不在于它们是否要经过长期（或非短期）才能完成，或者它们是否针对高级管理人员而不是非管理人员。

5P模式的长处之一是，它说明了在文献中通常被分别阐述的各种活动之间的相互关系。从而，我们能够更好地了解这种复杂的相互作用。5P模式的另一个长处是，它着重显示了战略活动的联系有多么重要。

（资料来源：Jeffrey A.Mello，《战略人力资源管理》，中国财政经济出版社，2004）

二、人力资源经理需要具备的素质

1．以人为本的管理理念

以人为本是人力资源管理的核心原则，也是人力资源管理的最高境界。要树立起这样的管理理念，首先对酒店存在的意义要有正确的理解，即酒店为什么而存在和为什么奋斗，酒店的使命和工作目标是什么？只有明确了酒店的基本目标，人们的行动才有明确的方向，酒店才可能将众人的力量凝聚在一起。按照科学管理之父泰勒的话就是：企业的目的就是创造雇员与雇主的共同繁荣。酒店不仅是追求利润最大化的经济组织，同时也是实现人的全面发展的组织，人才是酒店存在和发展的真正目的。以人为本是指以人为主体和目的，具体在于：①一切的行动都要以人本身及其需要为准则，所有的制度安排和生产、分配、交易、消费、管理等行为都应当把人本身的需要作为目标，把人作为酒店发展的根本动力，因而它是一种尊重人、关心人的积极态度和思路。②市场的基本精神是尊重人的价值与尊严，市场的不断发育和竞争的加剧，必然要求管理者更关注人，要求以人为本。同时在知识经济时代，人力资源已经上升为第一资源，物质资源和货币资源必须通过人的作用才能实现，传统的物本管理、财本管理的模式已经行不通了，必然要过渡到人本管理的时代。③酒店中的人是管理活动的主体，同时又是管理的出发点和归宿。以人为本的管理，就是要坚持人的管理第一、满足人的需要、时时激励、建立和谐的人际关系、优化教育培训、开发与发展人、员工个人与酒店共同发展等原则。

人力资源经理是否牢固地树立起以人为本的管理理念，并努力地实践之，这是人力资源经理是否称职的重要标准。

2．全局和战略性的思维能力

经济的全球化趋势使酒店间的竞争越来越激烈，制定酒店发展战略，实施战略管理，已经成为酒店获得竞争优势的重要举措。传统的人事管理大多是事务性的、程序性的，而现代酒店人力资源管理则把一些职能实行了外包，如档案、考核、招聘、培训、薪酬和福利管理等，人力资源管理的任务就是确保酒店人力资源为酒店带来竞争优势。为了最大限度地发挥作用，人力资源管理职能必须全面参与酒店的战略管理过程，而制定人力资源的战略则成为人力资源经理必须要经常研究和完成的重要任务。人力资源战略作为一项职能战略，与酒店的总体战略相配套，旨在有效地、系统地协调各人力资源管理环节，以使人力资源管理一方面能适应酒店内在环境，另一方面能协助酒店竞争战略的完成。因此，人力资源管理的经理必须具备全局和战略性的思维，能够从酒店长远的、全局的目标着眼，以战略作为指南，帮助组织认识到重要的变化，并能实施有效的管理。

3．经营的意识

在管理学理论上人们已经取得共识：人力资本如同货币、物质资本一样，都是酒店创造效益的要素。在知识经济时代，人力资本在经济增长和制度安排中起着越来越重要的作用。现代酒店的管理者，特别是人力资源经理必须重视人力资本理论，在实践中通过投资不断提升酒店人力资本价值，真正有效地提高酒店人力资源管理效率。这就要求人力资源经理要具有经营意识。从酒店经营角度来看，除了经营“物”和“财”（即习惯上所说的“资本运营”）之外，更应当把注意力转移到人的身上，把人力资源当作特殊的资产来经营，而不是当作一般的生产要素来经营。现代人力资源理论以人力资本理论为根据，强调人力作为生产要素在生产过程中的创造能力，也强调人力是通过投资形成的价值存量，投资的代价可在提高生产力过程中以更大的收益收回。人力资本变量已进入会计学领域，人力资源的成本和价值的货币化计量将越来越精确，人力资源可以被确认为会计资产。对人力资源的经营：①在理念上要把经营的观点灌输到组织的每一个人的思想当中，让所有的人都学会“经营”，即围绕“自己所创造的价值是否大于组织所支付的成本”这一核心问题算账；②要建立有利于实现对人的经营的机制，如科学的用人机制、核算机制和激励机制等，充分合理使用每一个人，明确每一个人的权责，调动每一个人的积极性，使对每一个人的“经营”都达到收益大于支出的目的，这样才能有利于组织目标的实现。

4．权变的观念

西方国家概括出 4 种人力资源管理理论，即 X 理论、行为科学理论、Y 理论与超 Y 理论。这些理论对我们都有一定的借鉴意义，尤其是超 Y 理论，即权变的理论，对我们更具有启发的意义。该理论认为：人的能力与需要是复杂的；人所处的内外环境在不断变化，使人在同一时间内也具有多种需要与动机，由此构成错综复杂的动机模式支配着人的行为。权变理论的管理方式体现在：①强调树立权变的管理观念。管理者应注意运用权变理论的观点看待管理中的人和事，把人看成是因时、因地、因事而变的复杂人。②在管理中要根据内外环境及条件的变化采用相应的管理模式，而不是一成不变的模式。③运用权变的管理方法。由于组织中的每个人的需要与动机千差万别，且千变万化，因此，管理的具体方法也不能“一刀切”、简单化，而要具体问题具体分析，灵活多样地选用不同的方法。

因此，知识经济条件下人力资源经理应当具有灵活应变的素质，能够在各种复杂的环境中发挥创造性思维，发现问题和处理问题，而不墨守成规、封闭僵化。

5．高超的沟通艺术

人与人、团队与团队、组织与组织，甚至国家与国家之间，存在的问题大多数都与沟通有关，沟通也是世界上最难的问题之一。酒店管理的每个环节都存在着沟通问题。有效的沟通能为组织提供工作的方向、了解内部成员的需要、了解管理效能高低等，是搞好酒店科学管理，实现决策科学化、效能化的重要条件。经济全球化的到来，加速了生产要素在全球范围内的自由流动和合理配置，同时也使组织环境更加复杂多变。这种变化对人力资源管理的沟通提出了更高要求，要求人力资源经理必须掌握高超的沟通艺术，实现有效的沟通。在实际工作中，由于受多方面因素的影响，信息往往被丢失或曲解，使得信息不能被有效地传递，造成沟通的障碍，直接影响了酒店管理的效率。因此，成功的酒店都十分重视沟通，把沟通作为酒店的一种管理手段。沟通能力是一项重要的管理能力，人力资源经理掌握了高超的沟通艺术，才能更好地控制局面、平衡关系、搞好协调。因此，沟通能力的高低强弱，也是人力资源经理素质高低的重要方面。

6．人力资源管理及相关领域的专业知识

人力资源经理要胜任所从事的人力资源管理工作，就必须掌握为工作所需的人力资源管理及相关专业知识。人力资源管理是一个快速变化的领域，为了了解人力资源管理的发展趋势，掌握人力资源管理的最新知识，人力资源经理必须更新和扩展其人力资源管理方面的有关知识。人力资源经理具有了良好的知识素质，才能夯实酒店人力资源管理的基础，全面开展人力资源管理的各项工作，如职位分析、岗位评价、酒店人力资源规划、员工招聘体系、绩效管理体系设计以及职业生涯规划等。

以上论述了知识经济时代对人力资源经理素质提出的新要求，如何满足这些要求，不断提高自身素质，要求酒店人力资源经理必须认真对待。

三、人力资源经理胜任力模型

胜任力是指一个人与工作绩效直接相关的知识、技能、才干或个性特征。它对个人的工作绩效具有直接影响。学者们通过多年的潜心研究并结合大量的实践案例，终于发现了这一模型的基本特征，即只要人力资源人员能够证明个人诚信，同时把自己的时间分配到对关键性战略问题的关注上，而不是耗在大量的行政程序之中，并且可以做到不断掌握和应对变化，那么可以说人力资源管理人员的工作基本是有效的。

胜任力模型由 6 个关键胜任力领域构成。对全球 5 000 多位人力资源专业人员调查所获得的结果，对这 6 个领域的重要性不断提供着支持。现实酒店的成功实践也在不断印证着这一框架模型的稳固。

表 1-3 为胜任力模型的基本框架。

表 1-3 胜任力模型

胜任力领域	重要性排序（1=最高）	具体的胜任力（按重要性降序排列）
战略绩效管理	1	明白价值传导的战略图
		了解适当评估的原则
		对结构的洞察力和适当的描述
		按因果关系思考问题并理解测量方法
		能够测量人力资源对公司绩效的贡献
		和高级经理沟通人力资源战略绩效成果
个人诚信	2	成功的职业纪录
		赢得信任
		逐步培养员工自信心
		与关键客户关系融洽
		表现出高度的正直
		关注重要的问题
		以有效的方式来表达复杂的想法
		适当的冒险
		不带偏见的评论
		对酒店问题有多种洞察力
管理变革的能力	3	易与他人建立起相互信任的关系
		有远见
		在引导变革上起着主动抢先的作用
		和他人建立起相互支持的关系
		激发他人的创造力
		把特殊问题放到最大的系统中考察的能力
		识别成功业务的核心要素

（续）

胜任力领域	重要性排序（1=最高）	具体的胜任力（按重要性降序排列）
管理文化的能力	4	在组织中与他人分享知识
		文化转型时期的支持者
		把所期望的文化转化为具体的能力
		挑战现状
		确定公司的经营战略所需要的文化，并以激励员工的方式去设计文化
		鼓励主管的行为与所期望的文化保持一致
		重视内部文化要适应外部客户需求
人力资源管理实践	5	进行有效的口头交流
		将清晰一致的信息传达给一同工作的经理们
		进行有效的书面交流
		推动组织发展计划以推动变革
		促进内部沟通过程的设计
		吸引合适的员工
懂业务	6	设计薪酬体系
		推动客户意见的传播
		理解人力资源管理实践
		理解组织结构

1. 经营知识

它是指理解业务功能的能力。如果人力资源管理人员理解酒店的经营和运作，他们就能为酒店增加价值，因为这种理解能够让他们对人力资源管理和组织的各项活动加以改进，以适应不断变化的商业环境。只有懂得酒店的财务、战略、技术以及组织能力，人力资源人员才能在各种战略讨论中起着有价值的作用。简而言之，要想成为有价值的商业伙伴，相比直线经理需要理解人力资源的程度来说，人力资源管理人员更应该了解和理解经营与业务。

2. 人力资源实践活动

这是人力资源管理的本职，是培育人力资源职业特征的显著必要条件。人力资源管理人员必须能够证明自己至少是所从事专业的专家。如果人力资源管理人员能够投入大量的时间，持续不断地跟踪人力资源理论可能出现的新内容，并且有足够的灵活性，把它合理地运用到人力资源管理的实践中去，那么就能帮助他们在组织里建立个人诚信，并且赢得酒店其他部门员工的尊重。

3. 管理变革

管理变革的能力是作为商业伙伴的人力资源管理地位不断提高的另一个实例。也许大多数高层管理者所面对的最具有挑战性的工作，就是必须使酒店与新的战略方向保持一致。如果人力资源管理人员也能够对此早做准备，那么他也就能同样处于变革推动的位置。

4. 管理文化

文化气氛浓郁（通过员工对酒店价值理念的共享程度来进行测量）的酒店往往会取得高绩效。人力资源的战略角色所产生的员工行为会对酒店文化产生自然的影响，使之成为酒店文化的组成部分。从这个意义上来说，人力资源对文化的责任是高绩效文化系统中的最重要部分，人力资源管理人员必须明白他们是“文化的守护者”，他们的影响远远超过他们的业务领域。

5．个人诚信

人无信不立。如果说以上4个方面是人力资源胜任力模型的4大支柱的话，那么个人诚信则是支柱的地基。无论是在工作中还是在工作之外，成功的人力资源管理人员都被视为值得信赖的人。个人诚信的具体内涵可以从以下3个方面体现：

（1）人力资源管理人员是酒店价值的体现者，是始终如一的文化守候者。比如，思想开放、坦白直率、担任团队角色的能力、对他人的尊重程度等。如果人力资源管理人员不具备这些价值观的话，那么他很难期望同事给予自己较高的信任。

（2）如果人力资源管理人员能够成为有价值的商业伙伴，并能够对酒店的经营目标给予强有力的支持，则人力资源管理人员就能与其他人员建立良好的信任关系。

（3）人力资源管理人员如果能够提出创新、主动的想法和解决方案，鼓励对关键问题进行争论等，同样可以赢得同事的尊重。尤其是人力资源管理人员想在酒店战略的执行上有所建树的话，这种行为就更加可贵。

6．战略人力资源绩效管理能力

这种能力是指通过平衡绩效评估系统来协调酒店的战略执行过程。一般情况下，酒店都会把战略绩效管理当作一种关键胜任力而加以采用，并且强调测评导向的管理。这种新趋势同时是一种很大的挑战，一方面它提出了人力资源将真正成为一项合法战略资产，另一方面也得正视这样一个事实，即人力资源在绩效评估系统中向来就缺少强有力的内在联系。我们作出的评估结果总是很难在科学性上达到高水平。因此，如果人力资源专业人员能够抓住这一挑战的机遇，开发自身的胜任力，将会变不足为优势，真正成为有价值的战略伙伴。

四、人力资源经理的角色转换

我国的人力资源管理目前仍处于发展阶段，无论是大型国有酒店还是小型民营酒店，都处在一个学习、实践、再学习、再实践的过程，因为我们国家的人力资源管理在一定程度上还受人事管理的影响。在这一前提下，要将传统的人事管理转为以人为本的人力资源管理，就需要对人力资源部经理的角色进行重新定位。

1．越位思考

它的重点是指要在人力资源部长的位置上，思考酒店老板和主要领导的问题，要超越几个层次去思考，才能使人力资源部的工作和组织内部主要领导的思路相吻合。很多人力资源部经理在工作中常感到力不从心，最主要的原因是其和主要领导的思维错位。人力资源部经理想做的和老板想的不在一个平台上，必然出现事倍功半的效果，往往工作做得越多，体现的价值反而越小。而造成这种现象的主要原因，就是没有学会思考领导的事，研究领导的想法，摸索领导的思维习惯，感悟领导的战略思维。

做好越位思考工作，就是要贴着主线走。首先要经常关注主要领导的思维主线，在主线中寻找人力资源管理的任务，将人力资源部的工作在主线下进行分解，就会越做越得心应手，领导也会越来越感悟到人力资源部的经理在把他的思想变成具体的行动，其工作做得越多，就越能成为领导的得力助手。领导的思维主线重点是指酒店经营发展的规划，酒店在文化运作中的一些主题思想，酒店在升级换代过程中的主要问题，以及酒店在可持续发展中的一些重大举措和重要变革。

做好越位思考工作，还要求人力资源经理经常思考和研究主要领导在一个时期重点关注的问题，在人力资源管理上寻求解决办法。因为酒店出现的所有问题都与人有关，酒店的工作做得很好，就是人与事匹配得好，酒店的工作做得不好，就是人与事没有得到良好的匹配。人力资源经理应经常研究领导阶段性问题的主线，用人力资源管理中的技术、技能、模式、手段来适度调整酒店在一定阶段中的问题。据调查，只有 9%的老板能清醒地认识到酒店中出现的问题是人力资源管理方面的问题，应从这方面着手解决，绝大多数老板没有感悟到是人的管理造成的问题。人力资源经理应经常把酒店发展中的问题，从人力资源的角度进行剖析、归纳、整理，提出解决方案，这也是酒店解决问题的治本方法。

另外，越位思考还需要注意两个方面的问题，一是越位思考不是越位做事，二是越位思考出的解决方案一定要在适当的场合、适当的时机适度提出。

2．占位经营

人力资源部的工作，从一定意义上说，是在经营酒店中的人力资源。经营酒店的核心经营人才，要让合适的人做适合的事，要让人力资本在酒店中起到核心作用，让每个人的潜在能力在岗位上得到较为充分的发挥，让有思想的人用智慧来统领工作，让高端不可替代的人力资源用知识来推动酒店的发展，让可替代员工尽心尽力地做好本职工作，这些都属于经营人的主要内涵。

如何经营好人？人力资源经理应该把握住几个方面的核心问题：①要用阳光思维看待一切，让所有的人都快乐工作。②要真正运作好东西方文化在人力资源管理上的融合。③要学会在酒店里通过制度、规章的建立，形成酒店的职业习惯，因为习惯会改变命运，好的个人习惯对个人是力的推动，好的集体习惯是酒店内驱力的核心所在。习惯是建立在规章、制度、条例、法规之上的一种人的自觉自愿、发自内心、不用任何人来督促的自觉行为，这是管理中的最高境界。④应在习惯的管理上形成一个战略性的思考，分步骤，分阶段，循序渐进，因势利导，去经营酒店中各个不同层次的人。

人力资源经理如果不懂、不会占位经营，或者主观意识没有一种强烈的愿望支持，那么他多数是被动的，大部分行动是被别人支配的，在工作的主线中没有自己的行为、思想和做法，人力资源部的工作肯定是苍白的。在市场经济条件下，要把工作做好，光有热情是不够的。如果要得到别人的认可，应该是有“为”才有“位”。“为”是指自己在酒店中的作为，“位”是指领导和员工的认可；“为”越大，“位”越高。这个“位”包括心理上的位置和职务上的位置。当心理上的位置达到了一定的程度，职务上的位置自然上去了。人力资源部经理的位置在领导心中应是不可替代的，在群众心中应是知心朋友，在酒店的发展中应是主要动力。做好占位经营重点要抓两点：一是抓核心员工，让他们起到旗帜作用，把他们经营好；二是抓有问题的员工，因为有问题的员工是酒店的“短板”，要让有思想的人发挥好，还要把有问题的人处理好。

3．换位思维

人力资源部是做“人”的工作，不是做“物”的工作。人的思想和情绪变化很大，酒店里的员工分很多层次，所以说人力资源部是酒店中的重要部门，也是工作最难做的部门。人力资源管理是把中国的哲学思想、管理学思想、人力资源思想、社会学思想融在一起综合运用的一门艺术，而不是简单的工作。怎样设定不同层次人的管理方案、管理要求？这就要求人力资源经理在做事之前一定要换位思维，不能主观臆断，要从对方的角度去思考问题，研究现状，量体裁衣，以人为本。用一种药治所有的病是不行的。正如正确的治疗源于正确的诊断，解决酒店人力资源管理中问题的方法，就源于换位思维。只有这样做事，才能入脑入心，才能使任何事得到最佳匹配。

人力资源经理还要经常性地做以下思考：①要创造性地工作，这是人力资源工作永恒的主题。②要不断提升部门和自身的工作能力、酒店员工的再生能力，这也是人力资源部的一项长期工作。③要定期检查自身和本部门工作的不足。④要注意工作的保密性。只有把握好以上几方面的问题，人力资源部的工作才能做得更成功。

本章小结

战略性人力资源管理是在酒店整体战略的基础上所形成的一个有机的体系，本章作为全书的第一章，介绍了与人力资源管理的相关的一系列概念，从总体上分析了人力资源管理工作在酒店经营管理中的作用，明确了人力资源管理工作在酒店管理中的重要地位。本章对战略性人力资源的核心理念和职能进行了剖析，对人力资源、人力资本、战略人力资源管理和传统人事管理等概念进行了分析和区别，同时也对人力资源经理应具备的条件进行了阐述，为管理者自我提升提供了参考。

复习思考题

一、单项选择题

1. 战略性人力资源管理的理念是（　　）。

A. 以公司战略为本　　B. 以人为本

C. 以顾客为本　　D. 以市场为本

2. 战略性人力资源规划的核心是（　　）。

A. 实现酒店利润最大化　　B. 打造一支高学历的员工队伍

C. 提高员工的工作效率　　D. 实现人和组织战略的匹配

二、多项选择题

以下关于人力资源管理与人事管理的区别的说法正确的是（　　）。

A. 人力资源管理把人看作是资源，人事管理把人看作是成本

B. 人力资源管理部门进入决策层，人事管理部门是酒店的办事机构

C. 人力资源管理注重定性分析，人事管理一般运用定性分析与定量分析相结合的方法

D. 两者对人的假设不同

E. 两者对组织的绩效评价不同

三、分析题

1. 什么是战略性人力资源管理？它的核心职能是什么？
2. 简述人力资源与人力资本的联系与区别。
3. 简述传统人事管理与战略性人力资源管理的差异与联系。
4. 简述战略性人力资源管理和酒店战略的关系。
5. 人力资源作为酒店竞争优势源泉有哪些特性？
6. 结合实际分析，想要成为一名优秀的人力资源管理者应当具备哪些素质？

四、实训题

实训要求：请选择一家酒店，访问它的网站，确定酒店业的关键战略问题以及这家酒店的关键战略问题。

实训目的：巩固所学理论；提高、调研、收集资料及分析问题的能力。

实训器材：计算机、互联网。

实训指导：以小组为单位（自愿组合，原则上每组不超过5人）对某一酒店进行调查，在调查、收集资料的基础上，概括其关键战略问题。一周之内完成。

实训报告：请将实训所得结果填写在实训报告纸上。

第二章

人力资源规划

知识目标

- 理解人力资源规划的意义。
- 理解工作诊断的含义和内容。
- 掌握制定人力资源规划的程序和方法。

能力目标

- 能掌握人力资源诊断的方法。
- 能掌握制定人力资源规划的步骤和方法。
- 能掌握人力资源需求预测和供给预测的方法。

引导案例

集团应该采纳谁的建议

赵伟是集团新委派的一家下属酒店的总经理，刚上任就遇到酒店西餐厅经理带着几名熟手跳槽的事情，他急忙叫来人事经理商谈此事，人事经理答应立即解决此事。

第二天，赵伟去西餐厅视察，发现有的服务员摆台时经常把刀叉摆错，有的不知道如何开启酒瓶，领班根本不知道如何处理顾客的投诉。紧接着，仓库管理员跑来告诉赵伟说发现丢失了银质的餐具，怀疑是服务员小张偷的，但现在已经找不到小张了。赵伟一查仓库的账本，发现很多东西都写着丢失。赵伟让人事部经理解释此事，人事部经理辩解说，因为员工流动性太大，多数员工都是才来不到10天的新手，餐厅经理、领班、保安也是如此，所以做事不熟练，丢东西比较多。

随后，赵伟发现酒店用人存在诸多混乱之处，他决定给酒店重新招聘一批骨干人员，于是给集团总部写了一份人力资源规划报告。同时，人事部经理也给集团写了一份报告，说赵伟预算超支，还危言耸听，造成人心惶惶，使管理更加困难，违背了员工本地化政策。那么，集团会采纳谁的意见呢？

思考：

（1）这个酒店的西餐厅在人力资源管理方面出现了什么问题？

（2）如果你是赵伟，你会怎么做？

进入 21 世纪后，酒店业也需要面对许多挑战，20 世纪 90 年代大发展期间创建的新品牌使市场变得更狭小了。为了在难以预测的未来生存下去，酒店必须通过战略管理不断重塑自我，必须重视人力资源的作用。

第一节　人力资源管理工作自我诊断的方法

人力资源管理诊断，主要包括人力资源方针和人力资源管理组织诊断、确保劳动力的诊断、人力资源考核诊断、能力开发和教育训练诊断、保护劳动力诊断、薪酬管理诊断和人际关系诊断等。酒店人力资源管理诊断是指运用特定的手段和方法对酒店人力资源管理诸环节的运行、实施的实际状况和管理效果进行调查评估，深入分析酒店人力资源工作的性质、特点和存在的问题，提出合理的解决方案，以解除酒店人力资源管理工作中存在的危机，提高管理效率。

有效的人力资源管理诊断系统可以及时发现酒店在人力资源管理中存在的问题和潜在的危机，随时纠正错误，从而使组织正常运转。

一、人力资源方针和人力资源管理组织诊断

在生产力的组织管理中，人是居于主导地位的。因此，重视人的作用，加强人事管理，大力开发人才是酒店提高劳动生产率和增加收益的重要途径。人力资源方针和人力资源管理组织诊断的要点是：

（1）对问题的认识是否敏感、正确、灵活。对此要点必须从了解酒店内部发生事情的能力和了解酒店外部发生事情的能力两方面来考虑。所谓了解酒店内部发生事情的能力，是指经营者是否正确地掌握职员的要求和意见及部门之间的纠纷等，是否明确烟尘、高温、垃圾、照明、机械性能等实际条件给员工带来的影响。所谓了解酒店外部发生事情的能力，是指对销售条件的变化、购买条件的变化、劳动市场的变化等这些直接的环境变化是否敏感，对法律的变化、产业界的动向、技术动向这些间接的环境变化是否敏感。

（2）对哪些方面的信息关心。对这一要点必须从酒店目前所关心的领域和酒店将来要关心的领域进行调查。另外，有必要将酒店目前关心的领域分为长期关心领域和短期关心领域两类。

（3）酒店掌握的现实情况和客观实际情况之间有无差异。

（4）是否谋求加快事务处理的速度。

（5）是否适当地使用了机器、仪器来处理事务工作。

（6）单据、转账、报表种类是否齐全。

（7）文件整理工作是否顺利。

（8）是否经常研究事务工作手续。

（9）更正错误工作情况是否多。

（10）是否作了适当的检查。

（11）有无消除违法行为的安排。

（12）是否为减少需要熟练的工作量而推行了标准化。

（13）是否对工作的繁简作了调整。

（14）必要的资料、装备、仪器是否齐全。

（15）环境是否良好。

（16）有无提案制度。如有，应调查是职员自己对问题有所意识而提出建议，还是针对酒店提出的问题而提建议。

（17）对于采纳的建议是否发给奖金。如有，应调查奖金数目是否有助于促进其积极性。

（18）一年提出多少项建议。被采纳多少项。此外，还应计算出采用的建议所占的比例。

（19）是否向建议者说明了不采纳其建议的理由。

（20）有无职员入股制度。如有，应调查职员持有股票总数相当于总资本的百分比。

（21）对职员取得股份是否有限制。

二、人力资源考核诊断

人力资源考核是酒店对从业人员进行考查的重要手段，是进行人员安排、晋升、奖惩、能力开发的科学管理依据。考核的目的，主要是为了教育和培训，促进从业人员素质的提高。人力资源考核诊断是酒店人力资源劳动管理诊断的主要内容之一。其诊断要点是：

（1）人力资源记录是否完整。

（2）是否有成文的人力资源考核规程。

（3）人力资源考核的方法是否适当。

（4）对评定人员是否进行了教育。

（5）人力资源考核的间隔时间是否适当。

三、能力开发和教育训练诊断

能力开发和教育训练是现代酒店经营的战略任务，酒店人员能力不足是我国中小酒店普遍存在的问题。为了不断提高酒店的素质和增强竞争能力，酒店经营者越来越重视对酒店人员的能力开发和教育培训工作，能力开发和教育训练诊断成为酒店人力资源劳动管理诊断的重要课题。其诊断要点是：

（1）能力开发是否是在职务分析的基础上进行的。

（2）有无教育训练计划，实施情况如何。

（3）教育训练是否与能力开发和工作调动有机结合。

（4）教育训练与人员晋升是否做到有机结合。

（5）教育训练的方法、设施和时期是否合适。

（6）教育部属态度诊断说明。

四、薪酬管理诊断

薪酬管理诊断包括工资总额诊断、工资体系诊断、基本工资诊断和奖金诊断等。其诊断要点如下：

1. 工资总额诊断

工资总额管理是指对工资、津贴、资金、各种福利费等伴随劳动力的使用支付的全部费用的管理，其中心课题是如何根据酒店支付能力，判断工资总额规定得是否适当。工资总额诊断，就是根据酒店财务报表，对工资总额的管理状况进行诊断，其诊断要点是：

（1）工资总额是如何确定的，是参照同行业平均水平决定的，还是根据本酒店平均水平决定的。

（2）决定工资总额时是否与工会协商，是否考虑了广大从业人员的意见。

（3）是否考虑了工资费用的支付能力。

2. 工资体系诊断

工资体系是构成工资总额的各种工资支付项目的总括。其诊断要点是：

（1）现行工资的作用如何，与酒店的经营方针是否一致，是否有利于生产效率、管理水平和技术水平的提高，是否有利于录用新人和保持现有人员的稳定，是否有利于调动从业人员的积极性。

（2）酒店经营者对工资问题的认识如何，有无改善工资管理的愿望。

（3）现行工资体系存在哪些问题，从业人员对现行工资体系有哪些不满和意见。

3. 基本工资诊断

基本工资诊断的要点是：

（1）基本工资由哪些要素构成，它在工资总额中占的比重如何。

（2）工作业绩在基本工资中是如何体现的。

（3）受诊酒店有哪些津贴，与基本工资的关系如何。

（4）基本工资的构成方法与酒店性质是否相符合。

（5）晋升、提薪的基准是否明确。

（6）各种工资成分的比率是否恰当。

4. 奖金诊断

发放奖金具有对有功者奖励和生活补助的特点。发放奖金的目的是多种多样的，有的是对有功者的奖励，有的是变相的生活补助，有的是利润分配，有的是对全年工资总额的调节。与发放奖金的目的相对应，发奖的方法也多种多样，有的一律平均，有的强调考核，有的突出工作成绩，有的重视年功，有的重视全面考查。奖金诊断的要点是：

（1）受诊酒店的奖金与酒店经营方针、人事方针的关系如何。

（2）发放奖金的目的和发放奖金的方法与酒店性质和特点是否相符。

（3）奖金的固定部分与随酒店盈利状况浮动部分的构成比率是否适当。

（4）奖金总额的决定方法和奖金的分配是否妥当。

五、人际关系诊断

人际关系诊断包括对受诊酒店的提案制度、信息交流制度、人力资源咨询制度以及小组参与制度的诊断。其诊断要点是：

1. 是否有明确的工作目标

（1）酒店的全体成员是否都了解其工作目标。
（2）是否定期进行从业人员意见调查。
（3）从业人员完成工作目标的热情如何。
（4）从业人员在制定目标时是否充分发表了自己的意见。
（5）工作目标确定后，能否根据情况的变化及时进行调整。
（6）对完成工作目标的情况是否给予了公正的评价。

2. 信息交流的状况如何

（1）受诊酒店采用何种手段进行信息交流，其效果是否明显。
（2）妨碍信息交流的原因有哪些。
（3）各职能部门之间的工作是否协调，有无扯皮和拖拉现象。
（4）上下级之间、同事之间能否经常沟通思想，交流工作情况。
（5）现行组织机构能否适应信息交流的要求。

3. 人力资源咨询制度的执行情况如何

（1）人事咨询由谁担当，是上级部门还是专门顾问，或是人力资源部门。
（2）从业人员是否乐意找他们反映自己的不满、不快和困难。
（3）有无人力资源咨询的记录，在人力资源管理中是如何利用这些资料的。

六、人力资源诊断工作准则

1. 诊断要明确

人力资源诊断的根本目的，在于充分发挥酒店员工的积极性、创造力和潜能，以及改善人力资源管理效果，提高酒店组织效率，因而人力资源诊断不是为了把员工管“死”，也不会损害员工的根本利益，酒店管理人员和全体员工必须理解认识到这一点，人力资源诊断工作才能顺利、有效进行，所提供的改革方案才能有广泛的群众基础。

2. 要分析人力资源部门与酒店各职能部门的密切联系

人力资源管理涉及的绩效、士气、价值取向、行为方式均体现在酒店员工投入、转换、产出的各项基础活动中，与财务管理、物资管理、信息管理的功效关系十分密切，因此进行人力资源诊断不可把目光仅局限于人力资源部门内部工作，要树立全面、全过程的系统人力资源管理思想，这样才能正确认识酒店人力资源工作中存在的实质问题，在制定改善方案时，才能与酒店各职能部门的业务管理工作和整个酒店的经营管理有机衔接，不至于“只见树木，不见森林”而导致人力资源管理工作与其他部门的工作割裂开来。

3. 人力资源诊断应与培训工作结合起来，以提高酒店人力资源部门工作人员的素质

诊断是短期的，管理却是长期的，只有通过诊断活动普及有关现代化管理的理论和实

践知识，使人力资源管理者掌握科学的人力资源管理方法，才能保证酒店人力资源工作长久高效运作。

4．人力资源诊断必须尊重酒店现行的人力资源政策和人力资源安排

一个酒店得以生存发展，必有其存在的依据，其原有的人力资源管理制度、体系和规程与酒店生产经营的性质和管理风格有密切联系，片面否定酒店原有做法只会造成管理上的混乱。因此，人力资源诊断报告书的提出应把握住“分寸”，既要克服阻力，大胆改革，又要循序渐进，与其他改革配套进行，这样人力资源诊断才会取得满意的效果。

七、正式诊断的实施要领

正式诊断是整个人力资源诊断活动的主体，通常持续较长时间，在这一阶段中，诊断人员将进行分散调查和集中协调，一般经过如下顺序：

1．综合调查

综合调查的目的在于通过调查酒店经营概况和人力资源部门运营状况，了解面临问题，制订详细调查方向。诊断人员可以通过与人力资源部门主管、酒店领导人和其他有关人员面谈获取信息。

2．详细调查

根据人力资源工作的主要职责分类别、有重点地调查分析，此时可采用人力资源工作运作分析，事务、程序分析或依据有关报表进行统计分析等方法。

3．总结阶段

这一阶段是根据归纳出的详细调查结果制定综合改进方案，以向酒店领导者和人力资源主管进行说明，交换意见，因此需经过如下几步：

（1）诊断人员协商，对各调查分析结果进行汇总、讨论、综合，然后就全面改革方案的归纳、总结作协商。

（2）与酒店管理者面谈，主要讨论改革方案的内容及构想，双方相互交换意见，反复讨论研究，其目的是即使酒店方面理解人力资源工作中的主要症结和变革方案，也同时补充、修改方案的不完整部分。

（3）汇总诊断结果，编写诊断报告书，同时举行诊断报告会，让酒店管理人员，全体员工和诊断人员共同参加，加深全体人员对变革方案的理解，以促进人力资源改革的顺利实施。

八、人力资源工作诊断方法

1．问卷调查法

问卷调查法是人力资源管理诊断最常用的方法之一，即通过设计问卷来了解酒店员工的意愿。依据不同的人力资源管理诊断目的，可以设计出调查对象不同、结构不同、调查内容不同的问卷。对调查结果进行加工、分析、核对后所提出的相应的改革措施，员工也易于接受。经验表明，人们对他们能影响的决定是支持的。

问卷调查法可以用来诊断酒店运营状况，也可以用来分析单个人力资源管理部门的管

理效果，是人力资源管理诊断中最有效的方法之一。

问卷调查法，调查面较大，属于抽样调查方法。问卷调查的进行一般先作问卷设计，根据调查目的编制一套结构性的问卷，并由回答人在不受干扰的条件下独立填写，在规定时间内收回，最后由调查人员汇总整理。

2．量表调查法

量表调查法是一种标准化的等级量表，通过组织测评、员工测评、自己测评等多种途径，对人员管理状况进行全面调查的方法。

量表调查法的优点是调查项目设计严格，调查的问题明确，被调查对象的意向选择比较规范，计量方法统一而又合理，调查结果便于计量，便于比较分析。

3．面谈调查法

面谈是人力资源管理诊断的一个有效的方法。一名优秀的诊断人员只需与少数人进行面谈，便可以对酒店人力资源管理乃至整个酒店状况有较准确的概念，并对组织运转状况有较准确的认识。因此，面谈是人力资源管理诊断人员获取第一手资料的一个有效的方法。

4．统计分析法

统计分析法即对人力资源管理部门提供的有关报表用数理统计方法分析综合，揭示某方面的变动趋势。由于统计分析手段较客观，所得出的数据也较有说服力。

5．个案分析法

寻找和选择典型事件、典型人物、典型单位进行人员组织、结构、功能、发展规划和人力开发方面的研究，力求分析方法的科学性和应用上的可操作性。

人员功能测评是人员业绩考核的工具，一般要求采用“多层测评法”，即评定时，既要求有足够的评定人数，又要求评定人分层取样，保持一个合理结构。

第二节　酒店战略规划与人力资源规划的关系

人力资源规划是人力资源管理中一个重要环节。人力资源规划形式多样，每种规划有不同的作用。人力资源规划的战略地位体现在两个方面：人力资源规划与组织战略相互影响、相互促进；人力资源规划为其他人力资源管理活动提供方向和依据。即使人力资源规划有某些缺点，但并不影响其在组织中的战略地位。

人类社会迈入21世纪，科学技术的迅猛发展推动着世界一体化趋势日臻形成，任何酒店、组织、民族和国家都面临着一体化带来新的机遇和挑战。人们普遍认为，一个组织要在全球化竞争中求得生存和发展，除了必要的财力和物资设备以外，必须有高、精、尖的科学技术和先进的管理方法，而这些先进的技术和管理模式只有高素质的人才能够创造出来，并结合组织内外的具体情况运用于生产和经营中，为组织赢得竞争优势。但现实中，对人力资源的高度关注并投入了大量的时间和财力却没有获得应有的回报，导致这一具有共性问题的首要原因是人力资源规划残缺或无效。

一、人力资源规划的必要性

管理专家苏珊·杰克逊和兰道尔·舒勒指出，人力资源规划是把其他所有的人力资源活动连接在一起并把这些活动与组织的其余部分整合起来的线。这句话深刻地揭示出，人力资源规划的重要性不仅要在管理人员特别是高级管理人员中获得共识，还要在实践中能够不折不扣地被执行。从酒店角度来看，网络技术日新月异，大大削弱了空间、时间对人们广泛交流的限制，人类正在渴望和分享着由技术革新带来社会文明进步结成的硕果。但这一切并没有掩盖这样的一个事实：各种酒店凭借着历史地位、丰富的资源在激烈的竞争中维持和创造利益。现代社会是一个开放的社会，是一个信息化的社会，是一个追求公平、公正、公开的社会。因此，任何酒店单凭保守先进技术（并不排除短期独占的可能）、粗放式经营或寻求政府袒护来打败竞争对手，似乎不再让人确实可信了，而唯一能够产生竞争优势的源泉就是人力资源。因为人具有可塑性、创造性，是价值的创造者。一支员工队伍在一个酒店能够产生巨大的人才效应，但在另外一个酒店并不会产生完全相同的结果。人才的发掘、培养、激励和使用，有其内在规律性和科学性。违背科学和人性的人力资源管理必将是事倍功半。从员工个人来看，员工与职位的适应关系是动态变化的。新员工一开始对自己的职位比较陌生，达到默契的配合需要一个磨炼的过程；经过一定的职前培训和岗位轮换，有些员工的经验、知识、技能逐渐符合或超过职位的要求，也有些员工的素质仍不能满足岗位的要求，工作绩效低下，影响团体或酒店目标的实现；高层管理人员和人力资源经理如果不能对前者给予相应的激励，对后者进行岗位调换，不仅难以保持员工队伍的士气，也不能有效地实现酒店的战略。因此，每个酒店必须在吸引人、选人、使用人、留人等方面作出自己的规划，才能发挥人力资源的优势。

二、人力资源规划与酒店战略的关系

与人的生命一样，酒店也有出生、成长、鼎盛、衰退的过程。在每一个阶段，酒店的战略都应不断地调整，适应内外环境的变化来达成目标。既然人力资源规划的目的是为酒店提供人力资源，保证酒店的战略和目标的实现，那么人力资源规划也应及时地调整，确保与酒店战略一致。例如，在创业阶段，一个酒店制定了集中战略，这种战略要求人力资源规划聚焦于招聘、选拔某方面的专业技术人员，如生产、销售、高级管理人员，为酒店的顺利运行和成长构建合理的人力资源队伍。在成长阶段，酒店常常采用一体化战略、加强型战略、多元化经营战略，而这些战略意味着与之相适应的人力资源规划有不同的侧重。就拿多元化经营战略来说，人力资源规划不仅要制定招聘选拔优秀员工的措施，还要注意不同类型员工的性格、兴趣、素质、结构与酒店战略、酒店岗位的匹配，培养和激发员工的主动性、积极性、创造性，推动酒店的成长。在成熟阶段，人力资源规划要保证员工队伍的稳定，同时注重培训和开发，提高人员使用效率，力争在同行业或某一地区保持人力成本效益优势；另外要主动承担一些社会责任，树立一定的知名度，改善酒店的形象。在衰退阶段，清算战略是酒店的必然选择。在这种战略指导下，酒店战略制定委员会必须果断、创新地作出看似矛盾的人力资源规划：裁员与招聘并举的规划。然而，这一点并没有被大多数人所理解。裁员的目的是降低人力成本，提高人均工作负担，达到人员充分使用。裁员的对象是两类人：一是无所事事、制造内耗、浪费资源的庸人；二是不具有经过培训能够转岗潜力的人。当然，裁员的程序和执行所体现出的公平、公正，一定要得到所有人员特别是裁减对象的认同，才能降低劳动纠纷发生的概率，留下的员工也不会因同事的离去而受到太多的打击。招聘的目的就是为酒店战略转移做好人力资源准备。通过新老员工队伍的融合，继承和发扬酒店原有的创业精神去开拓新的领域，弥补酒店衰落造成的损失，这与束手待毙相比，是一个明智之举。招聘对象就是那些适应即将构建成的酒店结构、具备实现酒店战略的能力和潜力、锐意进取的优秀人员，这些新生力量的加入会帮助酒店开启新的征程，奋力追赶强者，酒店的生命会得到延续。因此，人力资源规划与酒店战略保持动态的适应关系是理性的选择。

三、人力资源规划在人力资源管理中的作用

人力资源管理学家们一般将人力资源管理分为工作分析与工作设计、人力资源规划、甄选与配置、培训开发、绩效管理、劳工关系等环节（现实的人力资源管理中，这些环节并不是先后出现构成机械流程，而是彼此融合的），所以人力资源规划和工作分析共同构成了人力资源管理的基础，影响着其他人力资源管理活动。

（1）从人员获取和配置来看，对于一个小型酒店，如果出现了人力资源供需矛盾，一方面可采用临时招聘、加班、培训等手段解决劳动力短缺问题，另一方面也可采用工作分享、延长无薪假期、提前退休、裁员等手段来缓解劳动力过剩的压力。这些举措不会给酒店和社会造成太大的影响。而对于一个规模庞大的酒店，情况会迥然不同。大型酒店不可能在短期内招收到大量的、适合空缺岗位人才，特别是那些经过多年教育、培养而形成的高技术人才；另外，由于法律和就业政策的约束，也不可能随便解雇员工，抑制员工队伍相对酒店规模而言的膨胀。人力资源规划必须尽可能准确地预测出酒店发展而要求的人力资源数量、质量、结构分布。如果预测人力资源供不应求，酒店会提前招募、甄选、配置，即使不能招聘到足够的人员，也可以有一定的时间来培训，这比急需时搞“拉郎配”要明智得多。如果预计酒店会通过技术引进、结构重塑、流程再造而削减员工，可以有充分的时间搞好人员削减战略宣传、解雇面谈、转岗培训，不仅会极大地缓解由于大批人员被解雇而造成酒店阵痛的强度，而且会减少酒店在某一个行业或地区的名誉损失，有利于酒店的长期发展。

（2）从绩效管理和薪酬设计来看，人力资源规划有着不可替代的指导作用。根据酒店战略和目标制定的人力资源规划，应为酒店所有层次人员设定绩效目标和衡量方法。只有当每个员工知道自己的奋斗目标，并且了解自己取得的成绩和存在的问题，才会感觉到公正，才会正确地对待自己的不足，才会受到最大的激励。现在薪酬制度中存在一个流行的趋势：薪酬与酒店和个人的绩效呈现出高度的正相关性。所以，人力资源规划通过绩效管理间接地影响着薪酬战略。在市场经济中，金钱虽然不是最重要的激励因素，但绝对不是只具有最低激励性的因素。薪酬设计直接影响着士气和员工队伍的稳定。亚当斯的公平理论指出，薪酬制度不仅要注重外部公平，更要关注内部公平，才能起到激励、留住人才的作用。既然薪酬制度关键而又复杂，人力资源规划应考虑一些必要的、与薪酬制度设定有关的基础工作：进行市场薪资调查，分析同行业的薪资水平或其他酒店的薪酬战略；让员工共同参与工作评价，确定工作报酬要素，提高对薪酬制度的接受性。只有充分获得酒店内外影响薪酬的信息，结合酒店战略和经济实力，才能制定出酒店所有员工都能高度认同的薪酬战略和制度。

（3）从劳动关系来看，人力资源规划应作出制度性安排，减少劳动争议和诉讼费用，提高劳动生产率，使员工与酒店同步发展。很显然，从酒店战略目标出发，人力资源规划应该制定一些具体的、可操作的措施，帮助员工设计职业生涯计划，将个人目标融入酒店目标，从而使酒店的发展有利于个人的成长和自我实现。在这种温馨的"家庭式"酒店中，员工因切身利益受到尊重，被动地服从命令完成任务的现象将会被消除，而真正以主人翁的姿态与管理人员共同经营一个酒店。这种士气的迸发不仅是强大的，而且是持久的。

四、如何制定酒店人力资源规划与酒店发展战略

1．通过将酒店战略目标分解的方法进行人力资源规划

人力资源规划的前提是酒店要有明确的发展战略目标。为了确保人力资源规划符合酒店发展战略要求，可以借助鱼骨图。首先，制定酒店总体发展目标，作为鱼骨；其次，将这个大的目标（鱼头）分解为几个具体的分目标（鱼骨），落实到每个部门，即为了实现总体目标，研发部门、生产部门、市场营销部门、财务管理部门以及人力资源管理等部门各自的分目标是什么；最后，每个部门再将各自的部门目标分解落实到每个职位上（鱼刺）。这样酒店就可以进行人力资源规划了，即酒店为实现总目标，需要多少员工，需要什么类型的员工，每个员工的责任和目标是什么等。通过鱼骨图的形式使得酒店从上到下、从大到小形成完整的体系，为达到共同目标整合起来，使所有人的工作都能够正中靶心。

2．人力资源规划的具体内容要体现酒店战略目标的要求

人力资源规划通常包含的具体内容有总体规划和各项子规划。为了保证总体规划的视线，必须实行各项子规划。在各项规划中包括人员补充规划、人员分配规划、人员培训和开发规划、人员晋升规划、工资和激励规划、劳动关系规划以及退休和解聘规划等，见表 2-1。

表 2-1　人力资源规划内容表

规划项目	具体内容
总体规划	依据酒店发展战略目标，通过建立人力资源信息系统，预测人力资源供给和需求状况，采取措施平衡人力资源的供给和需求
人员补充规划	确定需补充人员的数量、类型、层次，拟订人员任职资格、拟招募地区、形式以及甄选方法
人员培训和开发规划	拟订重点培训项目及相关培训时间、培训对象、培训教师、培训方式、培训效果的保证，以及与工资、奖励、晋升制度的联系
人员分配规划	规划部门编制，拟订各职位人员任职资格，做到人适其位，并规定工作轮换的范围与时间以及轮换人选等
人员晋升规划	建立后备管理人员梯队，规划员工职业发展方向，确定晋升比例和标准，以及未提升人员的安置
工资和激励规划	进行薪资调查和内部工作评价，拟订工资制度、奖励政策及绩效考核指标
劳动关系规划	为了提高员工满意度，增进沟通，实行全员参与管理，建立合理化建议制度等
退休和解聘规划	退休政策及解聘程序，制定退休解聘规定，拟订退休解聘人选

3．人力资源规划的具体步骤

一个有系统的人力资源规划过程一般包括人力资源需求预测、人力资源供给（内部供给和外部供给）分析、平衡人力资源供给和需求的措施。在人力资源规划过程中，人力资源规划

应以酒店发展战略为依据，并且及时为酒店战略规划的制定提供反馈信息和合理化建议。

（1）人力资源需求与供给分析 人力资源需求预测是人力资源规划的重要组成部分，预测的内容包括要达成酒店目标所需的员工数目和类别。

当酒店预测了人力资源需求后，就要决定这些需求是否有供给，以及在何时何地可以获得供给。在进行人力资源供给分析时，管理者必须考虑酒店内在劳动力市场和外在劳动力市场两项因素。在分析内在劳动力市场时，主要是了解酒店内部人力资源的优劣势，除分析现状外，也要预计未来的状况，即在计划期内，有多少人会留在该职位不动，有多少人会变动到其他职位（工作轮换、晋升、降级），有多少人会离开本酒店。分析内在劳动力市场可以从酒店人员编制表开始，这些图表会提供包括酒店的不同职位、在职者、现有空缺，甚至是未来可能出现的空缺。此外，酒店人才信息库能提供员工的各方面资料，如员工职位、年龄、经验、工作经历、技能、学历、职责、绩效考评结果、外语程度、培训进修记录、工作意愿、工作强项和弱点等。详细准确的信息档案库能够帮助管理者掌握员工的整体技能水平，能迅速地找到合适的员工去填补职位空缺，同时可进行人员的晋升规划和替补规划。

分析内部劳动力市场，有利于掌握人员内部供给情况。一般来说，内部供给有两种方式，一是建立内部招聘系统，二是工作晋升与轮换。目前有些酒店的做法是，建立内部机会系统，一旦出现职位空缺，首先在公司内部布告栏上刊登招聘广告，一至两周后，如果内部无合适人选，再进行外部招聘。如果时间紧急，也可以内外同时招聘，但在同等条件下优先考虑内部员工。

分析外部劳动力市场，则主要是了解酒店外部人力资源状况供给情况。除分析现状外，也要预估未来的状况。

（2）如何解决人力资源供给和需求不平衡的矛盾 对人力资源需求和人力资源供给进行分析后，酒店就可以着手制订一系列人力资源规划方案，包括各项子规划。当人力资源需求和供给不平衡时，酒店可以采取哪些对策呢？通常酒店会遇到以下两种情况：

1）酒店人力资源需求大于供给。遇到这种情况，建议酒店可以采取以下应对措施：提高管理者的管理技能，避免酒店内部拥有关键技术的稀缺人才的流失；通过培训提高现有员工工作效率，对岗位进行重新设置或通过团队协作的方式来解决酒店面临的新问题，以改变人力资源的需求；提高员工留任率，如通过和谐员工关系、为员工进行职业生涯规划、鼓励员工参与管理、加强培训、提高薪资福利等途径使员工获得工作满足感；招聘不同类别的员工以达到酒店的目标，如聘用未达到任职资格要求的员工，对他们进行岗前培训，或招聘临时工，适当调整酒店经营战略，使之更切合实际，因为酒店目标需要足够的现有的和未来的人力资源去加以实践。

2）酒店人力资源供给大于需求。遇到这种情况，建议酒店可以采取以下应对措施：计算出酒店在不同时期出现人员过剩问题所耗用的人工成本，从而制订人工成本控制预算，重新进行工资规划；规划不同的减员方法和减员成本，如采取自愿离职、提前退休、限制加班、降低工资、实行轮班制并停止招聘新员工等方案；提高员工使用率，采取职位轮换和重新培训的方式，使现有员工胜任新工作和新任务，从而控制对人员的需求；探讨改变酒店经营目标的可能性，如酒店是否可以实行扩张战略、开拓新市场或进行业务多元化等来发挥人力资源的潜力。

4. 影响人力资源规划与酒店发展战略整合的因素

（1）高层管理者的理念　有些高层管理者可能会对人力资源规划的作用持怀疑态度，除非他们相信人力资源规划的重要性，人力资源规划才能真正在该酒店得到重视并与酒店战略更好地结合。酒店高层如果重视人力资源规划，他们则更能从全局把握酒店未来发展，他们比其他人更能了解在未来发展中酒店需要多少人和需要何种人，也更容易比其他人发现酒店采取何种经营发展战略会在竞争中取胜。最理想的状况是：高层管理者们认为酒店的各项职能如研发、生产、市场推广、销售、财务管理、人力资源管理等为酒店重要组成部分，皆有权参与酒店发展战略的制订和实施。

（2）人力资源管理部门的地位　在承认人力资源管理的成效对酒店发展有重要影响的酒店中，更能认同人力资源规划的必要性。通常规模较大的酒店或处于高速发展和激烈竞争环境中的酒店，由于存在不确定性和复杂性，不通过人力资源规划很难达到酒店目标，因此人力资源规划与酒店发展战略两者会有更密切的联合。相反，人力资源部门的地位相对较低的酒店中，则经常忽视人力资源规划的重要性。

（3）员工的态度　在人力资源规划过程中，员工可能会对其中的酒店变革产生抵制情绪。因为酒店对酒店结构和人员安排等预测活动，会影响到员工既得利益和地位，会使员工受到威胁。因此，当某项战略方针出台后，应对员工进行讲解和培训，以求获得大多数人的认同。

（4）信息管理系统的完善程度　当酒店建立了很完善的信息管理系统，特别是具备了完备的人力资源信息管理系统时，人力资源规划与酒店发展战略就会有密切的整合。通常信息系统应包括两部分内容：有关工作的信息和有关个人的信息。

总之，酒店战略规划和人力资源规划是密不可分的，在每个过程中都需要有纵向和横向的密切配合，以确保人力资源规划的实用性。酒店应重视将人力资源规划的各项子规划转化为具体的行动计划，规划行动计划的实施方案，并制订对其实施效果进行评估的方法；增强人力资源规划中各项子规划之间的内部联系，使本酒店人力资源总体规划与各项子规划以及各项子规划之间具有密切相关性，从而使各规划形成动态统一体，发挥整合优势；使人力资源规划更适合公司较短期的战略发展规划，从而更体现人力资源规划的灵活性和效益性。

值得注意的是，酒店忽视人力资源规划的直接后果是大量优秀的人力资源将为竞争对手提供服务。相反，重视人力资源规划，并使人力资源规划与酒店经营战略有效地结合，将更能使酒店发挥其竞争优势，开创美好的前景。

第三节　人力资源供求预测与平衡

一、人力资源预测的含义

预测是指对未来环境的分析。人力资源预测是指在酒店的评估和预言的基础上，对未来一定时期内人力资源状况的假定。人力资源预测可分为人力资源需求预测和人力资源供给预测。需求预测是指酒店为实现既定目标而对未来所需员工数量和种类的估算；供给预测是确定酒店是否能够保证员工具有必要能力以及员工来自何处的过程。人力资源预测是建立在酒店人力资源现状、市场人力资源环境等基础之上的，所以在酒店进行人力资源预测时，一定要注意分析以下问题：

（1）市场上人力资源的供求状况和发展趋势。

（2）本行业其他酒店的人力资源政策与人力资源状况。

（3）本行业的发展趋势和人力资源需求与供给趋势。

（4）酒店的人员流动率及原因。

（5）酒店员工的职业发展规划状况。

二、酒店人力资源预测的内容

酒店人力资源预测所面对的具体目标与要求、层次与范围、任务与期限、规格与用途都是各不相同的，因此所涉及的内容也千差万别。一般地，酒店人力资源预测包括以下 3 个方面的内容。

1．人力资源需求预测

人力资源需求预测主要从酒店经济发展的长远利益出发，对酒店所需要的人力资源质量和数量进行科学分析，并得出符合酒店发展需要的结果。

2．人力资源存量与增量预测

这是对酒店的现状和未来拥有不同层次的人力资源数量上的推测与判断。就存量而言，主要指酒店人力资源的自然消耗（如自然减员）和自然流动（如专业转移、变动）而引起的人力资源变动；就增量而言，主要指随着酒店规模扩大、行业调整等发展带来的人力资源新需求。

3．人力资源结构预测

当社会总的人力资源结构和经济结构发生变化时，就会引起酒店人力资源结构的变化。进行人力资源结构预测，可以保证酒店在任何情况下都具有较好的人力资源结构的最佳组合，以避免出现不同层次人力资源与酒店的不配套，或结构及比例失调等状况。

三、人力资源预测在人力资源规划中的地位

人力资源预测是人力资源规划过程中不可缺少的一环，关于人员的数量、质量、分布、结构的数据，关于酒店发展战略所要求的人员数量、质量、分布、结构的信息，是人员规划和相应操作计划的唯一基础。预测在规划中的地位，参见图 2-1。

显然，人力预测是酒店发展预测的组成部分，人力资源管理的最终目标是实现酒店经营目标。因此，人力预测也要和对酒店技术、规模、产品、经营目标的预测相结合。预测的结果要根据实践的要求进行修正。

一个酒店的人力资源管理受到酒店所处的宏观管理环境、行业环境、酒店自身发展战略、人员特性等众多因素的直接影响。这种复杂性使成功的人力资源预测涉及的因素很多，如上级控制人数、酒店经营目标对人员的要求、国家有关人事政策、本年计划执行状况、人事工作的管理环境和人文环境特征、人员定额计划、中长期计划要求等。取得上述基础数据，才有可能制订出可行的人力资源计划，包括人数、人员分布、各级工资水平、生产率计划、定员定额、培训计划、福利、保险等。

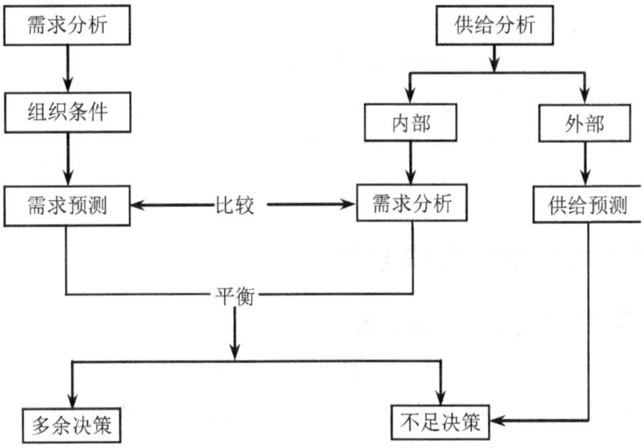

图 2-1 人力资源供需示意图

从图 2-1 中可以看出，对人力资源的预测实际上涉及两个部分，即人员需求的预测和酒店内外可能的人员供给预测，鉴于他们各受不同因素的影响，预测需要不同的方法。

四、人力资源预测的具体步骤

人力资源预测可分为人力资源需求预测和人力资源供给预测。因此，人力资源的预测应从需求与供给两个方面进行。

1. 人力资源需求预测的典型步骤

人力资源需求预测分为现实人力资源需求、未来人力资源需求和未来流失人力资源需求预测 3 部分，具体步骤如下：

（1）根据职务分析的结果来确定职务编制和人员配置。

（2）进行人力资源盘点，统计出人员的缺编、超编及是否符合职务资格的要求。

（3）将上述统计结论与部门管理者进行讨论，修正统计结论。

（4）该统计结论为现实人力资源需求。

（5）根据酒店发展规划，确定各部门的工作量。

（6）根据工作量的增长情况，确定各部门还需要增加的职务及人数，并进行汇总统计。

（7）该统计结论为未来人力资源需求。

（8）对预测期内退休的人员进行统计。

（9）根据历史数据，对未来可能发生的离职情况进行预测。

（10）将（8）、（9）统计和预测结果进行汇总，得出未来流失人力资源需求。

（11）将现实人力资源需求、未来人力资源需求和未来流失人力资源汇总，即得酒店整体人力资源需求预测。

2. 人力资源供给预测的典型步骤

人力资源供给预测分为内部供给预测和外部供给预测两部分，具体步骤如下：

（1）进行人力资源盘点，了解酒店员工现状。

（2）分析酒店的职务调整政策和历史员工调整数据，统计出员工调整的比例。

（3）向各部门的人事决策人了解可能出现的人事调整情况。

（4）将（2）、（3）的情况汇总，得出酒店内部人力资源供给预测。

（5）分析影响外部人力资源供给的地域性因素。

（6）分析影响外部人力资源供给的全国性因素。

（7）根据（5）、（6）的分析，得出酒店外部人力资源供给预测。

（8）将酒店内部人力资源供给预测和酒店外部人力资源供给预测汇总，得出酒店人力资源供给预测。

五、人力资源供求预测的影响变量

1. 影响人力资源需求预测的影响变量

人力资源需求预测所涉及的变量与酒店经营过程所涉及的变量是共同的。与人力资源需求预测相关的变量包括顾客的需求变化、生产需求、劳动力成本趋势、可利用的劳动力（失业率）、每一工种所需要的雇员人数、追加培训的需求、每个工种员工的移动情况、旷工趋向（趋势）、政府的方针政策的影响、劳动力费用、工作小时的变化、退休年龄的变化、社会安全福利保障等。在明确酒店雇员（包括一线员工和管理者）的技能和数量需求时，必须根据酒店的特殊环境，认真考虑上述变量，应该把预测看成是完善周围的人力资源需求决策的一个工具。因为好的决策要求拥有尽可能多的信息，以保证对未来的预言更加精确，更加有效。

2. 影响人力资源供给预测的影响变量

影响人力资源供给的因素可以分为两大类：

（1）地区性因素　具体包括：酒店所在地和附近地区的人口密度，其他酒店对劳动力的需求状况，酒店当地的就业水平和就业观念，酒店当地的科技文化教育水平，酒店所在地对人们的吸引力，酒店本身对人们的吸引力，酒店当地临时工人的供给状况，酒店当地的住房、交通、生活条件等。

（2）全国性因素　具体包括：全国劳动人口的增长趋势；全国对各类人员的需求程度；各类学校的毕业生规模与结构；教育制度变革而产生的影响，如延长学制、改革教学内容等对职工供给的影响；国家就业法规、政策的影响等。

六、人力资源预测的方法

1. 需求预测

（1）经验预测法　经验预测法是人力资源预测中最简单的方法，它适合于较稳定的小型酒店。经验预测法就是用以往的经验来推测未来的人员需求。不同管理者的预测可能有偏差，但可以通过多人综合预测或查阅历史记录等方法提高预测的准确率。要注意的是，经验预测法只适合于一定时期的酒店的发展状况没有发生方向性变化的情况，对于新的职务或者工作的方式发生变化的职务，该办法不合适。

（2）比率预测法　这种方法适用于短期需求预测，它是根据酒店的业务量预测人力资源需求的方法。在预测酒店人力资源需求时，可根据各部门的劳动任务分析其工作量，在制定劳动定额的基础上，按照一定比例来确定定员人数。例如，一般情况下酒店客房部门的员工占酒店总人数 40%～50%，餐饮部门的员工占 20%～30%，管理人员占 10%左右。酒店员工总数与客房数的比例一般在 1:1.5～1.2。

（3）德尔菲法　德尔菲法是采用背对背的通信方式征询专家小组成员的预测意见，经过几轮征询，使专家小组的预测意见趋于集中，最后作出符合市场未来发展趋势的预测方法。由于其简便易行，被广泛地运用于经济预测分析之中。它是有关专家对酒店某一方面发展的观点达成一致的结构性方法。使用该方法的目的是通过综合专家们各自的意见来预测某一方面的发展。

德尔菲法的基本原理按预测的程序可简要地概括为4步。

1）预测筹划工作，具体包括：确定预测的课题及各预测项目；设立负责预测酒店工作的临时机构；选择若干名熟悉所预测课题的专家。

2）由专家进行预测。预测机构把包含预测项目的预测表及有关背景材料提前发给专家，以便参考。

3）进行统计与反馈。专家意见汇总后，预测机构对各专家意见进行统计分析，综合成新的预测表，并把它再分别寄送给各位专家，由专家们对新预测表作出第二轮判断或预测。如此反复须经过几轮，通常为3～4轮，专家的意见趋于一致。

4）表述预测结果。由预测机构把经过几轮专家预测而形成的结果以文字或图表形式表现出来。

由于专家组成员之间存在身份和地位上的差别以及其他社会原因，有可能使其中一些人因不愿意批评或否定其他人的观点而放弃自己的合理主张。要防止这类问题的出现，必须避免专家们面对面地集体讨论，而是由专家单独提出意见，然后将第一轮单独预测意见集中起来加以归纳，反馈给专家们。然后继续重复这一循环，使专家们有机会修改他们的预测并说明修改的理由。

2．供给预测

（1）技能库　人员技能库的最简单形式是制一张表，用手工方式填写，或采用计算机数据库，表中需载明人名、技能、特点。为了使技能表能在人力资源管理中确实发挥作用，有效地记录员工技能，清查工作必须做到：清单经常更新；经理和员工必须对清单内容完全同意。管理人员的技能库侧重解决问题的能力和过去的个人管理记录。

（2）更换接替表　酒店的更换接替表参照酒店图制定，对每个关键岗位，制定现有人员中替换或继任的可能性。通过把掌握的员工知识、技能、能力的情况记录在表上，帮助分析和预测有关岗位人员的供应情况。尤其是对补充非正规信息的不足有很大的作用。在管理技能的预测、提拔、转岗等工作中，更换接替表更常用，具体范例见图2-2。

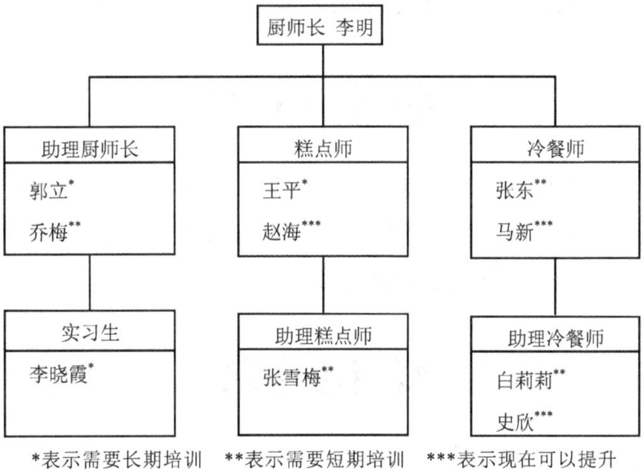

图2-2　员工更换接替表

小资料

人力资源信息系统（HRIS）

人力资源信息系统是指收集、储存、组织、分析、汇报人员和工作情况的方法。这个系统主要用于更快捷有效地储存和查找信息，进行分析。

一般 HRIS 存储的信息包括个人资料、招聘资料、工作经验资料、工作/津贴分配资料、福利计划资料、离职面谈资料等。HRIS 中的资料可用于准备营运报告、制度报告、分析报告等。酒店营运报告中包括工作空缺信息、工资报告、招聘报告等内容。很多人认为使用 HRIS 的最大好处体现在分析报告的编写，如酒店要写一份关于某种招聘方法与营业表现之间关系的分析报告，有了这个系统的帮助就非常容易了。

资料来源：Robert H Woods，《酒店人力资源管理》，中国旅游出版社，2003

七、人力资源规划工作的评估

人力资源规划是人力资源管理工作的关键性部分。如果规划制定得很糟糕，酒店就可能缺少足够的员工，或者由于人员过多而不得不大量裁员，总之，酒店会由此遭受到各种人员配置问题的困扰。如果人力资源管理规划制定得很好，就会获得以下好处：

（1）高层管理者可以更多地了解经营决策中与人力资源有关的问题，加深对人力资源管理的重要性的认识。

（2）管理层可在人力资源费用变得难以控制或过度花费之前，采取措施来防止各种失调，并由此使劳动力成本得以降低。

（3）由于在实际雇用员工前，已经预计或确定了各种人员的需要，酒店就可以有充裕的时间来发现人才。

（4）在未来的发展计划中，能够有更多的机会来雇用妇女和少数群体成员。

（5）经理们的培养工作可以得到更好的规划，即将某个时点的计划需求水平与届时该时点上的实际需求进行对比。显然，对于成功的人力资源规划的最有说服力的证据，是在一个较长的时期内，酒店的人力资源状况始终与经营需求基本保持一致。

本章小结

从本章开始进入到了人力资源管理的实务问题，本章主要围绕为什么要制订人力资源规划以及如何制订人力资源规划等内容展开。具体涉及人力资源自我诊断的内容和方法，人力资源规划的意义、流程及操作方法等内容。

复习思考题

一、单项选择题

1. 以下属于影响人力资源需求预测的因素是（　　）。

A. 所在地和附近地区的人口密度

B. 人口增长趋势

C. 顾客需求变化

D. 所在地科技文化教育水平

2. 运用特定的方法对酒店人力资源管理诸环节的运行、实施和管理效果进行调查评估，深入分析人力资源工作的性质、特点和存在的问题，提出合理的解决方案，以解除酒店人力资源管理工作中存在的危机的工作称作（　　）。

A. 人力资源规划　　B. 人力资源诊断

C. 工作分析　　D. 绩效评估

二、多项选择题

1. 影响人力资源规划与酒店发展战略整合的因素有（　　）。

A. 总经理的态度　　B. 顾客的意见

C. 员工的态度　　D. 信息管理系统的完善程度

E. 人力资源管理部门的地位

2. 酒店人力资源预测包含的内容有（　　）。

A. 人力资源需求预测　　B. 人力资源存量预测

C. 人力资源增量预测　　D. 人力资源结构预测

E. 人力资源使用效率预测

三、分析题

1. 人力资源诊断的内容都有哪些？

2. 人力资源规划的主要目标是什么？

3. 在制订人力资源规划的过程中需要注意哪些问题？

4. 酒店人力资源预测的内容包括哪些？

5. 简述人力资源预测的具体步骤及方法。

四、案例分析题

你是一个人力资源顾问，一家酒店新任命的总经理给你打来电话：

总经理：我在这个职位上大约一个月了，而我要做的所有事情似乎只是与人们面谈和听取人事问题。

你　　：你为什么总在与人面谈？你们没有人力资源部吗？

总经理：我们有。但是，人力资源部不雇用最高层管理人员。我一接管酒店就发现两个副总经理要退休，而我们还没有接替他们的人。

你　　：你雇用什么人了吗？

总经理：是的，这是问题的一部分。我从外部雇用了一个人。我一宣布这个决定，就有一个部门经理前来辞职。她说她想得到副总经理的职位已经有 8 年了，她因为我们雇用了别人而生气。我怎么知道她想得到这个职位呢？

你　　：对另一个副总经理你们做了些什么？

总经理：什么也没做，因为我怕又有其他人由于没有被考虑而辞职，但这只是问题的一半。我刚发现，在最年轻的管理员工中——领班和主管——在过去的三年中有 80%的流动率，他们是我们这里得到提升的人。正如你所知，我也是从普通员工开始的。

你　　：有人问过他们为什么要离开吗？

总经理：他们的回答基本相同，他们说感觉在这里没什么前途。也许我应该把他们都召集到一起，并解释我将怎样使公司取得进步。

你　　：你考虑过一个人力资源规划系统吗？

总经理：人力资源规划？那是什么？

问题：

（1）你将如何回答总经理的问题？

（2）如果要你帮助这个酒店建立人力资源规划系统，你将怎样开展工作？

第三章

工作分析和岗位说明书

知识目标

- 认识和理解工作分析的作用及意义。
- 掌握工作分析的原则、程序及方法。
- 熟悉工作分析的内容及酒店工作分析实践中常遇到的几种障碍。

能力目标

- 能进行工作分析。
- 能编写岗位说明书及工作规范书。
- 会应用岗位说明书。

引导案例

工作分析是否能这样进行

下午13:00，在大家午休的时候，小西和HRD经理被叫到了公司会议室——管理顾问临时召见。这是小西来酒店的第二天，一切才慢慢开始变得有点亲切，包括HRD经理——年过六旬、社会阅历颇丰、人格魅力很强的刘姨和将要给她们开会的管理顾问——刚刚留美归国的MBA小赵。

MBA小赵：小西，欢迎你的加盟，为了让你有机会展示自己的才能，我和刘姨决定由你来系统地做一下酒店每个岗位的工作分析。有什么困难可以提出，我们会尽量提供帮助。

刘姨：我们酒店已通过了国家ISO9001质量认证，你可以参照一下ISO体系文件，会有所启发。

小西：（先沉默了一下，因为她感觉事情并不简单）好吧，我先试着去做，有问题随时请求你们的帮助。

任务就这样下来了，对于小西——2010年北京某高校人力资源管理专业毕业——来说，真的有点难度，“我根本就不怎么了解酒店情况啊，而且工作分析说起来简单，要做好恐怕不容易呀。唉……”小西发愁了。

思考：

（1）小西能否胜任此项工作？

（2）工作分析应该由谁做？如何做？

第一节　为什么员工总有理由推脱责任

一、困惑与现状

1. 困惑

在酒店的日常管理过程中，管理者乃至员工经常面临着这样的困惑：

为什么有人工作量很大，做也做不完？

为什么有人没活干，整天喝茶看报纸？

为什么会有人工作相互重叠，有功劳大家争，有责任没人担？

为什么会有工作没人去做，贻误战机？

为什么招聘的员工会常常不符合要求？

为什么不能完成客观的绩效考核，勤无奖懒无罚？

为什么员工抱怨酒店没有提供足够的培训学习机会？

为什么酒店投入了培训却没有达到期望的效果？

为什么有的员工不知道自己该做些什么？

为什么主管难以确切地评价下属员工的工作成绩是好是坏？

2. 现状

在我国，现在的大多数酒店都施行了岗位责任制。在许多酒店中，你都可以查阅到厚厚的一本岗位责任手册，在手册中有酒店每个部门的部门职能和每个职位的岗位职责，书写得非常细致和系统。

岗位责任制的实施对酒店来说应该是管理上的一个提高，但就现实情况而言，在多数酒店里，岗位责任手册只是一套形式上的文件，并没有得到认真的落实。很少有人根据岗位职责的内容来规范自己的工作，更没有将它作为真正的依据进行绩效考评。

二、问题的根源

尽管每家酒店出现这类问题的原因各不相同，但归纳起来，可以总结出以下几个根源：

1. 没有工作分析

一些酒店甚至从来没有进行过工作分析，岗位责任手册中的内容都是原模原样地照搬其他酒店的职位职责内容，有些可能会进行一些修改，但这种修改大多是基于管理者的主观意愿进行的调整。这样草率的做法，很难做出符合酒店实际情况的岗位职责。

2. 工作分析没有更新

有些酒店也曾经做过工作分析，但“一稿定终身”，酒店并没有根据酒店的变化来重新进行工作分析，修订岗位职责的内容，造成岗位职责的内容与实际工作不相符合。因为工作本身毕竟不是一种静态的东西，有些时候，原来非常明确的部门职责以及职位职责可能会由于酒店的规模扩张、业务增加以及战略调整而变得不那么清晰了，原来不需要扯皮的问题现在出现了扯皮的现象。

3. 缺乏认真的工作态度

一些酒店在进行工作分析时，起初可能充满了热情，但由于工作烦琐、职位量大，渐渐对工作分析失去了认真的态度。这样就使工作分析职位变得形式化了，并没有真实地反映出职位内容的信息，定出了不符合实际的职位描述和职位资格要求。

4. 缺乏一定的技术和经验

工作分析并不是一件简单的事务性职位，它要求工作分析人员有一定的专业素质和专业背景。这种工作并不是光靠工作热情就能做好。目前，我国很多酒店现有的职位职责描述的质量都不是很高，如有些岗位责任中只有工作内容，而没有工作责任。

5. 缺乏对职位资格要求的使用

岗位职责只包含了职位描述中的内容。工作分析中的另一个重要内容——职位资格要求并没有得到体现，更别说进行利用了。如果职位中的人员并不具备岗位的任职资格，可想而知，再精确的岗位职责、再好的管理制度也没有什么意义。缺乏对职位资格要求的有效使用是一个较为普遍的问题。

克服以上问题的关键就是对工作进行分析。

第二节 怎样有效开展工作分析

工作分析是人力资源开发与管理最基本的作业，是人力资源开发与管理的基础。工作分析又称职务分析，是指对酒店中各项工作职务的特征、规范、要求、流程以及对完成此工作员工的素质、知识、技能要求进行描述的过程，它的结果是产生工作说明和工作规范书。

工作分析是一项细致性、技术含量很高的工作，任何环节做不好，都可能会导致工作说明书反映的内容失实和不科学，对其他工作也就不能起到应有的指导作用。

一、工作分析的意义

目前，在许多酒店人力资源管理实务中，都强调“以岗位为核心的人力资源管理整体解决方案”，就是指酒店人力资源管理的一切职能都要以工作分析为基础。的确，工作分析是现代人力资源所有职能，即人力资源获取、整合、保持激励、控制调整和开发等职能工作的基础和前提，只有做好了工作分析与设计工作，才能据此完成酒店的人力资源规划、招聘、甄选、录用工作人员、绩效评估、职业生涯设计、薪酬设计管理等工作。有的酒店人力资源管理者忽视或低估工作分析的作用，导致在绩效评估时无现成依据、确定报酬时有失公平、目标管理责任制没有完全落实等，挫伤员工工作积极性和影响酒店效益的现象时有发生。

酒店业是一个劳动密集型的行业，又是一个部分产品生产和消费同步的行业，其产品可逆转性差的特点，决定了其无论是对人员的挑选、服务流程及工作标准的规范，还是对人员的培训及激励，都必须有严谨、科学的文件可以依据；否则可能伤害员工的感情，更重要的是会影响服务质量而导致酒店名誉及利益的受损。因此，进行有效的工作分析，不仅是酒店经营成功的基础，也是帮助员工提高及改进工作业绩的关键。

（1）落实酒店职责，支持实现酒店目标。工作分析及岗位说明书能够把酒店实现战略的职责落实到具体酒店成员，确保酒店正常运转，支持酒店目标的实现。工作分析的作用见图 3-1。

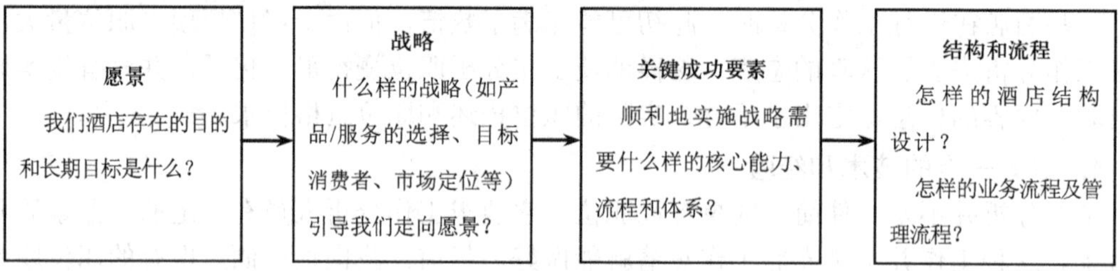

图 3-1　工作分析的作用

（2）奠定人力资源管理体系的基础。在人力资源管理系统中，工作分析和岗位评估是最基础的工作，提供了建立其他各人力资源子系统的平台。只有把这项工作做扎实，其他各项工作才有依据。

（3）传递酒店对工作的要求。

（4）为工作的申请者提供了有关责任、工作情况及工作要求的可靠信息。

（5）为全体员工明确各自的责任和任务提供帮助。

（6）使员工能正确地从事相关的工作。

（7）为现存的员工提供了正当的解释并说明其哪里符合酒店结构和发展的要求。

（8）为管理者及下属之间提供了一种明确的隶属关系。

（9）为工作设计和任务管理的变化提供指导方针。

二、工作分析的原则

基于工作分析在酒店人力资源管理中的作用，为了使其分析得更有效，在进行工作分析时，必须遵守以下几个原则：

（1）充分考虑技能的多样性。

（2）充分考虑任务的完整性。

（3）要向员工阐明每项任务的意义。

（4）要设置工作反馈环节。

（5）针对“岗位”，而非针对“人”。

（6）着重那些“应该”做的工作，而非“目前正在”做的。

（7）分析岗位的职责，而非岗位的明细。

美国著名的管理学家哈克曼认为，满足了上述的原则，就可以使员工体验到工作的重要性和自己所负的责任，及时了解工作的结果，从中产生高度的内在激励作用，形成高质量的工作绩效及对工作高度的满足感。

三、工作分析的内容

工作分析是对某工作进行完整的描述或说明，以便为管理活动提供有关工作方面的信息而进行的一系列工作信息的收集、分析和综合的人力资源管理基础性活动。工作分析的内容可以归纳为 6W2H：

Who：谁从事此项工作，责任人是谁，对人员的学历及文化程度、专业知识与技能、经验以及职业化素质等资格要求。

What：做什么，即本职工作或工作内容是什么，负什么责任。

Whom：为谁做，即顾客是谁。这里的顾客不仅指外部的客户，也指酒店内部的员工，包括与从事该工作的人有直接关系的人，如直接上级、下级、同事、客户等。

Why：为什么做，即工作对其从事者的意义所在。

When：工作的时间要求。

Where：工作的地点、环境等。

How：如何从事或者要求如何从事此项工作，即工作程序、规范以及为从事该工作所需的权利。

How Much：为此向工作所需支付的费用、报酬等。

四、工作分析的程序

工作分析是对工作进行的全面的评价过程，这个过程可以分为 6 个阶段，各个阶段的主要工作如下：

（1）准备阶段　确定工作分析目的；成立工作小组；确定样本（选择具有代表性的工作）；分解工作为工作元素和环节；确定工作的基本难度；制定工作分析规范；做好宣传工作。

（2）设计阶段　选择信息来源；选择工作分析人员；选择收集信息的方法和系统。

（3）资料收集阶段　编制各种调查问卷和提纲；广泛收集各种资源。收集资料是工作分析中最重要的一环。需要收集的资料包括岗位名称、工作内容及职责、工作环境、任职资格等。收集的资料应该能够回答下列问题：

1）岗位基本信息，如岗位名称、职衔等是什么？

2）上下级汇报情况如何？

3）岗位存在的基本目的是什么？存在的意义是什么？

4）为达到这一目的，该岗位的主要职责？（什么？怎样？为什么？）

5）什么是该岗位独有的职责？（这个问题使分析者能够从更宏观的角度看待该岗位）

6）什么是该岗位最关键（必不可少）的职责和负责的核心领域？（这个问题能帮分析者搞清楚公司对该岗位的核心定位）

7）该岗位任职者需要负责并被考核的具体工作成果是什么？

8）该岗位的工作如何与酒店的其他工作协调？

9）酒店的内部和外部需要有哪些接触？（怎样？为什么？何时？）

10）怎样把工作分配给该岗位员工，如何检查和审批工作？

11）有怎样的决策权？

12）该岗位工作的其他特点，如出差、非社交时间、灵活性要求、特殊的工作环境？

13）要获得所期望的工作成果，该岗位任职人员需要有什么行为、技能、知识和经验？（这个问题帮助分析者找出能胜任该岗位的人员所必需的能力和个人素质）

（4）分析阶段　对获得的资料进行汇总、整理、分类、总结，并进行必要的判断，从而得出对岗位的全面、准确和有条理性的认识，包括：审核已收集的各种信息；创造性地分析，发现有关工作或工作人员的关键成分；归纳、总结出工作分析的必需材料和要素。具体可从4个方面进行：

1）职务名称分析。职务名称标准化，以求通过名称就能了解职务的性质和内容。

2）工作规范分析。工作任务分析、工作关系分析、工作责任分析、劳动强度分析。

3）工作环境分析。工作的物理环境分析、工作的安全环境分析、社会环境分析。

4）工作执行人员必备条件分析。必备知识分析、必备经验分析、必备操作能力分析、必备心理素质分析。

（5）运用阶段　促进工作分析结果的使用。

（6）反馈调整阶段　酒店的经营活动不断变化，会直接或间接地引起酒店分工协作体制的相应调整，由此可能产生新的任务及部分原有职务的消失。

五、工作分析的方法及选择

1. 工作分析的方法

工作分析的方法可以分为结构化和非结构化两大类。前者通常搜集有关工作信息，以非计量的、叙述性的居多，主要目的是对工作职务有关信息作出书面记事性描述，主要有观察法、问卷法、访谈法、工作实践法和工作日志法。后者一般是采用问卷的形式，最大的特点是可以利用计算机对工作信息进行定量分析，主要有管理职位描述问卷（MPDQ）、功能性职务分析法（FJA）、职位分析问卷（PAQ）、关键事件技术法（CIT）和能力分析量表（ARS）。

（1）观察法　职务分析者通过对特定对象的观察，把有关工作各部分的内容、原因、方法、程序、目的等信息记录下来，最后把取得的职务信息归纳整理为适合的文字资料的一种方法。

这种方法取得的信息比较广泛、客观、正确，但要求观察者有足够的实际操作经验且使用结构性问题清单。

这种方法不适合循环周期长的工作和以脑力为主的工作，得不到有关任职资格要求的信息。

（2）问卷法　问卷法是指通过结构化问卷来收集并整理信息的方法，具体包括问卷调查表法、核对法。该类方法要求公司有较好的人力资源管理基础。

问卷调查表法，即根据职务分析的目的、内容等编写结构性问卷调查表，由岗位任职者填写后回收整理，提取出岗位信息。

核对法是根据事先拟定的工作清单对实际工作活动的情况进行核对，从而获得有关工作信息的方法。

（3）访谈法　通过岗位分析人员与任职人员面对面的谈话来收集信息资料，包括单独面谈和团体面谈。

此法较适于行政管理、专业技术等难以从外部直接观察到的岗位。此法需要岗位分析人员掌握较好的面谈技巧。

（4）工作实践法　工作实践法是指岗位分析人员通过实际从事该项工作，在工作过程中掌握有关工作的第一手资料的方法。

采用这种方法可以了解工作的实际任务以及在体力、环境、社会方面的要求。

这种方法适用于短期内可以掌握的工作，但是对那些需要进行大量训练才能掌握或有危险的工作，不适宜采用此法。

（5）工作日志法　工作日志法是指根据岗位任职者按时间顺序记录的工作内容和过程，经过归纳提炼，取得所需工作信息的方法。

（6）管理职位描述问卷（MPDQ）　MPDQ 是一种工作定向问卷，是对管理者的工作进行定量分析的工具。问卷包括管理者关心的问题、所承担的责任、工作限制和工作特征，共 197 个问题，可分成 13 类：①市场和财务规划；②与其他组织和成员的协调；③组织内部管理控制；④产品和服务责任；⑤顾客关系；⑥高级咨询；⑦行为的自治；⑧财务委托认可；⑨员工服务；⑩员工监督；⑪工作的复杂性与压力；⑫高层财务管理责任；⑬海外员工人事管理责任。

MPDQ 适用于一般管理岗位，可以提供一般性的基础数据。

（7）职位分析问卷（PAQ）　PAQ 是人员定向的工作要素的调查表，可以对工作要素的重要性、所需时间、责任、适用性等方面作出评定。PAQ 分 6 部分，共 194 个职务因素：

1）信息输入：员工获取信息的时间、地点和方式，共 35 项。

2）脑力劳动：在工作中如何推理、决策、计划，信息如何处理活动，共 14 项。

3）工作输出：需从事何种体力劳动、用何种工具，共 49 项。

4）工作关系：工作时需要与其他人员发生何种关系，共 36 项。

5）工作环境：在何种物理环境或社会环境下工作，共 19 项。

6）其他特征：与职务有关活动、条件、特点是什么，共 41 项。

每个因素用 6 个评价标准：①使用程度；②重要性；③所需时间；④承担责任；⑤适用性；⑥其他。

（8）关键事件技术法（CIT）　关键事件是指能反映其绩效好坏事件，即影响工作绩效的主要行为特征或事件。运用该方法进行工作分析，应注意考虑以下问题：①导致事件发生的原因和背景；②职工的特别有效或多余的行为；③关键行为的后果；④职工自己能否支配或控制上述的后果。

（9）功能性职务分析法（FJA）　FJA 是一种以工作为中心的分析方法，它分析工作中的人、事、信息三者之间的关系，包括工作特点分析和员工特点分析。

1）工作分析：员工责任、工作种类、产品、知识。

2）人员分析：能力、个性、身体状况。

2．工作分析方法的优缺点

不同的工作分析方法有其自己的优缺点：

（1）观察法要求观察者具有足够的实际操作经验，虽可了解广泛、客观的信息，但它不适于工作循环周期很长的、脑力劳动的工作，偶然、突发性工作也不易观察，且不能获得有关任职者要求的信息。

（2）访谈法易于控制，可获得更多的职务信息，适用于对文字理解有困难的人，但分析者的观点会影响工作信息的判断，面谈者易从自身利益考虑而导致工作信息失真，职务分析者问些含糊不清的问题会影响信息收集，不能单独使用，要与其他方法连用。

（3）问卷法费用低、速度快，节省时间、不影响工作，调查范围广，可用于多种目的的职务分析；缺点是需经说明，否则会理解不同，产生信息误差。

（4）工作实践法，分析者直接亲自体验，获得的信息真实，只适应于短期内可掌握的工作，不适于需进行大量的训练或有危险性工作的分析。

（5）关键事件法直接描述工作中的具体活动，可提示工作的动态性；所研究的工作可观察、衡量，故所需资料适用于大部分工作，但归纳事例需耗大量时间，易遗漏一些不显著的工作行为，难以把握整个工作实体。

（6）访谈法，它能够简单而迅速地收集资料，可以对工作者的工作态度与工作动机等较深层次的内容有比较详细的了解。但是它要有专门的技巧，需要受过专门训练的岗位分析人员；比较耗费口才和时间，工作成本较高；易受主观因素影响，使信息扭曲和失真。因此，在选择工作分析方法进行工作分析的时候，应该考虑各种分析方法的优缺点，在其优缺点之间进行平衡。

3．工作分析方法的选择

工作分析的方法很多，但每一种方法都有自己的优缺点，因此并不存在一种普遍适用的或最佳的方法。在进行工作分析时，应根据具体的目标和实际情况，有针对性地选择一种或几种方法，这样才能取得好的效果。

（1）考虑成本效益的选择　各种方法所要求的时间和费用不一样，所要求的分析人员的素质也不一样，由此带来选择各方法的成本不一样。简言之，在选择一种工作分析方法时，必须明确以下几个方面的要求：

1）需要花费多少时间。

2）如何获得熟练的有关问题专家。

3）如何证实专家的判断。

4）需要进行什么样的人事培训。

5）活动所需的总成本。

（2）考虑工作分析信息的最终用途　工作分析信息的最终用途不同，选择的方法也有所不同。比如，当工作分析用于招聘时，就应该选用以工作者为导向的工作分析方法，它最适于确定与工作有关的活动类型，如判断、人际关系等，而不是工作者实际所做的细节。而以工作为导向的工作分析不仅包含了工作者实际所做的细节，而且还包含了工作者必须将工作做到什么程度的信息，这是最为传统的一种工作分析形式，目前它已被广泛用于各种培训课程中。而当工作分析关注薪酬体系的建立时，就应该选择结构化的工作分析方法，这样有利于对各工作的工作价值进行比较。

（3）考虑所分析工作的特点　进行工作分析时，要依据酒店中的每一工作自身的特点，选择适合它的工作分析工具。观察法适用于大量标准化的、工作内容和工作程序相对静止的、以体力活动为主的工作，如客房服务员、餐厅服务人员等；不适用于工作周期长和脑力劳动成分比较高的工作、户外工作以及处理紧急情况的间歇性工作。它常用于对需要抽象思维和推理能力较少、行为影响十分显著的工作的分析。问卷调查法对于简单体力劳动工作、脑力工作、管理工作或不确定因素很大的工作，以及复杂管理工作都适用。访谈法则适用于脑力和体力活动的工作分析。管理职位描述问卷适用于不同的酒店内部管理层次以上的职位的分析；功能性职务分析是用以分析非管理性工作最常使用的一种方法，既适用于对简单工作的分析，也适用于对复杂性工作的分析。职务分析问卷适用于工作量大的工作和不同的工作情境；关键事件技术主要用于工作周期较长，以及员工的行为对酒店任务的完成具有重要影响作用的工作分析，目前主要用于绩效评估与工作训练，尤其应用于绩效评估的行为锚定与行为观察中。

六、酒店工作分析实践中常遇到的几种障碍

工作分析是酒店人力资源管理所有活动的基石，只有做好了工作分析与工作设计，才能为人力资源获取、整合、保持与激励、控制与调整、开发等职能提供前提和依据。但由于种种原因使得人力资源工作人员在进行工作分析的实践过程中障碍重重，最终给酒店的人力资源系统甚至整个酒店造成了不堪设想的后果。

1．员工恐惧障碍

员工恐惧障碍是指员工由于害怕工作分析会给自己的工作环境或自身利益带来威胁，对工作分析小组成员采取不合作或敌视的态度。它是工作分析实践中经常遇到的一类障碍。具体来说，员工恐惧主要表现为两种形式：①工作分析实施者在访谈、搜集资料等与员工接触过程中，员工对其态度冷淡、言语讥讽，或故意对工作分析实施者索要的相关资料不予提供。②在工作分析过程中，员工对于工作分析实施者所提出的问题，提供虚假的、与实际情况存在着较大出入的信息资料，故意夸大自己所在岗位的实际工作责任和工作内容，而相应地贬低其他岗位的工作。

员工之所以会对工作分析产生恐惧，主要是由以下 3 方面的原因造成的：

（1）员工将工作分析简单地等同于酒店裁员降薪的前奏。过去，工作分析一直是酒店在减员降薪时经常使用的一种手段。因为酒店如果无缘无故地裁员降薪必然会引起员工的不满、愤慨甚至控告。但是，如果酒店这些决定是建立在科学的工作分析基础之上，有了科学的依据和法律的保护，就可以避免出现不必要的纠纷。因此，员工对工作分析存在恐惧感便不难理解了。

（2）员工认为工作分析意味着工作强度将要加大。不可否认，为了提高工作效率，往往加重员工工作负荷，酒店也经常使用工作分析。著名的霍桑实验发现，出自团队归属的需要，员工在工作时一般不会表现出最高的效率，而是追从团队中的中等效率。而且，员工认为，不管自己的工作效率有多高，管理者都会不断地增加自己的工作强度，因为管理者始终存在这种想法——员工总是喜欢偷懒的。酒店进行工作分析以确定某项工作实际所需时间，而不是员工在工作中实际耗费的时间。因此，员工担心自己的工作会太辛苦，从而对工作分析产生恐惧心理也在情理之中。

（3）工作分析面谈中，由于工作分析实施者提出的问题不当，使员工不知如何回答，这也是造成员工恐惧的一个重要原因。未经过一定培训的工作分析人员，经常一上来就问员工一些空洞而没有意义的问题，如“请你谈谈你这份工作对于酒店的价值”。面对这么“宏观”的问题，员工通常不知如何回答。说大了，一听就是空话；自谦一下，就很有可

能被炒。这样的问题既容易引起员工不安，又得不到有效信息。

2．动态环境适应障碍

由于酒店内外部环境的变化速度日益加快，工作分析的结果应用周期也越来越短，这就要求在实施工作分析的过程中，把握住这些变化，以酒店的战略为指导，实现工作分析的经常化、战略化，以增强酒店对外部环境的适应能力。具体而言，酒店可以采用年度工作分析、适时工作分析和弹性职位说明书的方式以适应动态多变的环境。

（1）年度工作分析　具体步骤是：

1）在一个工作分析间隔期内，各部门主管准确、详细记录本部门内的工作变化情况。

2）在工作分析实施期间，各部门主管对一年内工作情况进行汇总，并征询本部门员工的意见。

3）工作分析实施之前，人力资源部门发文给各部门主管，要求其在一定期限内，递交本部门工作变化情况汇总表，并在等待期内制订工作分析的初步计划。

4）人力资源管理部门对各部门的工作变化情况进行整理汇总，并据此制订工作分析的详细计划。

5）实施工作分析。

6）编写职务说明书。

7）反馈工作分析结果。

（2）适时工作分析　具体步骤是：

1）部门主管发现本部门工作有所变化或有必要进行改变，就立即以书面形式递交人力资源管理部门。

2）工作分析小组根据该部门主管要求，开展工作分析实践。

3）编写职位说明书和工作规范。

4）进行工作分析结果的反馈。

年度工作分析和适时工作分析的实施成本较高。尤其是适时工作分析，它要求部门管理者每一次发现工作有所变动，人力资源部门都要对该工作实施工作分析，这样会造成工作分析的无计划性，从而提高实施成本。实践证明，综合交叉使用年度工作分析和适时工作分析可以解决高成本的问题，如可以进行一次定期的工作分析，而在这期间内可以对各部门主管认为非常重要的工作进行定期分析。

（3）弹性职位说明书　酒店结构的扁平化趋势，使得团队成为酒店结构的基本单位。团队中的成员没有清晰的职责划分，而是共同协作，共同为酒店绩效负责。弹性职位说明书能够较好满足团队“无边界工作”、“无边界酒店”特征的需求，因为弹性职位说明书一般只规定职位工作任务的性质，以及任职者所需的能力、技术、知识、经验等，而不再详细确定任职者的责任范围。显然，弹性职位说明书可以更好地在酒店工作方向发生变化时保持其灵活性和适应性。酒店业属劳动密集型产业，酒店结构扁平化的进程可能比较慢，但可以尝试在部分部门中实行。

3．岗位员工较少的障碍

工作分析实践中会经常遇到某些工作岗位只有一个或者两个员工（如洗碗工）的情况。岗位员工较少也会对工作分析过程和工作分析结果造成较大影响。

（1）岗位员工较少会使工作分析难以深入进行。因为工作分析是对工作的抽样，抽样必须保证样本的代表性，而样本容量通常是样本代表性的重要指标。因此，如果某岗位上只有一个或两个员工，这从前提上就影响了工作分析的合理性和准确性。

（2）岗位员工较少的现实，还会导致工作分析结果不可靠。由于工作分析是建立在对员工行为及其任职资格分析基础之上的，所以在岗位人员较少的情况下，工作分析的结果也就成为该工作岗位员工个体的工作行为或工作绩效的描述，而非对此工作本身的分析和描述。

要消除员工对工作分析实践带来的不良影响，最根本的办法就是加强对工作分析实施者的培训。培养工作分析人员在进行工作分析的过程中，不仅要着眼于现职人员工作的好坏与否，更要将注意力更多地集中在与工作本身有关的客观实际信息上，主要包括工作的职责权限、主要工作内容、工作所需知识和技能等。

总之，在工作分析中要学会科学地运用“小马拉大车”的“翁格玛利”效应[1]。不管才大才小都给予略大于自身能力、才干的舞台，即“十分之才，委以十二分的重任”。这对酒店的工作分析提出了更高的要求，它不仅要对员工的才能量体裁衣，而且要尊重被委以重任的人。

小资料

美国加利福尼亚大学的学者做了这样一个实验：把 6 只猴子分别关在 3 间空房子里，每间两只，房子里分别放着一定数量的食物，但放的位置高度不一样。第一间房子的食物就放在地上，第二间房子的食物分别从易到难悬挂在不同高度的适当位置上，第三间房子的食物悬挂在房顶。数日后，他们发现第一间房子的猴子一死一伤，伤的缺了耳朵断了腿，奄奄一息。第三间房子的猴子也死了。只有第二间房子的猴子活得好好的。

究其原因，第一间房子的两只猴子一进房间就看到了地上的食物，于是，为了争夺唾手可得的食物而大动干戈，结果伤的伤，死的死。第三间房子的猴子虽做了努力，但因食物太高，难度过大，够不着，被活活饿死了。只有第二间房子的两只猴子先是各自凭着自己的本能蹦跳取食，最后，随着悬挂食物高度的增加，难度增大，两只猴子只有协作才能取得食物，于是，一只猴子托起另一只猴子跳起取食。这样，每天都能取得够吃的食物，很好地活了下来。虽是猴子取食的实验，但在一定程度上也说明了人才与岗位的关系。

岗位难度过低，人人能干，体现不出能力与水平，选拔不出人才，反倒成了内耗式的位子争斗甚至残杀，其结果无异于第一间房子里的两只猴子。岗位的难度太大，虽努力而不能胜任，甚至埋没、抹杀了人才，有如第三间房子里两只猴子的命运。岗位的难度适当，循序渐进，如同第二间房子的食物。这样，才能真正体现出能力与水平，发挥人的能动性和智慧。同时，相互间的依存关系使人才间相互协作，共渡难关。

[1] “翁格玛利”效应，是教育心理学术语，意思是对受教育者进行心理暗示：你很行，你能做得更好，从而使受教育者认识自我，挖掘潜力，增强信心。

第三节 岗位说明书的编写与应用

一、为什么要编制岗位说明书

1. 岗位的含义

在一定的时间、空间内，由一名职工承担若干项任务，并具备一定职务、责任和权限时，就构成一个岗位。岗位是酒店构成，即酒店职能实现的最基本的单位。一个岗位的内涵应该有名称、任务、职责要求、沟通关系、劳动强度、劳动条件与环境、劳动资料与对象等。一个岗位对员工的要求可分为工作能力要求、知识水平要求、职业道德要求、能力要求、身体素质要求等方面。

具体反映在一份岗位说明书上，可按以下几点阐述：

（1）岗位在酒店中的位置 它的直接上级、向同一上级汇报的人员、直接下级、间接下级各是谁。

（2）该岗位性质 该岗位属于客房、前厅、餐饮、人力资源管理，还是财务等。

（3）该岗位的主要活动 是服务还是产品，通过什么工作来提供。

（4）该岗位的内外联系 岗位影响的范围（部门、酒店、外界）。

（5）岗位环境 主要环境信息。

（6）岗位人员要求 学历、专业、能力、技能、经验等。

2. 岗位说明书对于酒店的经营管理具有不可低估的作用

（1）为招聘、录用员工提供依据

1）确定岗位的任职条件。岗位说明书里确定了岗位的任职条件，任职条件是招聘工作的基础，招聘工作需要依照任职条件来挑选人员，不满足任职条件的人，不能聘用。如果酒店一定要用，也只能降格使用，如工资等级要下降，或者职务要略微下降。

2）岗位说明书将作为签订劳动合同的附件。岗位说明书将作为员工录用以后签订的劳动合同的附件。酒店决定录用员工后，这名员工应该承担什么样的责任，以及要负责到何种程度，这些问题也已经事先在岗位说明书里约定好，酒店不需要对员工重复说明。

3）作为入职培训的教材。员工被录用以后，岗位说明书可以作为入职培训的教材，有助于节省新进员工、上级主管和培训专员的时间及精力。

（2）对员工进行目标管理

1）岗位说明书是给员工下达目标的凭证。目标管理是现代酒店管理的一种最有效的办法之一，给员工下达目标的凭据就是岗位说明书里面规定的职责，如给人力资源部的培训专员下达的目标是培训的指标，而不能下达薪酬管理的指标。由此可见，岗位说明书是目标管理的一个基本依据。

2）依据岗位说明书可清晰设计目标。在岗位说明书中，具体某个项目有几项职责、目标应该下达给谁，都有非常清楚的说明。因此，负责目标管理的主管应该随时查阅岗位说明书，以便更明确、有效地对员工进行目标管理。

（3）是员工教育与培训的依据 对员工进行培训是为了满足岗位职务的需要，有针对性地对具有一定文化素质的员工进行岗位专业知识和实际技能的培训，完备上岗任职资格，提高员工胜任本岗本职工作的能力。根据岗位说明书的具体要求，对一些任职条件不足但其他方面优秀，符合公司急需人才要求的员工进行教育和培训，提升其本身的素质，最后使其达到岗位说明书的任职要求。

（4）为员工晋升与开发提供依据　人力资源管理中一项非常重要的工作是人力资源开发，就是通过一些手段使员工的素质和积极性不断提高，最大限度地发挥员工的潜能，为酒店作出更大贡献。员工的晋升与开发，离不开人事考核。人事考核是以员工为对象，以岗位说明书的要求为考核依据，通过对员工德、能、勤、绩等方面的综合评价，判断他们是否称职，并以此作为任免、奖罚、报酬、培训的依据，促进“人适其位”。因此，岗位说明书也为这项工作提供了一个依据。员工大都愿意在一家酒店长期工作，并不愿意来回跳槽，主要是看有没有发展的空间。例如，现在是销售员，有没有可能做销售经理或销售总监。酒店就要依据岗位说明书，有针对性地做工作。

根据岗位说明书做员工晋升路径图，将其作为规范化管理的一个基础文件。每一位员工都清楚，只要好好工作，将来就能升到什么职位，或几年才能达到任职条件。

（5）是绩效考核的基本依据

1）岗位说明书确定了岗位职责。在绩效考核的时候，只有通过考察岗位说明书，才会知道只有这个岗位才有这个职责，才能去考核这个岗位上工作的员工是不是尽职尽责，是不是完成了工作目标。假如在岗位说明书中根本就没有这个职责，就不能拿这个要求考核他，因为他不需要承担这样的责任。所以，岗位说明书在工作目标管理和绩效考核工作中起很大的作用，也是绩效考核的一个基本依据。

2）岗位说明书确定了职责范围。岗位说明书确定了某一项职责的范围，是全责、部分还是支持关系，很清楚地划分了员工的职责。当某一项工作没有完成或出现问题时，责任十分清楚。

3）岗位说明书确定了考核内容。岗位说明书还规定了考核评价内容。绩效考核的标准应该是一致的，不能是岗位说明书写的是一个样，考核标准又是另一个样。

（6）岗位说明书为岗位管理、评价与薪酬体系的合理化提供了依据　不同的岗位有不同的职责，其对于一个酒店的贡献是不相同的，岗位说明书为岗位评价提供了依据；岗位说明书对主要职责进行清晰明了的描述和界定，明确考评内容，为绩效考核提供了帮助；岗位说明书为相似职业群建立了公平的级别和等级，为酒店的整个薪酬管理体系打下基础。

二、如何编写岗位说明书

岗位说明书具体内容的编写是牵涉面最广、涉及所有员工、工作量十分浩大的文件整理汇编工作，大体可分为准备、编写、审核与修订、定稿等步骤。

1．准备阶段

（1）组建编写小组　负责具体编写工作和协调有关事宜。编写小组成员由顾问公司（如有外聘）、人力资源部及其他部门指定的人员组成。对小组成员具体要求如下：对酒店及本部门的经营管理和业务状况比较了解，有一定的影响力，能公平公正地处理问题，有一定的文字功底，小组成员一般是各部门的负责人。

（2）组建领导小组　负责审核编写的结果和解决编写中出现的有关问题，主要由酒店资深、高层管理人员组成。

2. 编写阶段

（1）设计框架　由编写小组主要成员共同设计出适合本酒店的岗位说明书框架，包括岗位说明书的样式草本及相关内容（见表 3-1），并提交领导小组审定。

表 3-1　岗位说明书

<table>
<tr><td>岗位名称</td><td colspan="2"></td><td>所在部门</td><td colspan="2"></td><td colspan="2">岗位定员数</td><td colspan="2"></td></tr>
<tr><td>岗位编号</td><td colspan="2"></td><td>部门编号</td><td colspan="2"></td><td colspan="2">薪酬等级</td><td colspan="2"></td></tr>
<tr><td>直接上级</td><td colspan="4"></td><td colspan="2">直接下级</td><td colspan="3"></td></tr>
<tr><td>岗位图</td><td colspan="9"></td></tr>
<tr><td>工作综述</td><td colspan="9"></td></tr>
<tr><td colspan="10">岗位工作描述</td></tr>
<tr><td>序号</td><td>工作项目</td><td colspan="6">具体职责</td><td>工作权重（%）</td><td>绩效指标</td></tr>
<tr><td>1</td><td></td><td colspan="6"></td><td></td><td></td></tr>
<tr><td>2</td><td></td><td colspan="6"></td><td></td><td></td></tr>
<tr><td>3</td><td></td><td colspan="6"></td><td></td><td></td></tr>
<tr><td>4</td><td></td><td colspan="6"></td><td></td><td></td></tr>
<tr><td>5</td><td></td><td colspan="6"></td><td></td><td></td></tr>
<tr><td>6</td><td></td><td colspan="6"></td><td></td><td></td></tr>
<tr><td>7</td><td></td><td colspan="6"></td><td></td><td></td></tr>
<tr><td>8</td><td></td><td colspan="6"></td><td></td><td></td></tr>
<tr><td rowspan="2">工作协作关系</td><td>内部</td><td colspan="8"></td></tr>
<tr><td>外部</td><td colspan="8"></td></tr>
<tr><td rowspan="10">任职资格</td><td>任职资格项目</td><td colspan="8">要　求</td></tr>
<tr><td>教育程度</td><td colspan="8"></td></tr>
<tr><td>专业（工种）</td><td colspan="8"></td></tr>
<tr><td>工作经验</td><td colspan="8"></td></tr>
<tr><td>知识要求</td><td colspan="8"></td></tr>
<tr><td>上岗证/资格证</td><td colspan="8"></td></tr>
<tr><td>对身体健康要求</td><td colspan="8"></td></tr>
<tr><td rowspan="3">岗位技能</td><td>技能</td><td></td><td></td><td></td><td></td><td></td><td></td><td></td></tr>
<tr><td>级别</td><td></td><td></td><td></td><td></td><td></td><td></td><td></td></tr>
<tr><td colspan="8">需求程度的级别：很强—5，强—4，较强—3，一般—2，无要求—1</td></tr>
<tr><td rowspan="3">其他</td><td>工作环境</td><td colspan="8"></td></tr>
<tr><td>工作时间</td><td colspan="8"></td></tr>
<tr><td>使用的主要工具设备</td><td colspan="8"></td></tr>
<tr><td>述职签字</td><td>任职人</td><td></td><td colspan="2">任职人上级</td><td colspan="2"></td><td>人力资源部</td><td colspan="2"></td></tr>
</table>

（2）酒店培训　针对岗位说明书的框架，由编写小组的主要成员对酒店全体员工进行岗位说明书编写技能与技巧的培训。

（3）编写　编写小组辅导或者帮助岗位任职人进行岗位说明书的编写，并完成初稿，提交部门负责人进行审核与修订。

岗位说明书具体内容的编写一般分为几大部分，下面对其中部分内容作简要说明。

1）基本概况：岗位名称指的是任职岗位的称谓，名称要反映工作岗位的性质、突出岗位的职能，如西餐厅服务员、前厅主管等；岗位编号一般由酒店人力资源部统一规定；所在部门指本岗位隶属的部门名称；直接上级指所描述岗位的直接主管岗位的名称，一般一个岗位只有一个直接上级岗位；直接下级指所描述岗位直接领导的下属岗位名称；薪酬等级指根据岗位评价的结果，按照酒店的管理制度确认的薪酬级别；岗位图指的是部门内部架构图。

2）工作综述：即设置该岗位的最重要的原因，指对本岗位职能进行综合、概括性的描述，一般用一句话，采用“三段论”的方式来描述，即“依据/按照……，做……（行动），达成……结果”。

3）岗位工作描述：岗位工作描述包括工作项目、工作描述、工作权重、绩效标准4部分。其中，工作项目包括岗位关键业务工作职责和岗位基础工作职责，关键业务工作职责指为发挥本岗位职能必须承担的具体业务模块的工作职责，岗位基础工作指各部门为完善本岗位的职能建设所承担的共性工作，一般情况下管理岗位才有必要描述基础工作。工作描述指对工作项目的具体内容进行描述，一般也采用“三段论”的格式。工作权重指本项工作的工作量占本岗位工作总量的比例，一般情况下可以用时间比例来代替，所有工作的总权重为100%。绩效标准是指衡量本项工作完成情况的指标及标准，主要从时间、数量、质量和成本等方面来设置。

4）工作协作关系：工作协作关系包括对内和对外两部分。对内协作关系主要指与直接上级或平级部门/岗位之间协作关系，一般填写最常联系的3～5个部门或岗位；对外协作关系主要从上级单位、政府有关部门、客户及中介酒店等方面来描述。

5）任职资格：对该岗位所需的任职基本要求作出判断，该任职基本要求未必与岗位现任职者的情况相同，而应该着重考虑从事该工作所必备的最低要求、胜任该工作的新员工的资历、从事该岗位所有员工的通用标准等因素。

任职资格的内容包括教育程度、专业（工种）、工作经验、知识要求、上岗证/资格证、专业技能等方面的要求。任职资格指要完成本岗位工作职能任职者必须具备的资格，本栏必须全部填写。岗位技能主要从招聘的角度出发，根据岗位工作的需要，并从工作性质和工作内容来判断其需求程度的级别。

6）其他部分：包含工作环境、工作时间和使用的主要工具设备。工作环境指本岗位工作面临的实际工作环境，如岗位是否面临噪声、粉尘、有毒气体、高温等会带来生命安全、职业病危害的威胁。工作时间主要是指本岗位工作时间的规律性。使用的主要工具设备指完成岗位职责所需要使用的工具或设备。

3．审核与修订阶段

部门负责人对岗位说明书的初稿进行初步审核，及时提出审核中发现的问题，编写小组提供岗位说明书的审核技术和办法，负责审核的过程辅导，解决项目小组审核中遇到的技术问题，负责收集审核意见，进行修订。

4．定稿阶段

编写小组将已初步修订的岗位说明书提交酒店领导小组。领导小组对所有的岗位说明书进行综合性全面审核，提出审核意见，并将审核中发现的问题与编写小组共同探讨，最终确定修订的办法，经编写小组再修订后，岗位说明书定稿。

岗位说明书定稿后，通过一定的程序进行下发执行。

三、岗位说明书的定期审查和保管

岗位说明书并不是一成不变的，它应该隔一段时间进行一次修订，在应用中动态地改进岗位说明书的内容，而且这种修订应该和酒店的人力资源规划结合在一起。这就是通常所说的规范化管理的系统性。

1．常规性调整

岗位说明书一般实行会审制度，由酒店人力资源部每年或定期对岗位说明书进行分级审核，收集审核意见，综合分析后酌情调整。

2．应根据酒店发展战略的调整而调整

酒店发展战略的调整，有时会引起酒店结构的调整和变化，酒店结构变了，职能变了，岗位自然也要变，包括一些新岗位的出现，一些老岗位的消失，有些岗位的内容职责、工作负荷的变化等，上述所有情况的出现都应重新修订岗位说明书。这项工作一般由人力资源部主持，和相关的部门来研究决定，研究以后再进行总的调整。

3．岗位说明书作为界定部门或岗位职责的重要静态资料应妥善保管

岗位说明书一式三份，任职人保管一份，用于对照工作完成情况；直接上级保管一份，用于检查、督导下属的工作；人力资源部存档一份，用于了解和跟踪各部门对员工的绩效评价等工作是否公平、公正和合理。岗位说明书作为酒店文件，当任职人辞职、辞退、调出、离任时不得将其带走，应移交给上级主管或继任岗位人员。

总之，岗位说明书的编写工作应该首先得到管理高层的认可，取得高层对岗位职责“变革”的理解和支持，并且在员工的积极参与和配合下，逐步分层实施。根据酒店发展战略调整酒店结构，再根据酒店结构来确定部门职责，岗位的职责应为部门职责的分解，部门的各项职责应在岗位的职责中得以体现，即“人人有事做，事事有人做”。根据任务量和工作的要求，将部门的工作任务合理地分解到具体的岗位，确定部门的岗位设置和人员安排，并明确部门内各岗位的岗位职责。

四、岗位说明书编写的误区

规范的岗位说明书明确了工作的职责权限、任职资格、工作特点、工作目标等重要因素，能为酒店进行工作评价、人员招聘、绩效考核、确定培训需求、薪酬管理等提供依据，但是很多酒店发现，岗位说明书编制后，对于改善本酒店的绩效、提升人力资源管理工作效率并无预期的作用，岗位说明书的规范和制约作用也无法体现。原因何在呢？

1．岗位说明书编写的误区

（1）为编写而编写　目前，在一些酒店中，由于管理流程的不规范，或管理者本身的行为不规范等问题，使得酒店存在职责不清、工作任务随意性较大、出现问题互相推诿等管理问题，不少酒店只关注岗位说明书的结果或形式，使得岗位说明书成为现实工作流程的“再现”。从某种意义上讲，酒店岗位说明书编写工作的开展，应该侧重于工作分析的过程，把岗位说明书的编写工作作为酒店现有岗位的一次大盘点，或者说是一次业务流程的重组，从而明确各岗位的职责与权限，规范工作流程，以实现科学管理的目的。

（2）缺乏专业的技术或培训　岗位说明书的编写是人力资源管理工作的一项专门技术。不少酒店由于缺乏岗位说明书编写的专业技能或培训，所以也存在描述不规范、用语不准确的现象。尤其是在岗位职责的描述上，它应该是关于一项工作最终要取得的结果的陈述，因此应准确、清晰地界定岗位任职者应承担的责任，所具有的权限和工作必须达到的目标，规范权责利的关系。但不少酒店的岗位说明书在描述用语的选择上，笼统地使用“负责、管理”等词语，导致岗位职责的描述“千岗一面”，使岗位职责描述过小或者过大。更有甚者是直接照搬其他酒店的说明书，结果是与本酒店“貌合神离”。

（3）宣传不到位　岗位说明书的编写应是一个由上而下的过程，涉及酒店各个层面。编写岗位说明书的目的就是要使员工明确自己的工作责任、作用及基本要求等，所以在编制过程中应得到全体员工的支持和参与。但是不少酒店或各级管理者把该项工作作为“作业”来应付，并没有与员工充分交流，甚至在岗位说明书形成之后，忽视了任职人的“反馈”或“确认”环节，所以作用不大；有的由于宣传不到位，员工不知道岗位说明书的作用，有些员工误认为岗位说明书编写就是要“定员、定编”，这对员工显然是一种威胁，由此出现员工不理解、不利用、不执行的情况，使岗位说明书变成可有可无的摆设。例如，在对任职人资格进行界定时，有些员工感到恐慌。若按照行业通行的标准对岗位任职人资格进行界定，很多老员工的学历或者技能达不到酒店要求，因此他们就会认为岗位说明书是酒店给他们设置的障碍，由此产生敌对思想。

（4）编写工作定位不明晰　不少酒店把编写岗位说明书的工作定位于优化酒店的工作流程，解决多头领导现象，改善现有的职责划分等。但是在实际工作中常常会面临两难的选择：是对酒店各个岗位工作的现状的描述还是对目标状态的描述，即“是什么”和“应是什么”的问题。若选择后者“应是什么”，则在界定各个岗位职责时必须对现存的职责交叉、职权不明的现象进行调整，这将导致一部分员工的工作职责和权限的变动，可能招致抵制的阻力，因此编写工作必须得到管理者高层的认同或支持。

与此同时，我国的一些酒店，工作任务的分配通常取决于员工个人的工作能力和领导的意志，使得基层员工疲于应付上级的命令，“忙的忙死、闲的闲死”，造成“工作无计划、管理打乱仗”的现象。

（5）岗位说明书的管理不及时　随着酒店经营环境的变化和酒店的发展，酒店中工作业务流程也在不断变化，因此部门职责及岗位工作内容与要求也会不断地发生变化。一般而言，岗位说明书应不断修改，修改的频率应根据行业的发展和职责的变化情况灵活进行选择。因此，当酒店发生重大变革和战略调整时，酒店应及时修订岗位说明书。然而，一些酒店的岗位说明书并没有随着酒店的发展而变化，使得原有岗位说明书在新形势下已失去价值，岗位说明书的规范和指导作用也难以发挥。

2. 走出编写误区的建议

（1）高层的支持和认可　在开展岗位说明书编写工作之前，人力资源经理一定要和相关的高层领导进行讨论，明确规范岗位职责的意义，正确定位岗位说明书的编写工作，取得领导对岗位职责“变革”的理解和支持，并保证在岗位说明书的实施过程中，高层领导能率先树立岗位责任意识，对各项工作实行归口管理，改变原来自由随意的管理风格。

（2）员工的参与和配合　酒店在编写岗位说明书时，各部门的主管以及员工应该积极参与，人力资源部要为其各个部门提供编写技术的培训、指导和审核。尤其是做好充分的准备工作，给员工宣讲制订岗位说明书的意义和说明书中各项内容的含义。对现行人员配置达不到或者远超出酒店要求的现象，酒店应向员工解释其原因，打消他们的各种思想疑虑，保持酒店的稳定发展。

（3）逐步分层实施　在编制岗位说明书之前，必须进行认真的工作分析和调查，了解每一个岗位的工作任务、工作目标、工作条件、上下级的关系、对内对外的联系、任职资格等因素。在实际操作中，可灵活选用问卷调查法、面谈法、工作日志法、实地观察法等方法取得具体的资料。

岗位的职责应该是部门职责的分解，部门的各项职责应在岗位的职责中得以体现，即“人人有事做，事事有人做”。部门职责是界定岗位职责的基础，因此界定岗位职责的第一步是界定部门的职责。第二步是将部门职责分解到部门的各个岗位，明确各岗位之间的分工关系。这一过程也可作为酒店定员定编的依据。根据任务量和工作的要求，应将部门的工作任务合理地分解到具体的岗位，确定部门的岗位设置和人员安排，并明确部门内各岗位的岗位职责。特别是对“一岗多人”的情况，运用规范的语言明晰地确定各岗位在此项工作中要承担的责任，如某酒店的财务部门的职责包括会计核算、资金管理、预算管理、成本管理、财务分析等。

（4）使用规范用语　规范岗位说明书的描述方式和用语关系到岗位说明书的质量，因此这一工作不容小觑。标准的岗位职责描述格式应是“动词+宾语+结果”。动词的选择可参照岗位职责动词使用规范表；宾语表示该项任务的对象，即工作任务的内容；结果表示通过此项工作的完成要实现的目标，可用确保、保证、争取、推动、促进等词语连接。例如，人力资源部部长负责人力资源战略工作可描述为“负责酒店制订人力资源战略和人力资源规划，保证为公司的发展战略提供有效的人力资源支持”等。

（5）建立动态管理机制　岗位说明书管理工作相当重要，行业的发展、酒店的变革会给岗位提出不同的要求。因此酒店编写出规范的岗位说明书后，人力资源部应建立岗位说明书的动态管理制度，由专人负责管理更新。目前，我国很多酒店已开始注重这一问题。

本章小结

工作分析是酒店有效开展人力资源管理工作的基础和前提，岗位说明书又是酒店有效开展人力资源管理工作的重要指导性文件，所以本章在本教材中具有非常重要的意义。本章从酒店目前工作分析的现状入手，分析了目前酒店工作分析存在的问题，并以此为切入点，从工作分析的意义、原则、内容、程序及方法等方面阐述了酒店的工作分析应该如何有效地开展，在此基础上介绍了岗位说明书的编写程序、方法及应注意的问题，以保证后续的酒店人力资源开发与管理工作的有效开展。

复习思考题

一、单项选择题

人力资源开发与管理最基本的作业与基础是（　　）。

A. 人力资源招聘　　B. 培训与开发
C. 工作分析　　D. 劳动关系

二、多项选择题

有效开展工作分析的方法包括（　　）。

A. 访谈法　　B. 问卷调查法
C. 工作日志　　D. 观察法
E. 关键事件法

三、分析题

1. 用学过的理论分析酒店工作分析中存在的问题并提出相应的对策。
2. 简述工作分析的意义及原则。
3. 工作分析的内容包括哪些？
4. 简述工作说明书的作用。
5. 论述工作分析的方法及选择。
6. 结合实际论述如何克服工作分析实践中遇到的障碍。
7. 论述如何编写岗位说明书及如何避免走入误区。

四、实训题

实训要求：请根据学过的理论编写某一酒店餐饮部经理岗位说明书，并对其现有的岗位说明书进行评价。

实训目的：巩固所学理论；提高解决问题的实际操作能力；提高调研、收集资料及分析问题的能力。

实训器材：计算机

实训指导：运用所学方法，以小组为单位（自愿组合，原则上每组不超过5人）对某一酒店进行调查，在调查、收集资料的基础上，撰写其酒店餐饮部经理岗位说明书，并对其现有的岗位说明书进行评价。一周之内完成。

实训报告：请将实训所得结果填写在实训报告纸上。

第四章

招聘管理实务与面试技巧

知识目标

- 认识和理解酒店工作的性质及用人标准。
- 掌握招聘工作的程序、方法。
- 熟悉招聘中的面试技巧。

能力目标

- 能进行招聘方案的设计。
- 能够进行员工招聘。

引导案例

潘玉虎该选择谁

潘玉虎是国内一家知名连锁酒店集团的总经理，酒店的总部设在北京，分部遍及广州、上海、武汉等地，每年的营业额以25%以上的速度递增。

就在前几天出了一件让他非常棘手的事情，市场部经理卞某由于个人原因向酒店提交了辞呈，虽经酒店多次挽留，仍然没有改变他的决定。现在，酒店急需任命一位市场部经理来代替卞某。但是潘玉虎和酒店其他部门的几位负责人讨论了几天，也没有达成一致的意见。潘玉虎认为，现任市场部副经理韩某不错，可以接替卞某的职位。但这个想法却遭到其他人的强烈反对，人事部经理刘某先提出："韩某有很强的分析能力，能很快适应环境变化，但我认为他太强势，甚至有点刚愎自用，很少听取别人的意见。如果由他当市场部经理，下面会怨声载道；而且，他只有高中的文化程度，下面的人多数都是大学毕业生，让一个没有什么学历的人来担任经理他们会服气吗？"销售部负责人也插言："韩某干得的确不错，但是过分的热心和乐观令人感到有点不安，这有可能导致他无法进行正确而实际的市场调查和研究工作。"

潘玉虎又想到了市场部另一位副经理肖某。和韩某不同，肖某做事不张扬，为人非常随和，最善于团结下属，手下人会很好地跟他结合在一起，办起事来也很有韧劲儿，在工作上肖某的表现也很不错。但潘玉虎还是犹豫不定。因为，肖某有时心太软，在他手下有几位表现很差的销售员，按理说应该辞掉，可肖某却不忍心这样做。

这两天，有人又透露给潘玉虎一个消息：竞争对手某酒店集团的市场部经理李某最近与老板闹翻了，正要辞职不干。我们何不趁此机会把她挖过来呢？她的能力我们都清楚，绝对没有问题。潘玉虎听后，觉得也是一个办法。但考虑后，又觉得不太妥当。李某虽然是一位难得的人才，但她能否很快熟悉本酒店的业务，理顺各种关系，有效地开展工作呢？外来的和尚不一定就会念经。再说，这样做很可能会挫伤本酒店市场部门人员的积极性。

思考：

（1）如果你是潘玉虎，你会选择谁呢？

（2）如果选择外部的李某，又有哪些利弊呢？

"选人"是酒店人力资源管理"选人、育人、用人、评人、留人"5大职能之首，是人力资源管理的第一步，如果起点的质量不高，那么不仅后续的人力资源管理工作会事倍功半，更会影响到酒店决策的执行。作为承担着"选人"职能的招聘部门，在埋头于招聘的同时，也要日省三身，在深刻思考、学习的同时，还要经常抬头看看别人是怎么做的，借鉴国内外酒店的成功经验，探索出适合本酒店的有效的招聘方法，以提高招聘的效能。

第一节　我们到底需要怎样的员工

"巧妇难为无米之炊"，对于一家酒店来说，员工的招聘是人力资源建设重要的一步。酒店员工的招聘是否有效主要体现在以下4个方面：一看是否能及时招到所需人员以满足酒店需要；二看是否能以最少的投入招到合适人才；三看所录用人员是否真与预想的一致，适合酒店和岗位的要求；四看"危险期"（一般指进酒店后的6个月）内的离职率。那么，酒店如何进行有效的员工招聘呢？

一、酒店业务的特点

酒店是一种特殊的行业，有其特定的业务内容、特定的运动规律，这就带来了酒店自身的业务特点及由此而形成的酒店管理的特殊性与复杂性，同时也为酒店的从业者提出了特殊的要求。要招聘到合适的员工，首先要从了解行业性质开始。

酒店业务首先是生产和销售产品，而酒店产品的特殊性导致了酒店业务的其他基本特点。

1．酒店产品的无形性——酒店最本质的特点

酒店生产和销售的是服务而不是实物产品，客人希望得到的是物质和精神的多重满足，

这就给酒店管理提出了更高的质量要求。酒店借助于各种服务设施，通过服务员的服务劳动向客人提供各种旅居生活所需的使用价值。酒店的生产过程是把设施设备的合格效用和服务员的服务劳动结合在一起，产生一种新的使用价值。客人消费酒店产品是就地消费，除了要满足客人旅居生活的物质需要外，还要考虑到酒店服务的无形性，要给客人一种精神和心理的享受，从而使客人在精神上得到满足。酒店产品的特殊性要求酒店产品物美价廉，既要使客人有宾至如归之感，又要提供优质的服务。

2．酒店业务的综合协调性

酒店是一种综合性的行业，其综合性表现为：

（1）酒店产品的多样性，因为酒店产品具有食、宿、娱、购等多种属性。

（2）各部门提供的服务相互之间具有缺一不可的联系性，因为酒店各项业务不是孤立的，而是相互联系、相互影响，从而形成一个有机的整体。

（3）酒店每项服务的使用价值往往是多个部门同时产生效用时的综合结果。例如，客人入住，住宿本身是个简单的过程，但这个过程需要提供客房和设施，要锅炉房供暖，配电房供电，空调室调节空气，电视室提供录像电视节目等，由众多的部门同时提供不同的效用，在同一空间组合而成一种使用价值。

（4）酒店要在同一时间的不同空间里满足客人不同的多种消费需要，如在同一个时间里，有的客人要休息，有的要就餐，有的要购物，有的要美容，有的要娱乐，这就要求酒店要提供能满足多种需要的产品而不至于顾此失彼。总之，酒店产品的高度综合性要求管理要有系统性，既要考虑抓好整体的组织工作，又要做好业务工作；既要让产品能满足客人需求，又要让各服务项目能适合市场需求，更要求酒店上下左右要有高度的一致性，不致缺一而影响全局。

3．酒店管理的超前性

酒店提供的主要是生活服务，面对的是国内外各类宾客，其提供服务的水准是以国际上先进国家的水准为衡量标准，而不是以国内生产力水平和服务水准为衡量标准。这就要求酒店经营管理中，要使酒店适合世界潮流，努力保持服务水准的先进水平，要跟着时代走，注意国际酒店业发展的新趋势。这就要求酒店产品要不断更新，服务质量要日益提高，管理水平更要与时俱进。

4．酒店培训的日常性

酒店劳动具有明显的独立性和作业的自我制约性，要求员工要有高度的自觉性。酒店设备设施日趋现代化，但劳动手段还是传统的手工劳动。劳动形式在酒店表现为分散的、以人为单位的单项劳动，而这些劳动又主要是服务性的，具有就地即时消费的特点。从劳动管理上看，劳动在酒店不存在着机器对人的制约性，而是劳动者个体作业的独立性，以致造成劳动个体的劳动状态难于控制。酒店要求员工要按服务规程和服务标准来做，但员工是否按标准来要求自己则取决于员工的思想意识和自觉程度。虽然通过员工培训、思想教育、工作激励等方法可以提高员工素质，但酒店的不同职工甚至同一职工在不同时间、不同场合和对不同服务对象所提供的服务往往水平不一、质量不同，这就造成了劳动管理的复杂性和每次坚持服务标准的困难性。

5．酒店作业的独立性和员工行为的自我约束性

酒店劳动的特点是手工劳动与脑力劳动相结合，以体力劳动为主；集体协作与单体独立操作相结合，以单体操作为主；作业独立性和自我约束同时进行。因为宾客的要求是随时性的，所以员工为客人服务时就要按顾客需求做适当调整，这体现出独立性，但此调整要达到相应的服务水平，不能因改变程序而影响服务质量，这又体现了自我约束性，这种约束包括业务水平自我约束，自身情感、情绪的自我约束，以及行为的自我控制。

二、界定“选人标准”

鉴于以上酒店业务的特殊性，酒店员工的选择标准也有别于其他行业，标准要求更具体并且最好可以衡量，这样才有助于作为招聘部门考察人、面试人、筛选人、录用人的标杆。人才不是越优秀越好，只有合适的才是最好的。那么酒店到底需要怎样的人？答案是既要具备“软”素质，又要具备“硬”条件。

1．“软”素质

酒店员工首先要具备一定的“软”素质，这是由酒店文化决定的，即选人是德才兼备、以德为先还是以才为先？是强调个性突出还是团队合作？是开拓型还是稳健型？侧重于考察应聘者的兴趣、态度、个性等。尽管各酒店因其规模、性质、历史不一样，在用人软标准上有一定出入，但归结起来，下列标准是每个酒店都非常重视的。

（1）工作态度　工作态度能够全方位地表现出其敬业精神、工作热情以及对酒店的忠诚度。据有关数据表明，酒店甄别、筛选员工时“工作态度”是优先考虑的因素，对酒店而言，忠诚、工作积极主动、谦虚的人才是难以抗拒的。

1）积极。一个工作态度积极的人，不仅对自己的工作充满了热情，能够积极主动，这样的情绪甚至还能带动或改变身边人的工作态度，进而形成一种士气高涨、斗志高昂的工作环境。这些因素不仅有利于酒店的快速成长，提升酒店的凝聚力，并且其产生的价值和财富也是可以预见的。松下幸之助说的好：“缺乏热情的人是最没有价值的，不论才能、知识多丰富，如果缺乏热情，那就如同画在墙上的饼，丝毫没有功用。”因此，良好的工作态度不仅能得到录用，并且能得到领导的器重。

2）诚实。诚实守信的员工会使外界相信酒店是有信誉的。因此对现代酒店来说，首先要讲“诚信”，要求每位员工要机警、灵敏、富有竞争精神，要求员工诚实第一。

3）谦虚。用一颗谦虚的心踏入这个行业，因为酒店业是扩充知识面最广的行业；用积极乐观的状态去学习，去最大化地吸纳新知；踏踏实实地把应该做的工作做好；当遇到挑剔的客人时用平和的心态沉稳地去解决问题；当遇到问题时，哪怕是宾客及管理者的误会也学着先去服从，因为酒店行业的特殊性，你对宾客及管理者的态度是作为一种商品在出售。当你具备这些的时候，剩下的就是对酒店的忠诚！相信酒店会给你带来你所要的发展！老板与员工最大的区别就是，老板比你更相信酒店！

（2）可塑性　如今社会培养出各类人才，所学专业也越来越细化、越来越精。学历能够证明他们掌握专业知识的程度，而他们的实际操作能力则跟他们的工作经验和个人学习潜力有关。越来越多的酒店开始注重员工的教育培训，为酒店储备人力资本，虽然在开始培训时，要花多一些时间和精力，但在具备一定基础后，这些员工的提高程度和实际操作

效果会更快、更好。因此，如今酒店选择人才时，已把重心慢慢转到员工的在职培训上来，员工学习潜力和可塑性更受关注。

（3）素质修养与道德　个人的行为方式取决于自己的处事原则和道德准则。如果一个人的能力再强，但品行不良，这将有可能给酒店带来安全隐患，甚至会给酒店造成重大损害，这样的人才酒店也不会留恋。

（4）善于沟通　沟通能力从一定角度看是所有能力中最重要的能力，某种程度上比专业能力还重要。试想，如果没有良好的沟通能力，即使专业能力再强，表达不出来，或表达不准确、不清楚，让人无法了解你的真实想法，还谈什么合作？还如何进行合作？现代社会强调最多的就是社会分工，是合作精神，没有谁是可以包打天下的。而且随着社会化分工越来越细，团队精神和协作精神只会越来越重要，这就对沟通能力提出了更高的要求。沟通能力的重要性，随着市场竞争不断升温显得尤为重要，沟通已经成为人际关系的必备手段。酒店作为劳动密集型的服务行业，服务的对象是人，合作的对象还是人，因此沟通能力就显得尤为重要。

小案例

钥匙的去向

一天中午，某酒店一位客人匆匆来到前台，将房间钥匙交给一名收银员，称半小时后回来结账。

当时，该收银员正准备去用午餐，考虑到客人要半小时后才能回来结账，而自己用餐时间不到半小时，就顺手将客人交来的钥匙放到了柜台里边，未向其他同事交代就吃饭去了。大约一刻钟后，客人回到前台，询问另一名当值的收银员账单是否准备好，当值收银员称没有看到客人钥匙，客人听后非常生气，于是投诉酒店。

思考：该收银员错在哪里？

点评：准确的沟通是酒店服务之魂，没有沟通就没有服务。本案例存在着3个方面的沟通问题，需引起注意：

一是第一位收银员对客人的理解有误。客人称半小时后结账，其实是客人希望他马上准备好账单，待会儿再来交钱，这中间他可能有事情要办或是不愿意在前台等待，而不是收银员理解的半小时后再来办手续。

二是沟通的方式问题。作为酒店服务人员，要注意客人口头承诺的随意性，如该客人说半小时后结账却只过一刻钟就来了，所以无论遇到什么情况，服务人员都要尽快做完自己手中的服务项目，而不要根据客人口头所说来安排自己的工作。脱岗时一定要将工作及时移交同事，避免出现服务真空或盲点。

三是当值收银员与客人的沟通问题。在未弄清情况时，酒店服务人员随便对客人说“不”。要知道，把责任推给客人很容易引起他的不满和投诉。

（5）团队意识　“团队”按字面上的意思就是团结起来的队伍。酒店是一个依靠众多服务员及少数管理者的集体，要把酒店很好地经营下去，不仅需要全体员工对客服务时的优质服务，还势必需要一个凝聚力很强的团队，且建立起牢固的团队精神。

团队的力量是无穷的，能够产生的价值也是无限的。只有通过与他人团结协作，不断地沟通、协调，从酒店整体利益考虑，集众人智慧与力量，才能实现目标，创造价值。一个独断专行、没有亲和力、没有集体主义精神的人，是很难融入酒店，与他人齐心协力、齐头并进的。

（6）有明确的职业规划　对人生、对自己的职业有明确规划的人，一定是一个对生活、对工作抱有责任心、自我能力强的人。在面对突发事件或外来压力时，他们也能具备一定的承受力和应变力，不会轻易退却。

目前，对自己的职业有明确规划和设计的思想逐渐被酒店所重视。一般这类人选择酒店、职业不会盲从，清楚了解自身的优势和不足，会选择适合自己的事业，并能发挥主观能动性，以达到自己的设计规划目标。

（7）适应能力强　适应能力可表现出员工融入酒店从陌生到了解到熟悉，能在最短的时间内熟悉工作环境和工作职责，并且能与新同事和睦相处，融入新的团队中，能迅速征服周边同事，获得大家的认同和好感。酒店自然会重视这类员工的发展潜力，因为从一定意义上说，适应力等于学习力，学习力等于竞争力，竞争力等于生命力。

2．“硬”条件

这是满足岗位必需的条件，即通过职务分析明确该岗位的人需要具备的学历、年龄、技能、体能等。这侧重于考察应聘者的能力、素质等。

只有掌握了标准，招聘人员才能做到心中有数，才能用心中的这把“尺”去衡量每一位应聘者。

小常识

在酒店业你适合做什么

金兹伯格的职业选择心理与行为发展变化理论认为，人的职业选择可分为空想期、暂定期及现实期3个时期。在现实期内，对于一位应聘者，在酒店工作如何能够客观地把自己的职业愿望或要求，同自己的主观条件、能力以及社会现实和职业需要密切联系和协调起来，寻找适合于自己的职业角色非常重要。下面对酒店中几类重要工作进行分析，以期对择业者有所帮助。

1．行政类

酒店的行政部门主要包括人力资源部、总经理办公室、后勤部、行政部等，其中人力资源部作为开发、管理人力资源的职能部门，所处的位置和所担当的责任都是极为重要的，是酒店中最关键的决策职能部门之一。其他部门虽然职业的含金量不高，但由于承担着控制成本、内外协调、后勤保障等职能，所以在酒店里不可或缺。这类部门所提供的职位十分有限，往往同样的职位的数量只有一至两名，都要求人员相对素质较高，具备一定的专业知识和修养，具有一定的管理协调能力，性格稳重。因此，选择此类部门需要思考自己的性格、爱好、发展目标等因素是否与之适应：喜欢办公室工作的，应该是性格文静、能够妥善面对和处理各种重复劳动与复杂的人际关系，并立志成为行政管理或人力资源管理方面的专家；喜欢冒险与挑战、活泼好动、善于接受新事物的，经营部门则是比较理想的选择。

2．财务类

财务部门担负着酒店经济效益总核算，管理酒店资金流动，指导业务部门增加营业收入、控制运作成本，为酒店决策层提供管理会计的职能，在酒店里占有极其显著的位置。财务部门提供的职位丰富，人员数量相对较多，如收银员、出纳、会计、仓库管理、审计等，要求具备财务、会计、审计等相关专业知识，工作特点是常与数字、钞票接触，要求细心，反应敏捷。

3．经营类

酒店行业是以服务为主要业务的行业，所以对经营部门员工的要求一般为：具备良好的形象、浓厚的服务意识，具备助人为乐、吃苦耐劳、乐于奉献的精神。脾气暴躁、不善于与人沟通的人则不适合此类工作。经营类部门又分为房务系统及餐饮娱乐系统两大系统：

（1）房务系统　房务部一般下设前厅部（又称前台部、前堂部）、管家部（又称客房部）和洗衣部等分部，三星级酒店一般均独立设置各部门。主要经营项目是推销客房及其他设施，同时为客人提供各种综合性服务。

前厅是客人最先接触和最后接触的地方，对人的形象素质要求较高，适合那些形象气质较好、外语过硬、语言能力较强、具备较高学历的人士，如果外语较差、知识水平有限，则应留在管家部（客房部）发展为妥。此类工作发展前途较好，所以在最初选择职业时需要认真审视自己的能力，为将来职业的良好发展打下坚实的基础。

（2）餐饮娱乐系统　餐饮娱乐系统是酒店收入的主要部门，经常承担大型宴会，在酒店中占据着非常重要的地位。所提供的职业大多是楼面服务、传菜、酒吧等工作性质比较接近的职位，需求人数也是酒店中最多的部门，相对来说录取几率较大，并且与社会上的餐饮行业有共性之处。除西餐厅要求外语会话能力较强外，其他部门如中餐厅、卡拉OK厅、桑拿房、健身房等部门对外语要求相对较少，所以外语较差的求职者最好不要进入西餐部发展。除对外语要求外，该类工作的从业者还需要具备的素质包括：温文得体，有服务热情，个性开朗，乐于与人沟通，身手敏捷，动手能力较强等。

4．营销类

酒店营销工作面对的是竞争日益激烈、变化多端的市场环境，为了抢占更多的市场份额，要求营销人员必须观念较新，勤奋踏实，目标明确，性格外向，富于开拓精神，具有恒心和毅力，善于学习，突破自我，自信豁达，主动性、人际洞察力、客户服务意识、心理承受力都较强，敢于承担工作压力及各种挑战。此类工作发展空间较大。

三、现代酒店员工应该具备的意识

酒店行业的特殊性决定了酒店从业者不仅要具备特定的素质及能力，还要具备一定的行业意识，因为现代酒店业竞争的决定性因素不在于物，而在于人力资源水平的高低，员工整体素质的优良。进入新世纪，面对国内外酒店统一大市场的形成，酒店业竞争必将变得日趋复杂、残酷、激烈，优胜劣汰、弱肉强食的局面必将形成。国内酒店要想在激烈的竞争中求生存，求发展，做百年老店，就必须重视员工队伍的培养建设，重视基层服务人员的学习塑造。纵观假日集团和希尔顿集团，它们之所以能成为百年老店、酒店巨人，关键一点是重视管理与服务人员的塑造与培养，重视员工的学习提高和创新意识。现代酒店员工应该具备的意识如下：

1．市场意识

进入市场经济，酒店管理者要有强烈的市场意识，而作为酒店基石的员工，更需具备市场意识。酒店好的经济效益、社会声誉，不光是靠管理层的努力就能够完成的，而是需要酒店中每位员工的共同努力才能做到的。现代酒店员工除了爱岗敬业，完成本职工作外，还要有人人促销、人人参与市场开发、人人推销酒店、人人宣传酒店的意识行为。同时在社会外部大市场、酒店内部小市场、对客服务的具体工作中发现潜在的客源商机，接待好老顾客，留住新顾客，都是员工应具备的市场开发意识、客源竞争意识的体现。所以，现代酒店员工应该具有强烈的市场意识，在酒店中如果只有管理者有市场意识，而普通员工无市场意识，那这个酒店的入住率、经济效益是可想而知的。所以，只有酒店员工具备市场意识，才能参与市场竞争，酒店才能成为一艘在市场经济的海洋中航行且永不沉没的巨轮。

2．竞争意识

作为酒店的员工，必须懂得入职竞争、岗位竞争、服务竞争、生存竞争是无处不在的，竞争机制在国有、民营、外资酒店中是无处不有的。“市场不相信眼泪，竞争不同情弱者”，要想使自己变得强大，作为酒店员工必须具有强烈的竞争意识、敬业意识，努力掌握好本岗位的工作程序、设备的操作方法，做好规范化、标准化、个性化服务，牢固树立顾客至上、一丝不苟的工作作风。只有竞争意识强、学习欲望高的员工，才能在竞争激烈的社会中不断提升自己、充实自己，才不至于遭到酒店与社会的淘汰，具备强烈的竞争与进取意识的员工，才能真正成为一个合格的酒店人。

3．危机意识

一个有着忧患意识的民族，才是一个有强大生命力的民族，有希望的民族。一个有着危机意识、忧患意识、压力感、紧迫感的酒店，才是一个有希望的酒店。作为现代酒店的员工，除了具有市场意识、竞争意识外，还应具备一个很重要的意识——危机意识。人只有在危机面前，才能发奋图强，格外清醒，才能变压力感、紧迫感、危机感为动力。酒店管理者在员工入职培训之时，就应教育每一位员工懂得危机，知晓在市场经济中危机是无处不在、无处不有的。酒店在辉煌时要讲危机，在不景气时更要大讲危机，只有树立全员危机感、紧迫感，酒店才能立足激烈的市场竞争，才能变危机为转机，为良机。

4．服务意识

服务是基础，服务是灵魂，服务是酒店中最容易做好、又最难做好的工作。酒店员工必须高度树立“上帝”意识，树立“宾客至上，服务第一”的思想，树立“客人满意是对我服务工作的最高奖赏与评价”的思想。始终牢记，酒店给客人提供的最重要的产品是服务，一旦提供给客人劣质的、不合格的、不满意的产品，那将是永远无法更换和改变的。它不但影响酒店的声誉与形象，而且也说明服务人员的技能、服务行为不合格。现代酒店业的竞争将主要体现在服务的竞争上，所以需要每位服务人员必须树立高度的、强烈的、视优质服务为酒店生命的服务意识。

5．文化意识

文化是现代酒店品牌竞争，酒店凝聚力、生存力与生命力竞争的基础。现代酒店不但需要员工的知识面越广、越宽越好，而且要求酒店员工具有较高的文化意识，成为一专多能的复合型人才。员工除具有广博的知识、精湛的技艺之外，还需具有良好的心理素质、艺术修养、职业道德等。有了一支文化意识强大的队伍，酒店的文化氛围一定是很浓郁的，员工所展示出的素质、知识面、文明修养、服务意识、服务技巧、服务水准都是高人一等的。如果酒店员工人人都具备了良好的文化意识，那么这个酒店一定会形成强大的文化凝聚力，形成强有力的集体主义价值观、酒店道德和酒店精神，而所创造出的酒店文化、服务文化将是具有旺盛生命力的。

6. 成本意识

酒店效益、酒店成本掌握在每个员工的手中。现代酒店员工除了要有良好的服务意识，做好本职工作外，还必须具备“开源节流、节能增效”的成本意识，坚决控制好自己工区范围内的水、电、气、低耗品的使用，杜绝“水长流、灯长明”的现象发生，做好酒店设备、设施的维护保养，减少维修，降低物耗，做好人人节约“一滴水、一度电、一张纸”的活动。如果酒店成本控制工作、成本意识在员工中深入人心了，每个员工都有上佳的成本意识，酒店从中所获取的经济效益将是巨大的。激烈的市场竞争，要求现代酒店员工必须具备成本意识。

7. 环保意识

绿色环保已成为现代酒店发展的潮流，作为现代酒店的员工，必须具有环保意识，在酒店中为客人提供一个自然、清新、宁静、优美的好环境，在日常生活中能努力使自己成为维护人类美好环境的一员。现代酒店的员工必须懂得一定的环保知识，并在日常工作生活中做好环境保护工作、节能降耗工作、绿化美化工作，减少污染，减少浪费，努力使自己遵循创建绿色酒店的实施原则，把环境意识融入自己的日常对客服务的工作中去，使自己真正成为一名服务与环保的优秀员工，使酒店成为可持续发展的酒店。

8. 美学意识

酒店能否在竞争中取胜，与酒店管理者及全体员工的素质及审美文化修养也有直接关系。酒店及其服务人员作为宾客的一种特殊审美对象，只有具备一定的美学修养、审美意识、能够欣赏、创造美、不断提高酒店的文化美、服务美、行为美、环境美、语言美、装饰美等，才能在竞争中立于不败之地。所以，酒店之间的竞争可以说是美的竞争、审美档次的竞争，谁能够真正为顾客提供一个优美舒适的环境，给宾客以高品位的美的享受，谁就能在这种竞争中站稳脚跟，为酒店创造效益。现代酒店需要员工必须懂得和掌握一定的美学修养、审美情趣，具有一定的美学意识。

9. 创新意识

21 世纪是知识经济时代，作为酒店服务工作人员，除了扎实地掌握好服务的规范和标准以外，在服务工作中还要因人、因时、因地做好个性化服务、特殊服务、超值服务，在工作中有创新意识，不能死搬教条和书本知识，创新是延伸服务和发展服务的生命。现代酒店员工需要有变革和创新意识，去创造新的服务、新的文化、新的经营模式、新的营销理念。一言蔽之，即充分应用知识去变革、去创新。创新是酒店求生存、求发展、延长经营生命周期的灵魂。新世纪培养的酒店员工必须是有知识、有锐气、有创新意识、能用脑为客服务的优秀复合型服务人员，而不是只会机械待客的服务生。创造性地做好服务工作，是新时代酒店员工必须具备的意识。

10．协调意识

随着现代酒店大量引入高新技术，协调、沟通、协作在现代酒店中显得越来越重要。二线为一线服务，一线为宾客服务，现代酒店就像一部庞大而复杂的机器，而每个员工，又是身处不同岗位的螺丝钉、零部件，不但要忠于职守，有责任意识、纪律意识，更要有上下级之间、同事之间、部门之间的协调、沟通、协助意识。只有这样，信息的传递、工作的衔接、工作指令的传达，才不会脱节，才能保证这部机器的良性运转。现今酒店员工多为独生子女，他们以自我为中心的意识较强，在沟通、协调上的自觉性不够，新世纪的酒店员工培训，必须重视对新员工协调、协作、团队精神的培养和教育，必须教育他们树立强烈的集团观念、全局意识、协调意识，才能保证酒店在激烈的市场竞争中立于不败之地。

总之，现代酒店的竞争，主要在于人才的竞争、员工队伍素质的竞争、酒店文化的竞争、酒店管理与服务创新的竞争。谁拥有了一流的员工，谁就拥有了一流的服务、一流的效益。现代酒店管理者，在培养和建设员工队伍时，一定不要把自己的员工队伍培养和建成一支仅会给客人提供服务的队伍，应努力把自己的员工队伍塑造培养成一支学习的队伍、创新的队伍，一支有竞争意识、危机意识、市场意识的队伍，一个有文化内涵、美学观念、环保意识、协作精神的优秀服务群体。

第二节　如何找到合格的员工

如今，酒店界面临的最严峻、最重大的挑战不是找不到人才，而是如何找到合适的人才并迅速把他们变成一流员工。酒店业作为劳动密集型行业，为了做好该项工作，以下几点是需要认真研究的。

一、招聘概述

1．招聘的含义

招聘是指通过发布信息，把具有一定技巧、能力和其他特性的申请人吸引到酒店的过程。招聘的实质就是让潜在的合格人员对本酒店的相关职位产生兴趣并且前来应聘这些职位。现代酒店人力资源管理的招聘活动往往从酒店总体战略和酒店发展需要出发，遵循严格的程序，并运用科学的方法选拔和配置人才。

2．酒店招聘活动的 6R 目标

众多学者认为，良好的招聘活动必须达到 6R 的基本目标。

（1）恰当的时间（Right Time）　在适当的时间完成招聘工作，及时补充酒店所需的人员，这也是对招聘活动最基本的要求。

（2）恰当的来源（Right Source）　通过适当的渠道寻求目标人员。不同的职位对人员的要求是不同的，因此要针对那些与空缺职位匹配程度较高的目标群体进行招聘。

（3）恰当的成本（Right Cost）　以最低的成本来完成招聘工作。当然，这是以保证招

聘质量作为前提条件的，在同样的招聘质量下，应选择费用最少的方法。

（4）恰当的人选（Right People） 把最合适的人员吸引过来参加酒店的应聘，这包括数量和质量两个方面的要求。

（5）恰当的范围（Right Area） 在恰当的空间范围内进行招聘活动，这一空间范围只要能够吸引到足够数量的合格人员即可。

（6）恰当的信息（Right Information） 在招聘之前要对空缺职位的工作内容、工作职责、任职资格要求，以及酒店的相关情况作出全面而准确的描述，使求职者能够充分了解有关信息，以便对自己的应聘活动作出判断。

3．招聘的流程

（1）招募 招募工作就是通过各种途径和方法获取候选人的过程。招募的途径主要有两个，即内部选拔和外部招募，每一种招聘途径又有多种形式，由于内部、外部招募各有其优缺点，故酒店仅采用某种形式都是不恰当的，通常实际中的做法是两者结合。

酒店在确定招募来源时，通常考虑以下因素：

1）酒店经营战略。酒店处于高速发展期，在内部招聘不能满足对人才的需要时，应采用外部招聘；处于维持或稳定期时，考虑到招聘成本，应多采用内部招聘。

2）酒店现有人力资源状况。根据空缺岗位的重要性并考虑是否有合适的培训对象以及培养成本等问题，来选择是在酒店内部提拔或培训，还是外部招聘。

3）酒店文化。酒店文化以及领导的用人风格、领导对招聘渠道的偏好决定了酒店招聘渠道的选择。

4）招聘目的。当管理层是出于为酒店增加新鲜血液，激发现有员工队伍活力，转变经营观念和工作方式的目的来实施招聘时，则多采用外部招聘。

5）人工成本。酒店通过猎头获取高级人才的成本较高，但从长远发展角度及人才的贡献来看，外聘则较好；不能支付短期高额人工成本的酒店，则只能选择内部培养与选拔方式。

6）酒店所处的外部环境。当酒店处于区域人才市场发达、政策与法规健全、有充足的人才供给、人才信用良好等较好的外部环境时，外部招聘可帮助酒店方便快捷地获得理想人选。反之，则采用内部选拔培养的方式，避免招聘风险，节约招聘成本。

（2）选择 招聘中的员工甄选是指由人力资源部门和用人部门共同综合利用心理学、管理学和人才学等学科的理论、方法和技术，对候选人的任职资格和对工作的胜任程度进行系统、客观的测量、评价和判断，从而作出录用决策，这是招聘体系中技术性最强的工作。候选人的任职资格和对工作的胜任程度主要包括与工作相关的知识与技能、能力水平及倾向、个性特点和行为特征、职业发展取向及工作经验等。

一般说来，人员甄选主要考虑应聘者以下方面：

1）知识。知识分为普通知识和专业知识。通常专业知识会占主要地位。应聘者所拥有的文凭和一些专业证书（如英语等级证书、计算机等级证书、法律执业资格证等）可以证明他所掌握的专业知识的广度和深度，但知识重在应用，所以单以文凭为依据已经不能适应现代甄选人员的标准需要，还应通过笔试、面试等多种方式进行考察。

2）能力。能力分为一般能力和特殊能力。一般能力如记忆、想象、观察、注意、思维能力等，是完成任何一种工作都不可缺少的能力。特殊能力可以理解为人们常说的专业技能，如管理者有较强的人际能力、分析能力等。对一般能力的测试可采用一些专门设计的量表，如智商测试表等；对专业技能则常采用实际操作或情景模拟的方法来测量。

3）个性。个性表现为每个人独特的为人处世风格，是个人相对稳定的特征，这些特征决定着特定的个人在各种不同情况下的行为表现。根据个性特征安排其工作将极大地影响其工作绩效和工作积极性。通常可采用自陈式量表或投射测量方式来衡量。

4）动力因素。强烈的工作意愿与足够的工作动力来自于酒店激励系统能否较好地满足不同个体员工的不同的需求结构。在动力因素中，最重要的就是价值观。不同的价值观与不同的酒店文化的相融程度不一，酒店激励系统对他们的作用也不一样。在确定应聘者是否适合酒店文化时，则有必要对其价值观等动力因素进行测试，通常采用问卷测量法。

（3）录用　在对应聘者进行面试、心理测验和情景性测评等若干测试后，酒店会根据得到的信息对应聘者的能力作出系统的评价和比较，并结合岗位要求作出初步录用决策。确定录用名单后，及时通知被录用人员，并答复未被录用者。答复未被录用者也是酒店树立形象的不可忽视的途径之一。

（4）招聘评估　招聘评估是酒店招聘的最后一个环节，也是必不可少的环节。通过对录用员工质量的评估，检验招聘结果和招聘方法的成效，从而改进整个招聘活动。

二、招聘前的准备工作

招聘工作是否成功、有效，在很大程度上取决于招聘前的准备工作，只有招聘前做好细致、充分的准备工作，才有可能确保招聘的有效性。那么，招聘之前究竟应该做哪方面的准备工作呢？

1．招聘原则的确定

人才招聘是酒店人力资源部门的重点工作之一，酒店要做好人才招聘工作，掌握一些科学的招聘原则，将会大大提高招聘的效率和质量。

（1）认真进行工作分析　酒店的招聘应根据酒店的人力资源规划和工作说明书进行。人力资源规划决定了未来一段时间内需要招聘的部门、职位、数量、时限、类型等，工作说明书为空缺职位提供了详细的人员录用资格标准，同时也为应聘者提供了该工作的详细信息，它们是人员招聘的主要依据。对于酒店来说，无论是多招人还是招错人，都会给酒店带来很大的负面作用。除由此造成的人力成本、培训成本的增加及低效率和错误决策带来的损失外，人浮于事还会在不知不觉中对酒店的文化造成不良影响，并降低酒店的整体效率。此外，对于招聘工作而言，让招聘者事前认真进行工作分析，可以帮助他们了解胜任某项工作所必需的资格，掌握岗位的变化，并及时预测酒店中潜在的人员过剩或人力不足。

（2）确定员工的胜任特征　不同的酒店，招聘的理念及对被招聘者的胜任特征要求都是不同的。对于不同的酒店而言，可以根据自身所处的不同发展阶段和周围的竞争环境特点来确定员工的胜任特征。一般来说，酒店在初创阶段，需要大量有经验的人员来完善酒店的业务和制度，他们的经验对于酒店来说是一笔财富；当酒店处于快速成长期时，对人员的要求主要偏重于创新和变革的能力。没有创新和变革能力的人，他们可能会把原有的工作开展得很好，但是酒店在产品、服务和经营方式上却少有创新，因此也很难帮助酒店取得进一步的发展。当酒店的外部环境复杂、多变时，其员工必须要有敏锐的洞察力，快速学习、分析问题和解决问题的能力，这样的员工才能很好适应外部环境的变化，对面临的问题作出正确的判断。

（3）公开、公正、公平　首先，人员招聘必须公开，必须遵守国家有关方面的法令、法规和政策，公开招聘信息、招聘方法。一方面，将录用工作置于公开监督之下，以防止不正之风，杜绝任何以权谋私、假公济私和任人唯亲的现象；另一方面，可吸引大批应聘者。其次，在人员招聘过程中，要努力做到公平公正，以严格的标准、科学的方法对候选人进行全面考核，公开考核结果，择优录取。要真正体现公正与公平，还要杜绝就业歧视的思想和做法。在现实的招聘面试中，性别歧视、年龄歧视、人为制造各种不平等的限制、凭招聘人员的直觉和印象选人等现象并不少见。

（4）注重酒店形象设计和宣传　招聘是双方互选的过程，形象设计的目的是为了增强对应聘人员的吸引力。从登广告和摊位布置到接待面试、场地布置和参观酒店等，处处都应渲染和突出酒店的亮点以吸引应聘者。广告及摊位要有与众不同的新意，接待人员要精神饱满、仪容整洁。每一个环节都要给应聘者留下好感，但是要杜绝任何欺骗行为。此外，酒店要注意在招聘过程中以自己的行动向应聘者展示酒店“以人为本”的理念，吸引人才到酒店工作，招聘工作的目标不仅仅是招聘到合适的人才，还应该通过招聘工作展示酒店的形象，扩大酒店的影响力。

（5）提前组织酒店面试官，并授权分工　招聘工作是一个系统的过程，所以不仅人力资源部门，其他部门也必须共同参与进来，最好是由有关的人员组成招聘小组并明确分工，如谁负责面试、谁负责接待工作等。在进行酒店面试时，面试小组成员应该由用人部门主管、人力资源部门主管、专业人员及酒店相关领导共同组成，因为人是酒店中最重要的资源，只有让用人部门主管参与招聘决策过程，今后其才会更珍惜人才、用好人才；专业人员在涉及专业性问题时更有发言权；一些重要的用人决策，则需要酒店领导来作决定。面试前人事部门主管、用人部门主管、专业技术人员、酒店领导这四类人员还应事先从特定的角度设计面试问题，并且各自拥有录用与否的表决权。这样的授权与分工可以使招聘工作处在公平化、透明化状态，每位面试官都认真履行其面试的责任，从而提高招聘的有效性。

（6）内部优先　当酒店工作出现空缺时，应当首先考虑提拔或调动原有的内部职工。如果从外部招聘员工担任现有工作，往往会引起很多不满情绪。优先从内部招聘员工，便于他们利用自己的经验迅速适应工作，开拓新局面，这种做法的好处在于既可以降低招聘成本，又调动了内部员工的积极性。同时，当我们注意到外部招聘与内部招聘的缺点时，有时候又需要对一些部门做到内外兼顾。

（7）做好招聘预算　不管酒店采用何种方法招聘，都是要支付费用的，这就是雇佣成本。雇佣成本主要包括招聘广告的费用，对应聘者进行审查、评价和考核的费用等。一个好的招聘系统，表现在效益上就是用最少的雇佣成本招聘到适合职位的最佳人选的过程。有些酒店在招聘时往往没有先作预算，招聘过程中需要经费再由领导批准，这样往往会影响计划的实施。招聘前先明确经费预算有助于更好地做好计划工作，如选择何种招聘方式、何种宣传媒体等，从而减少工作的盲目性。

2．制订招聘计划

招聘计划是酒店根据发展目标和岗位需求对某一阶段招聘工作所做的安排，包括招聘目标、信息发布的时间与渠道、招聘员工的类型及数量、甄选方案及时间安排等方面。

（1）招聘计划的内容

1）招聘岗位及数量。根据酒店年度规划来确定酒店年度招聘数量，并根据业务发展的速度分解为不同部门不同时间段的招聘数量；确定招聘数量时还要考虑后期人员配置、晋升及男女比例等问题。

年终各部门产生的年度招聘计划外的职位空缺，则需按照招聘流程向人力资源部门提出招聘申请，在整个酒店的人力资源规划的限制和约束下，经上级领导的审批，决定最终需要招聘的员工人数。

2）招聘标准。招聘标准即确定招聘什么样的人，具体是指对计划招聘人员的自然属性、知识、技能、素质等的要求，包括年龄、性别、学历、工作经验、工作能力、个性特征等。

招聘标准的制订可以从以下 3 个方面来考虑：

① 人员技能与岗位职责相匹配。人员要胜任岗位要求，就必须具备一些基本技能，如学历、专业、经验等。

② 人员个性与团队特点相匹配。招聘合作性和互补性强的新员工，团队才能产生“1+1>2”的效果。

③ 人员价值观与酒店价值观相匹配。价值观支配个体行为，员工对酒店忠诚度的高低与其对酒店价值观的认同度有密切关系。员工不认同酒店价值观，就很难与酒店文化很好地融合，提高酒店绩效。酒店很容易让员工掌握工作经验和技能，但却很难教他如何具有正直的品行。

一般来说，招聘标准就是招聘申请当中的任职资格一栏中的内容。但是，随着近年来酒店人力资源管理水平的提升，很多酒店开始编制酒店能力素质模型，这对制订酒店招聘标准而言是一个质的提升，极大地提高了酒店的招聘水平。

3）招聘团队组成和职责。酒店招聘实践证明，酒店招聘人员素质的高低会很明显地影响应聘者对酒店的看法，因为招聘者在外面进行招聘工作时，代表的将是整个酒店，当大多数应聘者第一次于酒店进行直接接触的时候，他们往往通过招聘人员素质的高低来判断酒店有无发展前途。所以，招聘人员必须具备良好的个人品质与修养，具备多方面的能力，以及具备在本酒店专业领域的知识技能等，另外还要掌握一定的招聘技术和相关知识。

4）招聘工作时间表。招聘工作时间表包括信息发布时间、招聘时间和员工上岗时间等。任何一项计划都必须有明确的时间限制，否则就不是一项完整的计划。为了保证如期完成招聘任务，必须对招聘各阶段的工作有严格的时间限制。一个有效的招聘一般需要将近两个月的时间，期间要进行征集个人简历、面试通知、面试准备和进行、决定是否录用、录用工作等。所以，招聘广告一般要在职位空缺前两个月就发放出去，这样才能按照既定的招聘工作流程图的逻辑顺序进行完整的招聘工作。

小资料

某酒店招聘工作时间进度表见表 4-1。

表 4-1　某酒店招聘工作时间进度表

单位名称:　　　　　　　　　　　　　　　　　　　　　　填表日期:　　年　　月　　日

发布招聘信息阶段							
工作完成时限	确定计划	起草招聘信息文稿	广告设计	媒体联络			
	月 日 前	月 日 前	月 日 前	月 日 前	月 日 前	月 日 前	月 日 前

初试与复试阶段					
岗位名称	工作完成时限				
	资料筛选	初试（面试）	复试（笔试）		
	月 日 前	月 日 前	月 日 前	月 日 前	月 日 前
	月 日 前	月 日 前	月 日 前	月 日 前	月 日 前
	月 日 前	月 日 前	月 日 前	月 日 前	月 日 前
	月 日 前	月 日 前	月 日 前	月 日 前	月 日 前
	月 日 前	月 日 前	月 日 前	月 日 前	月 日 前
	月 日 前	月 日 前	月 日 前	月 日 前	月 日 前
	月 日 前	月 日 前	月 日 前	月 日 前	月 日 前
	月 日 前	月 日 前	月 日 前	月 日 前	月 日 前
	月 日 前	月 日 前	月 日 前	月 日 前	月 日 前
	月 日 前	月 日 前	月 日 前	月 日 前	月 日 前
	月 日 前	月 日 前	月 日 前	月 日 前	月 日 前
备注					

填表人:　　　　　　　　　　　　审核人:　　　　　　　　　　　　总经理:

填表说明：此表用于人力资源部门在进行招聘工作时安排招聘工作的进度。此表在招聘工作进行前两天由招聘小组负责人填写完毕，并提前发到招聘相关部门和人员手中。

5）招聘渠道。为了保证招募到足够优秀的应聘者，需要根据招聘职位的特点选择合适的招聘渠道。

招聘渠道分为内部招聘渠道和外部招聘渠道两大类。内部招聘渠道包括内部晋升、转岗、后备人才培养计划等；外部招聘渠道包括人才招聘会、报刊广告、猎头公司、人才机构、校园招聘、员工推荐、网络招聘等。

6）招聘测评方案。为了对应聘者有更充分的了解，需要使用多种招聘考核方案对应聘者进行测试，包括笔试、面试、性格测评、笔迹鉴定、无领导小组讨论、情景模拟、文件筐等招聘技术。

针对不同的职位，需要选取效率最高的招聘技术组合，以能够最好地甄别应聘者的知识、技能、素质甚至价值观，以保证能够招募到最适合本酒店、本职位的应聘者。

7）招聘费用预算。每个酒店按照招聘渠道不同、招聘对象的不同、招聘人数的多少等因素，具体来决定招聘费用预算。

招聘成本包括内部成本和外部成本。内部成本为酒店内招聘组成员与招聘相关的工资、福利、差旅费支出和其他管理费用。外部成本为外聘专家参与招聘的劳务费、差旅费、广告费、招聘会支出、招聘代理费、职业介绍机构收费、员工推荐人才内部奖励金，以及大学招聘费用等。内部招聘成本是酒店进行招聘成本核算时最容易忽略的部分，而实际上它占有相当比重。在实际工作中，有时一个流程并不能招聘到合适的人选，需要重复两三次，则内部招聘成本更加不容忽视。

8）招聘广告。招聘广告是应聘者对酒店的第一印象，招聘广告的好与坏，直接影响酒店能否吸引到优秀的人才。在制订招聘计划时就应该对招聘广告进行设计。招聘广告应该真实、合法、简洁，如实反映酒店的实际背景、运营状况，不能提供虚假的信息。

（2）招聘计划的编写步骤　招聘计划的编写一般包括以下步骤：

1）获取人员需求信息。

2）确定招聘标准。

3）选择招聘渠道和信息的发布时间。

4）初步确定招聘团队成员、职责。

5）初步确定选拔考核方案。

6）明确招聘预算。

7）编写招聘工作时间表。

8）草拟招聘广告样稿。

（3）酒店招聘计划的审批　根据酒店年度发展规划，人力资源部制订酒店的年度人力资源工作计划，年度招聘计划是其中非常重要的部分。由各业务部门根据本部门发展规划和实际状况提交用人需求，人力资源部编制招聘计划，提交酒店高层管理者审批通过后执行，具体计划表见表4-2。

表4-2　酒店招聘工作计划表

单位名称：　　　　　　　　　　　　填表日期：年　月　日

<table>
<tr><td></td><td colspan="2">岗位名称</td><td colspan="2">人员数量</td><td colspan="4">人员要求</td></tr>
<tr><td rowspan="7">招聘目标</td><td colspan="2"></td><td colspan="2"></td><td colspan="4"></td></tr>
<tr><td colspan="2"></td><td colspan="2"></td><td colspan="4"></td></tr>
<tr><td colspan="2"></td><td colspan="2"></td><td colspan="4"></td></tr>
<tr><td colspan="2"></td><td colspan="2"></td><td colspan="4"></td></tr>
<tr><td colspan="2"></td><td colspan="2"></td><td colspan="4"></td></tr>
<tr><td colspan="2"></td><td colspan="2"></td><td colspan="4"></td></tr>
<tr><td colspan="2"></td><td colspan="2"></td><td colspan="4"></td></tr>
<tr><td>发布时间</td><td colspan="8"></td></tr>
<tr><td rowspan="2">发布渠道</td><td>发布方式</td><td colspan="7">□报纸　□网站　□专业/行业杂志　□人才中介机构　□人才市场　□猎头　□其他</td></tr>
<tr><td>发布安排</td><td colspan="7"></td></tr>
<tr><td rowspan="2">招聘工作预算</td><td>项目</td><td></td><td></td><td></td><td></td><td></td><td></td><td>共计</td></tr>
<tr><td>金额</td><td></td><td></td><td></td><td></td><td></td><td></td><td></td></tr>
</table>

（续）

	岗位名称	人员数量	人员要求
招聘小组成员分工		姓名	工作职责
	组长		
	副组长		
	成员		
	成员		

填表人：　　　　　　　　审核人：　　　　　　　　总经理：

3．招聘策略的思考

招聘策略是指导整个招聘过程和活动的思想、智慧，是站在比招聘本身更高的角度来看待招聘活动的。招聘策略需要根据酒店的发展战略、酒店文化等一系列因素来制订。选拔什么样的人员，采用什么人都是和酒店的文化以及用人观联系起来的，如有的酒店重经验、有的酒店重潜能等，但是不管采用什么样的招聘策略，首先都要根据自身实际情况思考以下问题：

- 以“人”为中心，还是以“工作”为中心？
- “工作经验”优先，还是“整体素质”优先？
- 忠于“酒店”优先，还是忠于 “职业”优先？
- 填补“职位”空缺，还是考虑酒店“未来发展”？
- 内部“晋升”优先，还是外部“吸引”优先？
- “本地化”优先，还是“多元化”优先？
- 用最“好”的人，还是用最“合适”的人？

招聘策略主要包括招聘计划与策略、招聘人员策略、招聘时间策略和招聘地点策略 4 个方面的内容，具体内容包括：

（1）招聘计划与策略　制订招聘计划是人力资源部门在招聘中的一项核心任务，通过制订计划来分析酒店所需人才的数量和质量，以避免工作的盲目性。招聘策略是招聘计划的具体体现，是为实现招聘计划而采取的具体策略。在招聘中，必须结合酒店的实际情况和招聘对象的特点，给招聘计划注入有活力的东西，这就是招聘策略。

（2）招聘人员策略　招聘人员作为酒店机构的代表，其素质的高低关系到酒店能否吸引优秀人才。

1）招聘人员组合要恰当，除人力资源部相关人员外，用人部门的管理者必须参加，如果是招聘管理人员的话，人员组成更加复杂，最好是要招聘岗位的上级、同级、下级均有参加者，这样选择的人员才可能既适合岗位需求，又可以在今后更好地开展工作。

2）每一位招聘人员都要尽量符合合格的招聘人员需具备的素质和条件，具体如下：

① 品质的要求。招聘者必须诚实、热情、公正、认真和尽职，招聘者的素质和形象代表了酒店的形象。招聘者的道德、修养水平与招聘工作的成功与否关系密切。

② 能力和知识要求。招聘者应该具备多方面的能力和丰富的知识。其中最重要的是沟通能力和观察能力，良好的沟通能力除了能获得更多、更正确的信息外，更重要的是可以体现招聘中招聘者与应聘者的人格平等；良好的观察能力可以为最终甄选和判别候选人提

供更多翔实的依据。当然，还需要招聘者具备非常扎实、专业的面试技巧、测评手段等，需要招聘人员了解招聘岗位的业务内容等。

③ 招聘者必须能够提供及时的反馈。无论是录用还是不录用，招聘者都应该给予应聘者及时的反馈，这样做的好处是对应聘者负责任，同时也让应聘者感受到招聘单位的专业性，有助于提升酒店的形象。

④ 形象要求。招聘人员必须注意自身的形象，包括仪容仪表、职业礼仪等。除此之外，还要尽量选择亲和力强、尊重应聘者的人员加盟。

（3）招聘时间策略 遵循劳动力市场上的人才规律，计划好招聘时间；在人才供应高峰期到劳动力市场或相关院校招聘，可节约成本，提高招聘效率。

（4）招聘地点策略 选择招聘范围；就近选择以节省成本；选择地点有所固定。根据酒店工作及人员的具体特点，也可选择到较远的相关市场招聘，如与各家教学效果好、师资力量强的旅游专业学校建立良好关系，采取合作办学、定向分配、定点实习等方法，接收一定数量的应届毕业生或实习生等。

（5）几种特殊群体的招聘策略

1）应届生的招聘策略。目前很少有酒店能够说明自我的招聘策略是什么，更多的是从招聘需求出发寻求人员，而在人员的挑选上又存在很大的盲从性，特别是在对大学生的选拔上，片面追求学校名声、学生在校学习成绩，或者对于大学生思想动向了解不够深入，导致入职后大学生流失率居高不下等。事实上，在制订大学生招聘策略的时候，许多关键环节是需要重点考虑的。

① 调整招聘定位。对酒店所处地域、在行业内的知名度和薪资的竞争力综合考虑，把校园招聘的目标锁定在相应的院校，进行重点长期合作。

② 强化测试。在招聘面试中，强化测试求职动机和入职可能性的问题，对于其家庭、亲友以及发展方向，包括短期是否离职等影响因素进行详尽了解。同时，要求对招聘的宣传资料进一步核实，对于有夸大和过度宣传酒店条件，容易使入职大学生产生强烈反差感的内容进行修改。

③ 注重沟通。一方面给予大学生一定的考虑时间和空间，在录用通知书上提醒他们选择酒店的一些注意事项；另一方面要求大学生配合工作，倡议求职诚信，尽早通过电话等方式与酒店确认是否入职，在录用通知书上增加协议签订的截止时间。并且提醒大学生，如果不想来酒店就职，可以随时用各种方法提前告知，千万不要采取入职后马上辞职的手段，否则酒店会在离职证明上作出说明，将会影响他们的职业生涯。

④ 录用后的机制应该更完善。改进和完善酒店内部新人培养机制，改善应届大学生的就餐和住宿条件，并增加心理辅导、职业生涯设计等服务内容，确保留住大学生。

2）“空降兵”的引进策略。酒店在制订招聘策略中一个绕不开的话题就是“空降兵”的选择，很多酒店都在渴望高级人才和害怕“空降兵”负面效应的矛盾中对招聘高级人才举棋不定。在制订“空降兵”的招聘策略时，也有许多关键环节需要明确：

① 明确招聘高级人才的招聘标准。这个标准不是领导人心中的个别标准，而是针对战略和职位要求严格分析得出的客观标准，同时要重视团队合作能力的考察。

② 明确招聘高级人才的渠道。招聘人员在寻找候选人上花费的时间太多，会大大降低招聘的效率。如果有些人马上就能提供出好几个人选，向他们求助是最好的办法。所以在

招聘开始时，“要找的不是候选人，而是知道优秀候选人在何处的人”。

③ 明确甄选高级人才的方法和流程。甄选中高级管理人才的办法有很多，从评价中心到笔迹测试等总共不下 10 种。根据科学统计，准确性（效度）最高的是评价中心法。甄选流程最少要包含 3 个环节：一是人力资源部门的价值观、稳定性、适配度和管理能力评价；二是业务部门直接上级的专业能力评价和管理能力评价；三是上级的上级进行的综合评价。为了避免在业务部门面试过程中发生各种不规范的行为，人力资源部门应参与业务部门的面试，起到监督、确保和支持作用。为了保证面试的质量，酒店应当实施面试官资格制度，只有那些经过了酒店酒店的面试培训并通过认证的管理人员才有资格面试。

④ 要注重背景调查。如果有必要的话，背景调查应该在甄选开始之前进行。在我国目前经理人市场还很不成熟的条件下，不进行背景调查，招聘、使用经理人的风险是很大的。一定要与候选人的正式证明人面谈，最好是想方设法私下谈。毫无疑问，在吃饭时交谈要比通几分钟电话能够获得更多、更真实的信息，而且你也可以利用这个机会自己判断这个证明人的可信程度。与证明人交谈也要像结构化面试一样，必须精心准备。和证明人的面谈也是考官准确探查候选人情商和社交能力的良机。

值得注意的是，如果酒店无法把控“空降兵”的招聘关键环节，减少“空降兵”的招聘是最好的避免风险的办法。

4．招聘渠道的选择

招聘的渠道有很多，大体上分内部招聘和外部招聘两种。外部招聘渠道又分为网络招聘、报纸招聘、校园招聘、人才交流中心、专业猎头、广播/电视招聘、熟人推荐等。渠道众多，各有特点，各有利弊，如何确定呢？如同选择酒店人员一样，适合的就是最好的，这就要求在招聘前必须对各种渠道进行仔细分析，从而选取高效的渠道。

5．制订招聘流程

制订招聘流程是招聘准备工作的重要环节，因为招聘渠道的不同，所以招聘流程也不尽相同，各酒店人力资源部门必须根据自己的具体情况，拟定不同的招聘流程，从而使酒店招聘工作有据可依，有法可循，以最大限度提高招聘效益。

常见的校园招聘流程如下：

（1）校园招聘方案前期调研、准备工作

1）全面了解用人部门的用人需求。

2）了解需求专业的高校就业现状，根据自身情况拟定宣讲、宣传的目标高校。

3）结合酒店实际情况，做好校园招聘各环节的排期。

（2）选择校园招聘合作方

1）适合酒店的招聘需求，是选择校园招聘合作方的唯一标准。目前校园招聘可供选择的余地相对较大，没有十全十美的，只有最适合自己的。

2）根据酒店需求制订校园招聘方案，明确招聘规模、招聘流程、招聘预算、招聘行程等。

① 招聘规模：明确每一个业务部门的招聘岗位、岗位要求、招聘人数，确保有关招聘职位的校园招聘宣传品印制不会出现滞后的情况。

② 招聘流程：拟定初步的校园招聘准备、宣讲会、笔试、面试、发录用通知、签订三方协议的细节。

③ 招聘预算：预算必须细化，每一笔支出都必须提前想到，在外有些支出看起来很小，一圈校园招聘走下来，都会产生不菲的支出。

（3）前期宣传

1）线上。

① 就业网文字：有些比较严格的学校需要营业执照复印件，并要求下载申请表格传真给就业指导中心。

② 校园 BBS 软文置顶、舆论导向：软文置顶的费用较高，但效果无疑是所有宣传方式中最好的。一项调查结果显示，参加宣讲会的人中有 70%选择“BBS”作为了解宣讲会的途径。软文沟通也是必须监督的，有些同学根据某些学长的只言片语就不负责任地发表对酒店不利的言论，必须时刻注意引导。

2）线下。

① 行架：其优势是结实，可以不断重复利用，但其缺点在于笨重，不利于运输。

② 易拉宝、X 展架：轻盈、便携的宣传工具，需要注意的是使用中应注意保护。

③ 横幅：如果能在室外拉最好，但是很多学校都只允许在室内挂。

④ 海报：海报的张贴需要制订一定的策略，在大学校园里海报的覆盖率是相当高的，所以制订有效的海报张贴策略对于起到一定的宣传效果是至关重要的。一般在宣讲前 12 天就开始在宣讲高校进行海报张贴，选取宣传效果相对突出的官方宣传栏和目标专业学生寝室楼，以及院系的宣传栏进行张贴，连续不断地进行宣传轰炸。

⑤ 单页：具体的招聘职位都可以在上面有所体现。

（4）交通、酒店的预订　交通预订应充分考虑两地的招聘事项衔接，充分考虑机场与高校的距离，尽量预订晚上或早晨的飞机，这样可以节省时间做准备工作。

（5）宣讲会现场　宣讲会是整个校园招聘当中最关键的环节，调查表明，大部分学生对于酒店是否到学校做宣讲会相当重视，是酒店吸引学生的重要法宝。宣讲会是一项很复杂的工程，包含了相当多细节性的东西，所以在出发到各高校做宣讲会之前，一定要熟悉宣讲会的流程，预备好宣讲会所需要的所有东西，把所有需要准备的东西列一个清单并打印出来，以备在做宣讲会的时候不会遗漏。如果在细节上做好充分的准备，即使在项目执行过程中遇到突发事件也能轻易解决。

1）布场。

① 现场布置背板、易拉宝、海报、横幅。

② 同现场负责音响、视频的老师协调测试音频、视频，检查无线扬声器（并不是每个会场都会有无线扬声器，并不是每个无线扬声器都电量充足）。

③ 宣讲台布置台花，宣讲会第一排嘉宾位置放好矿泉水。

2）暖场。播放暖场视频，及时调查现场参加宣讲会的学生来源、专业信息，并了解其获取酒店招聘信息的渠道。

3）宣讲会。宣讲会上需要注意维护现场秩序，随时关注扬声器、视频是否正常工作。进场的时候一定要负责引导学生，在宣讲会开始之前和学生进行沟通，如果学生有什么疑问可以负责解答。

4）简历接收。现场接收简历有助于增加现场人气。

5）离场。安全离场是主旨，可以利用宣讲会结束后的短暂交流，拉近学生和酒店之间的距离，此刻的交流对于钟情于酒店的学生来说无疑是宝贵的。但是，要安排专人引导有兴趣的学生到指定的区域，不要影响大部分学生退场。

（6）笔试

1）开放式笔试（宣讲会结束直接笔试）。

2）封闭式笔试（根据简历筛选结果笔试）。在进行笔试的前一天一定要通过这种途径（网站、邮件、短信、电话等）通知参加笔试的同学，保证笔试当天到场的人数和效果。

在到达宣讲城市的当天，就必须寻找笔试试题复印的地方，因为不可能携带着相当重的试题到处走。一定要在宣讲会开始当天就把笔试试题复印完毕，并存放在宾馆或者高校，一般笔试的试题都会有 10 页之多，所以复印量是相当大的，把握好时间是相当重要的。笔试开始的前一天应该到笔试场地实地考察，提前做好座位的安排和考号的复印等工作。笔试当天一定要提前一个小时左右到达笔试场地，进行场地布置和引导学生有秩序地进入笔试场地，笔试时间开始的时候负责发放试卷以及维护秩序，学生如果有什么疑问可以给予解答。笔试结束以后负责收回试卷，一定要将全部试卷和草稿纸收回，防止试卷泄密。如果有同学对笔试或者招聘的其他一些环节有疑问的话，可以耐心地给予解答。

3）阅卷。比较复杂的试卷有几套题目，而且每套题目分为英语、智商、技能测试，如果每套试卷再加上主观题，那阅卷的难度就不言而喻了。如何在 5 个小时内做完全部阅卷工作，并统计出结果是一件非常重要的工作。目前有在线笔试系统推出，在发布的一个时间段内，应聘者可以在任意一台能上网的计算机上在线答题。

（7）面试

1）以终为始，按一定比例，推算出需面试人员数量，并确定面试人员名单。

2）在宣讲环节就告诉到场的同学，出于对大家负责的精神，酒店会在第一时间告知通过笔试的同学笔试结果，所以希望大家能 24 小时开机。

3）面试环节在控场方面需要注意两点：提前 15 分钟与还未签到的面试者确认原因；为早到的面试等待同学创造良好的等待氛围。

（8）发录用通知　过于拖沓会给酒店带来“不负责任”的酒店评价。

图 4-1 为社会招聘流程的另一个范例。

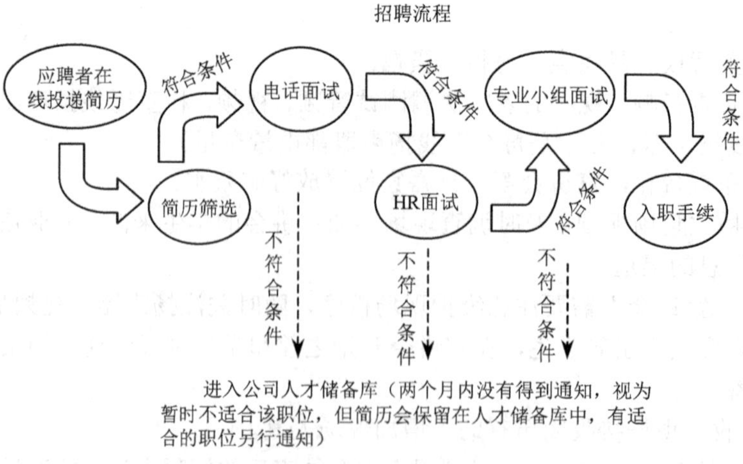

图 4-1　社会招聘流程

三、招聘渠道的选择

如上文所述，招聘渠道的选择，对于能否高效招聘到适合的员工至关重要。所以各酒店人力资源招聘人员必须对各种招聘渠道的特点及优缺点有深刻的了解，才能有的放矢，选择到合适的人员。下面是对几种主要渠道的分析，供人力资源部门选择招聘渠道时参考。

1. 内部招聘

（1）内部招聘的原则

1）管理层决策的原则。内部招聘的政策需要由酒店管理层来决定。一个酒店要维持现有的酒店文化，不妨从内部选拔人才，因为内部的员工在思想、核心价值观念、行为方式等方面对于酒店有更多的认同，而外部的人员要接受这些需要较长的时间，而且可能存在风险。

2）管理人才内部优先的原则。内部招聘主要适用于管理者，对于一般员工来讲，最忌专门性的“内部招聘”，以防止“近亲繁殖”、“家庭团伙”的形成。

3）适需适用的原则。内部现有的管理者一方面是依靠自身的专业技能、素质和经验，能够为酒店很好地服务，另一方面是对酒店文化和价值观念的认同，愿意为酒店贡献自己全部的能力和知识，对于符合标准者给予内部提升，可以让他们更容易安心本职工作，适需适用而且培训成本低。

4）坚持标准的原则。对内部应聘者一律要按照德才兼备的标准，经过公开、公正的面试甄选渠道，不搞特殊照顾。

5）展示人才的原则。如果酒店想推行内部招聘的政策，必须要在酒店内部创造一种毛遂自荐、举荐人才、展示人才的机制，才能真正成功地实现内部招聘，达到理想的效果。

（2）内部招聘的优点

1）产生激励效果和榜样力量。内部选拔能够给员工提供晋升机会，使酒店的成长与员工的成长同步，有美好的愿景，容易鼓舞员工士气，形成积极进取、追求成功的气氛。获得晋升的员工能为其他员工做出榜样，发挥带头作用。

2）提高员工的忠诚度。获得聘用的内部员工，本身就是在品德、能力和专业方面都比较优秀的员工，他们把酒店不仅当作自己“事业的平台”，而且更重要的是把酒店当作“命运的共同体”，因而对酒店的忠诚度较高。

3）成本低、效率高。内部招聘可以节约高昂费用，同时还可以省去一些不必要的培训，减少了间接损失，而且人才离职、流失的可能性小。现有的员工更容易接受领导和管理，易于沟通和协调，易于消除边际摩擦，方针容易贯彻执行，易于发挥酒店效能。

4）适应能力强。现有的员工更了解和熟悉本酒店的运作模式、业务流程、人际关系等，与从外部招聘的新员工相比，定位过程更短，他们能更好地适应新工作。

（3）内部招聘的缺点

1）可能造成内部矛盾。内部选拔需要竞争，竞争失败的员工可能会产生不满、心理失衡或心灰意冷，导致士气低下，增加员工的消极情绪和各级主管的思想工作量。内部选拔还可能导致部门之间“挖人才”现象，不利于部门之间的协作和酒店的内部团结。

2）不利于新主管建立声望。新主管从同级员工中产生时，自己会受到“是大伙中的一员”的情感束缚，会感觉到自己的信任的缺失，也会导致该工作群体的心理失衡，使主管无法很好地完成角色转变，不易建立领导声望。

3）可能会出现“裙带关系”或帮派现象。

4）会出现不公正的现象。内部选拔有可能是按资历或人际关系或领导喜好而非业绩、能力得出的，会形成不正之风，给有能力的员工的职业生涯发展设置障碍，导致优秀人才外流或被埋没，削弱酒店的竞争力。

5）形成“近亲繁殖”。同一酒店内的员工有相同的文化背景，可能出现“近亲繁殖”的现象，抑制了创新，进而僵化思维意识，不利于酒店的长期发展。

6）失去选取外部优秀人才的机会。一般情况下，外部优秀人才是比较多的，如果一味寻求“本部制造”，降低了外部“新鲜血液”进入本酒店的机会，表面上看是节约了成本，实际上是对机会成本的巨大浪费。

（4）内部招聘的主要形式

1）内部晋升。给员工升职、发展的机会，对于激励员工非常有利。通过这样的方式，把那些符合条件的、有潜力的业绩优秀的员工提拔上去，担负更多的职责。

2）岗位轮换。工作轮换和内部晋升一样，都需要建立一套完善的岗位轮换的管理程序和制度。在管理制度中，应该至少规定晋升与岗位轮换的条件、范围、时间要求、流程等内容。岗位转换也需要建立在职位管理和员工职业生涯规划管理体系的基础之上。岗位轮换可以使酒店内部的员工有机会了解其他岗位的不同工作，给那些有潜力的人员提供以后晋升的条件，同时也可以减少部分人员由于长期从事某项工作而带来的烦躁和厌倦等感觉。

3）内部公开招聘。在酒店内部有职位空缺时，可以通过内部通告的形式进行公开招聘。符合条件的员工可以根据自己的意愿自由应聘。

4）临时人员转正。酒店有时会有临时雇佣人员，这些临时员工也可以成为补充职位空缺的来源。正式岗位出现空缺，而临时人员的能力和资格又符合所需岗位的任职资格要求时，可以考虑临时人员的转正问题，以补充空缺。

2．外部招聘

（1）外部招聘的原则　外部招聘是酒店一线员工招聘的主要形式，为了招聘到合适的员工，必须深思熟虑，精心挑选合适的渠道。外部招聘要遵从下列原则：

1）满足战略性需要。外部招聘要在一定程度上满足酒店的战略性需要，那就是获取第一战略资源——人才资源，形成酒店的核心能力，创建本酒店的竞争优势。

2）外部环境剧烈变化时，酒店首要考虑从外部选拔人才。当外部环境发生剧烈变化时，行业的经济技术基础、竞争态势和整体游戏规则发生根本性的变化，知识老化周期缩短，原有的特长、经验成为学习新事物和新知识的一种包袱。酒店在受到直接影响的情况下，从酒店外部、行业外部吸纳人才和寻求新的资源，成为酒店生存的必要条件之一。

3）快速成长期的酒店，应当广开外部渠道。对于处于成长期的酒店，由于发展速度较快，仅仅依靠内部选拔与培养无法跟上酒店的发展步伐。同时由于酒店人员规模的限制，选择余地相对较小，无法得到最佳的人选。在这种情况下，酒店应当采取更为灵活的措施，广开渠道，吸引和接纳所需的各类人才。

4）市场化原则，即以合理的成本招聘到最适合的员工。

5）利用招聘政策吸引合适的求职者，以降低招聘成本。

（2）外部招聘的优点　对酒店来说，外部招聘具有下列优点：

1）有利于酒店的发展和创新，避免酒店内部的近亲繁殖。新员工会带来不同的价值观和新观点、新思路、新方法，使得酒店在管理和技术方面都能够得到完善和改进，为酒店的发展产生新的动力。

2）有利于了解外部信息，树立酒店形象。外部招聘是一种有效的与外部信息交流的方式，通过与候选人的面试沟通，可以了解外部市场的行情、酒店的动态、招聘岗位的市场薪资状况等；同时，外部招聘会起到广告的作用，树立酒店良好形象，从而形成良好的口碑。

3）产生鲶鱼效应，激发内部员工的斗志和潜能。通过从外部招聘优秀的人员，在无形中给酒店原有员工施加压力，形成危机意识，树立标杆榜样，激发他们的斗志和潜力，促使大家共同进步。

4）有利于平息和缓和内部竞争者之间的紧张关系。内部同事之间的互相竞争，会产生矛盾，不利于酒店的运作和管理。外部员工的引入可能会对此种情况产生平衡作用，避免了酒店成员间的不团结。

（3）外部招聘的缺点　像内部招聘的方式一样，外部招聘的方式也存在着一定的不足之处：

1）甄选时间较长，决策难度大。从确定招聘岗位需求到最终录用新员工并入职，这中间要耗费较长的时间；况且通过若干次面试或者各种素质的测评，就必须判断候选人是否符合本酒店空缺岗位的要求，有一定的难度，会增加决策风险。

2）成本较高。外部招聘需要通过不同的渠道来发布招聘信息或者通过中介机构、猎头招募时，需要支付一定的费用，加上后续的选拔过程，需要很多招聘人员参与，这需要花费较多的人力、财力，还占用了大量的时间。

3）新员工角色进入慢。外聘员工需要花费较长的时间来进行磨合和定位，学习和培训成本较高，很可能会出现“水土不服”的现象，员工很难融入到酒店文化之中，影响了工作的开展和创造力的发挥。

4）影响内部员工的积极性。外部招聘可能会挫伤有上进心、有事业心的内部员工的积极性和自信心，或者引发内部人才之间的冲突和矛盾。

（4）外部招聘的主要形式和渠道

1）媒体广告。媒体广告是酒店招聘最常用的方式，可供选择的广告媒体有：报纸、杂志、电视广播、网络、散发印刷品广告等。媒体广告的优点就是在比较短的时间内使招聘信息传达到大量的受众群体，可以很好地建立酒店的形象。其缺点就是往往不能有效地传达至目标人才群体。

2）网络招聘。目前，越来越多的酒店在使用互联网进行招聘，互联网已经不仅仅是一个在网上发布招聘广告的媒体，而是具有多种功能的招聘服务系统。

网络招聘之所以受到众多酒店的青睐，是因为它具有较多的优点：招聘成本较低，方便快捷，获得的简历量比较丰富，覆盖面广，互动性强，不受时间和地点的限制等。

但从目前使用的实际情况看，它也存在一些缺陷，如：网络招聘人才层次受限，并非通过网络招聘就能招到任何人；应聘人员简历鱼龙混杂，增加了招聘者的工作量和强度；部分应聘者提供虚假信息，增加了甄选和判别的难度。

3）人才交流市场/招聘洽谈会。人才交流中心或其他人才机构每年都要举办多场人才招聘会。在招聘会中，用人酒店和应聘者可以直接进行接洽和交流，节省了酒店和应聘者的时间。随着人才交流市场的日益完善，招聘会呈现出向专业方向发展的趋势，比如有中高级人才洽谈会、海外留学人员洽谈会、应届生双向选择会、建筑设计人才交流会等。洽谈会应聘者集中，酒店的选择余地较大，但招聘高级人才还是较为困难。

4）人才/职业中介机构。在全国各大中城市，一般都有人才交流服务机构，如人才服务中心、职业介绍所等，这些机构常年为企事业用人单位服务。它们既帮助酒店招聘员工，同时又帮助个人找工作。

酒店在选用这些人才服务结构时，要注意做到：向就业服务机构提供一份精确而完整的职务描述书；说明并限定人才服务机构在筛选过程中所使用的程序、方法或工具；最好能同一到两家就业服务机构建立长期性的关系，并且指定专人为酒店提供服务。

5）猎头公司。猎头公司就是那些专门有偿地为特定酒店寻找适合特定职位的最具条件的人才，并尽力挖墙脚的机构，也称为人才搜寻机构或高级人才代理招聘机构。猎头公司在搜寻高层管理人员和专门技术人员方面具有很大的利用价值。选择猎头公司的原则为：确信这家猎头机构能够自始至终完成整个招聘过程；了解该机构中直接负责自己酒店业务的人；了解该机构的收费标准和收费方式；了解该公司的资质；向猎头公司过去服务过的客户进行调查。

6）校园招聘。对很多酒店来说，学校也是一种主要的外部招聘渠道。

目前，各地旅游专业学校随着国内旅游业/酒店业的发展，也如雨后春笋般蓬勃发展起来了。由于学生们在学校里受过2～3年的旅游专业知识教育，已具备一定程度的酒店知识和认识，特别是服务意识，比一般非专业学校的学生要强得多。因此，与各家教学效果好、师资力量强的旅游专业学校建立良好关系，采取合作办学、定向分配、定点实习等方法，接收一定数量的应届毕业生或实习生，对酒店员工队伍专业化及集中管理有相当大的益处。

校园招聘能够找到数量很多的具有较高素质和发展潜力的合格申请者，并且这些年轻的毕业生充满活力，富有工作热情，可塑性强，敬业精神和忠诚度都比较高，会给酒店带来活力。但校园招聘也有一定的不足和风险：优秀毕业生往往都有多手准备，酒店往往无法很好地把控；新进毕业生缺乏解决具体问题的经验，需要大量的培训并使之与酒店文化融合，酒店花费的人力、时间、财力都比较多；有的毕业生在酒店工作一段时间之后，"羽翼渐丰"，会跳槽到其他酒店去；相对于其他的招聘形式来说，校园招聘从策划、准备、实施到新员工入职、培训结束，花费的时间较长，成本也比较大。

7）海外招聘。海外招聘主要用于招聘高级管理人才或一些尖端技术的专业人才，可以在国外的网站上或者通过国外的就业服务机构发布广告，说明举办专场招聘会的时间、地点等，届时双方见面洽谈。国外招聘对于招聘国内稀缺的人才是个很好的渠道，但是费用偏高，从国外招聘来的人才是否能认同国内酒店的文化、融入国内的酒店团队，都是个问题。

8）其他招聘渠道。除了以上招聘渠道之外，酒店还可以请专业的协会/学会帮助推荐一些专门人才，内部员工推荐也是一种很好的招聘渠道。另外，某些职位还可以招聘一些退休、下岗人员。

3. 招聘广告的设计

无论采用何种招聘渠道，都需要精心策划、设计招聘广告，以尽可能地吸引到更多优秀求职者的目光，提升招聘效果。

（1）招聘广告的编写原则　招聘广告设计的原则可以概括为所谓的“注意、兴趣、愿望、行动”四原则，即 AIDA（Attention-Interest-Desire-Action）原则。

1）必须能够引起受众的注意。在一份报纸上，你可能会看到的招聘广告，一定是那些新颖、独特的广告，比如在众多的小字体中有一个字体较大、篇幅较大的广告，或者是使用了吸引人的标题的广告，或者是使用了与众不同的色彩的广告。那些被放在显著位置的广告也非常引人注目。因此，要想使别人注意到你的广告，就必须特别关注这些问题。

2）要能够引起受众对广告的兴趣。平铺直叙的、枯燥的广告词可能很难引起人们的兴趣，而生动、煽情、能引起人共鸣的语言加上巧妙、新颖的呈现方式，则很容易令人感兴趣。例如，“你愿意与充满活力的酒店共同成长吗？你愿意让自己辛勤的付出拥有丰厚的回报吗？”“加入××，你将拥有崭新的明天。”这样的广告常常是令人感兴趣的。

3）要能够激起求职者申请工作的愿望。求职者申请工作的愿望是与他们的需求紧密联系在一起的。通过强调酒店或职位中吸引人的因素，如成就感、培训与发展的机会、挑战性的项目、优越的薪酬福利、充满合作氛围的团队等，激发求职者对工作的愿望。由于在发布招聘广告之前，已经对酒店或职位要吸引的对象是哪些人做了调查，因此在激发求职者申请工作的愿望时，就要特别注意所要吸引的对象群体的特点。

4）广告要具有让人看了之后立刻采取行动的特点。在招聘广告中，应该包含让求职者马上申请职位或与联系酒店的内容。例如，“如果您具备上述的任职资格，并且愿意接受挑战性的工作任务，那么请你在一周之内将简历以及其他应聘材料寄往如下地址……”，“想要了解最新职位空缺，欢迎点击 www.xcompany.com”，这样的语言都可以使对酒店感兴趣的职位候选人看了之后采取行动。

（2）招聘广告的内容

1）撰写招聘广告的注意事项。在撰写招聘广告的时候，除了要时刻牢记 AIDA 原则之外，还应该特别注意以下几点：

① 真实。这是编写招聘广告的首要原则。招聘的酒店必须保证招聘广告的内容客观、真实，并且要对虚假广告承担法律责任。对广告中涉及的对录用人员的劳动合同、薪酬、福利等政策必须兑现。

② 合法。广告中出现的内容要符合国家和地方的法律法规和政策，不能违法。

③ 简洁。广告的编写要简洁明了，重点突出招聘岗位名称、任职资格等内容以及联系方式。对酒店的介绍要适可而止，不能太多，以免影响广告效果。

2）招聘广告的内容。一般来说，招聘广告的内容包括以下几部分：

① 酒店情况介绍。招聘广告中的酒店介绍应该以最简洁的语言介绍酒店最具有特色和富有吸引力的特点，千万不可长篇大论、词不达意。在广告中最好能使用酒店的标志，并提供酒店的网址，以便看到广告的人可以浏览酒店的网页以获取更进一步的信息。

② 职位情况介绍。招聘广告中对职位的介绍通常包括职位名称、所属部门、主要工作职责、任职资格要求等。起草招聘广告时参考一下职位说明书会比较有帮助，但要注意，招聘广告中的职位情况介绍应该从读者的角度来考虑，以读者能够理解和感兴趣为主，切不可照搬职位说明书。

③ 应聘者应该做哪些准备。在招聘广告中应该注明应聘者应准备哪些材料，如中英文

简历、学历学位证书复印件、资格证书复印件、身份证复印件、照片等，以及薪金要求和户口所在地等信息。

④ 应聘的方式和联系方式。应聘方式大多采用将简历和应聘材料通过信件、电子邮件、传真等方式发送到酒店，因此需要提供酒店的通信地址、传真号码或者电子邮件地址，一般情况下不必提供电话号码，另外还应该提供应聘的时间范围或截止日期。

（3）应聘者的关注点　了解应聘者关注什么也是制作一则好招聘广告必不可少的一部分，接下来我们了解一下应聘者的关注点，从而有的放矢地吸引他们的关注。

1）工作是否具有挑战性。

2）待遇与福利。

3）工作地点。

4）工作环境。

5）灵活的工作时间。

6）酒店声望。

7）行业的发展性和前景。

8）是否有良好的人际关系和雇佣关系。

9）领导开明与否。

10）是否存在快捷的晋升机会。

11）是否有继续深造、进修的机会，如在职培训或海外培训机会或者学费报销。

12）因工作表现好而得到的奖励。

13）单位内或单位外的儿童保育。

（4）如何使招聘广告更有效　招聘广告最主要的是要不断翻新，力求变化，同时要避免僵化。有一点需要特别注意，尽可能不要将广告委托他人制作。因为广告公司内部包括业务人员及负责人，每个人都必须承担几十家公司的委托，所以除非关系特殊，他们是不可能全力以赴在某一家的广告设计上的。何况，了解酒店优点及诉求点的人就存在于酒店内。

四、人员选拔的方法与面试技巧

1．人员选拔的方法

招聘是人力资源管理中一项常规的工作。它是酒店充实新鲜血液、形成有机循环的重要环节。做得好，能形成“鲶鱼效应”，保持酒店员工队伍充足的活力。掌握不佳，则泥沙俱下，鱼目混珠，浪费招聘成本、机会成本，给酒店发展造成阻碍。人员选拔的方法有很多种，常用的选拔方法有简历筛选、推荐信核查、笔试（能力测验、人格测验）、面试、评价中心技术等。

使用人员选拔技术，目的是找到最合适的人。“最合适”的判断标准是人到酒店后能否为酒店创造价值，能否有较高的工作绩效。对各种人员选拔方法进行评价的方法，主要是比较人员选拔时的成绩与以后的工作绩效。在所有选拔方式中，准确率最高的是评价中心技术，评价中心技术近年来在我国开始有所应用。

（1）评价中心技术　评价中心技术由基于多种信息来源的标准化行为评价组成，在评价中心中使用多个经过训练的评价者和多种测量技术进行评价，主要是在专门建立起来的测量情境中对行为进行评定。评价者们将各自的评定结果集中在一起进行讨论以达成一致或者用统计的方法对评价结果进行整合。通过整合，得到对应聘者行为表现的综合评价。

评价中心技术的主要工具包括文件筐测验、无领导小组讨论和案例分析。

1）文件筐测验。这是一个模拟管理者文件处理工作的活动，是评价中心中运用得最多也是最重要的测量方法之一。在模拟活动中，文件筐中装有各种文件和手稿，如电话记录、留言条、办公室的备忘录、公司正式文件、客户的投诉信、上级的指示、人事方面的信息等，这样的资料一般有10～25条，有来自上级、下级的，有酒店内部、外部的，有日常琐事和重大的紧急事件。应试者在规定的时间内作出决策。这个测验不仅可以较好地反映被评价者在管理方面的计划、协调、领导等能力，而且还可反映对环境的敏感性以及对信息的收集和利用的能力。

2）无领导小组讨论。无领导小组讨论是指数名应试者集中在一起就某一个问题进行讨论，事先并不指定讨论会的主持人，评价者在一旁观察评价对象的行为表现并对被试者作出评价的一种方法。主考人员不参与应聘者的讨论，他们的工作只是观察和记录应聘者的行为表现。讨论小组的成员之间是平等、合作的，他们自己来决定整个讨论的过程。

无领导小组讨论的目的主要是考察被评价者的酒店协调能力、领导能力、人际交往能力、想象能力、对资料的利用能力、辩论说服能力等。同时也考察被评价者的自信心、进取心、责任感、灵活性以及团队精神等个性方面的特点和风格。

3）案例分析。这是书面测量方法，实施案例分析时，通常让应聘者阅读一些酒店有关问题的材料，然后要求他针对材料提出一系列建议，汇报给高层管理人员。一般情况下，主考会要求应聘者设想自己已经被选拔到或提升到某个职位，然后从那个角度去思考问题、提出建议。这种测量方法着重于考察应聘者的计划能力、分析问题的能力、决断能力等。

作为一个相对独立的评价系统，评价中心操作比较复杂，由于成本和技术力量的问题，在酒店建立和实施一个非常严谨的评价中心系统不太现实，可以把评价中心流程作为人才选拔和考核的最后一个阶段。在选拔的前期运用简历筛选、专业知识测试和技能测试、心理测验、结构化面试等方法，考察基本的工作要求和能力要求，筛除明显不合格的人选，让较少的应聘者进入评价中心流程，评价他们在某些特定维度上的表现，衡量他们是否具有某些关键的潜质。这样既能节约人员选拔的成本，又可以保证在不同的层次上把握应聘者的各方面关键特质。

（2）简历筛选　酒店第一次了解应聘者是通过简历进行的，而筛选简历也是对应聘者的第一次过滤。如何从简历中获得有效信息，一方面要辨别简历中的虚假信息，另一方面要对重点内容在接下来的面试中进行确认，并使面试更有针对性，这主要依赖于对应聘者简历的解读。

一般来说，应聘者简历主要分成以下几个部分：应聘者自然情况，包括姓名、性别、年龄、学历、住址等；工作经验；薪金要求；工作意向。

1）年龄。和应聘的岗位所要求的经验相比，年龄是一个重要的参照。可以把应聘者的年龄与其工作经验进行比较，就可以看出应聘者所列出的经验的真伪。一般来说，应聘者不会虚报年龄，而会在经验上造假。如果应聘者年龄较大，那就需要在更换工作的原因上进行分析；进一步讲，年龄较大的应聘者是否还可能踏实地从基层做起也是一个问题。

2）学历。“真的假文凭”和“假的真文凭”是学历上的大问题，同时一些海外学历也日益增加，因此有必要通过各种渠道查询学历的真伪。

学历还有第一学历和后学历的问题，尤其是后学历教育更需慎重。如果是后学历教育，还要看应聘者是何时开始、何时获得后学历的，这可以看出应聘者的学习能力和接受挑战的心态。

和学历相关的是专业，一般岗位说明书中都对专业作了规定。如果应聘者具有多个学历，那么对其不同学习阶段专业的分析，可以得出对其知识的系统性和广度的基本判断，还可以从不同专业的相关性中获得其个人规划能力的判断。

3）住址。如果应聘者是跨城市应聘的，尤其是针对一些年龄较大的应聘者，应了解他们的动机是什么，因为他们将面临非常现实的一些问题，如生活成本增加、生活环境变化等问题，这些都将影响其进入酒店后的工作状态。

4）工作经验。工作经验是简历分析中的重点，具体包括：

① 工作变换的频繁程度。这一方面说明应聘者经历丰富，但也可能说明应聘者工作稳定性较差。当应聘者存在非常频繁地变换工作的情况时，那么他们每次工作轮换的原因是需要分析的。当然，频繁地换工作也并非绝对存在问题，关键是为什么变换工作。如果每项工作相关性不大，而且工作时间不长，那么就需要高度注意了。

② 工作是否有间断，间断期间在做什么。目前是否在工作，这关系到应聘者劳动关系的问题，也关系到应聘者何时能到职，当然，他为什么离职也是很重要的。

③ 对应聘者整个工作经历轨迹进行把握，如应聘者是否比较深入系统地从事过某一项工作等。

④ 对应聘者每个阶段所负责的主要内容和业绩进行审查。

⑤ 应聘者的经验与岗位要求是否匹配。如果已经达到一个相对较高的职位，却来应聘一个较低的职位，其动机是什么？

⑥ 读透简历，最主要的原则就是对各项内容进行交叉分析，这样就能获得应聘者更完整和全面的信息，发现其中的亮点和疑点。对于亮点和疑点，都不是最终判断，还必须通过进一步的甄选进行确认。

除上述应该注意的问题外，在进行简历筛选时还应该注意通过简历判断其生涯趋势合理性、自我评价的适度性等，同时还要注意简历书写格式的规范性及联系方式与求职者的自由度，这种看似表面的东西其实可以反映一个人的态度及性格。

（3）笔试　笔试是一种与面试对应的测试，是考核应聘者学识水平的重要工具。这种方法可以有效地测量应聘人的基本知识、专业知识、管理知识、综合分析能力和文字表达能力等素质及能力。

笔试在员工招聘中有相当大的作用，尤其是在大规模的员工招聘中，它可以一下子把员工的基本活动了解清楚，然后可以划分出一个基本符合需要的界限。笔试适用面广，费用较少，可以大规模地运用。但是分析笔试结果需要较多的人力，有时被试者会投其所好，尤其是在个性测试中显得更加明显。笔试的内容一般包括通识知识、专业知识、专业能力、学习能力等方面。

（4）心理测试　心理测试是一种比较先进的测试方法，它是指通过一系列手段，将人的某些心理特征数量化，来衡量个体心理因素水平和个体心理差异的一种科学测量方法。其内容主要包括：

1）能力测试。

① 普通能力测试：主要包括思维能力、想象能力、记忆能力、推理能力、分析能力、数学能力、空间关系判断能力、语言能力等方面的测试。

② 特殊职业能力测试：特殊职业能力是指那些特殊的职业或职业群的能力。该项测试的目的在于选拔那些具有从事某项职业的特殊潜能的人才。

③ 心理运动机能测试：主要包括两大类，即心理运动能力测试和身体能力测试。

2）人格测试。人格测试的目的是为了了解被试的人格特质。

3）兴趣测试。兴趣测试揭示了人们想做什么和喜欢做什么，从中可以发现被试者最感兴趣并从中得到最大满足的工作是什么。

在采用心理测试方法选拔员工时，应注意对被试的隐私加以保护，在未征得应聘者同意之前，不能公布应聘者的心理测试结果。因为心理测试涉及个人的智力、能力等方面的个人隐私，这些内容严格来说应该只让被试者以及他同意的人了解，所以有关测试内容应该严加保密。在心理测试以前，还要先做好充分的准备工作。心理测试选择的内容、测试的实施和计分，以及测试结果的解释都是有严格的顺序的，一般来说，主试及测试者要受过严格的心理测试方面的训练。此外，心理测试的结果也不能作为唯一评定的依据，可以和面试、笔试等方式同时进行，结合多种方法，以对应聘者作出客观评价。

小资料

奇特的选人方法

日本电产公司原先是一个几个人的小作坊，仅 10 年的时间就发展成为一家拥有 700 多名职工的中等酒店，产品打入国际市场，销售额比创业初期提高了 100 倍。

该公司在人才的选拔上，有其独特的做法：

（1）嗓门大。事先准备好一篇文章，让前来应试的人一个个地轮流朗读，根据其声音大小予以录用。不仅要求应试者的声音大，而且要求大方，毫无羞怯，讲起话来充满信心。这项考试的主要目的是，考察应试者有没有自信心。

（2）用餐速度快。事先为每位应试者准备一份硬巴巴的米饭，菜也烧得让人难以咽下去。考试前做一些说明："正式考试用餐 1 小时后开始，在隔壁会场举行，请大家慢慢吃吧！"尽管主考者一再强调慢慢吃，仍有一半的人在 10 分钟之内吃完了饭。这些幸运儿都会被日本电产公司录取。吃饭速度也是身体健康的一种表现。通过"用餐速度考试"进该公司的职工，几乎从来不生病、不请假。

（3）比规定的应试时间来得早。日本电产公司通过较长时间的实地考察和数据搜集，对上班早和迟的人得出的结论是：上班迟的人，多数工作成绩都比较差。上班时姗姗来迟，带着满脸的睡意，匆匆忙忙来到工厂，这样的人绝对干不出像样的工作。当今世界上没有事事都能干得非常出色的全才。但是，如果有充裕的时间，在采取行动之前，有三思的余地，就可能把事情做好。

2. 面试

有人说，中国酒店的人力资源管理做得好的是招聘和培训，出现问题最多的也是招聘和培训，到现在为止，应聘者的面试仍然是酒店人力资源管理招聘工作中非常重要的一项内容，因为不可能完全通过一个人的应聘材料和笔试记录就能够作出清晰准确的判断。而且，面试中对面试者的直观印象和可以根据情况调整对面试者的考核方向和内容，都会有助于对一个人进行更加完整和公正的评价，以充分保证酒店招聘的效果。

对于招聘面试，无论是有过应聘经历的员工还是经常作为面试官的经理人，都会有太多的感慨。员工感慨的是，参加很多的酒店面试，经常会有一些很“奇怪”的事情发生，明明比另一个人更强些，但最终录取的是别人。而经理们感慨的是，为什么每次千辛万苦地从一大堆应聘者中选拔出的合格者中，总有几个连试用期都无法通过就必须被淘汰掉，同时又恍惚觉得那些没有通过面试的应聘者中还有更合适的人选没有被发掘出来。那么，究竟怎样才能做好这一至关重要的工作呢？

（1）做好面试前的准备　一次反感的面试会使应聘者对酒店印象大打折扣，也会使符合职位要求的人员不能正常进入面试程序，流失优秀的潜在人才。所以，充分的准备是保证成功面试的前提。

面试前准备通常包括面试时间设计、面试环境设计与布置、位置安排、多轮面试设计、面试职责划分、确定面试形式、面试前的文字资料准备等内容。

1）面试时间设计。限定面试时间可以充分提高招聘的效果和成功率，从整体上了解一个人的综合能力。时间太短，总体考量的效果会不充分；时间太长，又占用正常的工作时间。面试的时间取决于岗位要求和应聘人员的特点，相对复杂的职位就需要安排较长的面试时间，一般面试时间在30～90分钟。

2）面试环境设计与布置。环境因素会影响到面试对象的行为表现，面试环境的首要要求是安静，要创造一个宽松的面试气氛；其次是不被打扰。

面试环境布置要考虑的因素有光线、颜色、噪声等。除此之外，还要检查面试中所需要的物品是否齐全，包括记笔记用的纸和笔、介绍酒店的小册子、应试者的求职申请表、工作说明书和人员招聘标准、准备测验时所需的物品等。

3）位置安排。面试的位置安排对于面试来说至关重要，如果是多个招聘者对一个应聘者，可以采用一种圆桌会议形式；如果是一对一形式，应聘者与招聘者隔着桌子，最好不要面对面相视而坐，两者可以斜坐着，视线成一定角度，这样可以缓解紧张氛围；不宜把应聘者摆在屋子的中央部位，这会使人感觉不安全。

几种最常见的座位安排：

① 求职者和面试考官可以对面而坐，中间有办公桌。

② 求职者可以坐在面试考官座位的旁边。

③ 求职者和面试考官对面而坐，中间不要办公桌。

④ 求职者和面试考官并肩地坐在桌子前面。

⑤ 求职者和面试考官面对面地坐在沙发上。

⑥ 求职者和面试考官坐在一张沙发的两头。

4）多轮面试设计。多轮面试是指需要几个面试者逐一进行的面试，多轮面试的原则是采取逐级通过的方法进行。多轮面试应做好面试分工，人力资源部要与各级面试者做好沟通工作，尽量保证各级面试者不重复面试，各级面试者应做好协作工作。

5）面试职责划分。根据不同的求职者设计不同的面试职责：人力资源部主要考察求职者基本素质、与任职要求基本符合度，核实求职者个人经历与资质是否符合酒店要求；用人需求部门主要考察求职者业务能力与业务素质；一般酒店的聘用决定权由酒店的最高领导者或其任命的负责人担任。

6）确定面试形式。不同的职位类别所适用的考核方式不同，因此需要根据职位类别设计不同甄选方式的组合。各类面试形式组合要注意顺序安排，根据不同的职位特点进行设计。一般而言，确定各类面试形式的顺序要考虑候选人数量、前者结果对后者的影响、面试形式的成本等因素。

7）面试前的文字资料准备。面试前要将面试需要的文字资料准备好，包括职位说明书和任职要求、面试问题等。

小资料

酒店应聘人员面试通知单

先生/女士：

您好！

首先感谢您对本酒店的信任和大力支持。

经过初次接触，我们认为您基本具备加盟本公司的能力，因此特别通知您以下时间、地点到我酒店进行正式面试。具体要求见表 4-3。

表 4-3 面试具体要求

面试时间	年 月 日（星期） 午 时 分		
面试地点		面试时限	小时 分钟
行车路线			
面试内容说明	个人进行 3 分钟的演讲，内容为个人姓名、出生年月、毕业学校、所学专业、个人爱好及特长、对公司前景展望及个人目标设计 （注意：只限 3 分钟，请勿超时）		
个人准备	1. 携带个人身份证及复印件、学历证书及复印件、职称证书及复印件 2. 资格证书及复印件、获奖证书及复印件 3. 个人一寸免冠彩色照片 张 4. 男士着装要求 5. 女士着装要求		

良好的开端等于成功的一半，祝您成功！

××酒店人力资源部

年 月 日

小资料

酒店招聘面谈表见表 4-4。

表 4-4 酒店招聘面谈表

单位名称: 填表日期: 年 月 日

面谈对象姓名		所在部门		申请职位	
面谈地点		面谈时间		面 谈 人	

	面谈内容
工作兴趣	1．这一职位涉及哪些方面的工作？ 2．你为什么想做这份工作？ 3．你为什么认为你能胜任这方面的工作？ 4．你对待遇有什么要求？ 5．怎么知道我们酒店的？
目前工作状况	1．如果可能，你什么时候可以到我们酒店上班？ 2．你现在的工作单位及工作职务情况。
工作经历	1．请简述你以前的工作简历，主要指职务及工作内容。 2．你所取得的主要工作成绩有哪些？ 3．在以前的工作中，你一直是从事同一种工作吗？ 4．说明你曾从事过哪些不同的工作、时间长度及各方面的主要成绩。 5．你认为自己最适合从事哪方面的工作？曾经在哪些方面有成就感？ 6．你最初的薪水是多少？现在的薪水是多少？ 7．你目前的求职意向是什么？要求月薪是多少？ 8．请简述以前几个工作的离职原因。 9．在选择新工作时，你最看重的是酒店的哪些方面？
教育背景	1．你认为你所受的哪些教育或培训将帮助你胜任所申请的工作？ 2．对你受过的所有正规教育进行说明。 3．工作以外的培训及学习情况。

（2）酒店有效的面试　招聘工作中最重要的、采用最多的方式就是面试，面试的成功与否直接决定着招聘的有效性。面试过程一定要注意以下几方面：

1）营造面试环境。面试环境要相对独立、封闭、安静和舒适，确保面试过程不被工作、外来人员、电话等打扰，以保证面试的效果；另外，独立、封闭、安静、舒适的面试环境也体现了对应聘者的重视和尊重。此外，招聘酒店营造宽松、和谐的气氛，也可以使应聘者能正常发挥出其真正的实力，使招聘工作更公正、有效。

2）要有据可依。在面试过程中，招聘者一定要有客观、科学的选人依据，注意不能完全被应聘者优秀的个人条件所吸引，要以事先制定的职位说明书和工作说明书为依据。因为高于岗位要求的人员所获得的工作满意度较低，起薪的要求多变，不利于薪酬制度的一致性，同时他们的工作成就感可能会很快地满足，最终厌倦而离开，造成很大的损失。

此外，酒店文化也应该是酒店招聘时的重要依据，缺乏酒店文化认同的员工不可能积极地为酒店创造价值，也很难在酒店中稳定下来。作为酒店的招聘人员必须要对酒店的目标、策略、文化和价值有着很好的理解，并以此作为招聘过程中评估应聘者的一个重要依据。

3）要坦诚相见。在面试时招聘者应把酒店发展前景、现状、存在的问题等，实事求是地向应聘者作客观的介绍，以职业顾问的身份，站在应聘者的角度分析其到本酒店工作的利弊、发展机会以及实际工作中可能遇到的种种困难等供应聘者权衡，只有这样才能招到对本酒店感兴趣的人，同时把应聘者由于前后反差太大而离职的比例降到最低，提高招聘工作的有效性。

4）结构化面试。结构化面试也称标准化面试，即根据所制定的评价指标，预设特定的问题、评价方法和评价标准，严格遵循特定程序，通过测评人员与应聘者面对面的交流，对应聘者进行评价的标准化过程。

运用结构化面试可以保证面试的公正性和公平性。而对于面试问题的设计、研究和实践表明，在面试中最好采用行为性问题，即具体了解应聘者过去是怎么做的，并运用 STAR 法（Situation—什么情景；Task—什么任务；Action—采取了什么行动；Result—得到了什么结果），进行不断追问，以判断和保证应聘者回答的真实性。

5）面试技巧培训。面试者需要具备一定的面试技能，这样才能在面试过程中客观、公正地评价应聘者，避免由于主观性而产生的选择性知觉、晕轮效应、刻板印象等而导致的错误接受。中、小酒店招聘者在这方面的专业知识和技能往往更加欠缺，相应的培训必不可少。

（3）面试测评的主要内容

1）仪表风度。这是指应试者的体型、外貌、气色、衣着举止、精神状态等。研究表明，仪表端庄、衣着整洁、举止文明的人，一般做事有规律、注意自我约束、责任心强。

2）专业知识。了解应试者掌握专业知识的深度和广度，其专业知识更新是否符合所要录用职位的要求，作为对专业知识笔试的补充。面试对专业知识的考察更具灵活性和深度，所提问题也更接近空缺岗位对专业知识的需求。

3）工作实践经验。一般先查阅应试者的个人简历或求职登记表，作些相关的提问。查询应试者有关背景及过去工作的情况，以补充、证实其所具有的实践经验，通过工作经历与实践经验的了解，还可以考察应试者的责任感、主动性、思维力、口头表达能力及遇事的理智状况等。

4）口头表达。能力面试中应试者是否能够将自己的思想、观点、意见或建议顺畅地用语言表达出来。考察的具体内容包括表达的逻辑性、准确性、感染力、音质、音色、音量、音调等。

5）综合分析。能力面试中，应试者是否能对主考官所提出的问题，通过分析抓住本质，并且说理透彻、分析全面、条理清晰。

6）反应能力。应变能力主要看应试者对主考官所提的问题理解是否准确，以及回答的迅速性、准确性等；对于突发问题的反应是否机智敏捷、回答恰当；对于意外事情的处理是否得当、妥当等。

7）人际交往能力。在面试中，通过询问应试者经常参与哪些社团活动，喜欢同哪种类型的人打交道，在各种社交场合所扮演的角色，可以了解应试者的人际交往倾向和与人相处的技巧。

8）自我控制能力与情绪稳定性。自我控制能力对于国家公务员及许多其他类型的工作人员（如酒店的管理人员）显得尤为重要。一方面在遇到上级批评指责、工作有压力或者个人利益受到冲击时，能够克制、容忍、理智地对待，不致因情绪波动而影响工作；另一方面工作要有耐心和韧劲儿。

9）工作态度。一是了解应试者过去对学习、工作的态度；二是了解其对目前应聘职位的态度。在过去的学习或工作中，态度不认真，做什么、做好做坏者无所谓的人，在新的工作岗位也很难做到勤勤恳恳、认真负责。

10）上进心、进取心。上进心、进取心强烈的人，一般都确立有事业上的奋斗目标，并为之而积极努力。表现在努力把现有工作做好，且不安于现状，工作中常有创新。上进心不强的人，一般都是安于现状，无所事事，不求有功，但求无过，对什么事都不热心。

11）求职动机。了解应试者为何希望来本单位工作，对哪类工作最感兴趣，在工作中追求什么，判断本单位所能提供的职位或工作条件等能否满足其工作要求和期望。

12）业余兴趣与爱好。了解应试者休闲时爱从事哪些运动，喜欢阅读哪些书籍，喜欢什么样的电视节目，有什么样的嗜好等，这对录用后的工作安排常有好处。

另外，面试时主考官还会向应试者介绍本单位及拟聘职位的情况与要求，讨论有关工薪、福利等应试者关心的问题，以及回答应试者可能问到的其他一些问题等。

（4）做好面试后的工作　对于酒店招聘来说，面试后的工作至关重要，尤其是对人员选聘决策的作出，可以从两个方面入手：

1）公正、客观地进行人员甄选。在面试结束后，酒店大致有了一个比较中意的候选人名单，接下来的任务就是作出最后的决策：确定急需、合适、优秀的所需人员。需要注意的是，优秀的未必合适，在优秀和合适的候选人中应以合适为先，在着眼现在和着眼未来的选择时，应以候选人所具有的发展潜力为先。而选择的过程应尽可能公平、公正、客观，最好是人力资源主管、用人部门主管、专业技术人员、酒店领导等坐在一起，各自选择出自己心目中的最佳人选。意见一致的，先确定下来；具有争议的，再具体商议，彼此陈述自己的意见和看法，再重新确定，直到完全确定下来为止，从而避免暗箱操作和任人唯亲等不良行为。

2）建立必要的人才储备信息。招聘结束后，常会发现一些条件不错且适合酒店需求的人才。因为岗位编制、酒店阶段发展计划等限制无法现时录用，但很可能在将来某个时期需要这方面的人才。作为招聘部门，就应该将这类人才的信息纳入酒店的人才信息库（包括个人资料、面试小组意见、评价等）不定期地与之保持联系，一旦出现岗位空缺或酒店发展需要即可招入。中、小酒店发展迅速，这样既提高了招聘速度，又降低了招聘成本，可谓一本万利。

小资料

餐桌上面试评估应聘者的性格——倒水的6种境界

（前提：我们不让餐厅服务员倒水，自己服务）

第一境界：从不倒水，哪怕自己的水杯没水了，也要等别人来倒。

这种人一般都是餐桌上德高望重的老大，由一班小的照顾、伺候着，不用自己动一根手指头；如果不是餐桌上的老大，就可能是家里的老大，被家人照顾、呵护惯了，在外面依然扮演被保护动物的角色；也有可能是性格内向，不善张罗，怕引起注意，害怕出错。

第二境界：只给自己倒水，不管身边的人。

这种人通常很自我，不考虑周围的环境，不知道考虑别人的感受；如果是招聘一个技术高手，我们通常会不太介意，但要警惕，这种人的合作性可能会稍弱。

第三境界：先给自己倒水，然后再给别人倒水。

这种人也比较自我，但还是稍微懂得看看周围环境。

第四境界：先给别人倒水，再给自己倒水。

这种人比较难以判断，要多增加些考察项目。

第五境界：很恭敬（或热情）地给别人先倒水（从表情、眼神到手势），再给自己倒水。

营销人员，至少应该是第四境界的人

第六境界：无需给自己倒水的时候，也能随时很恭敬（或热情）地给别人倒水。

这种人，比较醒目，随时注意、揣摩别人的需求，在很多场合都容易反客为主，有机会的话就会主导环境的氛围。当然，这种人也可能是职业习惯使然。

资料来源 www.qiyeku.com/news/1115037 2010-6-11

五、员工录用

招聘小组对所有复试者作出评价，提出录用或不录用意见，经酒店领导批准后，发送录用通知书。对不录用者，也应发函通知，并致谢。

在录用前须澄清一些事项，如录用条件、待遇与福利、特殊工作要求等。

在发出录用通知时应附注报到须知，应聘人录用后，须进行健康检查，被录用人有严重疾病的，取消录用资格。

小资料

员工录用审批表见表4-5。

表4-5　员工录用审批表

审批日期：　　　　年　月　日

录用员工资料	姓名		性别		出生年月	
	学历		工龄		专业	
	录用部门				录用职位	
	试用期期限				入公司时间	
	试用期工资				转正工资	
	现居住地					
审批意见	部门领导	签名： 年　月　日				
	分管上级	签名： 年　月　日				
	人事部门	签名： 年　月　日				
	总经理	签名： 年　月　日				

六、招聘评价

招聘评估是酒店招聘的最后一个环节，也是必不可少的环节。通过对录用员工质量的评估，检验招聘结果和招聘方法的成效，从而改进整个招聘活动。传统的招聘评估方法以定性为主。随着人力资源市场竞争日趋激烈，为更精确地评估招聘渠道的吸引力和有效性，改进招聘的筛选方法，降低招聘成本，提高招聘工作绩效，提高新聘员工的质量，酒店更趋向于关注招聘定量评估。招聘定量评估包括招聘结果的成效评估和招聘方法的成效评估。

1．招聘评价的内容

对招聘效果进行评价，一般要从以下几个方面来进行：

（1）职位填补的及时性　是指招聘部门能否在用人部门要求的时间内发现候选人、完成筛选程序并最后录用合格的人选。职位填补及时性反映了招聘工作的效率。

（2）用人部门对招聘工作的满意度　包括对新录用员工的数量和质量的满意度、对招聘过程的满意度、对所录用人员绩效的满意度等。

（3）招聘渠道的吸引力　评估招聘渠道吸引力的主要指标为所吸引的有效候选人的数量。对网上招聘而言，还可通过职位信息的点击数量、提交职位申请的人员数量进行评估。对于报纸杂志广告的效果，则可用收到的电话咨询数量、简历总量及有效简历的数量等指标来评估。

（4）新员工对所在岗位的满意度　可用员工满意调查表来衡量，也可以用新员工离职意向或离职率来衡量。

（5）招聘成本　可以用招聘总成本和招聘单位成本两个指标进行衡量。

1）招聘总成本由直接成本和间接成本构成。直接成本包括招聘费用、选拔费用、录用员工的家庭安置费用和工作安置费用、招聘人员差旅费、应聘人员招待费及其他费用。间接费用包括内部提升费用、工作流动费用。更广义的招聘总成本包括获取成本、开发成本、保健费用、离职成本，在实际工作中，有些成本与费用的计算比较困难。

2）招聘单位成本是招聘总成本与录用人数的比。在其他条件相同时，招聘总成本与单位成本越低，招聘的效果越好。

（6）应聘比率　这是对招聘效果数量方面的评估，计算公式为

应聘比率=（应聘人数/计划招聘人数）×100%

其他条件相同时，应聘的比率越高，说明招聘的效果越好，该比例越大，则招聘信息发布的效果越好。

（7）录用比率　这是对招聘效果质量方面的评估，计算公式为

录用比率=（录用人数/应聘人数）×100%

其他条件相同时，录用的比率越高，说明招聘的效果越好；而录用比越小，则说明录用者的素质可能越高。

（8）招聘完成比　计算公式为

招聘完成比=（录用人数/计划招聘人数）×100%

当招聘完成比大于 100%时，则说明在数量上全面完成招聘任务。

（9）成本效用评估　这是对招聘成本所产生效果进行的分析，主要包括招聘总成本效用分析、招聘成本效用分析、人员选拔成本效用分析、人员录用成本效用分析等。它们的计算公式为

总成本效用=录用人数/招聘总成本

招聘成本效用=应聘人数/招聘期间的费用

选拔成本效用=被选中人数/选拔期间的费用

人员录用成本效用=正式录用的人数/录用期间的费用

（10）招聘收益-成本比　这既是一项经济评价指标，也是对招聘工作的有效性进行考核的指标。计算公式为

招聘效益-成本比=所有新员工为酒店创造的总价值/招聘总成本

招聘收益-成本比越高，说明招聘工作越有效。

2．撰写招聘小结

招聘小结的主要内容有招聘计划、招聘进程、招聘结果、招聘经费、招聘评定等。招聘小结范例如下：

酒店春季招聘小结

一、招聘计划

根据2009年1月3日第二次董事会决议，向社会公开招聘负责销售的副总经理1名、客房部经理1名、前厅部经理1名。由人力资源开发管理部经理在分管副总经理的直接领导下具体负责。招聘测试工作全权委托××酒店管理咨询公司人力资源服务部实施。

二、招聘进程

1月1日，《中国旅游报》和《北京晚报》刊登招聘广告。2月15日～2月28日，初步筛选，去掉一些明显不符合要求的应聘者。3月1日～3月31日，招聘测试。4月1日～4月10日，最终决策。4月15日，新员工上岗。

三、招聘结果

1. 副总经理应聘者38人，参加招聘测试25人，选候选人3名，录用0人。
2. 生产部经理应聘者19人，参加招聘测试14人，选候选人3名，录用1人。
3. 销售部经理应聘者35人，参加招聘测试29人，选候选人3名，录用1人。

四、招聘经费

1. 招聘预算共50 000元。
2. 招聘广告费20 000元。
3. 招聘测试费15 000元。
4. 体格检查费2 000元。
5. 应聘者纪念品费1 000元。
6. 招待费3 000元。
7. 杂费3 500元。
8. 合计支出43 500元。

五、招聘评定

1. 主要成绩

这次由于委托专业机构进行科学测试，录用的两位经理素质十分令人满意，同时测试结果指出了副总经理应聘者中无合适人选，最后没有录用。

另外，由于公平竞争，许多落选者都声称受到了一次锻炼，对树立良好的酒店形象起到了促进作用。

2. 主要不足之处

由于招聘广告的设计还有些问题，所以没有吸引足够多的高层次应聘者来竞争副总经理岗位，致使副总经理最终没有合适人选录用。

人力资源开发管理部经理　　签名

七、招聘中的法律问题

劳动争议的发生与处理，无论对于酒店还是员工个人来说，都需要付出成本。更为重要的是，酒店出现劳动争议，会对其他员工产生潜在的心理影响，会使员工对酒店的用人观念产生质疑，与所发生的劳动争议相类似的情况也更易转化为劳动争议，诸多负面影响对酒店正常的人力资源管理秩序极为不利。因此，人力资源管理人员应提高规范化运作人力资源管理行为、防范法律风险的意识。

员工招聘、录用是酒店人力资源管理行为中的重要环节，构建员工招聘法律风险防范体系极具现实意义。在这个环节，有如下几个方面的实务问题应引起招聘经理的注意。

1．建立健全员工招聘、录用管理规章制度

招聘员工、办理入职手续从表面上看是事务性工作，但因这个阶段需要确定员工入职后的薪资状况、职位工作内容、职位职责等，所以这个阶段是以后人力资源管理工作开展的基础，酒店应建立起完善的操作流程、规章制度。这样，在出现劳动纠纷时，酒店便可依据招聘、录用员工时所适用的规章制度，对员工实施管理，应对劳动争议。

制定员工招聘、录用规章制度，应包括以下几个方面：一是招聘流程的程序性规定；二是实务操作中对具体事务处理的规定。这些规章制度在约束酒店招聘、录用行为的同时，也是对录用新员工时的不确定因素予以风险防范的制度保障。

2．知情权的使用及证据的保存

酒店和员工应在诚实信用的基础上建立劳动关系。若任何一方违反了诚实信用原则，向对方提供了虚假信息，就侵害了对方的知情权，由此可能会产生一系列法律后果。

（1）酒店的知情权　酒店在招聘新员工时，若需了解员工的身体健康状况、工作经历、知识技能水平、证件情况等重要信息，则应聘者有义务将真实情况告知给酒店。如果应聘者提供的是虚假信息，则属于欺诈行为，《中华人民共和国劳动合同法》（以下简称《劳动合同法》）第18条规定，采取欺诈、威胁等手段订立的劳动合同无效。

（2）员工的知情权　酒店在招聘员工时，应将酒店所执行的薪资制度、应聘职位、薪资结构、劳动条件、工作内容、岗位职责等关键信息告知应聘者；在录用员工时，酒店应将管理制度明确告知员工。应聘者有权要求酒店提供上述信息，对于不知情的信息，在发

生劳动争议时员工可通过法律途径主张权利。

（3）证据保存　知情权的行使必然会产生相应的权利与义务，且在实际操作中，责任划分的难度比较大。为减少酒店与员工间因知情权所产生的争议，防范相应的法律风险，酒店应树立证据保存意识。在招聘、录用员工的过程中，酒店应积极采取书面方式保存告知行为的证据。例如，以书面方式告知应聘者信息，并要求对方签字确认；在审核应聘员工所提交的信息后，在录用环节，设计相应的承诺书，要求被录用者签署。

3．防范员工可能带来与原单位有关的法律风险

（1）酒店应确定被录用者已解除与原单位的劳动关系。《劳动合同法》第99条规定，用人单位招用尚未解除劳动合同的劳动者，对原用人单位造成经济损失的，该用人单位应当依法承担连带赔偿责任。那么，酒店在招聘员工时，就应注意防范这种法律风险。酒店可根据所招聘职位的重要性来建立相关的审核程序，对于中高层管理人员、技术研发人员等重要职位，可要求员工提供其与原单位解除劳动合同的证明材料。在员工无法提供的情况下，酒店可要求员工提供原单位的联系方式或证明人，以便进行工作背景调查。

（2）对因员工进入本酒店工作可能侵害原单位权益的法律风险予以防范。酒店应认识到，若员工与原单位签订有相关法律文件，致使员工进入本酒店工作构成违约，或员工使用其“原单位有关资源”（即员工在原单位工作时所掌握的技术材料、经营信息等商业秘密），而使本酒店对员工原单位造成侵权，无论员工的行为出于善意还是恶意，本酒店都可能要承担一定的责任。因此，酒店应注意把关。人力资源部门在招聘、录用员工时，应询问拟录用员工是否与原单位签订有保密协议、竞业禁止协议等法律文件，以及该员工在本酒店工作是否违反了相关协议，必要时可制作相关确认文件。

4．与录用员工签订劳动合同应注意的问题

在确定录用员工后，酒店将与新员工签订劳动合同。除相关必备条款外，有几个要点需要注意：

（1）正确确定试用期限。劳动合同期限与试用期是有联系的，试用期不可随意约定，《劳动合同法》对此作出了明确规定。

（2）在录用新员工时，确定并告知试用期内的工作考核及考核标准问题。员工在试用期间被证明不符合录用条件的，酒店可以解除劳动合同。所以，酒店应制定在试用期的工作考核制度并明确告知员工。

（3）在劳动合同中明确约定薪资的有关问题。在劳动合同中应明确约定试用期及转正后执行怎样的薪资结构、薪资数额、支付方式、扣缴个人所得税额、缴纳社会保险等有关事项。

（4）可在劳动合同中约定单方解除劳动合同的违约金或赔偿金。违约金或赔偿金的约定应是对等的，但如果存在酒店为员工出资培训、分配住房等情况，该约定可以是单方面的。

5．在招聘、录用员工中需要注意的其他问题

（1）关于内部招聘　内部招聘是酒店填补空缺职位的一个比较安全的渠道，但也有一些问题需要予以注意。对内部招聘的员工，其工作内容、薪资状况若发生了变化，则酒店应变更劳动合同，执行新职位的工作内容、职责、薪资待遇等标准。

（2）劳务派遣问题　若酒店通过劳务派遣酒店使用工作人员，则应与劳务派遣酒店签订相关法律文件，对所派遣员工在本酒店工作的相关情况予以明确约定。

（3）用工手续问题　酒店在招聘、录用员工时应对拟录用员工在本酒店工作的相关用工手续问题予以把关，考虑该员工办理劳动就业手续是否有问题，需要员工提供哪些材料，员工提供这些材料有什么难度，以及是否会影响员工在本酒店工作等因素。

（4）职前培训问题　酒店在录用员工后，若需要对员工进行职前培训，则应明确相关培训费用的负担问题，员工个人是否承担培训费用应通过书面方式告知给员工，若需员工负担，还要对如何支付作出约定。

总之，酒店构建招聘、录用员工法律风险防范体系，是一个制度层面与实务操作层面规范化运作相结合的过程，酒店人力资源从业人员须审慎操作每一个环节，防范法律风险，稳定劳动关系。

本章小结

松下幸之助说过："酒店即人。"酒店的兴衰，关键在人，酒店能否发展，在很大程度上取决于是否具备一支高素质的员工队伍。招聘与面试作为酒店员工队伍建设的第一关，对于酒店的长远发展起着十分重要的作用。因此，系统掌握招聘与面试技巧，为酒店发展选拔符合需要的优秀员工，是全体管理者尤其是人力资源管理者必备的基本素质。本章从酒店工作的特点、用工标准研究入手，从酒店招聘的准备工作开始，系统地介绍了酒店招聘与面试的步骤、方法及注意事项，为酒店管理的具体实践及学生的学习，提供了翔实的资料和方法。

复习思考题

一、单项选择题

1. 对招聘效果质量方面评估的主要指标是（　　）。
   A. 应聘比率　B. 录用比率　C. 招聘完成比　D. 招聘成本
2. 考核应聘者学识水平的重要工具是（　　）。
   A. 面试　B. 笔试　C. 心理测试　D. 能力测试

二、多项选择题

1. 广告设计的原则包括（　　）。
   A. 遮蔽　B. 注意　C. 兴趣　D. 特点
   E. 行动
2. 外部招聘的主要形式和渠道包括（　　）。
   A. 校园招聘　B. 媒体广告　C. 中介公司　D. 猎头公司
   E. 网上招聘

三、分析题

1. 用学过的理论分析酒店招聘工作中存在的问题并提出相应的对策。

2. 你如何认识选人的标准?
3. 简述招聘活动的 6R 目标。
4. 简述招聘流程。
5. 如何制订招聘计划?
6. 简述内、外部招聘的原则及优缺点。
7. 简述外部招聘的主要形式及渠道。
8. 如何设计一份合格的广告?
9. 简述人员选拔的方法。
10. 酒店应如何进行有效的面试?
11. 如何进行招聘评价?
12. 招聘中应注意哪些法律问题?

四、案例分析题

1. 蒙哥马利的用人思想

第二次世界大战期间的英军统帅蒙哥马利有其独特的用人之道。有一次，他对人讲，士兵有聪明的，有愚笨的，有勤快的，有懒惰的。聪明而勤快的，可以让他当个参谋；愚笨而懒惰的可以指使他去干事；聪颖而又懒惰的，可以当统帅；愚笨而又勤快的，你要尽快地赶他走。

要求：分析蒙哥马利的用人思想。

2. 诸葛亮的用人之道

诸葛亮的用人智慧：对关羽可以恭维，对张飞不能恭维，对赵云要经常表扬。对人的管理不作统一的标准，这是诸葛亮的用人智慧。

诸葛亮以一名躬耕垄亩的“村夫”身份参与无权、无势、无钱、无地盘而且缺兵少将的以刘备为首的政治集团，从因为占得天时从而势不可挡的曹操手里夺取荆州、汉中，在三分天下的角逐中占得一席之地，凭借的完全是刘备自己的那一点人马。这一发展过程好比在企业经营中用很少的一点本钱赚了大钱，又好像一个临时成立的个体户组织和财大气粗的国家中央企业、地方企业平起平坐，共同瓜分市场。这样总结诸葛亮的成功经验，对于企业家来说，实在是很有现实意义。

刘备在这个政治集团中相当于公司董事长，他既然肯三顾茅庐请诸葛亮出山做军师，相当于聘请诸葛亮做公司的总经理，自然对诸葛亮的经营方针和措施全力支持。诸葛亮于是发挥刘备的两个作用，一是作为战时合法经营人的招牌作用，二是作为这个组织的领导，也就是这个集团的家长作用。所以，诸葛亮发布一切命令总是在刘备身边发布，从不自作主张。

关羽是刘备桃园结义的兄弟，他有极高的武艺，有温酒斩华雄、斩颜良、诛文丑等战绩，有挂印封金、过五关斩六将、辞曹归汉的名气，在任何情况下都有独当一面的能力。不过，他又过于骄傲，对诸葛亮这样的少年书生更是不大看得起。诸葛亮一方面不得不做出点实际成绩让关羽承认，另一方面尽量说些恭维话，助长关羽为刘备出力的雄心，同时注意让关羽在华容道拦截这样的难题前丢点小丑，以提醒他不要过于自负。

张飞的地位虽然次于关羽，但本领却与关羽相差不多。他快人快语的性格，暴露出怀疑诸葛亮能力的心态。诸葛亮认为这是需要挖掘的人力资源，先在博望坡用兵使他折服，再屡次激励他动脑筋解决难题，因为被人认为头脑简单的张飞一旦用计，就会使对手防不胜防。

赵云没有参加桃园结义，为了争取个人的发展前途，只能是忠诚地为刘备效力。诸葛亮看准了赵云的忠厚背景，总是把最关键的任务交给赵云来完成，而且一有机会，就要当众肯定赵云的功劳和贡献，使得赵云在诸葛亮经营蜀汉事业过程中起着重要作用。

诸葛亮以调动、发挥刘备政治集团各成员人力资源为基础，抓住曹操占领荆州后想一举夺取江东的急躁心理，说服孙权与刘备共同抗击曹操，并且利用曹操赤壁兵败的时机，夺取荆州，实现了事业经营从无到有的第一步，这里充分揭示出“经营就是人的管理问题”这一深刻命题的意义。

要求：分析诸葛亮的用人之道及其现实意义。

五、实训题

在各组组长的统一安排下，利用课余时间，按照时间要求完成下列任务：

1. 虚拟招聘的组织背景及职位：结合专业及个人喜好，确定一个虚拟的酒店，撰写组织概况简介。在此基础上确定若干个拟招聘的岗位。

2. 根据拟招聘的岗位，撰写一份工作说明书。

3. 设计并发布招聘广告。

4. 组织面试团，选派应聘者。各组的面试团由该组成员组成，同时选派 2 名成员作为应聘者，参加另外几组的招聘活动。

5. 进行面试活动。由任课教师确定面试的地点。要求采用结构化面试或半结构化面试，所有的面试问题在面试前应设计完毕，并利用课余时间进行演练，以保证活动的顺利进行。

面试活动一般分 3 个阶段进行：

开始阶段：面试官与应聘者相互介绍，并设法消除紧张气氛，创造宽松的面试环境。

正式阶段：根据设计的面试问题进行提问和回答，面试官对应聘者的知识和能力进行全面的考察。

结束阶段：在正式结束之前，一般要求面试官应给予应聘者进行提问的机会。

6. 主讲或其他组员对组织的招聘活动从人员的招聘、选拔录用各环节进行口头总结。

7. 其他组员补充，并与主讲一起解答问题。

第五章

人力资源的培训与开发

知识目标

- 认识和理解人力资源开发的含义及层次。
- 掌握酒店人力资源培训工作的特点及重要性。
- 掌握建立有效的培训体系的原则、程序与方法。
- 熟悉员工职业生涯管理的设计方法。

能力目标

- 能进行新员工入职培训。
- 能编写年度培训方案。
- 会做职业生涯规划。

引导案例

员工培训中心的取消

某知名酒店集团非常重视员工培训，并成立了员工培训中心，新招来的员工一到酒店就被送到培训中心接受长达一年的业务培训，全部费用由酒店承担。截至 2004 年，该培训中心已先后培训了 5 届员工。然而，由酒店花大本钱培训的员工，特别是核心员工在近两年先后跳槽。在第一届参加培训的 40 人中只有 10 人留在酒店，但这并没有引起酒店管理者的关注，他们认为这是偶然现象，以至于第二届、第三届也分别只剩下 7 人。在问及离职原因时，离职员工大都认为：自身价值得不到体现，缺乏晋升机会，绩效与薪酬不挂钩，工资和福利待遇差，致使员工在工作中常常心不在焉，工作绩效下降，服务态度差等。面对大量人才的流失，酒店现在已无心培训员工，害怕培训后的员工翅膀硬了，酒店留不住，白白为他人作嫁衣，于是取消了员工培训中心，员工服务水平与技能每况愈下，酒店口碑大不如前，致使人才流失更为严重，酒店经营陷入危机。

思考：

（1）员工培训中心该不该取消？

（2）怎样使培训成本降低？

（3）该案例问题出在哪里？如何使培训更有效？

第一节 为何人力资源“开”而不“发”

目前，各种各样的培训在酒店业风行。酒店为此浪费了大量的人力、财力，然而其效果往往差强人意，有的甚至是赔了夫人又折兵——钱花了，人也走了。为什么会出现这种情况呢？

一、人力资源开发的含义

人力资源开发，一方面是对人力资源的充分发掘和合理利用，另一方面则是指对人力资源的培养与发展。酒店的人力资源开发应追求提升智力和激发活力两大目标，从而达到提高绩效的目的，所以酒店对人力资源的开发应分为3个层次，即培养性开发、使用性开发和政策性开发。

二、人力资源开发的3个层次

1．培养性开发

培养性开发，是指酒店给员工创造条件，通过在职学习、院校培养、网络学习，以及短期培训等方式，开发员工创造性及各方面能力的过程。

2．使用性开发

使用性开发，是指给有一定能力的员工委以重任，在对其“使用”过程中，让员工发挥积极性、创造性，在造就员工的同时提高酒店绩效。使用性开发要求酒店领导尽量创造人才环境，既要压担子、给任务，又要充分信任、关心和爱护员工。

3．政策性开发

政策性开发，是指酒店以绩效目标为导向，在制定和实施酒店各项管理政策、制度的过程中，始终围绕发挥员工积极性、创造性开展工作，从而达到激发活力、提高绩效的目的。政策性开发的目的是在酒店内形成人才辈出的机制和氛围。相比前两个层次而言，“政策性开发”涵盖面更广，影响力也更大。

三、酒店人力资源培训工作的特点及重要性

知识的折旧越来越快，没有任何人可以抗拒学习培训，没有任何酒店可以不重视培训。正如美国未来学家约翰·奈斯比特所说：“在这个时期成功的公司要解决两个问题：一是对具有竞争力、更富创造性的管理人员的需求；二是把办公室与教室连在一起。”

1．酒店人力资源培训工作的特点

酒店培训是酒店及其有关部门根据酒店市场发展变化以及酒店实际工作的需要，通过各种教导或经验传播的方式在知识、技能、态度等方面对员工进行培养和训练的活动，它是一种标准化的学习过程，具有经常性、计划性、发展性等特点。

（1）经常性　酒店培训工作是一项经常性的活动。近几年来，随着高科技和新技术在酒店中不断使用，酒店的经营和管理日趋复杂，酒店管理的专业知识和技术也不断变化，酒店员工专业知识和技术水平必须不断更新和充实才能满足需要。

（2）计划性　酒店培训工作不是盲目的，它是一项有计划、有组织的工作。酒店通过相关计划，有针对性地预先制定酒店培训工作的目标、方针和过程，制定达到酒店培训目标的方法和措施，科学合理地动员酒店、协调酒店的人、财、物，去实现酒店培训的计划目标，这样才能确保达到提高酒店员工素质的目的。

（3）发展性　酒店培训工作是随着酒店本身和外在环境的发展变化而不断进行改革、变化的。酒店培训是一项以岗位培训和技能训练为重点的综合活动，酒店员工培训工作是为提高酒店市场竞争力服务的，只有立足于酒店的需要、市场的需要，才能真正提高员工的素质，促进酒店的发展。

（4）针对性　酒店是一种综合性服务行业，客房、餐饮、商场、工程、财务等各部门的专业知识和业务技能不完全相同，为了增强各部门员工对不同工种业务需求的适应能力，要求培训工作在计划安排、课程设置、训练方式方法、选择等方面，必须从实际需要出发，坚持理论与实际相结合，以讲究实用为出发点，注重针对性。

（5）广泛性　由于酒店的员工培训必须以实用性为主，各部门、各工程所需要的知识技能不同，培训内容比较复杂。各部门、各层次员工要求全面掌握所从事工作的专业知识与业务技能及相关的各种常识，因此酒店培训需要开展不同内容的培训，做好计划安排，坚持长期规划与短期安排相结合。

（6）灵活性　酒店培训的主要形式是对员工进行在职训练，培训对象既有管理人员、工程技术人员，又有广大服务人员。由于人员结构层次复杂，员工的文化基础和知识水平参差不齐，酒店内部工种繁多，技术要求不同，因此酒店的员工培训必然是多学科、多层次、多形式的。这种特点要求培训工作必须长期分阶段培训，并采用灵活多样的方式与方法。培训必须针对不同岗位的业务需求，结合不同职务层次的实际需要，坚持遵循多学科、多层次、多种形式的灵活多变原则。

（7）艰巨性　酒店培训的艰巨性表现为：在培训活动的时间安排与控制方面具有相当难度，往往要受到经营业务的冲击而不能按计划进行。因此，酒店培训部在计划安排时要注意时间紧凑、内容精炼，同时在计划安排中，要准备各种应急与应变的措施，以适应酒店培训的多变特点，使培训工作取得满意的效果。

2．酒店人力资源培训工作的重要性

现今，酒店业中人力资源素质偏低，而酒店业又主要是凭借专业服务人员队伍的知识、专业技能为宾客提供服务的行业。因此，做好现有员工的培训是当务之急。这既可以提高他们的服务质量，又可以让他们看到自己的发展前途，调动员工的学习积极性和工作积极性，增强在这个行业继续工作的信心和决心，使人力资源流动趋于合理。

（1）培训有利于酒店的发展　培训是过滤网，它可以滤去不利于酒店发展的态度、理念和行为。酒店大部分工作都要同客人发生直接或间接的接触，其服务大部分都是面对面的，员工只要有一点失误或不称职，就有可能永远失去顾客。所以，酒店需要从态度、知识、技能、理念、行为等方面对员工进行培训，以提高酒店的凝聚力和竞争力。

酒店是一个人员流动性非常大的行业，如想达到预期经营水平，留住员工，就必须要进行强化性的培训。就目前酒店业的发展状况来看，将培训工作列入工作目标和议事日程是毫无疑问的。

（2）培训有利于加快学习速度，提高服务质量　新入职的员工通过培训，其学习速度远比自己摸索要快，可以使员工工作更快走上良好轨道，更快地胜任自己的工作，从而减轻紧张情绪，不至于茫然不知所措，减少因陌生而与酒店发生不必要的矛盾。

（3）培训有利于降低劳动力成本、减少损耗　酒店员工如果在工作中时常感到有压力，积极性不能得到发挥，缺乏成就感又发展无望，就会对工作环境不满意。如果没有正确地疏导，也许会出现迟到、工作马虎、服务态度差等消极现象，最终不是辞职就是被解聘。而人员流失是有较高成本的，据研究可以量化为

雇员流动成本=离职成本+岗位空缺成本+替换成本+培训成本+损失的生产成本−节省的成本

这无疑就会加大酒店劳动力成本费用。如果能够及时对员工有计划、有针对性地进行教育培训，有的放矢，就会收到“磨刀不误砍柴工”的效果，使其认识有所提高，工作表现有所改进，工作压力有所缓解，就有可能减少人员流动，有利于降低劳动力成本和改进服务质量。

一个不曾培训过的员工，因不能正确使用和维护公司财产及无爱护公物的意识将会令公司蒙受损失，如因不正确地托盘而打烂餐具，因爱护意识不强而不关好水电甚至损坏公物。据一些调查表明，未经训练的工人的事故发生率差不多是经过培训的工人的三倍。特别是操作有危险的机器设备时。究其原因，是由于没有受过培训，不知道如何正确使用机器设备。通过培训，可以有效地减少事故的发生，提高爱护意识，从而保证酒店员工人身和酒店财产的安全，降低损耗。

（4）培训有利于员工自身的发展　在现代酒店业的发展中，对员工各方面的要求越来越高。每个员工也有一种追求自身发展的欲望，这种欲望如不满足，员工会觉得工作没劲、生活乏味，最终导致员工流失。尤其是优秀员工，其自身发展的需要更加强烈。通过培训，新员工可立即进行工作，老员工则可以扩大视野，且都能学到许多新知识和较为先进的工作方法以及操作技能、技巧，增长本领，提高服务效率，进而增加个人收入。

另外，培训能使员工在学会做好本职工作的基础上，开始学习上一层次的工作，有助于扩大知识面和扩展工作领域，并接受新的管理理论的熏陶，为晋升创造必要的条件，如有能力，就有机会晋升为管理人员。同时，受过培训的人对工作有自豪感、充满自信心，能相对独立和自由地作出决策，增强了职业安全感，减少不必要的心理紧张与不安，从而有利于员工自身的健康发展。

四、酒店人力资源开发与培训的“陷阱”

纵观当今的国内酒店业，在观念上重视人力资源开发的酒店越来越多，各类培训项目

也在酒店业风行，但真正从中尝到甜头的酒店却不多，大多数酒店往往迷失在一个又一个人力资源开发与培训的陷阱中。

陷阱1：人力资源开发等于培训

很多酒店一提起人力资源开发，就会想到培训，认为培训就是人力资源开发的全部，除了培训别无他法。他们常常给员工安排一些社会上或行业间流行的培训，到此就认为酒店已经制订了一整套详尽的人力资源开发计划，希望可以借此提升员工的能力与素质，从而提高酒店绩效。可一旦发现培训的结果“出人意料”时，又往往将原因归咎于酒店的员工或其他外在的客观原因。更有甚者，将培训本身作为目的，为了培训而培训，殊不知培训只是人力资源开发的一种手段，酒店进行培训的根本目的是提高酒店绩效，实现酒店目标。

陷阱2：“封杀”使用性和政策性开发

有些酒店的领导尽管很清楚人力资源开发不仅仅是培训，也清楚培训只是培养性开发中的一种形式，但由于多种原因，认为还是培训最为经济，也最“安全”，如：安排某人做某事或调整政策有阻力，或是觉得调整政策“劳师动众”；害怕一旦安排某人做某事出了成绩后，对自己的仕途产生不良影响；担心人也善用了，政策也调整了，人才倒是培养出来了，却是“为他人做了嫁衣”……

陷阱3：只把政策性开发停留在文件柜中

一些酒店希望通过调整薪酬或发展等政策性条文为员工设立美好的愿景，更加期待这些美丽的承诺可以招来一大批“金凤凰”。可惜，越是诱人的政策在贯彻中越易受到阻滞，如感到地位受威胁的强烈反抗，认为分不到羹者的诋毁，乃至来自某些层面的压制等。就这样，一棵棵可能枝繁叶茂的梧桐树被众人拦腰砍断，美好的设想只能被放在文件柜中。

陷阱4：人力资源开发与我无关

很多一线经理将人力资源开发看作是他们管辖范围之外的事情。在他们看来，他们的职能，仅仅是在前厅、客房、餐厅里或职能部门内监督一种产品的生产或者一种服务的提供。他们常常会说：“人力资源开发这样的事情不归我管。”然而，有谁确实能比一线主管处于一个更好的位置——既了解员工的想法又同时领会酒店高层的意图，可以在人力资源开发的过程中发挥教师、教练或者帮助者的作用呢？

陷阱5：只重技能培训，不重观念开发

抛弃一些已经长久沉淀在员工心中的观念，培植新的并且往往是与原有的观念相对立的观念，往往让酒店感到无所适从。所以，很多酒店将人力资源开发仅仅局限于新员工的岗前教育和员工基本业务技能训练，而不去激发广大员工发展与酒店战略目标相一致的观念、态度、行为和技能，使得人力资源开发流于形式，不能真正促进酒店绩效的提高。

陷阱6：只对“低学历”或“低职位”进行开发与培训

在一些酒店的人力资源开发对象的名单中，只有低学历或低职位的员工。他们认为，只有低学历或低职位的员工才需要开发与培训，忽略了人力资源开发的持续性，忽略了酒店中各个岗位上的员工都需要不断深造与完善，特别是在一些酒店中，高学历的人往往拥有较高的职务，在他们心中，接受开发与培训简直就是一件可耻的事情——那等于宣告自己不合格、不胜任，甚至很无能，同时也就意味着要接受同事特别是部下的轻视甚至嘲笑，这怎么能忍受？就这样，很多酒店在进行人力资源开发时，便仅仅针对低学历或低职位者开展工作。

五、跳过“陷阱”的方法

如上文所述，酒店人力资源开发经历着来自知识与创新的力量、顾客的力量、酒店变革的力量等各种力量的挑战与冲击，同时经受着许许多多“陷阱”的威胁。所以，要在如此严峻的环境中生存，酒店难免会觉得透不过气来。下列方法可以有效帮助酒店跳过危险的“陷阱”。

1．建立学习型酒店的人力资源开发观念与系统

酒店要重新审视自己的人力资源开发计划，理清人力资源开发与培训的关系，思考一下酒店人力资源开发的问题到底出在哪里。

（1）树立学习型酒店的人力资源开发观念　美国《财富》杂志指出：“未来最成功的公司，将是那些基于学习型酒店的公司。”“学习型酒店”一词来源于人类学习的概念，但它与传统的“学习”观念不同，它将学习上升到酒店的层次，而不是仅仅强调个体层次的学习。因此，人力资源开发也应从传统的技术与技能培训等项目，上升到战略人力资源开发，将人力资源开发的功能和目标与战略目标结合在一起，从而提高酒店绩效。

（2）学习型酒店的人力资源开发应当是系统的　酒店应当把培养性、使用性和政策性开发当作一个系统共同实施，并与酒店目标紧密结合。而不是把酒店的人力资源开发当成只有培训、没有使用性或政策性开发。

（3）学习型酒店的人力资源开发应该是动态的　虽然人力资源开发系统一经形成，就要保持相对稳定，但由于现代酒店业处于高度流动的环境之中，为了实现员工和酒店的能力与变化的竞争优势相适应，“动态”是必要的。应该将不稳定环境中的人力资源开发看成是动态的过程，经常检查酒店的人力资源开发系统，使其能为酒店提供快速、便捷、适应环境变化的人力资源。

2．着力发现关键的少数

80/20 法则认为，酒店中少数的员工可以为酒店获取大多数的价值。在日常工作中，我们总是觉得多数人看起来比较重要，而那些其实真正重要的东西则似乎可有可无。但事实却是：少数人增加了大多数的价值，高获利的活动只是酒店全部活动的一小部分。因此，务必时刻把关键少数摆在大脑正前方，时时检讨自己是否将人力资源开发中较重要的部分放在关键少数人身上。

按照 80/20 法则进行人力资源开发，首先要找到这 20%，为了找出他们，酒店往往需要做一次全面的 80/20 分析，其中包括产品或产品群分析、顾客和顾客群分析、部门及员工分析、地区或分销渠道分析、财务及员工收入分析、任何与酒店员工有关的资料分析等。通过种种分析，我们会发现某些人是重要的，而另一些人在酒店的整个价值增值中所起的作用微乎其微。在找到这关键的 20%后，酒店就应将其纳入人力资源开发的重点行列进行开发与培训。

3．建立政策性开发的贯彻和保障机制

随着开发重要性的日益彰显，很多酒店也在尝试着实施政策性开发手段，但效果却不都尽如人意。之所以如此，对政策的贯彻执行力度不够是重要原因。为了发挥政策性开发

的基础性、导向性作用，必须建立政策性开发的贯彻和保障机制。

（1）酒店领导者应发挥决定性的作用　有言道："看一个酒店如何，先要看它的领导。"在政策性开发的过程中，从政策的制定到实施的全过程，领导都至关重要。只有领导有决心，下狠心，说到做到，政策性开发才能见效。

（2）理顺政策性开发和其他人力资源开发手段的关系　人力资源开发是个系统工程，3 个层次的开发要相互配合与适应，在它们之间不应产生冲突和抵触。只有和谐的人力资源开发系统，才能保证酒店绩效的提高。

4．技能培训与观念开发双管齐下

在人力资源的开发过程中，要做到技能培训与观念开发两手都要硬。

对技能的培训是调整、开发员工行为的外在表现的过程；而对观念的开发则是整合员工思想与价值观的内在过程，是破旧立新的孵化器，二者缺一不可。酒店只有做到技能培训与观念开发双管齐下，才能在提高员工的智力的同时激发他们的活力，促进员工实干与创新，最终提高酒店绩效。

5．启动多层次、全方位的人力资源开发战略

西方一些人力资源开发专家认为：从大学毕业的学生，第一年可用知识占 70%，第二年占 30%，第三年占 10%，到第四年，这个学生如果不继续接受新知识、新信息，那么他原来掌握的知识已基本过时了。因此，结合我国实际，酒店业人力资源开发战略不应仅仅针对"低学历"员工，而应在人力资源开发系统观念的指导下，进行多层次、全方位的人力资源开发，以求提高酒店绩效。

（1）酒店家层次开发战略　酒店作为酒店家赖以生存的载体，在培养和造就符合时代要求的酒店家方面更具有不可推卸的责任。除了在我国高等院校引入 MBA 学习外，酒店必须把培养和造就酒店家作为一项重要的战略目标来抓，通过制定和实施一套完善可行的计划，来培养和造就知识型的酒店家。

（2）核心骨干层次的开发战略　酒店要担负起培养骨干的重任，视教育为创造知识价值的过程而不是消费过程。为员工提供知识技能不断更新的机会，使员工得到满足感和成就感，从而最大限度地激发员工的潜能。同时，酒店应尽力扩大和提高酒店人才的数量和质量，提高知识型人才在酒店的比例；建立公平、规范的就业竞争机制；注意人才的合理搭配。

（3）普通员工层次的开发战略　酒店还应重视对普通员工的开发，使其适应知识经济的要求。应不断更新普通员工观念，使其跟上时代的步伐，同时把普通员工的利益同酒店利益紧密结合起来，树立主人翁意识和自豪感。

总之，人力资源开发是酒店获取竞争优势的有利工具，也是一种理念。"工欲善其事，必先利于器"，如何利其器，如何将人力资源开发的理念落实为酒店的行动方案，使其与酒店目标相结合，最终提高酒店绩效，将成为酒店今后的工作重心。

六、谁应为酒店的开发培训买单

对员工实施有效的培训与开发，是任何一个酒店都不容忽视的问题，也是任何一家酒

店生存与发展的必然要求。美国管理大师德鲁克指出，现代酒店不仅是“学习型酒店”，更应是“教学型酒店”，只要让员工乐于学习，乐于彼此间进行经验技术交流，员工就会心情舒畅，就会真正地融入酒店文化当中去，也才能用实际行动真正地推动酒店的成长和成功。

1．开发培训究竟是谁的事

为了保证酒店的服务质量，所有的酒店管理者几乎都坚持“员工先培训后上岗”的原则。但令人遗憾的是，在开发培训变得日益重要的今天，仍有很多酒店的领导认为培训只是培训部的事情，结果也就不可避免地导致了开发培训实践中的“高层不重视、中层不支持、基层不理解”的尴尬局面。作为培训的主要导演者——培训部，也往往因此而扮演着“孤独的漫步者”的角色。在酒店的管理实践中，管理者经常会有这样的认识：酒店所出现的各种问题，主要是因为员工素质不高所致，而员工是人力资源部招聘的，培训部又是负责培训的，员工素质不行，要么是招聘有问题，要么是培训不得力，所以人力资源部应负主要责任。

“培训是培训部的事”是一种形而上学的偏见，尽管这顶帽子有点大，但事实确实如此，试想，如果培训得不到各级领导及部门的支持，岂不成了唱独角戏？的确，在培训管理中，培训部确实应发挥其牵头作用，但必须得到领导的足够授权和各部门的充分支持。培训部应在大量的、科学的需求调研的基础上，解决培训需求分析、项目确定、内容设计、师资配备、培训评估等问题，然后根据酒店人才需求及工作的标准，设定相关课程，开展酒店培训。其他部门则在培训部的指导下，由部门管理者负责，在部门内实施“全程跟踪开发培训”。

同时，酒店还应该制定多种具体的培训制度，如培训服务制度、培训激励制度、培训考核评估制度、培训奖惩制度、培训实施管理制度、培训档案管理制度、培训资金管理制度等，从而给予培训活动自上而下、全方位的制度支持。

2．谁为开发培训买单

根据我国人力资源和社会保障部的规定，为保障职工开发培训经费，酒店应按照职工工资总额的1.5%～2.5%足额提取职工教育培训经费，并专款专用。虽然大多数酒店名义上也开展了培训，但实际上用于员工开发培训方面的花费却并不高。

其实，不只是酒店在培训方面的投入吝啬，甚至许多员工都不知道自己拥有此项权利，有些员工即便知道，也对酒店是否肯把钱用到自己身上表示怀疑。众所周知，没有高投入就很难有高产出，酒店员工的培训也是如此，所以要搞好员工的开发培训，经费到位是前提。

不可否认，开发培训是一项生产性投资行为，做投资就必然存在风险，如人才流失及其带来的经济损失、培养竞争对手、开发培训没有取得预期的效果、送培人员选拔不当、专业技术保密难度增大等。为了防范此类风险，酒店可根据“利益获得原则”，即谁投资谁受益，投资与受益成正比例关系原则，对超出员工权利之外的培训开发支出，适当考虑成本的分摊与补偿，如对投资大、时间长、能够迅速提高受训者能力和其个人收入的开发性培训项目，对基础学历教育及以提高自身基本素质为主的培训，以个人投资为主，酒店部分分担，事后根据员工学习成绩的好坏及对酒店服务的期限和贡献，以奖惩的性质适当调整各自的比例，以起到既激励员工主动学习，又在一定意义上起到规避培训风险的作用。

3．培训不是万能的

与一些忽视培训的酒店相反，有些酒店的领导者十分重视培训，但却往往有过之而无不及。这些领导们过分重视培训，把培训看成了万能的。只要酒店一出现问题，就会想到培训，于是培训便好像成了解救酒店的万能钥匙。实际上，我们谈论培训的重要性，并非要培训承受“不可承受之重”，培训解决“不能的问题”似乎比“不为的问题”更有效。因为员工的行为能力是由其观念、知识和能力三者构成的，所以酒店在设计培训计划时，思路应是全方位的，只有全面提高员工的观念、知识和技术水平，才能全面改善员工的行为能力。因此，作为酒店的领导，将开发培训看成是万能的，对培训产生完全的依赖也是有害的。酒店的领导者及各级管理者们必须以一颗平常心对待培训与开发。

第二节　入职培训：把好第一道关

目前，许多酒店中有这样一种现象：好不容易找到几个各方面条件都很不错的新员工，可有些新员工没干几天就辞职了。

新员工的流失，尽管有种种所谓的个人原因，但很多还是因为不能尽快适应岗位工作，没有成就感，不能很好地融入团队。是什么原因导致新员工不能很快适应岗位工作，不能很快融入团队呢？是酒店的招聘工作没有把好关，把不合适的人招进来了？还是我们的培训工作没有做到位，造成新员工对自己的工作不了解？通过一些管理学家的分析，新员工入职培训是新员工能否顺利融入酒店的关键。

如何才能让新员工以最快的速度融入团队，发挥最大潜能呢？

一、关注“新”人，从“心”做起

新员工的“新”字，可以从两个角度来理解：一是“新旧”的“新”，相应的理解是培训要解决推进员工从“新”向“老”员工的角色转变，这是一个对新环境、新工作的认知过程；二是“新”作为一个起点，员工处在他职业生涯的一个新阶段的开始，新人培训使命应该是帮助员工更好地起跑，甚至是助跑，这是一个了解职位职责和业务流程，配备相关知识和基本技能，以及调整新员工进入工作状态的全过程。

1．把握好新员工培训的内容

目前，新员工培训做得比较成熟的酒店，对于培训的目的基本上也都是界定在两个方面：一是使新员工对酒店有一个全方位的了解，认识并认同酒店的事业及酒店文化，理解并接受酒店的共同语言和行为规范；二是使新员工明确自己的岗位职责、工作任务和工作目标，掌握工作要领、工作程序和工作方法，尽快进入岗位角色。培训的内容往往涉及：

（1）酒店概况　酒店业务范围、创业历史、酒店现状以及在行业中的地位、未来前景、经营理念与酒店文化、酒店机构及各部门的功能设置、人员结构、薪资福利政策、培训制度等。

（2）员工守则　酒店规章制度、奖惩条例、行为规范等。

（3）财务制度　费用报销程序及相关手续办理流程，办公设备的申领使用。

（4）实地参观　参观酒店各部门以及工作娱乐等公共场所。

（5）上岗培训　岗位职责、业务知识与技能、业务流程、部门业务周边关系等。

2．入职培训的操作流程

在实际操作中，大多数的流程是先介绍新员工认识自己的上下平级同事，实地参观新的工作环境，给予《员工手册》及《岗位指导手册》，然后给予阅读材料或利用多媒体载体或安排专人讲解酒店的情况，包括酒店概况，各种守则及制度，由部门经理讲解部门业务流程、职位职责、工作程序及方法等。在整个培训中，了解和认知的部分都得到了重视和体现，然而在帮助员工更好更快地进入他的职业新起点、领他上路的这一层面上，很多酒店都还没有很好地执行，特别是如何把员工的状态调整到位。

领导力开发的经典课程“情境领导”理论中，对新员工状态的分析把握了两个维度，一个是能力，另一个是意愿，这两者都是个人层面上决定一个人是否能够在其工作岗位上做出良好甚至卓越表现的要素。心态和意愿是影响绩效的重要因素，举一个非常浅显的例子，一个优秀的男厨师，并不一定能扮演好家庭里的“煮男”角色，而许多酒店追求70分人才，也在于认为此类人才虽在素质和能力上不是顶尖优秀，但是其在工作上往往因为更有危机感和更积极勤奋，因而能够做出更为出色的表现，性价比更高。

3．注重对新人的情感链接

人的心态非常微妙，是不容易把握的因素，不是单纯性的信息传递就可以达到调整的目的，只能通过创造一种体验，让员工去感受和体会。归属感是否能够培养出来，工作使命感和积极性是否能够建立起来，在员工与新工作发生接触的前期阶段就决定了。因而新员工与酒店、与同事、与自己的工作建立情感链接，是新人培训的一个重要部分。

在酒店文化及各种规章制度既定的前提下，新人培训可以通过许多技巧来增强新人对公司和新环境的积极情感。

（1）新人与新环境的情感接触，从他们入职报到那一刻开始已经启动。因此，新人入职第一天，其办公位置整洁，办公用品齐备，能够给予员工一个舒适而亲和的环境，使其更快得到自己受接纳的感受。

（2）一封简短的欢迎信，有专人带领他们认识自己的上司、同事和下属，能给予新人极为温暖的感觉，对新环境产生家的归属感。如果是新员工集体报到，一个稍加设计的专门接待厅，也可以传递同样的信息。

（3）入职培训本身是否设计得全面系统、科学有条理，是影响新员工对酒店印象的一个重要因素，而在执行上，培训计划是否清晰、简明并第一时间让新人了解，整个培训各个阶段各种材料准备是否充分，酒店是否高效等，同样可以影响新员工对酒店的判断。

（4）有关酒店的概况及规章制度等文字材料已经能够达到介绍的目的，但是如果使用多媒体工具或者安排专人进行讲解，不但可以让员工感受到酒店为他们所花费的精力，感觉到人性化的关怀，更可引导员工去关注希望他们关注的，如强调酒店的各种福利或突出制度中的特色等。

（5）培训的形式和场地等尽可能多样化和灵活化，有助于建立酒店的人性化形象，进一步增进新员工与酒店的情感链接。

总之，新人培训的使命实现，工夫不仅在常规说教之间，而是要内延和外伸到新员工入职后与新环境发展的接触的各个环节，注意好每个小细节，体现更人性的关怀，能够帮助员工建立对新工作的归属感和积极性，为成就卓越表现做好前期工作。

小资料

新员工培训的油水理论

桌面上有两个盛满液体的杯子，一杯是水，一杯是油。怎样把油倒进装满水的杯子里？正常的解释是，只有把水倒掉，成为一个空杯，才可能接受新进入的。

但是，任何一个细心的人都会发现，当你把一个杯子中的水倒掉，再把油倒进去的时候，原来装水的杯子底部始终有一层水，新倒进去的油始终浮在水的上面，碰不倒杯底。

为什么会这样呢？

因为如果用倒的办法，杯子里的水是不可能倒干净的！而后来的油永远比原来的水轻，最后只可能浮在水面上。很多酒店在新进员工培训上，几乎都是在原有的基础上用加法的方式填鸭式训练。可是培训做了，知识和技能传授了，员工的效率却始终没有得到预计中的提高。这其实是没有倒干净的“水”在起作用。这里把“水”分成两部分，容易倒掉的和不容易倒掉的。容易倒掉的“水”，往往就是旧的知识和技能，因为新的东西能带来明显的提高，而且比较容易让你接受；而不容易倒掉的“水”，就是旧的态度和思维，毕竟要人接受一种全新的思维模式是很难的事情。可是，新的知识和技能往往是和新的思维联系在一起的。

如何解决问题呢？

解决问题可以有两种做法：一是倒完之后烘干杯子；二是一边从水杯底部抽水，一边把油慢慢地从杯口倒进去。也就是说，酒店应该树立一个长期和短期培训相结合、态度与思维的塑造和知识与技能的培训相结合的观点。我国台湾著名学者余世维博士曾经说，态度是一个人做事情决定性的因素，也是最难塑造的东西。态度和思维不是一两次短期培训就可以改变的，必须长期进行塑造，再辅以短期的知识和技能的传授，这样才可能达到比较理想的培训效果。也只有这样，才能把杯子里面原来的“水”彻底抽干净，真正换上新的“油”。

二、入职培训应注意的问题

正确地指导新进员工成为能独当一面的员工，是一件十分重要的事。因此，在对新员工进行培训时，应特别注意以下问题。

1. 分配工作岗位

在分配新人到工作岗位时，不一定要将新人分配到人手不足的工作岗位。重要的是，那个工作岗位上一定要有优秀的指导员。可能的话，就算是工作性质不同，也应该让新人到有优秀的指导员的工作岗位上去接受一年或半年的训练。因为，任何人都需要有经验，对一个新员工而言，进酒店后第一个接触的上司给他的影响最大。如果这位上司很优秀的话，新人能从他身上学到许多东西。

相反，如果第一次接触的上司是个不做事、只会抱怨的人，新人在不知不觉中也会受到负面的影响，这样经常会使新人学习到一些不好的习惯。

2. 新人上班前，需对老员工进行必要的教育

如果确实想使新员工有效掌握工作流程、规则、习惯及工作方法，那么首先要做的就是先要求老员工切实地按照标准程序来做。因此，在新员工上班的前一个月左右，就应该先对老员工进行再培训。培训内容可由员工们自行讨论，将自己计划针对新员工的培训项目一一提出，但是在新员工上班之前，自己必须先达到自己所拟定的培训内容。

3. 做个好计划

针对新员工的计划越详细越好，首先要将工作的知识、技术和各个工作岗位固有的传统精神等方面，详细且容易了解的计划做出来。计划中比较困难的经常是“态度训练”。态度训练中最重要的是设定具体且可以付诸行动的目标，而不是抽象的口号。例如，教导新人要有“责任感”，如果立即要新人自己来做，可能就会有不知所措的情形出现，这时，前辈与其生气，不如心平气和地依据下列项目来教导他们：

（1）有效地完成已经决定了的工作。

（2）同与工作有关的人员保持密切的联络。

（3）发生故障或跟不上工作进度时，不要不吭声，要设法力求解决。

（4）事后的整理要切实做好。

无论何人，只要能以积极和协助的态度做事，并身体力行地教导新人，那么新人的成功便是水到渠成的事。

4. 注重对员工的实际教育

完成了前项计划之后，接下来就是实际的教育问题了。这个时候最需要的就是具体的理由。新进员工和老员工的生活经验可以说完全不一样。老员工觉得理所当然的事，新进员工可能会觉得不可思议。例如，新人可能会到周末才在出勤表上将一周的出勤时间写上，而老员工则可能会觉得“不像话”，而新人则会以“这样比较省事”的态度面对。此时老员工就必须说明理由让新进员工遵守规定。如果有说不出理由或无法说服新进员工的规定的话，不如撤销这种规定。

5. 在工作中训练

训练新人的重点应该放在工作中。例如，若要训练新进人员的团队精神，可以以2～3名员工一组，并给他们时间限制，要求他们在规定时间内完成某件事，如客房工作，教育他们如何分工合作，在规定时间内完成既定工作。如此的训练不但可以使他们体会团队精神的重要性，也可以让他们彼此之间建立起良好的人际关系。

6. 负责任的工作态度

成为酒店员工之后，必须要有负责任的工作态度，必须要有“你现在代表着酒店”、“自己负责的工作要自己完成”等有责任心的观念。要尽量在工作的时候，把握适当时机给予教育。

7. 指正错误的方法

明确地指出错误是非常重要的，它能改善训练绩效。但是在指正时的态度很重要，一

定要以很诚恳且针对事情而非对人的态度指出。

8. 偶尔也要轻松

新人一般会很担心“自己是否能建立良好的人际关系”，其实，在酒店的人际关系也大都是通过工作来建立的。下面是建立人际关系的一些技巧：

（1）工作中的闲谈　偶尔也要和同事谈些轻松的话题。

（2）离开工作岗位的休息　利用中午休息时间聚谈、打网球等。

（3）建立社交上的关系　现在的年轻人都喜欢聚餐，在聚餐中边吃边喝，在快乐的气氛中聆听年轻人的心声，也很容易建立良好的人际关系。

9. 了解员工的性向

认清员工的性向，对将来在工作分配及员工在工作上的发展都有很大的影响。但是，要清楚每个员工的性向并不是一件简单的事情，不是在市面上随便买些性向测验就可以得到结果的。一些测验也不过是个参考资料。最正确的方法还是在实际工作中相处，再综合每位前辈的意见，经过详细的讨论，清楚各员工的性向后，再来决定工作的分配。

10. 不合标准者应予淘汰

在认清员工的性向时，如果发觉员工的性向不合适酒店工作，也必须要有淘汰的魄力。有些酒店因为从录用、训练到认识员工性向为止，花了不少时间、精力和金钱，所以坚持不愿意轻易放弃新进员工。但是，如果新进员工的性向显示实在无法胜任酒店的任何工作时，就算是强留下来，不但对酒店一点帮助都没有，反而会耽误一个人的前程。因此，及早发现、尽早决定新进员工的去留问题，对酒店、对本人都有好处。对被解雇的员工而言，早被解雇比晚被解雇要好，早被解雇的话，还有时间准备寻找下一个酒店或其他工作，加上这次的就职经验，被解雇者也能找到比较适合自己性向的工作。因此，及早决定员工的去留，对被解雇者来说反而是一种协助。

小资料

某五星级酒店新员工培训管理制度

一、培训管理条例

加强本酒店培训工作的管理，保证培训工作的开展，提高培训质量和培训效果，特制定以下管理条例：

1. 入职培训的基本要求

◆　新员工在上岗之前应对酒店有个全面了解，熟悉酒店的规章制度，建立基本的服务意识，在工作中能为客人提供更好的服务。

◆　培训期间需要打卡，不得漏打卡或者代打卡。

◆　进出酒店要走员工通道，需要时使用员工洗手间。不准使用客用设施，不准在任何一个非岗服务区域内出现。

◆　在培训教室内不准吸烟、进食，也不得大声喧哗、吵闹。

◆　服装整洁、大方。

◆ 参加培训的员工需认真做好笔记。

◆ 在培训结束时将进行考核，考核通过者方可进入工作岗位。

◆ 在培训期间严重违反规定者，酒店将不给予录用。

2. **新员工入职培训制度**

◆ 每位新员工必须接受培训部主持的新入职培训课程。

◆ 每位新员工培训后必须通过培训部的入职考核，否则人事部不能给予录用。

◆ 新员工入职培训必须遵守培训纪律，若有严重违反培训纪律者，人事部门不予录用。

◆ 新员工接受入职培训不准迟到、早退，不准违反课堂纪律，连续三次经培训人员提出不改正者，不予录用。

◆ 新员工在接受培训期间无故旷课两次，将被取消录用资格。

◆ 新员工入职考核有两次机会，补考不及格者，人事部门不能录用。

3. **领班主管培训制度**

◆ 每位领班主管必须接受“领班主管专题培训”。

◆ 没有经过领班主管培训并考核及格者，不予晋升或转正。

◆ 受训人员缺勤（无论是无故或请假）两个专题培训，取消受训资格，视为培训考核不及格。

◆ 迟到早退一次，给予口头警告一次，三次口头警告记一次书面警告。

◆ 无故缺勤一次，给予书面警告一次。

◆ 有事请假，须以书面形式向所在部门经理提前申请，部门经理同意后，报培训部备案，培训部不接受口头请假。否则按无故缺勤处理。

◆ 受训人员必须遵守课堂纪律，若违纪一次，记口头警告一次。

◆ 被取消培训资格者，三个月内不予提升或转正。

4. **优质服务培训管理制度**

◆ 每位员工必须接受“优质服务培训专题”培训。

◆ 没有经过培训并考核不及格者，不得参加优秀员工评选。

◆ 受训人员缺勤（无论是无故或请假）两个专题培训，取消受训资格，被视为培训考核不及格。

◆ 迟到早退一次，给予口头警告一次，三次口头警告记一次书面警告。

◆ 无故缺勤一次，给予书面警告一次。

◆ 有事请假，须以书面形式向所在部门经理提前申请，部门经理同意后方可离开，培训部不接受口头请假。否则按无故缺勤处理。

◆ 受训人员必须遵守课堂纪律，若违纪一次，记口头警告一次。

◆ 被取消培训资格或考核不及格者，三个月内不予提升或转正。

◆ 培训部必须将培训的通知提前发给相关部门，相关部门须合理安排，若因部门经理导致员工不知道而未能参加培训者，由部门经理给予口头警告一次，两次口头警告记一次书面警告。

5. **公共课程培训管理制度**

◆ 公共课程分为必修课与选修课。

◆ 在培训通知中列出名单的员工必须参加公共课程，而没有列出名字的员工可选修。

◆ 列出名单的员工迟到早退一次，给予口头警告一次，三次口头警告记一次书面警告。

◆ 列出名单的员工无故缺勤一次，给予书面警告一次。

◆ 受训人员必须遵守课堂纪律，若违反一次，记口头警告一次。

◆ 有两次无故不参加公共培训课程的员工不得提升、转正或批准调换部门，不得参加优秀员工评比。

◆ 有事请假，须以书面形式向所在部门经理提前申请，部门经理同意后方可离开，培训部不接受口头请假。否则按无故缺勤处理。

6. **外语培训管理制度**

◆ 每位员工必须参加相应级别的外语培训。

◆ 受训人员可提出免培训，但必须通过培训部门的考核认可。

◆ 没有经过培训并考核不及格者，不能享受相应级别的职位待遇。

◆ 受训员工缺勤三次，无论是无故缺勤或请假，取消受训资格，被视为不及格。

◆ 迟到早退一次，给予口头警告一次，三次口头警告记一次书面警告。

◆ 无故缺勤一次，给予书面警告一次。

◆ 有事请假，须以书面形式向所在部门经理提前申请，部门经理同意后方可离开，培训部不接受口头请假。否则按无故缺勤处理。

◆ 受训人员必须遵守课堂纪律，若违纪一次，记口头警告一次。

二、新员工入职培训程序

1. **目的**

让员工对酒店及酒店工作具备一个整体认识。

2. **培训内容**

酒店背景知识及常识、《员工手册》、职业道德、服务态度与意识、卫生与安全、酒店产品知识、酒店基础英语等。

3. **培训程序**

（1）了解新员工背景资料，并初步确认培训方式和方法。

（2）确定培训时间，并通知新员工。

（3）准备相关表格，如入职培训签到表及新员工入职培训评估表。

（4）开展培训课程。

（5）填写培训评估表。授课人依据新员工的表现，填写培训评估表。

（6）参观酒店。

（7）培训考核。

（8）培训结束。对考核及格的员工送到人事部门，不及格者不予录用。

（9）分配部门。

（10）存档。

第三节 建立有效的员工培训体系

酒店业是我国对外开放最早的一个行业，也是进入标准化管理最早的行业，特别是酒店业培训机制的引入已成为实行服务标准化、管理程序化的重要手段。我国酒店业在经过了改革开放 30 多年的发展之后，酒店对培训工作的重要性和规律性的认识也有了进一步提高。尽管如此，酒店业面临的严峻挑战，酒店业之间的竞争日趋白热化。面对竞争，我们有必要不断地探讨和完善酒店培训体系，以使我国的酒店业在新一轮的竞争中能够抗衡竞争对手，与时俱进。

一、有效员工培训体系的特点

培训体系是否有效的判断标准是该培训体系是否能够增强酒店的竞争力，实现酒店的战略目标。有效的培训体系应当具备以下特征：

1. 有效的培训体系以酒店战略为导向

酒店培训体系是根源于酒店的发展战略、人力资源战略体系的，只有根据酒店战略规划，结合人力资源发展战略，才能制定出可持续发展的高效培训体系。

2. 有效的培训体系着眼于酒店核心需求

有效的培训体系不是头痛医头、脚痛医脚的“救火工程”，而应深入发掘酒店的核心需求，根据酒店的战略发展目标预测对于人力资本的需求，提前为酒店做好人才的培养和储备。

3. 有效的培训体系是多层次、全方位的

员工培训说到底是一种成人教育，有效的培训体系应考虑员工教育的特殊性，针对不同的课程采用不同的训练技法，针对具体的条件采用多种培训方式，针对具体个人能力和发展计划制订不同的训练计划。在效益最大化的前提下，多渠道、多层次地构建培训体系，达到全员参与、共同分享培训成果的效果，使得培训方法和内容适合被培训者。

4. 有效的培训体系充分考虑了员工自我发展的需要

按照马斯洛的需求层次论，人的需要是多方面的，而最高需要是自我发展和自我实现。按照自身的需求接受教育培训，是对自我发展需求的肯定和满足。培训工作的最终目的是为酒店的发展战略服务，同时也要与员工个人职业生涯发展相结合，实现员工素质与酒店经营战略的匹配。这个体系将员工个人发展纳入酒店发展的轨道，让员工在服务酒店、推动酒店战略目标实现的同时，也能按照明确的职业发展目标，通过参加相应层次的培训，实现个人的发展，获取个人成就。另外，激烈的人才市场竞争也使员工认识到，不断提高自己的技能和能力才是其在社会中立足的根本。有效的培训体系应当肯定这一需要的正当性，并给予合理的引导。

二、建立有效培训体系的基本原则

1. 理论联系实际、学以致用

员工培训要坚持针对性和实践性，以工作的实际需要为出发点，与职位的特点紧密结合，与培训对象的年龄、知识结构紧密结合。

2. 全员培训与重点提高

有计划、有步骤地对在职的各级各类人员进行培训，提高全员素质。同时，应重点培训一批技术骨干、管理骨干，特别是对中高层管理人员。

3. 因材施教

针对每个人员的实际技能、岗位和个人发展意愿等开展员工培训工作，培训方式和方法要切合个人的性格特点和学习能力。

4. 讲求实效

效果和质量是员工培训成功与否的关键，为此必须制订全面周密的培训计划，并采用先进科学的培训方法和手段。

5. 激励

将人员培训与人员任职、晋升、奖惩、工资福利等结合起来，让受训者受到某种程度的鼓励，同时管理者应当多关心培训人员的学习、工作和生活。

三、建立有效的培训体系程序与方法

对酒店而言，培训应是一个体系，而不是简单地靠几节课就能解决问题的，是由众多培训环节构成的，环环相扣，不要期待培训会一蹴而就。培训是为效果而进行的，但要改变一个人的某些不良习惯、心态是不容易的，因此凡事需要一个过程。培训工作也要遵循一定的规律。酒店员工培训方案是一个庞大的体系，包括培训目标、培训内容、培训指导者、员工、培训日期和时间、培训场所与设备、培训方法等众多的要素，是这些要素的有机结合，也是对酒店员工进行培训需求分析的前提和关键。

1. 培训需求分析与评估

培训工作因培训需求的存在而存在。对培训需求的评估实质上是判断培训工作是否必要的过程。

（1）不同层次的管理者对培训需求的判断

1）酒店高层管理者经常考虑的问题：

① 培训与经营目标有什么关系？

② 哪些部门需要培训？

③ 这些部门的员工需要掌握哪些知识和技能？

2）中层管理者常想到的问题：

① 我愿意花多少时间和精力去培训？

② 哪些人需要培训？

③ 在哪些方面需要培训？

3）培训者考虑的问题：

① 培训是否有经费？经费是多少？

② 怎样确定受训对象？

③ 需要受训的部门岗位有何特点（以便有针对性进行培训，使培训能与实际工作相结合）？

④ 应选择怎样的培训方法？

对酒店培训需求应作以上的分析，以便了解整个酒店，包括高层和中层管理者对培训的认识，这样才能让培训工作更有成效。

（2）需求决定的方法

1）业务分析（Business Analysis）。通过探讨酒店未来几年内业务发展方向及变革计划，确定业务重点，并配合酒店整体发展策略，运用前瞻性的观点，将新开发的业务事先纳入培训范畴。

2）酒店分析（Organization Analysis）。培训的必要性和适当性，以及酒店文化的配合是酒店培训成功的前提，否则培训后，如果造成酒店内更大的认知差异，就得不偿失了。另外，对于酒店结构、酒店目标及酒店优劣等也应该加以分析，以确定训练的范围与重点。

3）工作分析（Job Analysis）。培训的目的之一在于提高工作质量，以工作说明书和工作规范表为依据，确定职位的工作条件、职责及负责人员素质，并界定培训的内涵。

4）调查分析（Opinion Survey）。对各级主管和承办人员进行面谈或者进行问卷调查，询问其工作需求，并据实说明训练的主题或应强化的能力。

5）绩效考评（Performance Appraisal）。合理而公平的绩效考核可以显示员工能力缺陷，在期末绩效考核完成后，反映员工需要改善的计划，能够激发其潜力，因此绩效考核成为确定培训需求的重要来源。

6）评价中心（Assessment Center）。员工提升过程中，为了确保选择人选的适当性，利用评价中心测定候选人的能力是一种有效的方法，且可以兼而测知员工培训需求的重点。

对于特殊性的培训，可以利用自我申请的方式，以符合工作专业的需要和时效。

培训需求反映了员工和酒店对培训的期望，但是要将这些需求转化为计划，还需要对需求进行评估。

（3）培训需求的评估　通常要从以下几个方面出发：

1）培训需求是否和酒店的战略目标相一致。只有符合酒店发展战略目标的培训需求才会得到满足。培训需求至少应当满足知识的传授、技能的培养和态度的转变其中任何一个目标。

2）培训需求是否和酒店文化一致。如果某种培训需求与酒店文化相冲突，会造成酒店文化的混乱，其结果是得不偿失。

3）培训需求所涉及的员工数目。不同的员工有不同的培训需求，对于酒店大多数员工的培训需求，应当放在优先考虑的地位。

4）培训需求对酒店目标的重要性。如果通过培训能给酒店带来巨大的效益，这样的培训应该得到优先满足。

5）通过培训业务水平可以提高的程度。通过培训业务水平能够得到大幅度提高的需求，应当得到优先满足。

培训需求评估可以界定培训需求是否应当得到满足，将需要按轻重缓急组成一个序列，为设计培训体系创造条件。

2. 建立有效的酒店培训体系

酒店员工培训体系包括培训目的、培训内容、培训方式、培训方法和培训经费等，建立有效的培训体系需要对上述几个方面进行优化设计。

（1）明确培训目的　酒店培训的目的要具体且具有可操作性。酒店培训的目的是充分体现员工最大的工作价值，将个人的知识、技能充分地展现给顾客，并为顾客所接受。通过培训，使员工增加知识和提高能力，改变员工对工作、对酒店的态度，使员工更好地融入本酒店的文化中，从而减少失误，提高效率，提高工作的绩效。当这种培训过程全部结束时，这个培训对员工的转变是：要我工作→我要工作→我喜欢这项工作→我能干好这项工作。当酒店的各个岗位有勇于承担酒店任务的人，有乐于去担任工作的人时，酒店培训的目的也就达到了。

（2）设置培训目标　培训目标决定了培训体系中其他因素的设置。而在设置培训目标时，员工的工作分析、个人分析以及酒店分析至关重要。通过分析，要明确员工未来需要从事的岗位，若要从事这个岗位的工作，现有员工的职能和职务之间存在着一定的差距，消除这个差距就是酒店的培训目标。因此培训目标要细化、明确化、具体化，具有可操作性。

（3）选择培训内容　在明确了培训目标后，就需要确定培训中所应包括的传授信息了。酒店培训的内容要完整、具有针对性，要以提高产品质量为导向。尽管具体的培训内容千差万别，但一般来说，酒店培训内容包括 3 个层次，即知识培训、技能培训和素质培训，究竟该选择哪个层次的培训内容，应根据各个培训内容层次的特点和培训需求分析来选择。

1）知识培训。这是酒店培训的第一层次。听一次讲座，或看一本书，员工就可能获得相应的知识。知识培训有利于员工理解概念，增强对新环境的适应能力，减少酒店引进新技术、新设备、新工艺的障碍和阻挠。同时，要系统地掌握一门专业知识，则必须进行系统的知识培训。但是，酒店培训不能仅停留在知识培训层次上，还应结合其他知识的培训才有效果。

2）技能培训。这是酒店培训的第二个层次。所谓技能，即员工的操作能力。技能一旦学会，一般不容易忘记。招进新员工，采用新设备，引进新技术都不可避免地要进行技能培训，因为抽象的知识培训不可能立即适应具体的操作，无论员工如何优秀，能力如何强，一般来说，都不可能不经培训就能立即操作得很好。酒店的技能培训包括的内容很多，不同的岗位需要不同的技能，在培训时要因人而异、因岗位而异。

3）素质培训。这是酒店培训的最高层次。素质高的员工应该有正确的价值观，有积极的态度，有良好的思维习惯，有较高的目标。

培训时选择哪个层次的培训内容，是由不同的受训者具体情况决定的。一般来说，管理者偏向于知识培训与素质培训，而一般员工则倾向于知识培训和技能培训。但很多酒店现在只是单纯培训员工的操作技能以及本岗位的相关工作知识，也有一部分酒店同时还培训一些简单的酒店英语，但也只是日常的问候服务用语，没有深入到比较专业的领域。

现代酒店发展要求的是全才型的员工，要在掌握本身工作技能的基础上，了解多方面的知识。比如客房服务员，除了具备客房服务的专业知识、服务技巧外，还必须具备更多的知识，如地方旅游景点景区、购物、餐饮、娱乐、通信、交通等方面的边缘知识。又如餐厅服务员，如果能掌握一些烹饪方面的典故、菜品的营养成分、饮食合理搭配等知识，就能更好地为客人提供个性化的服务。酒店要重视对员工的细节规范，从每一个服务程序抓起，以积极认真的态度研究培训课题，洞察员工的培训需求，持之以恒地做好这项看似普通的工作。

（4）确认培训教师　培训教师可分为内部培训教师和外部培训教师。内部培训教师包括酒店的管理者、具备特殊知识和技能的员工；外部培训教师是指专业培训人员、专业学校的专业教师等。

选择何种培训教师，最终要由培训内容及可利用的资源来决定。酒店的管理者、具备特殊知识和技能的员工是酒店的重要内部资源，利用内部资源可使受训者和培训者多方都得到提高，所以酒店内的管理者是合适的师资人选。因为他们既具有专业知识又具有宝贵的工作经验，肯定能保证培训与工作有关。同时他们希望员工获得成功，并以此表明自己的管理才能。所以，无论采取哪种培训方式，酒店的管理者都是重要的内部培训资源。具备特殊知识和技能的员工也可以指导培训。但当酒店业务繁忙，酒店内部分不出人手来设计和实施员工的培训方案时，则要求助于外部培训资源。外部培训教师可以根据酒店需求来量体裁衣，并且可以比内部培训教师提供更新的观点，更开阔的视野，但外部培训教师也有其不足之处：一方面，外部人员需要花时间和精力了解酒店的情况和具体的培训需求，从而提高成本；另一方面，利用外部人员培训，酒店的管理者对具体的培训过程不负责任，对员工的发展逃避责任，从而导致培训效果不佳。因此，酒店员工培训的最佳方式是把外部培训教师与内部培训教师结合使用。

（5）选择培训方式　酒店培训的方式要科学、系统。酒店培训的目的都是十分明确的，但对于大多数酒店而言，虽然目的明确，培训的过程和形式也很清楚，但对培训督导检查或效果却不在意，所以培训体系还需要进一步完善。

酒店培训方式可以根据培训对象的不同层次，实施培训的不同时间、地点，以及培训的不同内容与性质进行区别分类，形成一个立体的培训分类模式，以为酒店制定有效的培训计划提供有关依据。

1）按培训对象不同层次分类：

① 决策管理层。高级管理人员是酒店管理的决策层，包括酒店的正、副总经理，驻店经理，各部总监，以及各部门正、副经理。作为酒店管理的领导中枢，决策管理层培训的内容主要是如何树立宏观经济观念、市场与竞争观念，如何进行销售因素分析与营销策略制定，如何进行预算管理、成本控制和经营决策等一系列宏观课题。

② 督导管理层。督导层管理人员是酒店管理的中坚力量，包括部门经理以下各级管理员，如督导员、领班或班组长，这一层次在管理中起着举足轻重的作用。对督导管理人员的培训重点在于管理概念与能力的训练、酒店专业知识的深化培训，以及如何处理人际关系、宾客关系等实务技巧。

③ 服务员及操作人员层。酒店服务员、各技术工种操作人员及后台杂勤人员是酒店运行的实际工作人员层，这一层次人员的素质水平、技术熟练程度与工作态度直接影响整个酒店的经营水准与服务质量，对一般员工的培训目标应着眼于提高他们的素质水准，即从

专业知识、业务技能与工作态度 3 方面进行培训。

2）按实地培训的不同时间阶段分类：

① 职前培训。职前培训也称为就业培训，即酒店员工上岗前的训练，职前培训对每一家酒店服务质量的提高和业务的发展都起着至关重要的作用。因为职前培训的目标是为酒店提供一支专业知识、业务技能与工作态度均符合经营要求的员工队伍。职前培训因训练内容侧重不同又可分为一般性职前培训与专业性职前培训。一般性培训是指对新入店的员工就酒店行业知识、酒店工作的性质与特点、酒店工作人员素质要求与职业道德、酒店情况介绍等常识性内容进行灌输，以增进新员工对酒店工作的了解；专业性职前培训侧重对新员工分部门、分工种进行专业针对性训练，要求员工在上岗前切实了解处理所在部门业务的原则、规范、程序、技术与方法，以便培训后立即能适应并胜任所分配的工作。

为了保证从业人员的技术业务素质，国家劳动部门已部署实施“先培训后就业、先培训后上岗”的规定，由酒店或有关部门对从业人员按岗位要求（标准）进行必要的职前训练后，发给上岗合格证书，未经培训合格不得上岗。

② 在职培训。在职培训是指酒店员工在工作场所，在完成生产任务过程中所接受的培训。对员工的在职培训是职前培训的继续与发展，是从低级水平或培训的初级阶段迈向中级阶段培训的进展。职前培训是为酒店员工做就业的准备，是每一个员工加入酒店行业的必由之路。而在职培训是职前训练的深化过程，它持续的时间远比职前培训要漫长，对一个注重培训的酒店来讲，在职培训会始终贯穿每一个员工就业的全过程。

酒店业的在职培训旨在不断提高员工队伍的素质水平，它将直接影响酒店的经营水准与服务质量。在酒店日常经营中会产生各种矛盾或问题，在职培训就是解决各种经营问题的有效手段之一。酒店在发展经营中要不断采用各种新技术、新设备，要使员工能掌握这些新知识，也必须由在职培训来实现。不同形式的在职培训也有助于改进酒店的服务方式，克服服务中的缺点，改善酒店盈利状况。在职培训是在酒店照常营业的情况下进行的长期活动，因而在职培训在计划制订、训练方式选择、培训实施上都有特殊的难度。

在职培训中要经常开展对员工的职业道德和外事纪律等教育，这是酒店从业人员的特别需要。

③ 职外培训。因酒店业务发展的需要或员工因工种变更、职位提升等需要接受某种专门训练，这种培训要求受训员工暂时脱离岗位或部分时间脱离岗位参加学习或进修，即称为职外培训。

根据受训时间安排、受训员工脱产时间长短区分，职外培训又可分为全日式、间日式或兼时式培训。受训员工以全天时间脱产参加培训为全日式培训，须培训数天以上的时间，但为避免影响工作，可采用间日式，即非连续进行培训，间隔为之；兼时式培训为在职培训与职外培训均可采用的方式，为避免影响工作或培训安排需要，受训员工每天仅接受若干小时的训练，其余时间仍返回工作岗位，继续工作。

3）按实施培训的不同地点分类：

① 店内培训。在酒店人力资源部或各部门统一安排下，利用酒店专设的培训教室，在营业时间外利用餐厅或食堂等酒店内部场所进行的培训活动为店内培训。培训员可由人力资源部专职经理或教员担任或从外部聘请。

② 在岗培训。在岗培训也是店内培训的方式之一，区别在于受训员工不离开工作岗位，或以现担任的工作为媒体而接受培训。接受主管经理、督导员、领班或同业的业务指导，出席有关会议，见习或代理工作，工作轮调等均属在岗培训。

③ 店外培训。培训的地点不在自己的酒店内，称为店外培训。店外培训的培训者通常是酒店所属的上级主管公司、局或行业协会、学会、院校等部门与机构。酒店人力资源部要充分利用旅游院校的教育资源，为开展店外培训所用，也可计划安排与有关单位联合举办多种形式的培训班、专题讲座与报告会、参观考察活动等店外培训项目，培训时间可根据需要采用全日式、间日式或兼时式。

4）按培训的不同内容与性质分类：

① 新员工入职培训（迎新培训）。新员工入职培训是迎新培训工作的重要课程，迎新工作做得好，可以为确立新员工与酒店之间的良好关系打下基础。新员工入职时，一般都具有很高的热情与积极性，通过有效的迎新培训，不仅可以保护员工的积极性，而且可以使之逐渐发展成为员工良好的工作情绪与对酒店的归属感，使他们在新岗位上做好工作。成功的迎新培训也有利于降低酒店的流动率，从而减少劳力开支。迎新培训主要包括介绍酒店概况、介绍员工薪酬与福利待遇、介绍酒店主要规章制度、介绍员工岗位及工作安全等。

② 员工职业素质培训。酒店员工职业素质水准是决定酒店服务质量的关键，对员工进行提高职业素质的培训是酒店职前培训的主要内容之一，它的课程包括酒店业的行业信息、服务业的职业道德教育、星级酒店员工行为准则与外事纪律、酒店从业人员的基本职业要求、个人卫生与仪容仪表标准、礼貌常识与外事礼节训练、人际关系处理技巧等。

③ 外语培训。星级酒店员工要求掌握一两门外语，这是与不同国籍宾客进行语言沟通必要的业务技能。对于酒店不同部门、不同工种与不同层次的员工，要求掌握的外语语种、熟练程度、听说读写的能力也各不相同。但英语作为国际通用语言，要求酒店员工都必须基本掌握。星级酒店的外语培训是占重要地位的培训项目。

④ 酒店基础知识与技能培训。酒店开业前的职前培训，应对未来的员工进行较系统的酒店基础知识教育与酒店服务基本技能的培训，使中层以下的员工对酒店经营、管理与服务都具有较全面的认识，并对酒店餐饮、客房、财务等实际操作技能有充分的了解。经过这种职前培训的员工能迅速适应并胜任酒店开业后的实际工作。这种较系统的职前培训一般需要半年以上时间，酒店可根据人力、财力的许可条件，与所在地职业教育学校挂钩，联办职业技术培训班，吸收立志投身酒店工作的青年参加。

⑤ 酒店服务及管理技巧专题培训。专题培训是酒店开业后针对性较强的深化培训，其内容及对象选择应根据改进管理与服务工作的需要。专题培训的内容有电话礼节规范训练、与宾客关系训练、管理员督导技巧培训、酒店营销技术培训、酒店公共关系常识及应用培训、防火安全训练、医护急救训练等。

⑥ 部门专业实务培训。实务培训是指酒店各部门在人力资源部协助下对本部门员工进行旨在改进工作方法、提高工作效率的在职培训。各部门专业化的在职培训是酒店培训工作的主体，它贯穿于酒店经营的日常工作中，这种培训是长期的。专业培训的实施效果取决于各部门主管对培训的意识及技巧运用。实务培训的成果直接从酒店的服务质量中获得

反映，因此对部门专业的实务培训，酒店人力资源部应予以足够的重视与安排。

⑦ 交互培训及岗位轮训。酒店为了增强员工对工作的适应性，便于与其他部门沟通，可以采用交互培训。交互培训是指安排员工接受酒店其他部门业务知识与技能培训，以扩大员工的知识面。岗位轮训则是指安排员工在本部门或业务相关部门进行定期轮岗实务培训。岗位轮训可分为横向训练与纵向（垂直）训练两种。横向训练是指安排员工在业务相关部门学习，如安排饮食类员工分别在中餐厅、西餐厅、酒吧、宴会部、管事部、食品仓库等部门接受定期训练。纵向训练则安排员工在所属部门内，从较低职位做起，逐步升位实习。

交互培训及岗位轮训对象一般应选择业务素质较好，有提升潜能的员工或领班层初、中级管理员。他们具有必需的业务能力，使这类培训能更有成效。实践证明，交互培训与岗位轮训对全面培养员工的整体观念，培养默契配合、理解协调等管理能力十分有利，同时也能减少员工对本职工作的厌烦情绪，提高工作积极性。

⑧ 外派参观、考察、进修、实习培训。酒店行业的竞争日趋激烈，走出酒店面向社会进行培训是一种旨在开拓受训员工视野，扩展其思路，使其应付竞争挑战的办法。根据酒店经营情况与经济条件，在客源淡季时有计划地组织酒店各层次员工去其他酒店进行市内、跨省市或出境出国的参观考察活动，选派骨干员工去旅游院校或直属局、公司、集团举办的培训班，参加定期学习、进修，安排员工到国内特色酒店或海外著名酒店接受定期的实习训练。这类培训花费可观，见效期长，实施范围相对较小。

（6）确定培训方法　酒店培训的方式多种多样，须视培训目的与需求、培训内容与教材、受训员工层次与水平、训练时间、场地与人数等因素而选用。培训的效果很大程度取决于培训方法的选择。通常酒店培训的方法包括以下几种：

1）讲授法。讲授法是传统模式的培训方法，也称课堂演讲法。酒店培训中，经常采用讲授法进行培训，适用于向大群学员介绍或传授某单课题内容。培训场地可选用教室、餐厅或会场。教学资料可以事先准备妥当，教学时间也应由讲课者控制。酒店培训采用这种方法时，要特别考虑如何使受训员工自始至终保持学习兴趣、一心一意。酒店培训采用讲授法较为普遍，优点是同时可实施于多数学员，不必耗费太多时间与经费，培训成本较低；系统性强；重点突出；便于掌握时间和进度。缺点则表现为讲授法是被动的学习方法，只注重对学习者的单向沟通。学习者没有机会对材料加以澄清。此种方法适宜于对酒店新政策或制度的介绍与演讲、引进新设备或技术的普及讲座及理论内容的培训。

2）角色扮演法。角色扮演法是指通过设计一个接近现场的培训环境，模拟一系列实际工作中的情景，使受训者进入角色去处理各种问题和矛盾的培训方法。此种培训方法多用于改善人际关系的训练，人际关系上的感受常因所担任的职位不同而不同，如主管与属员间，销售人员、服务人员与客人间，领班与服务人员间，由于所处的位置不同，感受与态度也常常不同，如主管总觉得属员工作不够勤奋，属员总感觉主管管制太严等。角色扮演法的优点是：该方法使受训者有机会实践所学到的技能；生动、直观，给人印象深刻；换位思考，增强团队协作意识；协调内外部、上下级的关系。角色扮演法的缺点表现为参加人数受限制、教学时间较长、对准备工作要求比较高等。这种方式最常用于教授人际技能和推销技巧。

3）操作示范法。操作示范法是指通过模拟工作现场或在真实工作环境中利用设施、器具、用品，进行操作、展示和讲解的培训方法。此方法多用于技能培训。操作示范法的优点是：受训者如果犯错误，培训者会立即加以纠正，并让他们正确地重复该步骤；可以调动学习对象的视、听等多种感觉器官，有利于加强记忆。其缺点是：培训受场地、设备等条件限制大，培训人员的知识水平和工作经验也会对培训效果产生直接影响。

4）讨论法。讨论法是对某一专题进行深入探讨的培训方法，其目的是为了解决某些复杂的问题或通过讨论的形式使众多受训员工就某个主题进行观点的沟通，达到观念看法的一致。例如，酒店对“如何处理客人投诉”这个专题的技术培训就可以用讨论法进行。

采用讨论法培训，必须由一名或数名指导训练的人员担任讨论会的主持人，对讨论会的全过程实施策划与控制。参加讨论培训的学员人数不宜超过 25 人，也可分为若干小组进行讨论。讨论法培训的效果，取决于培训员的经验与技巧。讨论会的主持人要善于激发学员踊跃发言，引导学员自由发挥想象力，增加群体培训的参与性，还要控制好讨论会的学员，使其对讨论结果有较统一的认识。

讨论法培训适用于以研究问题为主的内容，对培训员的技巧要求很高。在培训前，要花费时间对讨论主题进行分析准备，设计方案征集学员意见。事先应让受训员工对讨论主题有认识并有所准备。在讨论过程中，要求培训员具有良好的应变、临场发挥与控制才能。在结束阶段，培训员的口头表达与归纳总结能力，同样是至关重要的。该方法的优点：互动交流，启发思考；课堂气氛活跃，容易提高学习积极性；能使受训者综合运用理论知识，锻炼分析、推理、判断、评价等思维能力和表达能力。缺点：不适合对庞大而又复杂的问题作研讨；受参与者的数量和知识能力水平限制；课堂控制难度较大。

讨论培训法比较适宜于酒店管理层次员工的训练或用于解决某些有一定难度的管理问题。

5）案例研讨法。案例研讨法也是一种采用集体讨论方式进行培训的方法，与讨论法不相同的特点在于：通过研讨不仅是为了解决问题，还要侧重于培养受训员工的分析判断力及解决问题的能力。在对特定案例的分析辩论中，受训员工集思广益，分享集体的经验与智慧，有助于他们将受训的收益在未来的实际业务工作中加以应用，同时受训员工在研讨中还可以学到有关管理方面的新认识与原则。

案例研讨适用对象是酒店的中层以上管理人员，目的是训练他们良好的决策能力，帮助他们学习如何在紧急状况下处理事件，在酒店日常经营中，突发性事件屡有发生，经营与管理人员如何处置应变，直接关系到酒店的服务质量和信誉，案例培训法不失为模拟训练的一种方法。

6）拓展训练。拓展训练是一种户外的体验式培训，是一种有别于传统培训的一种寓教于乐的训练方式。通过设置一系列的活动，让所有的队员参与进来完成项目，在参与项目的过程中，每个人的优缺点都会在项目中得到体现。这些项目大都以沟通协作，信任，换位思考，创新，自我突破，增强团队执行力、领导能力和凝聚力为主要目的，当然也涵盖体能训练、心理训练、人格训练以及管理训练等几大方面。

酒店的活力及优质服务很大程度上是由于很重视员工的培训。由于酒店员工培训有自身的特点和规律，在实施不同的培训内容时，应科学选择培训方法，以帮助培训的有效实施。

（7）落实培训经费　培训经费预算既可以按照完成计划培训任务实际所需要的经费来计算，如聘请培训教师、租用教室、购买书籍和教学设备用具等所需的费用，也可以按照一个固定的比例来提取，如香格里拉酒店集团按每年员工工资的 5%来提取培训费。

（8）制订培训计划　酒店岗位培训计划内容一般可归纳为“5W1H”。

培训目的（Why to train）：由培训需求来确定其目的。这里的目的越详细、越具体、越可行，可衡量性越好。

受训人和授训人（Who needs trained）：由谁做培训？参加对象是谁？

培训内容（What to train）：根据培训需求确定培训内容。

培训时间（When or what time）：确定培训必须安排好员工的排班，以确保每位员工都能来接受培训。

培训地点（Where to train）：在什么地方（点）培训。

培训方式（How to train）：对培训方法进行确认。

小资料

某西餐厅的培训计划

培训目的：规范西餐零点摆台的各种操作程序标准（见标准摆台要求）。

培训时间：2011年9月20日（星期四）下午14:30～16:00

授训人　：西餐网络培训员

受训人　：西餐厅全体员工

培训内容：西餐零点摆台

培训地点：西餐厅营业区

培训方式：现场演示

（9）培训实施　培训计划制订后，就要有酒店计划的实施。从实际操作面上讲，应该注意以下几个问题：

1）执行培训时最好与考核相结合，重视过程控制，观察培训过程中参训者的反应及意见。培训是持续性的心智改造过程，所以员工在培训过程中的社会化改变比训练结果更值得关注。

2）执行培训计划时应当注重弹性原则和例外管理。对于一般性的训练，可以统筹办理，主要由人力资源管理部门负责。对于特定性的培训，应采用例外管理，由各个单位根据具体情况弹性处理。

3）培训活动应注意事前沟通，塑造学习气氛，从而加强学习互动，营造良好的学习氛围，逐步建立学习型酒店。

（10）评价培训效果　没有效果评价的培训工作，就像没有验收的工程一样。培训评价是指系统地收集作出有效的培训决策所必需的说明性和评价性的信息。评价的目的不是区分培训项目的好坏，而是收集可以不断改善培训效果的信息。对酒店培训的评价，是收集、分析及比较受训员工在培训前后，他们在专业知识、业务技能或工作态度上的改变是否与培训目标相符合。人力资源培训大师科克帕瑞克建议，评估培训效果应该从4个层面去衡量，即反应、学习、行为和结果。

1）反应评估。要衡量这个标准，酒店应该评价受训者对培训项目的看法。这种方法只能提供少量的评价信息，也是在培训评价中最常用的方法。培训者发给受训者问卷或满意度调查表，了解他们对培训课程的喜欢程度。

2）学习评估。对学习进行评价的目的是明确受训者是否学会了培训目标所要求规定的原则、技巧、事实和态度。这种评价可能包括笔试或对模拟练习和案例分析的反应。

3）行为评估。衡量行为的转变，必须衡量员工培训结束后学习转化的实际工作绩效。回到工作岗位后的行为表现，通常是依据与培训目标有关的工作表现和绩效评价来进行衡量的。评价信息是通过向受训者、主管、同事和顾客发放采访问卷或管理问卷来收集的。问卷调查分两次进行，一次是在培训刚刚结束后，一次是在培训结束 3 个月后。

4）结果评估。这一层面的评价要将培训的结果与酒店的目标联系起来。评价的内容包括培训成本，员工流失率、缺勤、抱怨的改变、士气的提高等。结果评价可能会费时费力，但它可以让酒店管理层了解从培训中获得的收益的价值。

（11）培训投入与产出分析　培训同经营一样，酒店必须考虑培训的投入与产出。酒店培训的效益最终通过两个方面来体现：一是培训的投入，包括人力、物力、财力和时间等；二是培训后所达到的效果，这里称之为“有效产出”，即经过培训后，员工的思想和业务素质的提高程度以及对今后的影响等。因而酒店在设计培训时，要作投入与产出的分析，投入设计要从节约的角度来考虑；而产出的设计相对更为复杂，也更为重要，因为要考虑到培训后员工对所在酒店的认同感和稳定性，考虑重点培训与一般培训的效果，考虑到参加培训人员素质提高的程度和由此而获得的工作评估及奖励等一系列问题。其公式如下：

酒店培训效益=培训的有效产出/培训的投入

员工培训的投资属于智力投资，投资收益应高于实物投资收益。这种投资的投入与产出具有特殊性，培训投资成本不仅包括可以计算出来的会计成本，还包括机会成本。培训产出不能纯粹以传统的经济核算来评价，还包括潜在的或发展的因素以及受社会因素影响的外部环境。在培训过程中应贯彻效用原则，因材施教，学以致用，及时进行反馈与强化。

第四节　如何有效地进行员工职业生涯管理

小案例

研究生应聘前台无人接收

杜某是北京市一所重点大学法学专业的硕士研究生，她今年即将毕业，在日前的双选会上，她首先选择了一家五星级酒店，应聘前台一职。但招聘代表一看她的学历是“硕士研究生”，马上把表格还给了她，说：“不好意思，我们的前台不招研究生。”这让杜某觉得十分尴尬，换了一家酒店，仍因学历太高被婉拒。

“就是怕他们跑了。”说起拒绝硕士生的原因，一家酒店的招聘代表认为，一些低端职位更适合本科或专科的同学，“他们的期望值低一些，培养起来对酒店忠诚度高。”

而硕士生因为学历高的原因，就算临时屈就在低端职位，也很可能在半年内就跳槽、改行，“为什么要请硕士来？我们也不愿意当培训学校！”

思考：杜某的做法是否可取？为什么？酒店的这种担忧反映了什么？您对大学生职业生涯规划有什么指导意见？

一、职业生涯概述

1．职业生涯

职业生涯就是酒店员工一个人的终生职业经历。它是指一生中连续从事的职业，包括过去、现在、未来实际观察到的职业发展过程，也包括对个人职业转化及发展的见解和预测。

职业生涯是以心理、生理、智力、技能、伦理开发等人的潜能为基础，以工作内容的确定和变化、业绩的评估、工资待遇、职称、职务的变动为标准，以满足个人需求为目标的工作经历。职业生涯，简单地说，就是人一生中最重要的历程，是追求自我实现的重要人生阶段，对人生价值起着决定性的作用。

职业生涯是满足人生需求的重要手段，职业生涯与员工的全面发展密不可分，是员工全面发展的重要手段。

2．职业生涯的发展阶段

职业生涯贯穿于员工的一生，在每个人的一生中，不同的员工有不同的追求。关于职业生涯的发展阶段，不同的学者有不同的见解，归纳起来有 3 个学派，即施恩的 9 阶段职业生涯发展理论、萨柏的 5 阶段职业生涯发展理论、格林豪斯的 5 阶段职业生涯发展理论。其划分均以年龄为时间段，不同年龄、不同时间完成不同阶段的职业发展的重要任务，其中萨柏的 5 阶段职业生涯发展理论为大多数人所接受。萨柏是美国的一位有代表性的职业管理学家，他把人的一生划分成：

（1）成长阶段：0～14 岁，此阶段为认知阶段。

（2）探索阶段：15～24 岁，此阶段为学习打基础阶段。

（3）确立阶段：25～44 岁，此阶段是职业生涯中的核心，是选择安居阶段、确立职业、谋求发展获得晋升的阶段。

（4）维持阶段：45～64 岁，此阶段应维持、发展取得的成就、地位，功成名就。

（5）衰退阶段：65 岁以上，结束职业生涯，退出工作岗位。

3．职业锚

（1）职业锚的概念　职业生涯发展是一个员工一生中不断探索的过程，在这个过程中，有内外原因影响和阻挠员工的探索，每个员工都在根据自己的天资、能力、动机、需求、态度和价值等逐渐形成明晰的，无论如何都不会放弃的职业中的那种能达到自我满足和补偿的职业定位，经过实际中自我测试、自我诊断、他人反馈，以自己在工作中的成功，以自省的态度和价值观，进入一种更和谐的环境，如同航船下锚停泊于适合的港湾，而这个下锚之地就是员工的职业生涯锚地。随着人生的发展，个人对自己的见解越来越深刻，职业锚越来越突显。

职业锚告诉人们什么东西才是最重要的，一生中的重要根基在哪里。

（2）职业锚的类型　通常情况下，职业锚有 5 种类型：

1）技术职能型：追求在技术、职能领域中的成长和技能的不断提高，此类员工不喜欢从事管理型的工作，而喜欢研究技术。

2）管理型：这类人员倾心于管理，追求权力，追求职位、收入、晋升，有较强的分析能力和领导、操纵控制他人的能力。

3）创造型：此类人员要建立完全属于自己的东西，有强烈的创造需求和欲望，意志坚定，乐于冒险。

4）安全/稳定型：这类人员最关心职业的长期稳定性、安全性，最关心安全稳定的职业和收入、优越的福利和退休保障。

5）自主/独立型：这类人员喜欢独来独往，随心所欲地安排自己的工作方式、工作习惯和生活方式，追求施展个人能力的工作环境和最大限度摆脱限制和制度。

（3）职业锚与“育人”、“留人”的关系　职业锚是员工在职业选择上的一个基础定位，他既看到了酒店的优势，同时也认真分析了自己在不同阶段的发展过程，将自己的兴趣、爱好、能力、需求同酒店、同其选择的职业紧紧联系起来，并选择方向，抛锚定位，员工将自己的发展、职业生涯的过程，将发展的根基寄托在他选中的酒店上。作为酒店就应该充分利用员工在这方面的定位，因势利导，积极努力地调动员工的积极性，给员工在职业生涯发展中提供支持和帮助，创造一个发挥员工潜能的机会和平台，让员工在一个很好的发展环境中选准职业类型，得到充分支持，坚定实现职业生涯的目标。

1）创造一个外部环境，对员工来讲是必要和必需的。给员工创造一个能发挥其兴趣，爱干自己喜欢工作的机会。酒店可以通过员工满意度调查，充分了解员工在想什么，需要酒店给予什么样的帮助，并充分提供给他干好工作的各项条件，发挥其才能。例如：内部职位一旦出现空缺，酒店在招聘的时候，首先要考虑酒店的员工，在这些员工中有无可以胜任这项工作的人员，如果有，可以通过各项考核，按照招聘条件从内部进行选聘，给员工在酒店这个港湾中一个发展的机会。

2）给员工以激励。激励是一种导向行为，如酒店具有自己所特有的酒店文化，有比别的酒店更强的核心竞争力。在激烈的市场竞争中，竞争的根本是人，人是酒店的第一资源，一个酒店要战胜竞争对手，要想获得最大的经济效益，就必须充分发挥和调动人的积极性，充分发挥员工的潜能，把酒店的目标、酒店的发展，让员工充分了解清楚，让员工参与酒店的重大决策，让员工受到酒店发展的鼓励，坚定扎根酒店的决心，这是最大的激励。酒店的发展、酒店经济效益的好坏、酒店品牌和酒店文化是吸引员工、坚定员工职业发展道路的重要条件，是留住有能力员工的必然。要想做到这一点，酒店应把酒店的经营目标、战略意图，定期告诉员工，让员工参与对酒店的重大决策，进行讨论，提出合理化建议，进一步增强员工对酒店的信任和满意度。要有计划、有安排地对员工进行满意度调查，摸准、摸清员工的脉搏。定期举办总经理员工对话会，召开由员工代表参加的酒店重大决策的会议，听取员工意见，吸纳员工建议，改进酒店工作。让员工感觉到酒店就是自己的家，主动发挥主人翁作用。在实践中使员工把酒店的发展看作是自己发展的基础和根本，把自己的职业生涯锚建立在酒店发展的稳固基础之上。

3）不断对员工进行培训。内部外部环境都在不断发生变化，不少新事物、新理念、新观念层出不穷。员工要想不落伍，跟上时代的发展，就必须学习，要想实现确立的职业生涯目标，也必须不断地评估自己，找出不足，提升自己的素质。而进行培训，不断地结合职业生涯发展规划进行有效的知识补充、技能提高，有效地针对不同情况展开培训，是调整和保证员工职业生涯规划实现的重要途径。不断纠偏，保证员工职业生涯发展路径的畅通和正确，提高员工的素质和水平，是靠有效的联系实际的培训来解决的。正如有的酒店员工明确指出，我之所以不离开这个酒店，重要的原因是我能受到良好的培训，我能学到更多知识，我还能进步和提高。这是员工的职业锚抛在这里的原因。

4）福利的保证和改善也至关重要。员工是有需求的，满足员工的最基本需求——“生活的需求”，是调动员工积极性、稳定员工队伍的重要工作。“挣钱养家”这是最基本的道理。员工之所以喜欢、热爱这份工作，之所以愿意在经济效益较好的酒店工作，就是因为满足了他生存的需要。改善员工的福利待遇是帮助员工稳定其职业发展道路，保证职业生涯发展计划实施的重要条件，是获取个人和酒店双赢的必备条件。福利的提高和改善直接影响到员工的积极性，是解决员工后顾之忧的重要方法。员工生存是发展的基础，而福利的提高改善是生存好坏的关键。

员工的职业锚之所以抛在你这里是有根据的，是你满足了员工的需求，是你在员工的职业生涯发展道路上提供了有效的保证和积极的支持，是员工相信酒店能帮助他事业有成，实现职业生涯目标。

二、职业生涯规划的内涵

职业生涯规划就其主体而言，可分为个人职业生涯规划和酒店职业生涯规划两种，它们互相促进，共同担负实现酒店和员工目标的责任。

1．个人职业生涯规划的内涵

个人职业生涯规划就是指个人根据自身的主观因素和客观环境的分析，确定自己的职业生涯发展目标，选择实现这一目标的职业，以及制定相应的工作、培训和教育计划，并按照一定的时间安排，采取必要的行动实施职业生涯目标的过程。它是酒店为了解员工、激励员工、挖掘员工潜能、留住员工而对员工进行的具有一定个性化发展，帮助员工成长的人力资源管理的一种方法。这种职业生涯规划不可避免地会以酒店利益最大化为核心目标，会带上一定的酒店和酒店老板的印痕。每个酒店员工的个人职业生涯规划同样如此。实际员工的个人职业生涯规划必须由自己做，而且要结合自身情况及眼前的机遇、因素，选择职业发展道路，确立自己的职业目标，确定自己的发展、教育计划，确定切实可行的行动方向、方案和具体行动时间和步骤。

员工职业生涯发展规划，因人而异，因酒店而宜，再加上员工个人的成长环境、文化背景、家庭影响、价值观、现任职务、工作能力以及对酒店职业的需求目标不同，对职业评价的不一致，导致了酒店员工职业发展的个性轨迹。

职业生涯规划成功与否取决于对自己的认识和分析，取决对酒店环境、社会需求、酒店的需求和发展的认知，并在两者中进行职业、发展方向、实现目标和行为方法的选择后努力实施。

2．酒店职业生涯规划内涵

酒店职业生涯规划主要从现代管理学的角度，从酒店层面上来考虑职业生涯规划问题。它把酒店目标和员工个人目标有效地综合起来，通过员工的工作及职业发展的设计，协调员工个人需求和酒店需求，实现员工和酒店的共同成长和发展。

三、员工职业生涯的发展与设计

1. 职业生涯规划制定的原则

为了保证员工职业生涯目标积极、准确、可靠，并有一定的挑战性，必须严格遵循以下原则：

（1）挑战性的原则　职业生涯规划实际是对员工的一种激励行为，而这种激励必须调动其兴趣，必须能使其潜力大增，使其充满干劲，所以挑战性是重要的。

（2）适度性的原则　职业生涯目标的制定要量体裁衣，要不断地对照自己的行为、社会环境调整，适度性是必要的。要有针对性地制定目标，太高会消磨斗志，太低又起不到激发员工激情的作用。因此必须从本人出发，从所处的自身环境出发，从社会发展的需求出发，避免空想、幻想，扎实地、实事求是地具体安排。

（3）适时清晰的原则　目标一定要明确，步骤一定要得当，实现目标的期限要明了。自己要清楚在什么时间完成什么目标，采取何种步骤推进落实，你的主管领导也要清楚，这样才能有效保证目标的实现。

（4）不断修正、持续发展的原则　员工职业生涯规划制定后，会因为各种原因，包括内因、外因引起目标不断变化、环境改变，加上其发展规划有其阶段性，要完成总体目标和各个分目标，各种变化必然要有效地进行衔接，而持续发展是贯穿在职业生涯之中的，是职业生涯计划能否实现的重要保障，要确保各项分目标、各种具体规划和总体目标与职业生涯规划相一致，就必须强调修正和把握住持续发展的问题。

影响员工职业生涯发展有诸多因素，而这些因素起着双刃剑的作用。有的因素利用得好，可以趋利避害，引导员工选择通畅胜利之路，实现职业发展目标。同样是这些因素，如果利用不好，则可能兴害避利，使员工职业生涯失败。酒店正是利用这些因素调解、促进员工激情发展，影响员工职业生涯路线的选择和目标的制定。不少酒店根据自身特点，结合酒店行业的工作特性，向员工提供了不少有利条件，提供了积极有效的个人发展因素和条件。只要员工结合自己的条件，结合自己意愿进行认真的斟酌，这些因素就能成为酒店员工得到真正的职业发展的有利条件，就能有效调动和挖掘员工的积极性和潜能。

2. 员工个人职业生涯规划的步骤

职业生涯规划管理工作一般包括以下几个步骤：

（1）职业通道体系设计　系统化的职业通道设计，旨在减小酒店对员工的刚性制约，释放员工的潜在能量，将员工的个人发展和酒店的发展愿景相统一。具体内容包括：

1）酒店目标梳理：分析酒店未来的发展方向，并预测酒店规模与酒店资源的变化，由此分析酒店发展所能带来的职业发展机会，包括晋升机会、新增职位机会、职责扩展机会、价值提升机会、能力提升机会等。

2）岗位体系梳理：以现有岗位体系为基础，结合酒店发展趋势，综合梳理酒店未来的岗位体系，进行职系、职类的划分，为职业发展通道设计提供框架。

3）职业发展通道设计：设计各类岗位、各个岗位在酒店内的多种发展路径，明确每一个路径的实现条件与步骤，为每个岗位设计出多元化的发展通道。

（2）自我评估体系　有效的职业生涯规划应从自我认识开始。员工必须对自己作全面的分析、细微的剖析，理性和理智地认识、了解自己，包括自己的性格、兴趣、个性、能力、特长、职能、学识水平、思维方式、价值观等，以及还有没有可开发的余地和能力。弄清楚自己喜欢什么，最想做什么，能做什么，要想完成和达到目标，自己还缺少什么，缺多少，如何来补偿、调整，要实事求是地回答这些问题，并作出真实的评价。当然，有时自己看自己总是俊美的，必要时一定要听取知心朋友、家庭成员、同事、领导的意见，并进行比较，而后再作出真正的、客观的、合乎实际的评价。

自我评估比较常用的方法有 3 种：

1）橱窗分析法。认识自我、了解自我是非常不易之事，心理学家们为了更加直观地了解个人，曾把自我的认知比作橱窗，如图 5-1 所示，具体解释见表 5-1。

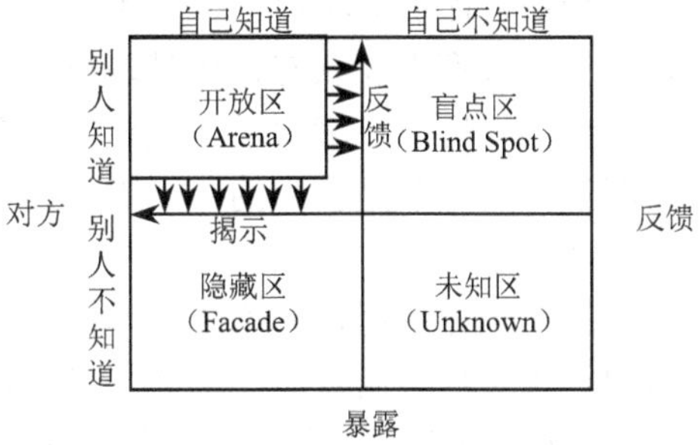

图 5-1　橱窗分析图

表 5-1　橱窗分析表

橱　窗	内　容	解　释
1	开放区	为自己知道、别人也知道的部分，属于个人展现在外、无所隐藏的部分
2	隐藏区	为自己知道、别人不知道的部分，属于个人内在的、秘密的部分
3	盲点区	为自己不知道、别人知道的部分，犹如一个人的背部，自己看不到，别人却看得清清楚楚
4	未知区	为自己不知道、别人也不知道的部分，是有待开发的部分

通过 4 个橱窗可知，我们要加强了解的是橱窗 3 和橱窗 4。

橱窗 3 是“盲点区”。如果自己诚恳地、真心实意地征询他人的意见和看法，就不难了解“盲点区”。我们可以采取同自己的家人、朋友、同事等交流的方式，还可以借助录音、录像设备等方式。

橱窗 4 是“未知区”。科学家研究发现，每个人都有巨大的潜能，人类平常只发挥了极小部分的大脑功能。如果一个人能发挥一半的大脑功能，将轻易地学会 40 种语言，背整套百科全书，拿 12 个博士学位。著名心理学家奥托指出，一个人一生所发挥出来的能力，只占他全部能力的 4%，也就是说，一个人 96%的能力还未开发。由此可见，认识、了解“潜在我”，是自我认识的重点之一，开发个人潜力也是个人生涯发展的重要任务之一。

对于橱窗 2，我们可以采取撰写日记的方式来了解自我。撰写日记，可以了解我们自身成长的大致经历和自我计划情况等，而日记可以帮助我们对每天的经历予以记录对比，也可以了解一些侧面的信息。

2）自我测试法。自我测试法通过回答问题来认识自己、了解自己，测试题都经过心理学家的精心研究和设计，只要如实回答，就可以在一定程度上了解自己。

自我测试的内容和量表很多，涉及方方面面，如性格测试、气质测试、情绪测试、智力测试、技能测试、记忆力测试、创造力测试、观察力测试、应变能力测试、想象力测试、管理能力测试、人际关系测试、行动能力测试等。

3）计算机测试。计算机测试是一种现代测试手段，科学性和准确性较高，是一种了解自己、认识自己的有效方法。目前用于测试的软件和网站比较多。

（3）职业生涯机会评估　分析内外环境给自己带来的机遇和阻碍，选择适合自己的理想职业。成功者肯定是顺应环境，而不是对抗环境的。因为任何人都是社会中的一分子，而不是孤立的个体。

员工必须先冷静地对社会政治环境、经济环境和酒店本身进行分析、评价，即评价环境对职业生存条件、发展及变化的趋势，而后分析自己在这种环境中、在某个职业中对自己的有利条件和不利条件，再决定是努力改变现有状态，还是退出现有职业，另谋高就，抑或是相应调整补充自己的学识，改变自己，适应环境要求，发展自己在本职业中的优势，继续干好本职业。环境因素对员工的职业发展影响是巨大的，员工作为社会生活中的一个个体，必须顺应环境的需要、适应环境才能发展。

（4）职业生涯发展路线的选择　职业生涯发展路线实际上是指员工在选择自己的职业时是向专业技术方向发展，还是向行政管理方向发展，抑或是自我发展。不同的职业发展线路对择业者的素质要求不尽相同，其发展阶梯也不同。酒店员工的职业发展路线是员工（餐饮、客房）——领班——管理员——部门经理——副总——总经理——行业领导人。每个人的素质不同、兴趣不同，对发展路线选择也不同，发展阶梯也不相一致。每个人在每个阶梯上存留的时间也不相同。

职业生涯的发展路线必须因人而异，要结合本人、社会、酒店，特别是本人的个性、价值观、能力、个人兴趣爱好进行选择比较、确定。路线一旦确定就应坚定地奔向目标，沿着选准的路线克服困难去实施。

（5）编制“职业生涯规划设计书”，确定职业目标　确定自身的职业目标，是实现员工职业生涯的根本和核心。员工经过对自己正确评价，并听取了他人对自己的意见后，对社会环境、职业的发展进行了分析，在充分认识酒店环境及自我的前提下，编制“职业生涯规划设计书”。

职业目标是经过员工深思熟虑的，是经过评估和分析的，一旦确立后，员工会按照这个目标来要求和约束自己，并尽自己所能顺应环境，改变自己，不断纠正和修正自身行为。当然，这个目标的设立必须因人而异，因时间而定，有长期目标、中期目标、短期目标。在酒店同事和领导的帮助下，在社会环境的催促下，员工根据自己的特点、自己的兴趣、自己的爱好，确立自己喜欢的目标，干自己想干、爱干的职业。

（6）开展员工评估，明确与职业目标的差距　员工在实施职业生涯计划的过程中，社会的、酒店的、自身的环境和条件都是在变化的，有的甚至是天翻地覆的变化，不少变化是常人难以预料的。这就要求我们不断注意环境的变化，选择适当的方法和工具，依据职业目标岗位的胜任要求，审视自我，调整自我，不断对职业生涯过程给予评估和反馈、调整，以便保证职业生涯计划真正实现，保证职业生涯路线朝着既定目标持续发展。

（7）依据自我差距，制订行动计划　酒店员工编写“职业发展行动计划表”，制定有针对性的行动计划，并明确行动的内容、时间要求、检视方法等内容。对职业生涯进行跟踪的过程是不断纠正、变化、补充、提升的过程，是职业生涯计划反复推敲、反省、修正的过程，也是员工不断审视自己，预测和准确把握实际发展同所订目标的偏差的过程。及时有效地对规划目标和引导方案作出调整，是一个对职业生涯的反复认识、落实、不断推进的过程，也是保证最终实现目标的过程。“职业发展行动计划表”编制完成后，要对计划的实施进行辅导、跟进、反馈、检视。

（8）构建匹配的职业发展支持体系　根据员工不同的职业生涯发展阶段，提供培训、绩效评价、工作实践和开发性人际关系建立等有针对性的开发手段，不断开发员工的潜能，激励其进步。

3. 影响员工职业生涯成功的个人因素

员工职业生涯计划能否取得成功，取决于定位是否准确，职业锚定位是否恰当，职业环境是否有发展机遇，最重要的还是个人内在素质和职业的养成。

员工取得职业生涯成功最主要的因素在于：

（1）目标　员工职业生涯发展目标的确定是基础，是方向。当然，不同阶段的目标是围绕总目标设置的，在实现目标的过程中会有干扰、有困难、有变化，作为员工个人应采取积极的态度，不断地努力追求目标，修正行为，努力经营，实现最终目标。

（2）进取心和信心　对员工来讲，确定职业生涯计划的本身是一个有抱负和进取心的不断提高的过程，是取得事业成功的先决条件。

（3）具体的自我努力调节　积极学习，坚持不懈，付出更多的心血，对实现目标始终充满热情、信心，锲而不舍地去行动，在实现职业生涯过程中不断进行创造、创新，积极向上，总结教训，改进方法和策略，并不断地付诸行动。

（4）适应环境，把握机会　员工的一生，不会是一帆风顺，事业的进程不会是一马平川，一定会有几番周折。机会、机遇不会重复多次地降临到一个人的头上，因此必须善于总结，善于学习，要不断沿着职业生涯路线分析自己，分析环境，找出不足，并预测未来，要有远见，用自身之长（知识、性别、兴趣等）去影响他人，把握机会。

（5）终生学习　21 世纪是知识经济的时代，知识更新之快是前所未有的。知识更新意味着要不断创新、变化、变革。要实现创新、变革，学习就是根本。职业生涯规划是人一生中的发展计划，而这个发展计划是在社会大环境影响下产生和发展的。这就要求每个员工不断学习，终生把学习放在首位，要持续不断地学习，要活到老学到老，只有这样个人能力才能提升，才能不断地适应变化了的世界，员工的职业生涯规划才能得以实现。

四、酒店的职业生涯设计

小案例

小郭和小李在同一家酒店上班，他们经常一起聊天。一天，他们一边喝着咖啡，一边讨论着下一步的职业发展问题。

小郭说：“几年前我来到这家酒店时，觉得酒店比较小，能得到充分的锻炼。我现在不这么认为了，上周我跟人力资源部负责人讨论今后几年我的工作安排，人力资源部负责人说‘有各种可能’，我要听的可不是这句话。我想知道，如果我继续干好工作，可能得到什么具体的机会。现在我不能确信以后是不是一直做技术工作。我上大学的时候就一直对酒店管理感兴趣，我很希望能调到一线业务部门去工作。”小李回答道：“我也问了人力资源部负责人，结果他告诉我，‘你正在从事一项重要的工作，只要你做好，酒店肯定不会亏待你的’，我也想知道，酒店究竟会给我怎样的机会。”

思考：

（1）小郭和小李为什么困惑？

（2）酒店应该怎样帮助他们走出这种困惑？

在案例中，小郭的灰心丧气与小李的困惑，都是由于酒店缺乏对员工的职业发展规划造成的。近年来，很多酒店也纷纷将职业发展管理作为吸引员工或者酒店文化宣传的工具大肆宣扬，但是在实践中真正能将职业发展管理落实到位的酒店却少之又少。

酒店的职业发展管理，是将个人职业需求与酒店机构的劳动力需要相联系而作出的有计划的努力，做好一个人的职业生涯发展规划，必须在了解自己特质、职业兴趣和酒店发展目标的基础上，并将二者有机结合，找到自己发展的起点、方向和路径。这个过程是在与酒店的发展战略方向一致的情况下，通过个人申报、工作设计、工作轮换、工作专业化、工作丰富化、培训开发、酒店发展等方法，并通过定期的检讨，切实帮助具体的个人开发他们的职业生涯，以期实现员工的职业生涯发展规划。

1．酒店职业生涯设计的含义

酒店职业生涯设计主要是指由酒店系统地考虑现有的酒店战略、人力资源存量情况，执行酒店战略所需人力资源的技能结构、人员组合等，将酒店内部的岗位资源调动起来，并用来作为员工职业发展和职业生涯规划的参考；另外，引入科学的评价体系，如个人性向测试、素质测评、技能评估等技术，帮助员工理性地认识和评价自己能干什么，并给予其干的机会，在酒店内部设立职业发展通道，促进员工自身职业技能提升的一种方法。

2．酒店职业生涯设计的意义

酒店职业生涯设计是进行人力资源开发的前提，是合理处理个人事业成功和酒店发展关系的基础。因此，搞好酒店职业生涯设计，对个人、酒店及社会都有极为重要的意义。

（1）有利于明确酒店的职业发展机会。对酒店来说，首先要明确酒店将来的发展，即战略目标。只有明确其目标定位，才能确定酒店需要什么样的人员结构，将现实与理想状态比较后，就能够提出酒店的期望。对员工来说，了解了酒店的发展机会后，会调整自己的价值取向，努力并积极创造条件，达到酒店期望的职位要求，获得晋升或成长。

（2）有利于个人潜力的充分发挥，为酒店创造出更大的价值。个人潜力的发挥需要一定的舞台，这个舞台在于能够促成职业与个性的匹配；在于职业技能能够得以提升；在于有一条合乎员工发展的职业发展通道；在于酒店能够认可员工的成长。只有酒店中人的潜力充分发挥出来，才能为酒店创造出更大的价值。

（3）有利于酒店有计划地提升员工队伍的素质。这一点在酒店扩张过程中尤其明显。酒店扩张的过程，同时是一个队伍不断壮大的过程，随着队伍的不断壮大，不同时期对员工的要求有所不同。这就有一个整体性技能提升的要求。酒店只有根据自己的发展状况调整职位结构而职业发展的阶梯，一个阶段、一个阶段地向前发展，而一个合乎酒店发展要求的酒店职业生涯设计将促使酒店的员工队伍素质和技能得以不断提高。

（4）有利于人尽其才、才尽其用，发挥人力资源的最佳效益。有的员工天生具备某种“才干”，酒店职业生涯设计的一个要求，就是要建立一套合理的素质、技能测评体系，以发现员工的才干和能力，并将其放在合适的岗位上，促进其能力的发挥。

（5）有利于选拔、使用和培养人才。酒店在了解员工个人的能力、兴趣、特长、性格等基础上，设计个人的职业发展路径，将其纳入到酒店的目标上来，使之符合酒店的利益，进而根据酒店需要对员工进行有针对性的培养，同时根据个人的专长合理使用。

3．如何做好酒店职业生涯设计

（1）建立酒店的职位结构　建立酒店的职位体系，需要在职位族、类上作科学的划分，既要与酒店结构一致，又要与职位要求一致，还要对职位做合理的分层，高、中、基层职位的名称、数量都要明晰化。这样，可以为后面的酒店职业生涯规划提供真实的职位信息基础：一些职位空缺，需要什么样的人，可以从什么职位晋升上来；有人升职了，相应岗位的空缺替补计划如何作出。一系列岗位变动的后面，对员工来说，就是职业发展的机会。

（2）建立员工职业发展通道　现在，很多酒店推行双轨制员工职业发展通道：一是通过走管理岗位，承担更多应付责任来实现职位晋升；二是走专业技术线，通过员工在专业技术岗位上的经验和技能的提升，走专家道路，即员工可以不通过走管理岗位获得高报酬，也可以通过走专业技术路径获得高报酬。

1）职业路径：在酒店职位体系设立的基础上，确立各职位之间的晋升和替补关系，如人力资源部总监的职位，可以由人力资源部下属部门经理晋升，也可以由业务部门总监平调过来。但需要处理好一个问题，即各职位的具体任职资格要求是什么要很明确，同时，要对员工开放。对员工职位开放，员工就会结合自己的个性特征和酒店的发展要求，调整自己的职业选择。

2）技能路径：技能路径适用于专业技术岗位。和职位体系设计相类似，对某一专业技术职类，明确其技能边界，并设立相应的技能要求等级，使员工和酒店能够科学地评估员工的技能差异。这种由低到高的技能层级设计，实际上为员工提供了一条新的职业发展通道。

（3）建立评估体系　酒店职业生涯设计，需要建立评估体系。一方面，对酒店现状进行合乎实际的理性评估，以确定酒店发展的阶段和酒店调整方向，规划职位的变动，并结合经营状况，控制职位的薪酬总量。另一方面，需要对员工的业绩、素质、技能等进行评价，对员工业绩的评价有利于整个酒店的绩效管理，也有利于保持员工职业生涯设计时的酒店绩效导向；对员工的素质和技能的评价有利于明确现有人力资源状况，并在此基础上分配合适的人力资源到合适的岗位上。

总之，酒店职业生涯设计的最终目的是通过帮助员工在酒店内部发现职业发展的机会，激发他们的工作热情和潜能，使员工更好地服务于酒店，为实现酒店的经营目标而努力工作。员工的技能提升和进步，有赖于酒店实施有效的酒店职业生涯设计。

本章小结

人力资源的开发与培训在酒店的人力资源管理中有着非常重要的意义，它是保证酒店获得充足的人力资源支持、赢得竞争优势的关键所在。本章阐述了酒店人力资源开发与培训的基本理论与方法，包括开发与培训的含义、层次、特点、陷阱及解决的办法等，同时对新员工入职培训应该注意的问题、应把握的内容及操作流程进行了分析和介绍；对开发与培训成功的关键——有效培训体系的建立原则、程序、方法等也作了较为详尽的阐述；对酒店员工的职业生涯设计及酒店的职业生涯设计作了论述。通过本章的学习不仅可以了解酒店员工培训与开发的相关理论与方法，还可以提高实际操作技能与技巧。

复习思考题

一、单项选择题

1. 酒店经常开设的专题讲座属于的培训方法是（　　）。

   A. 角色扮演法　　B. 讲授法　　C. 操作示范法　　D. 讨论法

2. 在培训评价中最常用的方法是（　　）。

   A. 反应评估　　B. 学习评估　　C. 行为评估　　D. 结果评估

二、多项选择题

1. 建立有效培训体系的基本原则包括（　　）。

   A. 理论联系实际、学以致用的原则

   B. 全员培训与重点提高的原则

   C. 因材施教的原则

   D. 讲求实效的原则

   E. 激励的原则

2. 人力资源的开发层次包括（　　）。

   A. 培养性开发　　B. 使用性开发

   C. 政策性开发　　D. 流动性开发　　E. 激励性开发

三、分析题

1. 简述酒店培训工作的特点及重要性。
2. 酒店人力资源开发与管理有哪些陷阱？应如何克服？
3. 如何做好员工的入职培训？
4. 论述如何建立有效的员工培训体系？
5. 职业生涯规划制定的原则是什么？如何对员工的职业生涯进行设计？

四、案例分析题

FM 是一家民营酒店，地处省会，规模中等，对于其人员素质一直比较头疼，急于组织各种培训活动，以期迅速提高人员的素质，但人力资源部的组织者通过调查问卷的形式发现，酒店内绝大部分员工虽都赞成进行培训，但是对于需要培训什么内容却说不出所以然来，尤其是提及培训时间安排的时候，都反对占用个人的时间，比如周末或者晚上。

组织者找到一个酒店咨询公司，对其情况进行咨询，咨询公司提出要跟酒店的员工进行一下面谈，以更多了解员工的真实想法，但是面谈刚开始就发现，不但员工不愿意袒露自己的真实想法，老板对这种形式也极为不满。不得已，这次培训的尝试不了了之。

FM酒店这次培训的组织者发牢骚说："领导天天让培训，自己也不知道要把员工培训成什么样，今天有问题是培训不到位，明天某人出错，又是培训不扎实，往往因一个人或一件事去责备培训，现在企业一出问题就说培训不到位，不说管理不到位，现在人力资源主管太难做！"

"虽然说培训是最好的福利，培训是为了提高员工的素质，但广大员工对培训还不是很积极，甚至很反感。这也与培训的内容和方式有关，但除了传统的上课以外，其他的培训方式都很难执行，根本无法下手，简直是一件头痛的事情。"

要求：

（1）请分析这种个人意志占主导的酒店，培训工作应当怎样做才能兼顾企业和个人的利益呢？

（2）分析让员工能够主动接受的培训形式。

（3）酒店存在的问题真的是通过培训能够解决的吗？

五、实训题

实训要求：请根据学过的理论，设计一套某酒店某一部门主管（如人力资源主管、营销主管、公关主管、财务主管等）的培训方案。

实训目的：巩固所学理论；解决问题的实际操作能力；提高调研、收集资料及分析问题的能力。

实训器材：计算机、互联网。

实训指导：运用所学方法，以小组为单位（自愿组合，原则上每组不超过5人）对某一酒店进行调查，在调查、收集资料的基础上，完成培训方案的设计，一周之内完成。

第六章

目标管理和绩效考核

知识目标

- 掌握目标管理的概念及实质。
- 正确认识酒店绩效考核的作用。
- 熟悉和掌握酒店员工绩效考核的内容、方法和程序。
- 熟悉绩效考核面谈的准备、技巧和注意事项。
- 了解绩效考核评估结果的应用。

能力目标

- 会应用酒店基础的绩效考核的一般方法。
- 能根据绩效考评的程序和步骤开展酒店绩效考评工作。
- 能运用相关技巧开展绩效考核面谈。

引导案例

挖坑与填坑

某人在郊外游玩时碰到一件很奇怪的事：有两个人，前面的一个人在使劲儿地挖坑，后面的一个人在拼命地填土。他很奇怪，为什么挖了又马上填上了呢？于是便上前询问。挖坑的人回答道："我们在种树。"这更让人迷糊了！挖坑的人又补充说："我们单位是严格按照规章制度考核的。我挖一个坑可以得到20元，他填满一个坑可以得到15元，本来还有一位同事的，他负责种树、浇水及施肥，每种一棵树可以得到10元。不过，他今天生病了没有来，但我们的工作不能停啊，所以，你就只看到我们俩在这里挖坑和填土了。"

思考：

（1）这种令人啼笑皆非的事情，问题出在哪里？

（2）如何理解"好的制度可以使坏人做不了坏事，不好的制度却可以使好人做不了好事"这句话？

第一节　怎样进行目标的合理设定与管理

一、目标管理与目标设定

1954 年，美国著名管理学家彼得·德鲁克在《管理实践》一书中首先提出目标管理这一概念，他非常明确地认为，组织存在的目的和现象都必须转化为目标，而企业的目标只有通过分解变成若干个更小的目标之后才能得到实现。目标管理最大的有效性在于：以目标为自我控制的方向，取代人的支配式管理控制方式，客观地激发人的潜力，把该做的事情办好。在这个理论影响下，20 世纪 80 年代成为以“目标管理”为核心的时期。“目标管理”的理论被广泛运用于管理酒店各个层次的目标。其基本内容包括酒店决策层制定的战略目标和总体经营目标，基层各个单位（部门）将总目标分解到该部门乃至员工本人的目标，并通过有效的“自我控制”，努力实现预测的目标，并根据实现目标的好坏，给予相应的奖励和惩罚，从而激发下一个周期的循环往复，使酒店的总目标在下一个周期完成得更高、更快、更好。

“目标管理”实际上是绩效考核中的一种方式。它是相对于绩效管理中的另一种方式“职能管理”来界定的。绩效管理的这两种形式可单独使用，也可混合使用。例如，可让目标管理部分占全部绩效管理的 60%，职能管理占全部绩效管理的 40%，也可以相互调换。任何组合只要有利于酒店的发展，没有什么对和错，而只是如何相互搭配得更合理、更有效。不论是目标管理，还是职能管理，都是通过设计好的绩效管理的有效方法，都是为了帮助各个部门员工持续地发展，不断实现酒店的总体目标和促进酒店获得最大效益，从而达到酒店和员工的双赢。

许多酒店借助于行之有效的办法，对酒店经营实行目标管理和目标控制。年年制定年度的经营计划和管理目标，年年目标都有所变化，有所攀升，使新目标更具挑战性、更科学、更有效，更能调动员工的积极性。长城酒店在 20 世纪 80 年代中期的经营指标为 8 000 万元人民币，到 90 年代中期，其经营指标攀升至 3.8 亿元人民币，10 年期间提高了近 4.7 倍。业绩的数字成为衡量这家酒店具体经营好坏的一项数字，成为可量化、变化了的衡量标准。而这个指标是在给定时间把酒店历年经营指标进行比较，从而评价它的业绩，评价其酒店战略和经营管理，评价其员工管理是否有提高、有改进，或更进一步提出明年、后年乃至 5 年发展期的目标。同时还将现实的已实现的业绩与明年的预测目标相比，找出差异，看其是实现了目标，还是超过了目标，抑或是未达到目标。结合酒店情况，年复一年地实施定期的业绩评价，并在分析原因的基础上设立新的、更高的，具有激发员工干劲和创新精神的新目标和新的数量，以刺激员工改变行为。

不少酒店近年来将酒店的总体目标分解为各部门的目标，各部门将有些指标再分解到班组、餐厅，甚至于分解到个人。比如，销售部将酒店分解给这个部门的总目标，分解为客房销售指标、宴会销售指标及部分餐饮销售指标，分解到每个销售经理，明确每个销售经理的经营销售任务。当然，各项分指标之和必须高于酒店经营指标，从而有效地、由上而下地推动、督促经营指标的完成，使酒店的总体目标和各部门的分项指标有机结合在一起。目标管理就是这样在管理实务中被应用的。当然，对部门和个人的考评和管理，不仅仅单纯指酒店经营指标一项，而是和酒店的总体目标、经营战略、员工的发展联系在一起。根据酒店经营目标和策略，把整体目标分解为若干可评定、可量化、有标准、可比较的绩效数字或相应的检查标准，将员工的、部门的工作业绩与制定的目标在给定时间内相比较，评价其业绩，评价其酒店战略的成功性，并得出结果。而这个评定的过程减少了主观的、人为的评价因素，看重的是结果，这必将是实事求是地反映真实的情况，以及改变员工的行为。

酒店的发展目标分解为部门的或者个人的具体目标，转化为员工的考核目标。而这种考核目标实现与否，会与部门、员工个人的薪资、福利、培训教育、职位晋升相关联，会引导和激励员工实现个人目标和酒店目标，并达到满足员工的需求和个人职业发展的目的。绩效考核的流程见图 6-1。

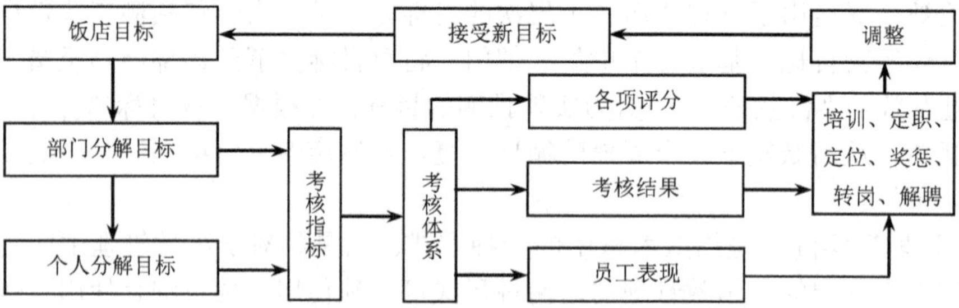

图 6-1 酒店绩效考核流程图

二、绩效管理、绩效考核的含义及作用

绩效管理是酒店管理、人力资源管理的组成部分，绩效管理水平的高低则是酒店管理水平高低的一个典型反映。绩效管理，包含着对酒店员工的管理、监督、指导、评估、教育、激励和帮助，是确保酒店管理者期望酒店产生的工作行为、表现和效益最大化而进行的酒店内的管理活动，是防止绩效不佳和提高绩效的工具，是使酒店持续发展的动力之一。绩效管理是一套为保证酒店完成其战略目标而设计的制度和规定。

1. 绩效考核的含义

绩效考核是绩效管理的一部分，是对各部门、员工工作行为表现及其结果是不是符合酒店设计的目标和期望进行的评估环节，是酒店按照一定的标准，采用科学的方法，检查和评定酒店员工对其岗位职务所规定的职责的履行程度，确定其在履行职责的工作中成绩和问题的一种有效的管理方法。绩效考核是一种正式地、定期地对员工表现进行评价的制度，它通过系统的方法，来评定和测定员工在职务上、在岗位上的工作行为和工作效果，它是酒店管理者和员工之间进行管理沟通的一项重要活动。绩效考核作为一项管理工作，在酒店的经营管理活动中的作用越来越重要，绩效考核已日益成为未来酒店新的利润增长点。绩效考核的结果，直接影响到员工薪酬的调整、奖金的发放及员工职务晋升等诸多员工的切身利益，是酒店选人、用人、留人的重要前提和依据，是酒店人力资源管理与开发的重要方法和手段。绩效考核的最终目的是改善员工的工作表现，保障酒店在实现经营目标的同时，提高员工的满意度和未来的成就感，最终达到酒店和员工个人发展的双赢。

2．绩效考核的作用

（1）绩效考核是人力资源管理的重要环节，是实现酒店目标和个人职业生涯发展计划的基础，是酒店人力资源管理开发的重要依据。酒店依据考评结果对员工进行全面了解后，确定整体的人力资源计划与政策，对不同的员工给予不同的激励方法，确定员工职务、岗位、工作内容的设计及工作标准的制定，给予不同表现的员工以不同的薪资和奖励，对不同的员工进行有针对性的培养和培训。

（2）绩效考核是酒店人力资源管理中对员工的重要控制手段。通过考核使员工牢记自己的岗位职责，对自己工作的全过程进行监控，使员工能自觉地遵守酒店规章制度，自觉地完成工作任务，完成岗位职责要求的工作标准，包括数量、质量、进度等，使员工每个人都能积极按计划推进工作。

（3）绩效考核为酒店各项人力资源管理制度的落实，提供了一个公正的考核标准。绩效考核标准是全店统一的、一致的，任何员工的工作好坏都依照这一标准进行评判，结果也是公正的。酒店依据这个公正的结果，决定员工合理的晋升、奖惩、薪资和工作岗位的调动，是酒店的一种导向行为，对建立酒店文化和核心竞争力至关重要。

（4）绩效考核是对员工成绩的肯定，有利于提升员工信心。绩效考核通过员工自己总结，其他管理人员、同事评判等方式，对员工业绩、员工的进步、员工付出的努力及取得的工作成绩给予肯定，有利于员工提升信心，让员工感受到酒店对他的尊重和认可，引起员工对成功的满足和对取得成绩的自豪，更加坚定员工奋发向上的信心和改正一些行为的决心，从而调动和挖掘了员工的积极性和上进心。员工对酒店工作所产生的兴趣和喜爱，又进一步形成一种不可估量的动力，促进员工更好地表现，推动酒店进步与发展。

（5）绩效考核有利于促进管理人员与员工的沟通，了解员工真正需求。绩效考核是一次重要的、正式的管理人员和员工的工作沟通，通过管理人员与员工的谈话，听取员工的意见和看法，增进相互了解，解除误会，并对员工个人表现面对面地和其主管领导、上司平等地、不带成见地进行交流，坦诚地交换意见，进行说明解释；管理人员认真倾听员工对其表现的申诉、疑惑，帮助教育员工，促进相互理解、支持、帮助。

在绩效考核过程中，管理人员通过同员工面对面沟通，能够了解到员工真正的需求及员工的主要问题，员工在实现酒店、部门设定的经过双方认可的工作目标的过程中的主要优点和缺点。以此为依据对员工个人职业生涯规划进行专题培训，并修正培训计划，使培训更具针对性，更能切中员工要害，满足员工发展的需求，推动员工素质的改进和提高，促进员工持续进步。酒店根据员工特点，通过不断的考核——培训——提高——考核循环往复的过程，实现酒店和员工的双赢。

（6）绩效考核是酒店管理的基础。酒店的管理者通过一整套有效、科学的正式评估，明确向员工提出质和量的要求，在一定的评估期限内，检查每个员工工作的有效性、主动性、积极性，肯定员工的行为，明确管理的导向。告诉员工酒店喜欢什么样的员工，什么样的员工可以得到酒店的认可，什么样的员工应该下岗，什么样的员工值得大家学习，员工、管理者应该如何做，如何做得更好、更卓越，从而促进员工的开发与管理。绩效考评面谈可以明确改进管理方法和管理策略。绩效反馈可以不断修正和充实酒店经营目标，改进经营策略，坚定经营方向，确保各部门和酒店目标的实现和节节升高。绩效考核可以确保员工的素质不断提高，确保酒店管理水平不断进步，确保酒店核心竞争力不断提升。

综上所述，绩效管理和绩效考核是不一样的。绩效考核不等于绩效管理，绩效考核是绩效管理的一部分。完整的绩效管理应该包括绩效计划、绩效评估、绩效分析、绩效沟通与绩效改进。绩效管理是一项系统、有序的管理活动。绩效管理所涉及的不仅仅是员工个人绩效的考评，还应该包括绩效酒店的计划、评估、分析与改进。目前酒店行业还缺乏较完整的绩效管理体系，一般酒店还是停留在绩效的评估阶段，进行的工作也仅仅是绩效考核部分。

3．当前酒店绩效考核工作中存在的问题

酒店的绩效评估近年来引起了足够的重视，大多数酒店都在进行绩效考核，但是取得的作用和成果不同。当然，有的流于形式，走过场，没有起到加强酒店管理、提高员工素质、全面提升酒店品质的作用，主要表现在以下几个方面：

（1）管理人员畏难情绪严重，回避在实施管理中的问题　管理者对员工在实际中的表现不敢公开、公正地进行评估，好的得不到肯定，不好的得不到坚决否定，各层级评估人员怕得罪员工，害怕员工报复，只是填表了事。考核仍处在“大锅饭”、“大碗饭”阶段，员工表现的好坏仅凭考核表，轮流坐庄，有些酒店的评估内容不错，但考评结果类似一个模子，大家不分彼此，全在 90 分上下，差也差不了一两分，结果变成了“好汉轮流做”，这个月是你，下个月是他，使考核形同虚设，走形式，走过场，劳民伤财。

（2）考核内容设计项目繁多，没有针对性　不少酒店根据领导意图，没有作深入细致的调查研究，没有和酒店一个时期的经营目标、管理策略结合起来，抓不住考评的重心。考评内容和酒店员工表现同酒店经营管理、各部门管理脱节，考评项目多，考核指标多，考核内容繁杂，难于衡量，操作性差。有的酒店定性指标太多，定量指标相对较少，人为因素多。面对这种无从考核、不好考核的情况，部门管理人员对考核的积极性差，员工兴趣不高，又不好操作，不少酒店的员工和管理人员有意无意对推行绩效考核从心理上和时间安排上进行排斥，甚至应付了事，考核工作变成了填表活动，没有起到应有的作用。

（3）把绩效考评当作单纯给员工表现打分、评估　打分评估后就万事大吉，未起到让员工了解自己和承认员工的努力、辛勤付出，明确其方向，激励员工进步的目的。有的评估人员借考评之机，夹杂私心杂念，对员工实施报复，把绩效考评变成了让员工听话的指挥棒，你平日不听话，你就得不到好的评估，得不到好的评估，你就会被克扣工资，克扣奖金。当然，兑现奖惩这只是绩效评估的一个方面，而更重要的一个方面是加强酒店的管理，提高员工的整体素质，全面落实酒店战略目标、管理目标，最终实现经济效益最大化。

（4）只评估眼前表现，忽视长期绩效　在考评过程中，有的酒店机械地、单一地对员工进行绩效考评，只注意考评纸上的内容和条款，不注重实际表现，只注重每个阶段、每个部门的考评业绩，忽视了长远规划，忽视了方向，忽视了员工循序渐进的提高和进步，忽视了酒店发展的持续性。把考核变成走过场。只注重短期行为，对员工的评估、部门的评估也以一时一事论英雄，使考核绩效低下，方向性、前瞻性差，不能把员工个人发展规划和酒店的长远目标结合起来，使考核没有活力，起不到管理的作用，还会引起管理人员和员工的反感。

（5）绩效考核结果应用得不好　有少数酒店在绩效考核结果的应用上过于简单和草率，马虎行事。考评结果与实际奖励和各项激励改革不配套，考评是考评，结果是结果，相互间必然的支持和联系不能得以体现。正常的业绩考评结果在员工个人发展和满足个人需求中没有得到真实体现，从某种程度上打击和伤害了员工积极性，失去了酒店评估的导向性含义。还有的酒店对评估结果草率行事，任意削弱甚至改变评估结果使用，不兑现预先的承诺，甚至得“红眼病”，莫名其妙地撤销和否定了初始对评估的承诺，使员工大失所望，员工积极性受到挫伤和损害。

三、传统绩效考核和现代绩效考核的差异

绩效考核的目的是规范员工行为，同时激励员工、将员工行为引向酒店的总体目标，在酒店内部保持竞争机制，通过优胜劣汰，保持酒店的竞争优势。在现代人力资源管理中进行绩效考核，必须了解它与传统意义上的绩效考核之间的差距。

1. 传统绩效考核的弊端

传统绩效考核在理论与实践上都存在一些问题，表现为过分地把员工绩效改善和能力的不断提高依赖于奖惩制度。具体表现为：

（1）员工改善绩效的动力来自利益驱使和对惩处的担心。

（2）过分依赖制度，忽视各级管理者对绩效提高所承担的责任。

（3）单纯依赖定期、既成事实的绩效评估，而不能在员工工作过程中加以控制改进。

（4）只重结果、不重过程。

（5）达不到要求，员工自暴自弃、怨天尤人。

（6）造成管理者和员工对立，对成绩优异者不服，甚至对立。

（7）工作标准难以衡量时，定性多，评估不准确，走过场。

2. 现代绩效考核的益处

（1）考核的目的不仅仅为了奖惩，奖惩只不过是强化考核功能的手段。

（2）考核的目的不仅仅是为了调整员工待遇，而是为了不断挖掘员工潜能，促进员工不断开发自身的价值。

（3）考核的目的是为了不断提高员工的职业能力、工作绩效，使员工能受到激励，积极主动投入工作，提高素质，加大学习力度。

（4）考核不仅仅针对员工，更重要的是对管理者的考察，管理者对考核结果负有责任，反映管理者对酒店团队的责任态度和能力。

第二节　绩效体系的建立与实施

小案例

A酒店绩效考核的困惑

A酒店近几年发展很快。酒店领导人感觉到管理必须跟上酒店的发展，于是建立了

相对而言比较完备的管理体系。绩效考核作为人力资源管理最重要的内容自然也在其中。金银岛酒店的员工考核分为年度考核、年中考核和月度考核，而且对于普通员工和管理者分开进行考核。相应地也设计了一系列表格来支持考核体系的实现。此外，考核结果与员工奖金挂钩的机制也确立了起来。

但是，实际情况是绩效考核最后变成了A酒店管理者和员工的相互折磨。员工抱怨要填大量的表，而且老觉得管理者打分就凭个人印象，不公正。管理者们觉得下属总是在应付，同时感觉要打出一个准确的分数真的很困难。双方在填表的问题上都很痛苦，在分数这个敏感问题上也都不愿意多谈。当然，最终的考核分数也打了出来，也与奖金挂了钩。但是对于很多管理者和员工来说，绩效考核变成了周期性的、繁重的、感觉“毫无意义”但又不能不做的工作。之所以不得不做，是因为毕竟奖金发放和人员晋升还需要依据。但是，绩效考核成为一件影响大家情绪的事情。对于酒店领导者来说，面临的困惑是：设计得这么完备的一套体系，怎么就没有用呢？

对A酒店的考核系统经过分析之后发现，重要的问题有以下几个方面：①考核指标的设置没有指导原则，到底怎么设置各有各的说法和做法；②指标完成情况没有清晰的评价标准，比较模糊和笼统；③重形式、走过场现象突出，为考核而考核；④考核结果集中趋势明显，使考核结果提供管理信息的作用大打折扣；⑤沟通反馈机制缺失，管理者甚至害怕和员工就考核结果进行沟通；⑥没有对考核制度的宣传培训以及考核方法的培训计划。而且，从大的方面来说，A酒店的绩效考核与酒店战略、发展方向没有什么关系，更谈不上支撑战略的实施。即使要营造一个公平的气氛，也没有办到。看上去很完备的考核体系，用起来却到处都是问题。

应该说，A酒店面临的问题和困惑在很多酒店都有发生。

思考：怎样才能消除和避免A酒店在绩效考核中出现的这些问题呢？

一、员工绩效考核的内容

通常的酒店员工绩效考核的内容分为业绩评估、能力评估和态度评估，并注意考核员工的潜能，也有的将员工考核内容分为德、能、勤、绩4个方面，无论哪一种都是为了实现特定的管理目的而相互联系，形成一个整体的绩效评估体系。

1. 业绩评估

业绩就是员工在特定的评估时间内所获得的工作成果。业绩评估就是用计划目标水平衡量员工职务行为的直接结果的过程，从而促进员工有计划地改进工作，达到预期目标，其考核的要素分为质量，完成工作的结果是否正确、及时，同计划的目标是否一致。具体考核内容包括完成任务的工作量、进度情况、效率、单位时间及考核期内投入的时间、进度完成情况、创新情况、对工作的改进是否采取了新方法和新思想等。

2. 能力评估

员工的能力一般表现在4个方面：①专业知识、酒店常识；②服务的技术、技能和技巧；③酒店工作经验；④身体状况，身体健康与否是干好工作的关键。对能力的评估，可以通过直接的能力测评进行，也可以靠主管、员工、同事间的观察和知觉，最普通的是通过一系列的指标来进行测评。

3．态度评估

员工不同的工作态度会产生不同的工作结果，员工工作态度的评估要素包括纪律性、积极性、主动参与、提出改进建议、协调性、集体酒店观念、责任心、工作中勇于负责、敢于承担责任、重视自我进步、敢于正视自己、敢于接受较高的目标和新的挑战。

4．潜力评估

评估员工潜在的能力，通过对员工任职的资格、工作年限、任务完成结果，有意识地对员工进行工作潜能评价，运用各种专业测量手段和表格进行评估。

5．“德、能、勤、绩”的考核内容

（1）德　是指一个员工的思想素质、道德素质和政治表现。德的标准在不同时期、不同行业而有所变化。

（2）能　对员工来讲包括动手操作的能力、认识能力、思维能力、表达能力、研究能力、指挥能力、协调能力、决策能力。对不同类型、层次的员工，在不同岗位工作的员工有不同的侧重和不同的要求。

（3）勤　对员工来讲是一种工作态度，表现在对待工作的积极性、主动性、创造性，是一种勤奋和敬业精神，是一种努力程度和遵纪的自觉性的表现。

（4）绩　员工在一定的时限内完成工作的数量、质量和经济效益的情况，这是业绩考评的重点和核心，是业绩考评重中之重的部分。

虽然仅是 4 个方面，但酒店对员工的考核不是千篇一律，而是根据不同级别的人，考核不同的内容，用不同的标准来衡量，各有侧重，各有区别，如考核酒店不同级别的经理，要根据不同的标准进行评估，其权重也是不一致的。工作岗位不同，责任不同，考评重点就应该不同。

酒店不同级别经理考核标准权重表见表 6-1。

表 6-1　酒店不同级别经理考核标准权重表

二级经理	三级经理
工作绩效　权重（0.6 分）	工作绩效　权重（0.4 分）
协调能力　权重（0.1 分）	协调能力　权重（0.2 分）
开拓能力　权重（0.1 分）	开拓能力　权重（0.1 分）
工作责任　权重（0.1 分）	工作责任　权重（0.2 分）
公正廉洁　权重（0.1 分）	公正廉洁　权重（0.1 分）

二、确定关键绩效目标的原则

不同的酒店，其绩效考核具体内容是不一样的，每个酒店必须结合自己酒店在市场上的地位、经营状况、员工素质和基础情况等自身的实际情况来考虑，使制定出的绩效指标更能有效地促进酒店战略目标的实现。一般确立关键目标应遵循 SMART 原则。

S（Specific，具体、明确）：酒店在设定指标时，要联系实际，要具体、明确和细化，避免笼统含糊。

M（Measurable，可衡量性）：关键绩效目标应该是可衡量和可度量的。酒店制定的关键指标必须数量化和行为化。衡量指标的信息一定要准确，这是进行相互比较的依据。

A（Attainable，可实现性）：关键绩效目标还应该是可实现和可达到的。关键指标不能凭空想象，要有科学依据。太高、太低都不是正确的，最好的标准是比适度稍高，让员工通过努力可达到。这样既完成了任务，员工受到激励，又提高了员工努力的积极性。

R（Relevant，相关性）：每次制定的目标必须与其直接报告主管部门的目标或酒店目标相结合。

T（Time-bound，有时间限制）：完成绩效指标要有明确的时间要求。

这 5 个方面提出了确定关键考核指标时，必须把概括的、抽象的指标分解成具体的、现实的、可比较的和可控制的指标，并非常明确地确认时间的期限。这是制定关键绩效目标的原则。关键绩效目标的制定流程见图 6-2。

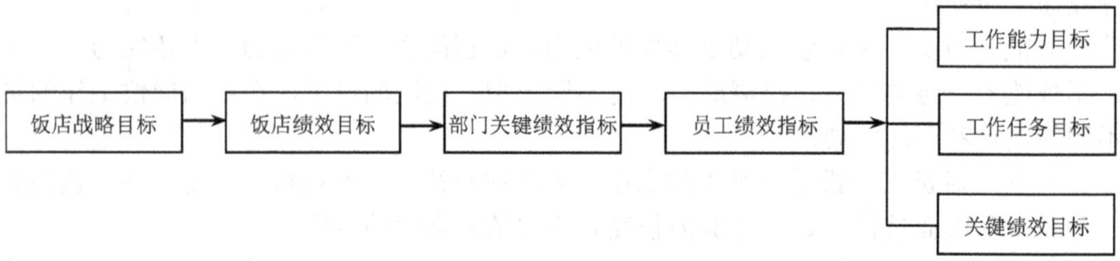

图 6-2 关键绩效目标的制定流程

关键绩效目标（指标）是酒店根据所设定的战略目标而制定的可量化的目标，是明确地、直观地衡量酒店各项战略目标完成与否的基础和根本目标。酒店关键绩效考核目标一般采用自上而下的方法，层层分解，层层细化，层层紧密相连，一环扣一环，从而确保酒店的每个员工都在为实现酒店的总体战略目标而奋斗。

三、酒店绩效考核的一般方法

酒店绩效考核一般采用员工容易接受、简便易行，同时又便于统计管理的方法。具体可参看表 6-2：

表 6-2 酒店绩效考核的一般方法

方　法	内　容
排序法	按员工主要业绩表现，依好坏具体情况，依次排序
两两比较法	在同一绩效标准的基础上，依据员工的表现将每一个员工都与其他员工比较，并判断谁更好，并依据更好的次数，确定每个员工的位置，依次进行排序
等级分配法	由酒店或部门评估小组先拟定评估项目，按评估项目对员工绩效作出排序
行为评估法	量表评估法，关键事件法，行为评估法，混合标准评估法，行为观察评估法
工作成果评估法	绩效目标评估法，指数评估法，述职法
360 度评估法	上评、下评、同级相评、专家评、自评相结合，全方面对员工特别是管理者进行评估

小资料

360 度评估法实际上是对管理人员进行绩效考核的一种全方位的考核方法，它是指被考核人要接受直接上司、同级同事、直接下属、自己、客户及外请顾问、专家等从各个角度、不同方向的考核，考核内容包括沟通技巧、领导能力、工作能力、业务能力、学习能力和决策能力等方面。不同酒店不同级别有不同的内容，多角度获得的反馈和评价，信息全面，容易发现问题。360 度考核有利于真实地评价本人的进步和发展，并起到一定的刺激作用，从而支持和鼓励员工不断改进和提高自己的工作能力、工作行为和工作业绩。

360 度评估方法能对被考核人进行真实、全方位的评估，是一种干部选拔的基础方法，能对被考核人的能力素质和工作绩效作综合的考核，对确定员工的真实能力、晋升意义重大。

四、绩效考评的一般程序和步骤

1．一般酒店绩效考评的程序和步骤

（1）考核的策划（包括考核的内容、考核的时间、考核的方法、考核步骤的设计和安排）。

（2）考核资料的准备，从上到下准备数据，选准关键业绩目标，并进行考核材料（各项资料、信息资料）准备。

（3）考核的宣传和贯彻（动员酒店员工参与，宣传考核的内容、标准、时间和方法）。

（4）被考核的员工依据本次考核时限内的考核内容进行工作总结。

（5）对考核者进行考核内容、方法、步骤、目的和意义的培训，进行考核标准的统一讲解，将考评尺度交给每个考核者。对被考评者进行考评内容、方法的培训。

（6）员工填写绩效考核登记表，对自己在限定时限内工作表现等内容，依据考评内容进行自我回顾和总结。

（7）考核者和被考核者依据考评内容，面对面进行绩效表现的沟通交流，并取得一致的评估意见。

（8）考核者给被考核者依据表现和面谈的情况填写考核评语，敲定限定时间内的业绩表现。

（9）考核者的上一级主管对考核者的考评意见，进行监控、审核、修正和批准，并由考核者向被考核者进行反馈，明示其结果。被考核者对考评结果正式签字确认。

（10）集中各个员工、部门的考核表及面谈记录，全店进行汇总。

（11）统计考评结果，并进行全面分析，找出规律、不足和带有倾向性的问题，具体分析和解决，进行有针对性的培训提高，对带倾向性的问题交酒店领导讨论，加强管理、调整和改进。

（12）落实考评结果，实施有效的惩罚。

（13）总结反馈本时段内考评工作，提出意见和建议，对考评工作进行改进和调整。

（14）重新设定新的下一时段的绩效考评计划，进入下一时段循环。

此时段内的循环必须注意以下 3 个方面的问题：

① 确定考核体系，制订详细周到的考核计划，明确考核谁、考核标准是什么、谁来进行考核、怎样进行考核、什么时间考核。

② 把考核的目的、意义和详细做法告诉被考核人，让被考核人知情，积极参与，要全员参与。

③ 对考核人、被考核人进行绩效评估考核内容的培训，统一标准、统一方法、统一步骤，加强考核的透明度和可信度，动员全员积极参与。

2．考核过程中对考评工作的管理

在考核过程中主要管理人员对考评工作应加强管理，主要表现在 3 个方面：

（1）考核活动开展前

1）要经常同员工交换工作意见，听取员工对酒店、部门经营管理的意见和建议。

2）动员员工和考评者参加绩效考核的培训，使考评真正成为一种为同一目标、同一目的，为酒店和自己双赢的有效管理活动，成为酒店日常经营管理的重要内容之一。

3）消除员工顾虑，鼓励员工用积极心态对待绩效考评，动员酒店员工参与，使员工在考评中受到教育，得到启发和进步，自己教育自己。

4）鼓励员工参加并帮助员工做好评估准备。

（2）在考核活动中

1）鼓励员工真正参与到考核活动中，正确地了解自己，看待自己。

2）评估员工在限定考核期内的工作，不去评估员工其他方面（包括的个性、性格和生活习惯等），批评要注意方式方法，要把握大是大非。

3）对员工的评估，要具体、真实、实事求是，把握住事实。

4）评估中要用心倾听员工的意见，甚至是反对意见和申诉意见。要让员工把话讲完。允许员工在此期间情绪的波动和变化，并注意控制管理人员自己的情绪。

5）管理者和员工经过讨论甚至是辩论，对工作业绩达成基本一致的意见，更主要的是对暴露出的不足和今后如何改正、怎么改正达成一致的协议，并使员工潜能和积极性得以发挥。

（3）考核后

1）同员工经常就绩效考评中出现的问题不断交换工作意见。

2）定期检查，督促员工对改进计划的落实，不断推进改进的进程、速度和时间。

3）根据原定考核设计，依据员工的工作表现和绩效评估结果，及时有效地对员工工作表现进行表彰、处罚、奖励。

五、绩效考核的面谈

绩效考核的面谈是绩效考核成败的关键环节，是绩效推进和正式管理沟通的重要方法，绩效沟通的成败制约着绩效考核的成败，是达到绩效考核目的，推动酒店和员工达到绩效考核目标，不断进步，获得双赢的关键。

1．绩效考核面谈的意义

（1）使员工正确认识自己，看到成绩、问题以及与目标的差距，明确员工的努力方向　在平等讨论的情况下，通过面谈分析限定时间内员工的表现，对照设定的目标，找出进步、发展的原因，让员工真实地认识自己，看到在限定时间内自己的主要成绩同预测目标的差距，找出存在的主要问题和不足，明确员工今后的努力方向，提出进一步改进和变化的设想与行动计划。这样有利于满足员工被人承认的需要，并增强员工自信心，激励员工改进。

（2）有利于双方对评估结果达成共识　经过面谈、讨论，评估人和员工根据制定的评估标准、员工的表现，实事求是地达成了对员工在限定时间内工作业绩表现的评价，而这个评价是公正的，是经过讨论双方得出的一致意见，对优、缺点特别是努力方向意见达成了共识，这为员工的进一步发展，为年度或更长时间的绩效改善打下了良好基础。

（3）有利于促进员工职业生涯发展规划和员工绩效改进计划的进一步落实　评估只是一种形式，重要的是经过面谈，员工和考核人在绩效面谈的过程中充分沟通，讨论绩效改进的方法和具体计划，并同员工自己的职业生涯发展规划相结合，提出需要酒店和考核人在今后工作中给予员工的支持和帮助。考核人对员工今后如何改进和如何沿着职业生涯轨迹发展提出自己的建议，双方进一步达成培训学习的共识，促进员工的持续发展和不断提高。

（4）明确下一周期的考核方向、绩效目标，使绩效考核持续深入发展　绩效考核是一个循环往复的过程，是一个员工持续发展、不断改进提高的过程。每一个限定周期都有一个关键考核目标，每个关键目标的实现都体现和标志着员工的进步，而这时的面谈起着承上启下的作用。通过面谈，既明确了员工上一时限内的进步，又非常明确指出下一时限内的努力方向。这样使员工有的放矢地改进和有序地进行职业生涯的发展，并使绩效考核持续深入发展，不流于形式。

（5）明确绩效考核评估结果的应用，促进员工发展　通过面谈明确对员工限定时间考核结果的承认，明确表示对员工表现的奖惩，该批评就批评，该晋升就晋升，该奖励就奖励，激发员工的成就感，进一步调动员工的积极性和潜能发挥，使绩效考核真正起到作用，达到满足员工的需求和发展、满足酒店管理需要和成为酒店人力资源管理的良好工具的目的。

2．面谈的准备

（1）考核者的准备

1）了解面谈员工在限定时间内的工作内容和表现，包括职位说明书、工作目标、绩效目标，将员工工作表现、个性特征、嗜好，有针对性地进行准备，并认真阅读员工绩效考核报告。

2）确定面谈的时间、地点，要选择正式的场合，事先告之，征得员工同意，准备面谈场合的布置、谈话语气、位置，注意双方面谈气氛的营造。

3）事先准备好发问内容，制作一份简单的“面谈计划表”，首问很重要。

4）计划面谈，明确谈论内容，暖场进入主题，告之评估结果，该员工发表意见，双方讨论沟通，制定下一个时限内工作绩效目标，确认面谈内容，双方签字确认，结束面谈。

5）结束面谈，填写评语和让员工确认。

（2）员工的准备

1）收集、整理限定时间内自己的表现、主要业绩和存在问题。填写员工绩效考核报告，对照检查自己的工作表现进行总结评估。

2）准备考评人发现的对自己在限定时间内的工作业绩、工作表现方面的疑惑进行解释，并对自己的主要优缺点进行总结。

3）准备个人发展计划，明确自己的问题，提出差距，提出寻求帮助的具体条件和自己努力的导向及下一周期的发展目标。

4）根据面谈的具体时间安排好自己的工作，排除干扰。

3. 绩效面谈的技巧

绩效考核成功与失败，面谈很重要。面谈没有固定的模式可循，对不同的人，绩效表现不同、性格不同的员工，谈话的方式必须不同，只有遵循因人而异的原则，才能保证绩效面谈的成功。

（1）建立并维持彼此间的信赖关系，创造一个和谐的面谈气氛。绩效评估是一项正式的管理沟通，考核人和被考核人为了一个共同的目标，为了帮助员工进步，为了赢得酒店最大化的效益，应相互尊重，相互理解，站在各自的角度和角色上开诚布公、坦诚信任地交换意见，无拘无束地发表自己的看法和意见。坦诚和信任是面谈成功的基础。

（2）清楚说明面谈的目的，谈话要直截了当。因为是绩效评估面谈，自然目的性非常明确。面谈主要围绕员工在限定时间内的工作表现，具体而翔实地举出员工的优缺点和努力方向，没有必要绕圈子，回避问题。谈话一定要注意方向，同预先设定的评估条件一致，并谈出员工今后如何改进，如何共同合作达到双赢。

（3）鼓励部属讲话，进行双向沟通。面谈是相互间的互动，双方都有对评估内容发表自己看法的权利。评估人应认真听取员工对绩效评估的看法，并让员工对自己的表现进行解释、说明。对不一致的看法可以进行讨论，用事实和绩效考评条件统一思想。要鼓励部属讲话，让员工积极参与，让员工自己对自己作出评价，这样对员工今后进步是有好处的，并能促进员工不断改进。认识问题是改正错误的前提，启发员工自己认识自己，正是员工进步的开始。

（4）倾听不要打岔，要洗耳恭听。面谈是管理者和员工对限定时间内员工表现的评估交流，管理者不要不停地讲话，而不给或过多地占用了员工讲话的机会和时间。倾听能排除各种偏见，能了解员工是怎么想的，怎么干的，事实情况同评估人的出入是什么。这样能获得员工的信任和好感，达到激励员工进步的目的。

1）要全神贯注地倾听，以员工为中心，把所有注意力放在员工身上，撇开偏见，带着认真坦诚的态度来倾听。

2）耐心地倾听。不管员工说什么，甚至一些过激的话，都要心平气和地倾听，不要打断员工的话，让对方把想说的话都说出来。

3）换位思考地倾听。把自己放在员工的位置上，设身处地为员工着想，并把自己的理解向对方讲述，令员工对酒店更信任，更能把心里话讲出来。

4）要有反馈地倾听。要不时强调和重复员工谈话的重点内容，对不明白的内容进行询问，鼓励员工继续讲下去。

倾听既是态度问题，又是方法问题，处理得好，会使沟通顺利，绩效面谈会取得良好成果。处理得不好，会影响绩效评估的顺利进行，甚至让员工产生种种忧虑和担心，使双赢和调动员工积极性成为泡影，使绩效评估的目的遭遇失败。

4. 面谈中注意的问题

（1）避免双方冲突和争辩。面谈中，双方会对一些问题有不一致的看法，这是正常的。因为各自站的角度以及责任不同，看问题的方法自然也就不同，结论就不一致。有些问题也可以允许员工保留看法，允许员工进行思考，而不采取强压、强迫其必须认错的方法，要用事实和证据说明问题的严重性和危害性，启发员工自觉认识。对一些问题可以转换一种提法，向员工提出警告。而没有必要同员工就一个问题展开讨论，争论得面红耳赤，让员工难以接受，破坏绩效考评氛围。

（2）集中在绩效评估的条件上，而不要把评估放在个人性格上。绩效评估是一项持久的管理行为，是酒店调动、激励员工积极性，促进员工不断提升素质和水平的人力资源管理活动。活动的成功是要体现在评估内容、条件的准确度上。在限定考核时间内，依据评估内容和条件对员工表现进行有限定的评定。对其他不涉及评估的内容和条件，特别是涉及个人性格、喜好、个人隐私等不要妄加评判，也不要将此同正式评估内容相混淆。这体现了评估的严肃性和评估的标准一致性，同时也是对员工人格的尊重。

（3）集中在未来而非既往。评估的目的是为帮助员工进步和实现员工个人职业生涯规划。如果只停留在对过去的评判上，再好的评估对员工也没有积极的意义。拿出陈年旧事重复地进行评说，不但不能促使员工改进，反而还会引起员工的反感和反抗。因而评估必须着眼于未来，着眼于员工今后的发展，要给员工提出希望，要同员工谈未来目标和具体改进措施，要同员工的职业生涯规划相联系，帮助其进步和发展。

（4）优点、缺点都要讨论，使优点更精进，缺点更明朗，促进员工进步。绩效评估是对员工限定时间内贯彻评估内容、业绩表现的一个评判。评估时主要优点要讲透，主要存在的问题要讲明，不能含糊其辞，但在谈问题时，不要直接指责员工，要先进行表扬，肯定成绩，在此基础上用事实讲明存在的问题。讲问题一定不能抱有个人偏见、成见，不能凭印象讲话，避免使用极端化的词句，如“总是这样”、“一贯表现”、“绝对”、“极差”、“从来没有”等，使评估缺乏公平性、合理性，使员工对评估产生不满和对抗情绪。批评一定要有事实依据，一定要尽量客观，要针对每个员工的不同要害，提出关键性的、让员工心服口服的问题。帮助员工正确了解自己，正确认识自己，明确问题，提高改正缺点的自觉性和主动性。因为自己的问题自己解决最彻底、最主动，也最有成效。

（5）面谈的准备是关键。为达到面谈的目的，面谈的准备很重要，这个准备不单是考核人要准备，被评估人也要准备。对谈话的内容、谈话的时间、谈话的地点、谈话的形式、被考评者的业绩表现、个性特征、谈话的重点都要认真准备和设计，并事先进行通知，以表示酒店对绩效考评的重视和对员工的尊重，要解除员工的防御心理，要巧妙地消除员工心理负担压力和员工对评估人为造成的错误认识，加大员工对绩效评估的信任度和参与深度。

（6）以积极的方式圆满结束面谈。按预期的效果审视面谈的全过程，如果确实感觉到员工在面谈中畅所欲言，一吐为快，员工积极主动地倾诉心声，并正视主要问题、优缺点。对未来方向取得一致认同时，就应立即友好果断地结束面谈。这样的面谈使员工难以忘怀、记忆深刻，会深深打开员工的心扉，其取得的效果也是最佳的。

5. 面谈成功的评价标准

（1）看结果：批评针对的是人本身还是工作。

（2）看实例：提出的批评意见理由是否明确，是否有具体事例，是否坦诚、交心和明确。

（3）是否找到要害：是否帮助员工找到了问题的要害，找到了真正的原因。

（4）是否是双向交流：面谈中大部分是谁在说话，是否能平等地交换意见，双方是否能展开讨论，提出的问题是否能激发思考。

（5）是否建立目标：目标是否经双方全力讨论认可，目标是否让人感到能测知，是否具有一定的挑战性。

（6）是否激励部属：是否对部属表现关切，并积极激励他们，部属是否受到激励，而在未来有不同的表现。

6. 面谈中几个必谈的问题

绩效评估是一项正式的管理沟通，面谈前、面谈中管理人员和其属下必须做好认真的准备，特别是管理者要针对不同人员的不同表现同被评估者交换意见，为规范谈话内容，为突出个性，为使面谈得到圆满成功，在不同的谈话阶段应围绕不同的中心，推进谈话的目的实现。

（1）在同员工面谈开始时，双方都很紧张，为缓解气氛，可围绕如下问题进行面谈。

1）工作最近情况如何，进展到哪一步了？

2）工作还开心吧，感觉如何？

3）最近身体还好吧，工作还开心吧，进展是否顺利？

（2）谈绩效成绩时。

1）你觉得这段时间，你的绩效表现如何？

2）这段时间你有哪些困难？

3）你觉得哪些方面比上一个评估期干得出色？

4）你觉得在这个评估期内有没有失败，失败的原因是什么？

5）这个评估期内你做得最好的是什么，取得了哪些成绩？

6）这个评估期内的目标哪些达到了，哪些没有达到，你怎么看？你分析一下促使你达到目标的有利因素是什么，不利因素又是什么。

（3）谈及员工所从事的工作及工作方向时。

1）这个评估期内你最大收获是什么？

2）你认为你的工作中最有意义的是哪个部分？

3）你认为你的工作目标是什么？

4）你认为评判你工作成功的具体标准是什么？

5）你是如何确保工作达到质量标准的？

6）你是如何融入你工作的团队的，融合得如何？

7）在团队中，你如何影响你的团队完成工作目标？你的团队声誉如何？和你有何关系？

8）为了取得成效，你认为你工作中必须做好什么，为什么？

（4）谈及如何进一步发展实现职业发展目标，如何挖掘员工潜能，促进员工积极性时。

1）你认为今年的培训，哪些有助于你绩效提高？

2）你认为今年酒店对你的支持、帮助和资源使用欠缺什么？

3）你明年（下一阶段）的目标是什么，打算在哪些方面提高，需要什么帮助？

4）工作中你最满意的是什么？最不满意的是什么？

5）下一步工作有什么设想，重点想改善哪几方面？

6）你的职业希望是什么？你认为自身的潜力是什么？你正在努力发展你的职业潜能吗？预计何时达到职业目标？

7）最能激励你的是什么？

8)你认为你什么时候可以胜任你的职业目标？具体是什么？为什么？需要酒店提供哪些帮助？

六、评估工作潜在危险

评估阶段是员工最关注的一个方面，这一阶段如果控制不好，会使考核的正确性、公正性、客观性受到影响，使绩效评估工作受人为因素的影响，产生种种误差，使考核过程偏离设定方向，其主要潜在危险存在于以下几个方面：

1．晕轮效应

晕轮效应即部分印象影响整体，以偏概全，有人也叫光环效应。它产生的主要原因是评估者对被评估人进行业绩考核时，把其本人认为的某一方面或与考核内容无关的，不是在本次限定时间内的工作绩效看得过重，根据某一方面的表现形成对员工整体的评估，把某一简短的事件看作整个考核限定时间内的表现，忽视被评估人的一贯表现。晕轮效应会导致对评估人过高或过低评估，影响考评真实性和员工的积极性，也容易给投机者造成人为空当。

2．钻牛角尖

评估过程中，评估人对某件事或对被评估人所作的某件事，不考虑现实情况，在讨论并听取解释后，仍固执己见，不改变主意，影响评估效果，使评估走向偏离评估目的。这样的评估看不到员工的进步和改进，让员工无法从评估考核中看到方向。

3．标准误差

评估的目的是为了双赢，是为了调动员工的积极性，挖掘员工的潜能，评估的内容和标准的制定应该经过谨慎的考虑，要有事实和数据做依据，要经过测量。制定的目标不是以员工为敌，而是要从实际出发，标准过高，员工“跳”起来都够不到，员工就不会再努力，过低，员工“闭着眼”可以完成，没有导向激励作用，员工积极性和潜能就不会得以发挥，适度的评估标准才有效。

4．偏见和个人喜好

评估人对被评估人形成的偏见和某种印象，甚至评估人个人的爱好，都可能影响到对员工实际业绩成绩的评估。每个人看问题的角度、知识经验的积累、个人喜好不同，这些客观存在的人为因素往往影响到对员工限定时间段的看法，一旦形成印象，评估结果就会受这些因素的影响。例如，某主管看不上这个员工，这个员工做的每一项行为都可能引起这位主管的质疑。员工不干不对，干也不对，让员工无法工作。这种惯性往往是个人偏见造成的。

5．趋中效应

激励导向是考评原则，但是为了个人利益，考评者从个人利益出发，使评估失去固有的导向和激励作用。评估不计后果，好的不表彰，坏的不批评，轮流坐庄，谁也不得罪。反映到评估结果上就是折中，不按规则评判，良莠不分，影响评估的正常进行和员工的持续发展。

6. 墨守成规

评判中对变化情况不重视、不体现，单凭老经验和过去的印象办事。评估没有新意，对员工的考评没有激励，按条条框框办事，甚至是按与事实相差很大、时过境迁的条条框框办事，这样造成对员工的评判没有前瞻性，对方向性的问题不敏感，忽略甚至阻碍新生事物的产生和发展。

7. 近期效应

对考评的意义认识不清，对考评的规则掌握不准，评估者将临近时的表现作为被评估者全部时间段的表现进行评估，使评估真实性受到质疑。比如评定一个季度的表现，往往有的员工第三个月表现特别突出，造成一种假象，而评估者又被假象所迷惑，按此月表现评估，使评估失去客观公正性。

8. 盲点误差

这点同近期效应相仿，是以表现最好的时段作为评估依据，用表现最佳期替代全过程，使评估出现偏差。另外，考核人自己有某种缺点和不足，因而对被评估人的同样问题看不出来，形成评估的盲点，造成误差。

9. 一锤定音

评估人对被评估者的表现不是以既定时间内的表现为依据，不是以评估标准为依据，而是依据社会、风俗，或上司、朋友等的一些暗示，或在一方面取得的突出成绩。比如该员工是“优秀员工”，评估者会有意无意想到其称号和荣誉，忽视对本期表现是好是坏的评价，认为他是优秀员工，他就应该是好的，并且在任何时段内都是好的。也有的酒店在评估中因一个员工销售业绩不错，在其他限定时间内的考核方面，工作表现就被业绩方面所替代、所淹没，使考评片面。有些时段还被领导的某句暗示所左右，并依据暗示来评定员工的表现，使评估失去其帮助员工持续改进、促进员工不断进步、实现其职业生涯目的的作用。

小资料

卫国大夫弥子瑕曾经很受卫灵公的宠爱。卫国有一条法律，私自使用国君的车子要受砍脚的刑罚。弥子瑕的母亲生了疾病，听到这一消息的人连夜告诉弥子瑕，弥子瑕擅自驾驶国君的车子跑回去。卫灵公听说了，不但没有处罚他，还称赞道：“真是孝子啊！为了母亲的缘故，宁愿犯砍脚的罪过啊！”有一次，卫灵公在果园散步，弥子瑕摘吃桃子，觉得味道甜美，还没吃完，见到卫灵公来了，赶紧把吃剩的桃子送给卫灵公吃。卫灵公也没有责罚他。后来弥子瑕老了，而卫灵公对他的宠信也逐渐减退时，有一次弥子瑕得罪了卫灵公，卫灵公说：“以前他曾经擅自驾我的车，又把吃剩的桃给我吃，真是可恶啊！”就加重处罚了他。

管理者对员工的评价，总是容易受到主观态度的影响，当喜欢他的时候，什么都是好的；当对他有不好印象时，怎么看都不顺眼。即使是明显的有违规的行为，因为喜欢他，自然会替他找到好的理由来说服自己与他人接受。管理者要时刻注意在绩效考核中，不要让自己对员工的主观看法影响到对其工作的评价。

第三节　正确运用绩效考核的结果

岁末年初，许多酒店都要进行绩效考核，对员工一年来的业绩进行回顾和评价。但是，从许多酒店以往的绩效考核来看，结果并不尽如人意，具体表现在：管理层觉得考核并没有对员工进行恰当区分，员工业绩优劣不明显，而且绩效考核并没有对以后的工作有任何指导意义；员工觉得考核结果并未反映出自己的工作实绩，与管理者根本没有机会就考核的问题进行沟通，因而满腹牢骚。那么，怎样才能使绩效考核发挥应有的积极作用呢？

一、建立申诉渠道

建立申诉渠道是保证评估正常进行的重要措施和保障。要使绩效考核公正、真实、可靠，起到绩效考核的真正作用，就必须克服绩效考核中出现的误差，认真对评估者进行评估目的、标准、方法的培训，并对评估者讲明评估的时段、评估的内容、条件和方法，让被评估者对评估人的行为进行监督，对失常的做法，可以建立正常的申诉渠道。通过申诉渠道，员工可以进行申诉，对评估当中的不当行为、不当做法和不当评估提出疑义，通过正常的途径进行反映。被评估人的上一级管理者应正视这个经过正常投诉渠道的投诉和必须调查处理的第一责任人，其被评估者的上级主管要主动受理员工在这方面的投诉，认真进行调查研究，实事求是地对评估人的评判作出评价，肯定或修正评估人的意见，并对被评估人作出解释，这是评估成功与否的保障和对评估有效的监督，是清除评估过程中各项弊端的有效方法。

二、绩效反馈

评估结论和考评结果如果没有向员工进行反馈，再好的结论也是没有意义的。如果没有反馈，员工无从对自己的行为进行修正，无法逐步提高自己，向更高的目标努力；如果得到的反馈不真实、不具体、不及时，员工的绩效也不会提高和改正，考核评估就失去了考评最为重要的激励、奖惩、培训和改进提高的功能，失去了帮助员工找到问题、明确方向、挖掘员工潜能以及改进工作、提高业绩、实现个人发展目标的促进作用。

发现员工绩效低下，重要的是帮助员工分析问题，找出原因。绩效不佳的原因大体可分为两类：一类是个人的原因，如个人业务能力，个人的努力、重视不够造成的；另一类是系统的原因，是酒店系统发生故障，流程不合理，标准制定有缺憾。原因一旦找到，管理者和员工就应针对找到的问题进行纠正和解决。

对于酒店方面的问题，管理者就应从酒店的各项管理政策、业务流程、系统控制上解决问题，给员工进步提供酒店上的帮助和支持，如人员培训、人手安排、酒店机构设置、个别领导的调整、工作流程的审核再造等。

对于员工个人原因，要让员工了解自身存在的问题，明确指出员工不足，但对员工的批评一定是要有战略性，有计划地解决员工的错误，一定要维护员工的自尊。自尊对员工和每一个人来讲是非常宝贵的，批评要注意环境，在恰当时间、地点、人员中，选择员工接受批评的最佳时机。批评员工一定要以员工改进和提高为目的，不要抓住过去的错误不放，要着眼于员工的发展和未来，引导员工进步的方向。对员工的批评应该是中肯、善意的，是双向沟通的，是一个向员工传递信息的过程，是帮助员工建立信心，进一步明确责任和奋斗目标的过程，是让员工不断检讨自己行为，并进行不断调整、持续改进的过程。

1．绩效反馈的注意事项

（1）要实事求是，用数据说话。任何一个员工对数字都是非常敏感的。对员工的评价一定要用事实和数字说话，多用具体事例，不要用不负责任的指责式的语言，如“没能力”、“没水平”、“效果太差”等，这样容易引起员工的反感，引起争论和不必要、不负责的扯皮。

（2）不仅要找出缺陷，还要诊断原因。找出缺陷容易，还要进一步分析产生的原因，找到了这些原因，才能有针对性地提出改进措施，对症下药。

（3）要双向沟通。要想解决问题，就必须坚持双向沟通。靠单方面的努力，靠个人或酒店单方面地解决问题是被动的，只有发挥双方积极性才能解决问题，才能把酒店和个人的积极性，把员工的潜力调动起来，共同进步提高。

（4）反馈一定要结合平时表现不断进行，不要等评估时算总账。员工的表现是有一个过程的。管理者要对员工的进步和问题做到心中有数，要在其有所表现的时候，及时启动预警机制，不要积攒到进行业绩考评时，一股脑儿地将所有问题都挖出来，这样不便于员工接受。在管理工作中不要让员工感觉“我一天之内变得比什么都好，或什么都坏”，要将员工平时表现和绩效考评时段相结合，提前给员工“打预防针”，帮助员工不断改进。

2．绩效改进的落实

绩效管理的目的是提高员工的绩效，评估的结果和突出作用是为绩效的改进服务。绩效改进的过程是绩效管理的重要过程。

（1）要制订改进计划。结合绩效评估，适时修正和制订绩效改进计划，将容易改正的、必须改进的、重点原则的问题列入改进计划。改进计划内容要实事求是，针对性强。

（2）内容要具体。改进计划不可空谈，要看得见、摸得着，要具体，要抓得住。目标要明确，不能抽象，要有针对性，针对个人、针对集体、针对评估中出现和未实现的目标。

（3）计划要有时间性。计划的实施改进，必须有明确的时间，要有具体完成的时间要求，避免流于形式。

（4）双向沟通认可。绩效的改进是酒店和员工双方的一致目标，制订的改进计划，必须由员工和管理者共同讨论修订，必须取得一致的认可，不可强求，不可命令，员工不愿干的事，是不会干好的，员工也不会努力干。在制定目标时，标准的起点要高，要同员工讲清楚，目标的制定同酒店对员工的期盼、同酒店提供的资源是一致的，要消除员工疑惑和顾虑，争取员工的认可和行动。在绩效改进中，酒店要给员工以必要的指导帮助，要从资源的管理和分配上支持员工的进步。

（5）推进个人职业发展计划。绩效改进也包括个人职业发展计划的改进。个人发展计划一般是在酒店的帮助下，由员工自己制订，是一个不断认知改进和提高的系统计划，是绩效考核系统计划的一部分。绩效改进中，员工必须自己确定如何实现自己的绩效改进，用什么方式，在多长时间完成自己能力和技能的提升，需要酒店提供什么资助（如培训、进修、岗位轮换、在岗培训、外出学习）等。

三、评估结果的应用

作为人力资源管理的核心环节，作为酒店经营管理的一部分，绩效评价是酒店战胜竞争对手，建立起激励机制的基石和酒店变革的推动力。绩效评价的结果对酒店人力资源管理系统中的招聘录用、培训开发、职位变动和薪酬福利等环节起着巨大的推动和变革作用，对员工潜能的发挥、积极性的调动起着激励作用。

1．用于人员的招聘

绩效考评的内容和基础是岗位职责。岗位职责是招聘有用人员的条件。合适的事必须选调适合的人来干。酒店服务水平的好坏，取决于员工的素质，而员工素质的好坏，又受招聘条件和选人的制约，选好人是提升酒店服务的基础。酒店应根据招聘条件，通过考核选聘那些工作能力强、态度端正、有能力干好本职工作、喜欢干好本职工作的人员来店工作，同时当酒店职务出现缺编时，通过绩效考评对员工的工作能力、工作态度进行考察，在内部进行选聘，将业绩优秀，符合岗位条件，又有个人发展意愿的员工通过考核、竞聘、晋升调整到适当的工作岗位上来。绩效考核是酒店选择优秀人员、留下优秀人员的一种方法。

2．用于店内人员的调配、整合

员工的绩效考评结果是对员工一定时期内表现的肯定和否定。通过考核，对业绩表现突出的员工依据其个人发展规划，酒店可以进行大胆的开发、培养、提拔、使用，给其设定新的目标，不断修正其绩效评估计划，帮助其晋升到适合其能力的岗位。对经过评估达不到最起码的岗位要求，屡犯错误，没有干劲、没有技能、没有改进的以及不能胜任其工作的员工，则应该果断地将其从现在岗位上撤下来，安排到其可胜任的岗位上去工作。对有些人员可以进行工作岗位的调换，该在技术岗位上的，就要在技术岗位上工作，该到管理岗位上工作的，就不能让其在技术岗位上任职，让员工通过评估各有所长地发挥自己的作用，干好本职工作。

3．用于员工福利报酬的制定和调整

生活的需要是员工最基本的需求，业绩评估是对员工福利报酬制定和调整的客观依据，是对员工的岗位职责、责任大小、任务量多少、劳动量高低、质量优劣的一个真实的评估，是体现多劳多得、不劳不得的具体方法。绩效考评的结果反映了员工真实的表现。依据员工客观真实的表现，将员工福利、薪酬的分配同绩效考评结果结合起来，无疑是对员工工作表现的承认，是一个公平、公正评价员工好坏的方法，会起到积极的激励和导向作用。不少酒店将员工的绩效成绩同福利、薪酬，特别是同员工年终奖励分红结合起来，增强了对员工的激励作用，调动了员工的干劲和积极性。例如，酒店销售人员除了设有少量的基本工资外，绩效工资同其销售额度挂钩，多干多拿，不干不拿，有效调动了销售人员积极性。对酒店一线各部门设定绩效考核指标，年底依据年初设定的指标完成情况给予奖励，极大调动了员工的积极性和工作热情，用业绩考核撬动了薪酬福利这支经济杠杆，为酒店经营管理服务。

4．用于员工职业生涯发展计划

把绩效评估结果真实地反馈给员工，明确员工的优缺点，使员工明确了改进方向和目标。在酒店的指导下，依据评估结果，不断修正暴露出的问题，改进和优化自身，围绕自身发展的大目标不断调整和修订阶段目标，利用酒店给予的资源改进自我，修正自我，有效保证实现个人职业发展计划。

5. 用于员工的培训开发管理

通过绩效评估和分析，会清楚地看到一个时期酒店员工工作中存在的共性问题主要反映在哪些工作系统和环节上。根据一个时期暴露出的主要问题和核心问题，提出有针对性的培训计划，以促进员工发展。这样才能最大限度地发挥人力资源管理的整体效能，让培训成为绩效改进、激发员工积极性和潜能、取得业绩并成功的关键。

对成绩卓越的员工通过业绩考评分析，制定相应的培训规划，不断地考察、培养员工，不断发现和挑选优秀员工到管理岗位上，为酒店人力资源的开发，为员工的持续发展创造条件。

6. 用于激活沉淀员工

绩效考评是激活沉淀员工最好、最有效的方法。通过对绩效评估结果不佳的员工的分析，要采取强有力的措施，加大对这些员工的管理力度，要给其压力，给其警告，给予机会。对不能改进的员工，要调换岗位并进行专项培训、提高和限时改进。对屡教不改，经工作调整和培训后仍无改进，始终没有被激活，甘愿沉淀，没有激情的员工，要采取果断措施，经过评估考核要淘汰出局，不能让沉淀员工无休止地沉淀，以影响整体环境。

本章小结

良好的绩效管理是酒店人力资源管理的基础，它对于有效激励员工，调动员工积极性和潜能，提高酒店的整体素质，建立独特的酒店文化和核心竞争力至关重要。本章结合目标管理的定义，绩效管理和绩效考核的比较，介绍了绩效考核的含义及主要作用，并对传统绩效考核和现代绩效考核的差异进行了分析。同时从员工绩效考核的内容，确定关键绩效目标的原则，绩效考核的一般方法、程序和步骤，面谈与评估工作等方面详细阐述了绩效体系的建立与实施问题。最后提出建立正常的申诉渠道、加强绩效反馈、正确运用绩效考核结果才能真正发挥绩效考评的作用。

复习思考题

一、单项选择题

1. 下面哪一项不属于员工绩效考核的内容（　　）。

A. 业绩评估　　B. 能力评估　　C. 性格评估　　D. 态度评估

2. 确定关键绩效目标应遵循SMART原则，其中M代表的含义是（　　）。

A. 具体明确　　B. 可衡量性　　C. 可实现　　D. 时间限制

3. 评估者对被评估人进行业绩考核时，把其本人认为的某一方面或与考核内容无关的，不是在本次限定时间内的工作绩效看得过重，根据某一方面的表现形成对员工整体的评估，忽视被评估人的一贯表现。这是（　　）。

A. 晕轮效应　　B. 钻牛角尖　　C. 趋中效应　　D. 一锤定音

二、多项选择题

1. 在绩效面谈中下列哪些描述是正确的（　　）。

A. 与员工谈话应该直截了当

B. 鼓励部属讲话，进行双向沟通

C. 倾听不要打岔，要洗耳恭听

D. 避免双方冲突和争辩

E. 集中在既往而非未来

2. 绩效考核评估的结果可以应用于以下哪些方面（　　）。

A. 员工招聘　　B. 员工福利调整

C. 员工职业发展计划制订　　D. 员工培训　　E. 人员调配

三、分析题

1. 酒店如何开展绩效考评工作？在考核过程中如何对考评工作加强管理？

2. 在进行绩效评估面谈时，考核者和员工应该做哪些准备？在面谈的过程中考核者应该如何推进谈话目的的实现？

3. 在评估阶段存在哪些主要潜在危险？评估者应该如何避免？

四、案例分析题

应付差事的员工考核评估

王先生是一家大酒楼的餐厅经理，直接管着 16 名员工。年终已到，他又将忙于填写 16 份内容相差不多的绩效考核表。由于人力资源部已经催了好几次，所以他必须在周末完成这些表格。否则，下周一又要接到人力资源部经理的电话了。

他想到了一个好办法，把表格发给每位员工，让员工自己在上面打分，然后派人收齐，在上面签上名，再交给人力资源部。这样问题解决了。纸面上的工作都按人力资源部要求完成了，人力资源部也很满意，于是每个人都结束表演，回到了“现实工作”中去。

忙碌一时的绩效考评工作就这样“完成”了。

问题：王经理的绩效考评工作是不是真的完成了呢？王经理的问题到底出在哪里呢？如果你是王经理，你应该如果进行绩效考评？

五、实训题

实训内容：实地调查一家酒店，分析和评价这家酒店员工的绩效考核情况。

实训目的：加深对绩效考核工作的认识和理解；培养学生解决问题的实际操作能力；提高调研、收集资料及分析问题的能力。

实训指导：

（1）以小组为单位（自愿组合，原则上每组不超过 5 人）对某一酒店进行实地调研。

（2）依据绩效考核评价内容，制定酒店员工绩效考核评价表。

（3）在调查、收集资料的基础上，结合酒店绩效考核情况，填写表格。

（4）结合该酒店绩效考核工作中的优缺点、存在的问题和不足等方面的内容，对酒店绩效考核工作进行分析和评价，并提出解决方法，最后形成调研报告（不少于 1 500 字）。

实训结果展示：在课堂上分组汇报调研结果，全班进行讨论。

第七章

薪酬设计和福利管理

知识目标

- 理解薪酬及薪酬管理的含义。
- 掌握薪酬方案设计的原则、类型和程序。
- 熟悉薪酬管理的要点及发展趋势。

能力目标

- 会应用薪酬方案设计的原则、方法。
- 能掌握薪酬管理的主要内容。
- 能掌握福利项目的设计。

引导案例

A 连锁酒店新的薪酬政策

A 连锁酒店已经在国内建立了多家分店，为了拓展市场，A 酒店必须吸引和留住年轻的员工和优秀管理者，以帮助他们实现目标。因此它提出了一套新的薪酬政策。新政策是根据总经理的财务业绩表现而给予一定比例的现金奖励。如果总经理在其经营期间销售额逐年增长，那么每三年支付给他们的留成账户上的钱会自动增加。同时还提供了长期忠诚于酒店的激励。除此之外，还为所有基层管理者提供传统的股票期权，如果经理助理得到了提升，他们的总经理也会因培养他们而付出的努力得到奖励。

但是，实施新计划的第一年经理们的销售额却下降了，酒店也没有实现预期的盈利，这对于它的发展无疑是火上浇油……

思考：

新的薪酬政策为什么会失败？

第一节　酒店薪酬管理剖析

一、酒店薪酬的含义

1．酒店薪酬的概念

酒店薪酬是指员工因向其所在酒店提供劳动或劳务而获得的各种形式的酬劳和补偿。员工与酒店之间是一种公平的交易或交换关系，在这种交换关系中，酒店承担的是劳动或劳务购买者的角色，员工承担的是劳动或劳务出让者的角色。薪酬是劳动或劳务的价格表现，包括经济性的和非经济性的。

2．酒店薪酬的构成

酒店薪酬的构成主要包括经济性薪酬和非经济性薪酬。其中经济性薪酬又包含直接的经济性薪酬和间接的经济性薪酬。非经济性薪酬主要包括工作本身、酒店内部环境以及酒店外部特征为员工所带来的效用满足。具体每项中又包含什么内容，我们在图 7-1 中作了详细罗列，以便更系统地阐明薪酬的构成。

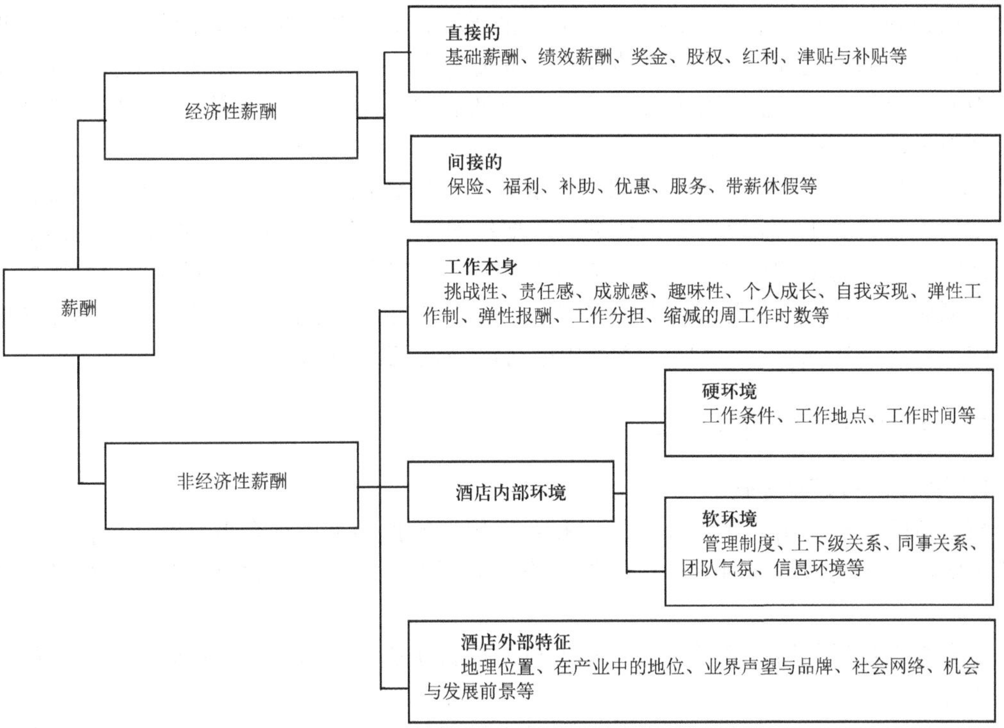

图 7-1　薪酬的构成

（1）基础薪酬。基础薪酬是酒店按照一定的时间周期，定期向员工发放的固定报酬。基础薪酬主要反映员工所承担职位的价值或者员工所具备的技能或能力的价值，即分别以职位为基础的基础薪酬和以能力为基础的基础薪酬。在中国的大多数酒店中，提供给员工的基础薪酬往往以月薪为主，即每月按时向员工发放固定薪酬，另外还有年薪和日薪，以及小时工资。

（2）绩效薪酬。绩效薪酬是酒店根据员工的阶段性绩效评价的结果而确定的对基础薪酬的增加部分，因此它是对员工的优良工作绩效的一种奖励。它与奖金的差别在于，奖金并不成为基础薪酬永久性的增加部分，而只是一次性奖励。

（3）奖金。奖金也称为激励薪酬或者可变薪酬，是薪酬中根据员工的工作绩效进行浮动的部分。奖金可以与员工的个人业绩挂钩，也可以与他所在团队的业绩相挂钩，还可以与酒店的整体业绩相挂钩，分别称为个体奖励、团队奖励和酒店奖励。奖金不仅要与员工的业绩相挂钩，同时也与员工在酒店中的位置和价值有关，它通常等于两者的乘积。

（4）津贴。津贴往往是对员工工作中的不利因素的一种补偿，它与经济学理论中的补偿性薪酬差别相关。例如：酒店对从事夜班工作的人，往往会给予额外的夜班工作津贴；对于出差的人员，也往往会给予一定的出差补助。但津贴往往并不构成薪酬中的核心部分，它在薪酬中所占的比例往往较小。

（5）福利。福利也是经济性薪酬中十分重要的组成部分，而且在现代酒店的薪酬设计中占据着越来越重要的位置。在中国酒店的市场化改革过程中，中国酒店曾经大幅度削减提供给员工的福利，将福利转变为给予员工的货币报酬，但现在越来越多的酒店开始转变观念，认识到福利对于酒店吸纳和保留人才的重要性。现代薪酬设计中的福利在很大程度上已经与传统的福利项目不同，带薪休假、健康计划、补充保险、住房补贴已经成为福利项目中的重要形式，并且根据员工个人偏好而设计的自助餐式的福利计划也成为正在新兴的福利形式，并获得了广泛的认可。

（6）股权。股票期权主要包括员工持股计划和股票期权计划。员工持股计划主要针对酒店中的中基层员工，而股票期权计划则主要针对中高层管理人员、核心业务和技术人才。员工持股计划和股票期权计划不仅是针对员工的一种长期报酬形式，而且是将员工的个人利益与酒店的整体利益相连接，优化酒店治理结构的重要方式，是现代酒店动力系统的重要组成部分。近年来股权计划已经受到中国酒店越来越多的青睐。

二、酒店薪酬管理的含义

1. 酒店薪酬管理的概念

酒店薪酬管理是指酒店在经营战略和发展规划的指导下，综合考虑酒店的内外各种因素的影响，确定自身的薪酬水平、薪酬结构和薪酬形式，并进行薪酬调整和薪酬控制的整个过程。

薪酬水平是指酒店内部各类职位和人员平均薪酬的高低状况，它反映了酒店薪酬的外部竞争性。

薪酬结构是指酒店内部各类职位和人员之间薪酬的相互关系，它反映了酒店支付薪酬的内部一致性。

薪酬形式是指员工和酒店总体的薪酬中，不同类型的薪酬的组合方式。

薪酬调整是指酒店根据内外各种因素的变化，对薪酬水平、薪酬结构和薪酬形式进行相应的变动。

薪酬控制是指酒店对支付的薪酬总额进行测算和监控，以维持正常的薪酬成本，避免为酒店带来过重的经济负担。

2．酒店薪酬管理的内容

酒店薪酬管理的内容主要包括日常薪酬管理（包括薪酬调查、统计分析调查结果、制订薪酬计划、计算统计员工薪酬及薪酬调整等）、酒店内部各类人员薪酬水平的管理，酒店内部薪酬制度管理、工资总额管理（包括人工成本控制）等。每项的具体内容将在后面章节中详细介绍。

3．酒店薪酬管理的作用

薪酬管理作为人力资源的一项主要职能，具有非常重要的意义和作用，主要表现在以下几个方面：

（1）有效的薪酬管理有利于吸引和保留优秀的员工，能够比竞争者更有效地满足员工在生理和心理方面的需求，防止优秀员工的流失。

（2）有效的薪酬管理有助于激发员工的工作积极性，行为的激励是以满足员工不同层次的需要为基础的。

（3）有效的薪酬管理有助于改善酒店的绩效。不仅可以表现在提高员工绩效上面，还可以表现在酒店成本控制方面，因为薪酬是一项重要的成本开支，有效地控制薪酬就可以在一定程度上降低酒店的总成本，扩大产品和服务的利润空间。

（4）有效的薪酬管理有助于塑造良好的酒店文化。经济性薪酬为酒店文化的建设提供了基本的物质基础，而非经济性薪酬本身就含有大量酒店文化的成分，其中合理的薪酬制度可以作为构建酒店文化的制度性基础，对酒店文化的发展方向具有重要的引导作用。

第二节　薪酬设计的原理

有人说，“只要肯出高薪，就可以招到高素质的人才”，但招到人才并不等于留住人才。酒店在为员工提供高收入的同时，还需要建立一套科学有效的薪酬支付体系，即进行科学的薪酬设计，为员工提供一个公平的、规范的、可信的薪酬管理环境。因此，掌握一些薪酬设计的基本原则、方法和技巧，对于薪酬管理者来说，是十分必要的。

一、薪酬设计的原则

薪酬设计的目的是建立科学合理的薪酬制度，在设计中一定要遵循以下几项原则和要求：

1．战略导向原则

战略导向原则强调酒店设计薪酬时必须从酒店战略的角度进行分析，制定的薪酬政策和制度必须体现酒店发展战略的要求。酒店的薪酬不仅仅是一种制度，更是一种机制，合理的薪酬制度驱动和鞭策那些有利于酒店发展战略的因素的成长和提高，同时使那些不利于酒店发展战略的因素得到有效的遏制、消退和淘汰。因此，酒店设计薪酬时，必须从战略的角度进行分析，哪些因素重要，哪些因素不重要，并通过一定的价值标准，给予这些因素一定的权重，同时确定它们的价值分配即薪酬标准。

2．内部公平性原则

内部公平性原则是斯密公平理论在薪酬设计中的运用，它强调酒店在设计薪酬时要“一碗水端平”。内部公平性原则包含3个方面：①横向公平，即酒店所有员工之间的薪酬标准、尺度应该是一致的。②纵向公平，即酒店设计薪酬时必须考虑到历史的延续性，一个员工过去的投入产出比和现在乃至将来都应该基本上是一致的，而且还应该是有所增长的。这里涉及一个薪酬刚性问题，即一个酒店发给员工的薪酬水平在正常情况下只能看涨，不能看跌，否则会引起员工很大的不满。③外部公平，即酒店的薪酬设计与同行业的同类人才相比具有一致性。

3．外部竞争性原则

外部竞争性原则强调酒店在设计薪酬时必须考虑到同行业薪酬市场的薪酬水平和竞争对手的薪酬水平，保证酒店的薪酬水平在市场上具有一定的竞争力，能充分地吸引和留住酒店发展所需的关键性人才。它主要是通过外部相关劳动力市场界定、市场薪酬调查、建立薪酬政策线，并在此基础上调整薪酬结构来实现的。

4．体现员工价值原则

现代的人力资源管理必须解决酒店的3大基本矛盾，即人力资源管理与酒店发展战略之间的矛盾、酒店发展与员工发展之间的矛盾、员工创造与员工待遇之间的矛盾。因此，酒店在设计薪酬时，必须要能充分体现员工的价值，要使员工的发展与酒店的发展充分协调起来，保持员工创造与员工待遇（价值创造与价值分配）之间短期和长期的平衡。

5．激励性原则

这里涉及酒店薪酬（人力资源投入）与激励效果（产出）之间的比例关系，酒店在设计薪酬策略时要充分考虑各种因素，使薪酬的支付获得最大的激励效果。主要是强调将员工的报酬与业绩挂钩，根据绩效水平的高低来对薪酬进行调整。这样，从事相同工作且具有相同能力的不同员工，可能会由于绩效考核结果的差异，获得不同水平的报酬，以此充分激励员工提高绩效。

6．管理可行性原则

该原则主要指对薪酬体系必须进行科学的规划，以保证薪酬体系能够得以有效运行。管理的可行性主要是通过计划、预算、沟通、评估等手段来实现。

7．经济性原则

不惜一切代价提高薪酬标准来吸引和留住优秀人才是不可取的，吸引和留住优秀人才的条件还有很多，有时候如果其他条件不能满足人才需求，高薪也很难吸引更难留住人才。另外，还要计算人力成本的投入产出比率，把人力成本控制在一个合理的范围内。如果高薪吸引的优秀人才不能发挥作用，创造不出同等级的绩效，对酒店也就失去了意义。

8．合法性原则

薪酬设计最起码的要求当然是要遵守国家法律和政策，特别是国家有关的强制性规定，如国家有关最低薪酬的规定、有关员工加班加点的薪酬支付问题等。因此，在对人力资源岗位进行工作分析时，对人力资源管理者特别是薪酬管理者的资格要求，必须接受过国家有关法律法规特别是劳动法律法规培训的内容。

二、薪酬设计要考虑的因素

酒店在制定的薪酬策略的指导下，在遵循一定原则的基础上，必须对相应的影响酒店薪酬设计的因素进行分析，这些因素包括战略与发展阶段、文化、市场竞争和价值因素等。

1．战略与发展阶段因素

传统的薪酬理论，主要是从经济学和心理学的角度来思考酒店的薪酬问题，前者倾向于通过市场定价来指导酒店的薪酬设计和决策，后者则将满足员工的内在需求作为薪酬设计的基本原则。但是从最新的酒店管理学的视角看，应该将薪酬上升到酒店的战略层面，来考虑酒店通过什么样的薪酬策略和薪酬管理系统来支撑酒店的竞争战略，并帮助酒店获得竞争优势。

酒店设计薪酬还必须结合酒店自身的发展阶段，不同的阶段对薪酬策略要求是不一样的（见表 7-1）。比如在创立期，薪酬政策关注的易操作性和激励性，表现出非常个人化的随机性报酬，在薪酬评价上以主观为主，总裁拥有 90%以上的决策权。处于高速成长期的酒店，在制定薪酬政策时，必须考虑到薪酬的激励作用，这个时候设计的薪酬较高、奖金相对非常高，长期报酬也比较高，福利水平也会要求比较高。但如果酒店处于平稳发展期或者衰退期时，制定薪酬策略又不一样了。因此，酒店设计薪酬政策必须充分与酒店发展的阶段相结合。

表 7-1　酒店薪酬策略与酒店发展阶段的关系

酒店发展阶段	发展战略	薪酬策略	薪酬水平	薪酬结构类型	
				性质	薪酬结构
合并或迅速发展阶段	以投资促进发展	以业绩为主	高于平均水平的薪酬与高、中等个人绩效奖结合	高弹性	以绩效为导向
正常发展至成熟阶段	保持利润与保护市场	薪酬管理技巧	平均水平的薪酬与中等个人、班组或酒店绩效奖相结合	高弹性	以绩效为导向
				高稳定	年功工资
				折中	以能力为导向、以工作为导向、组合薪酬
无发展或衰退阶段	收获利润并向别处投资	着重成本控制	低于平均水平的薪酬与刺激成本控制的适当奖励相结合	高弹性	以绩效为导向
				折中	以能力为导向、以工作为导向、组合薪酬

2．文化因素

文化因素主要是指酒店工作所倡导的文化氛围。酒店的工作文化一般有 4 种：

（1）功能型工作文化　强调严密的自上而下的行政管理体系、清晰的责任制度、专业化分工等，这种工作文化的酒店在设计薪酬时一般以职务薪酬制为主。

（2）流程型工作文化　以客户满意度为导向来确定价值链；基于团队和相互学习的工

作关系，共同承担责任；围绕流程和供应链来设计部门等。现在很多酒店的工作文化都开始向流程型进行转变。这种工作文化的酒店在设计薪酬时主要以客户、市场导向为主，一般以职能薪酬制为主。

（3）时效型工作文化　集中资源，抓住机会，迅速把产品和服务推向市场，强调高增长和新市场进入；项目驱动；权利取决于对资源的控制；跨部门团队，包括高水平的专家等。这种工作文化的酒店在设计薪酬时主要考虑时效和速度因素，同时考虑工作质量因素，一般以绩效薪酬制为主。

（4）网络型工作文化　没有严密的层级关系，承认个人的特殊贡献，强调战略合作伙伴；以合伙人方式分配权力，强调对酒店总体目标的贡献；以"合同"方式形成工作网络。这种工作文化的酒店在设计薪酬时主要强调利益共享、风险共担。

3. 市场竞争因素

前文强调指出了薪酬设计的外部竞争原则，这里主要是强调酒店在设计薪酬时应该考虑哪些外部市场竞争因素。这些因素包括市场薪酬水平、市场人才供给与需求情况、竞争对手的薪酬政策与薪酬水平、酒店所在市场的特点与竞争态势等。在充分调查和考虑以上因素后，酒店制定出薪酬设计的市场薪酬线。

第三节　基础薪酬体系的设计

一、以职位为基础的薪酬体系设计

1. 以职位为基础的薪酬体系的假设前提

基于职位的薪酬体系，顾名思义，就是指员工的薪酬是按照员工在酒店内所占据的特定职位来发放的。员工薪酬的高低取决于这些职位的价值，而这些职位的价值又是根据一整套评价指标体系得出的。

由于员工实际的劳动付出是不可测的，因此在支付劳动者报酬时，不得不采取一些间接的测量手段。因而，基于职位的薪酬体系实际上就是将员工在酒店内所占据的特定职位作为测量员工实际的劳动付出的一个主要指标。

2. 以职位为基础的薪酬体系的设计流程

以职位为基础的薪酬体系，是根据每个员工所承担的职位的价值来确定其基础薪酬。因此，职位薪酬必须建立在职位分析和职位评价的基础之上。职位薪酬设计主要包括以下一些步骤（见图 7-2）。

（1）通过职位分析，形成职位说明书。职位说明书的内容包括该职位的主要工作职责、业绩标准、任职资格要求、工作条件以及工作特征，从而为职位价值评价提供关于各职位的基础性信息。

（2）在职位分析的基础上进行职位评价。职位评价是建立职位薪酬最主要的基础和前提。职位评价是通过采用一套标准化和系统化的评价指标体系，对酒店内部各职位的价值进行评价，从而得到各职位的职位评价点值。这些评价点值可以作为该职位薪酬水平的主要依据。简单说，职位评价就是评价各职位间的相对价值。

（3）在准确界定外部劳动力市场的基础上，进行外部劳动力市场薪酬调查。职位分析和职位评价仅仅是解决薪酬设计的内部一致性的基础，而要实现薪酬设计的外部竞争性，则还需要对各职位进行外部劳动力市场的薪酬调查，并将外部薪酬调查的结果，尤其是竞争者薪酬调查的结果，和职位评价的结果相结合，酒店就可以制定出反映各职位平均市场价值的市场薪酬线。

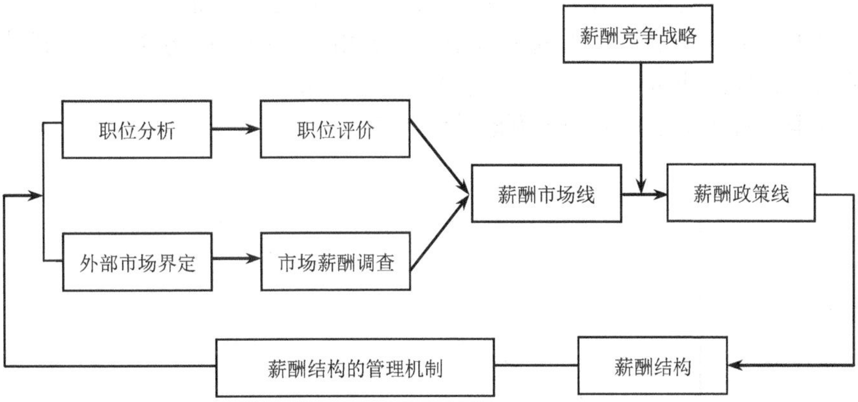

图 7-2　以职位为基础的薪酬体系设计流程

假如有 100 家公司（或职位）参与薪酬调查，薪酬水平按照由低到高排名，他们分别代表着第 25 名排名（低位值）、第 50 位排名（中位值）、第 75 位排名（高位置）。这三条线就是反映目前市场薪资水平的职位总图（见图 7-3）。

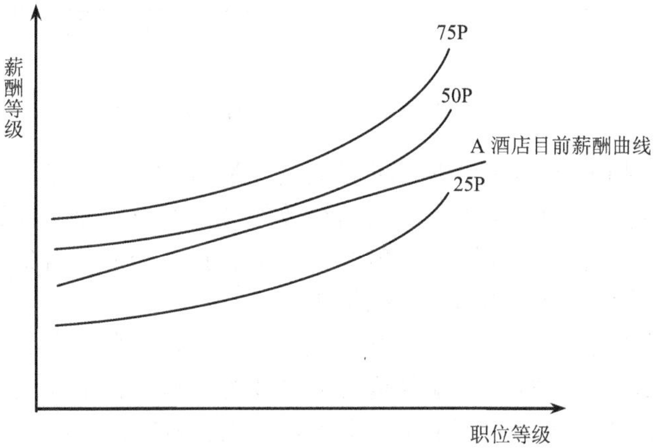

图 7-3　反映目前市场薪资水平的职位总图

在职位总图上绘制酒店自身的薪酬曲线（以各职位薪酬中值为坐标点绘制），这样就可以从图中一目了然地看出酒店薪资的市场水平，这个薪酬水平会对酒店决定薪资策略产生重大影响。

（4）确定酒店的竞争性薪酬政策。酒店是否按照市场薪酬线来确定酒店实际的薪酬水平，取决于酒店的薪酬竞争战略。这种战略主要包括领先型、匹配行和拖后型。根据薪酬战略和薪酬政策，酒店对得到的市场薪酬线进行修正，得到酒店的薪酬政策线，从而将职位点值转换为具体的金钱价值。

一般来说，有3种不同的薪酬政策：

1）领先型的薪酬政策：酒店的薪酬水平高于相关劳动力市场的平均薪酬水平，它常常用处于劳动力市场薪酬水平的前25个百分位来进行界定。

2）匹配型的薪酬政策：酒店的薪酬水平与相关劳动力市场的平均薪酬水平大致相当，它常常用处于劳动力市场薪酬水平的第25～75个百分位之间来进行界定。

3）拖后型的薪酬政策：酒店的薪酬水平落后于相关劳动力市场的平均薪酬水平，它常常用处于劳动力市场薪酬水平的第75个百分位之后来进行界定。

不同的竞争性薪酬策略对应的薪酬政策线见图7-4。

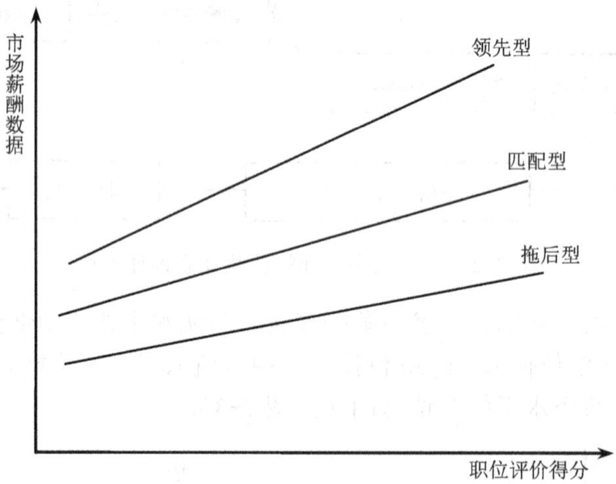

图7-4 不同的竞争性薪酬策略对应的薪酬政策线

（5）建立薪酬结构。前述步骤所确定的是每个职位的平均价值以及基准薪酬，而酒店还需要根据从事相同工作的不同人员之间的绩效差异、能力差异和资历差异来形成不同的薪酬，也就是要确定每个职位等级的薪酬“带宽”，包括每个职位等级的中点薪酬、最高薪酬和最低薪酬。这样就形成了酒店的薪酬结构。

（6）建立薪酬结构的管理机制。薪酬结构建立之后，整个酒店的薪酬框架就已经基本完成。这时候需要建立对这样的薪酬结构进行管理的机制。它主要包括两个方面：①现有人员和新员工如何进入这样的薪酬框架，即人员的入轨机制；②如何来根据业绩、能力和资历的变化以及其他因素（如通货膨胀）对人员的薪酬进行调整。建立管理机制是实现对薪酬的动态调整、完善薪酬结构的关键。

二、以技能为基础的薪酬体系设计

相对于传统的以职位为基础的薪酬体系而言，以技能为基础的薪酬体系是一种新兴的、尚未完全成熟的薪酬体系。以技能为基础的薪酬体系不是以职位的价值大小来确定员工的报酬，而是抛开职位的因素，完全按照员工具备的与工作相关的能力高低来确定其报酬水平。

1．相对于传统的职位薪酬的优点

（1）更加有利于鼓励和牵引员工提升自己的知识、技能或能力，从而帮助酒店提升人力资源素质，培养员工的核心专长与技能。

（2）打破了传统的职位等级的官本位特点，为员工提供了更为多样化的、更为宽广的职业生涯通道，即员工不再需要通过职位的晋升来获得报酬的大幅度增加，而只需要提高自己的知识、技能或能力就能够获得报酬的增长，因此它也是适应新的扁平化酒店的重要薪酬模式之一。

（3）在帮助员工提升核心专长和技能的基础上，能够有效地支撑酒店核心能力的培育，并为酒店的成本消减以及为顾客创造价值的能力提供帮助。

2．相对于传统的职位薪酬的缺点

（1）能力并不等于现实的业绩，因此它往往会在鼓励员工通过提高能力增加报酬的同时，带来酒店成本的大幅度增加，而酒店整体并没有获得相应的经济价值，这是大多数以技能为基础的薪酬体系失败的主要原因。

（2）技能鉴定和评价本身具有软性的特点，更多具有主观性，因此要保持这种工资模式的内部一致性往往具有较大的困难，员工对这类工资的负面评价往往也较多。

（3）它更适合于以知识和技能为主要竞争力的酒店。

（4）它适用的职位类别相对较少，更多地适用于研发类和技术类人员，如酒店中厨师类岗位。对于其他管理类人员和一般操作人员，采用以职位为基础的薪酬体系则更为适宜。

第四节　宽带薪酬体系设计

随着西门子等几家著名的公司对于宽带薪酬管理模式的导入和应用，宽带薪酬作为一种新型的薪酬管理模式，日益受到人们的关注。一些酒店开始效仿推行这种“宽带化”的薪酬模式，而且收到了一些成效，当然它还需要一些时间不断地发展和完善。这里我们介绍一下发展到目前为止的宽带薪酬理论。

一、宽带薪酬的含义和特征

宽带薪酬就是压减薪酬等级，拉大等级内薪酬浮动范围，由此而形成的薪酬管理体系。宽带薪酬某种意义上说也是一种岗位薪酬，但它不是传统意义上的岗位薪酬，而是一种现代意义上的薪酬管理体系，因此它通常被酒店在薪酬制度改革过程中采用。宽带薪酬的具体操作模式是：将原来很多的职位等级压缩成少数几个等级，将等级内的薪酬差距拉大，同时赋予主管相应的自由裁量权，以便主管依据特定职位员工的技能提升及业绩表现，相应提升员工薪酬。

从以上定义可以看出，宽带薪酬具有以下几个特征：

1．层级淡化

宽带薪酬既有层级，又要淡化层级，是认可层级和淡化层级的矛盾集合体。在实施宽带薪酬的酒店里，一般来讲，大型酒店有十几个层级，中小型酒店有几个层级。

2. 宽幅化

层级淡化是就层级本身而言，层级宽幅化是就层级内部而言。所谓宽幅化，是指宽带薪酬体系中，层级内部的薪酬差距拉大，即同一层级最高与最低薪酬标准之差拉大。也就是说，在传统薪酬体系中，层级内部的薪酬差距可能只是30%～40%；而在宽带薪酬体系中，层级内部的薪酬差距可能达到200%～300%，从而使得薪酬表中某一层级的薪酬呈现一条很宽的带状，这是宽带薪酬最直观的表现形式。

3. 自由裁量性

如果说层级淡化和薪酬标准宽幅化是宽带薪酬的实体性特征，那么自由裁量性则是宽带薪酬的程序性特征。这一特征表明，在引进宽带薪酬的酒店中，员工只知晓其薪酬水平处于薪酬表中的某一层级，但并不知晓具体薪酬额，员工的直接主管或者有关主管部门有权确定某一层级员工薪酬的具体数额。但是这个权利受到一定限制，即最高不能超出该层级的最高档，最低不能低于该层级的最低档。

4. 能绩薪酬制

宽带薪酬属于能绩薪酬范畴，主要是指处于某一宽带内的员工薪酬水平的高低、增减取决于员工的能力和业绩表现两个因素。当员工能力提升并取得突出业绩时，员工的薪酬就可能得到提升，这样实现了员工薪酬与能绩的有机结合。宽带薪酬正是由于这一特征，与传统薪酬从本质上划分开来。传统薪酬制度下，无论是职位等级还是技能等级工资，都更多地强调了职位层级或职位对技能的要求层级，而这些层级又是事先给定的，员工职位或者技能只有达到了高一层级，并得到相应认可，员工薪酬才能提升。而在宽带薪酬制度下，员工的能绩提升直接与员工的薪酬提升挂钩，也就是说，只要员工的能绩提升到足够引起主管关注的程度，即使员工的职位层级没有得到提升，员工的薪酬在可变化的宽幅内也可得到一定程度的提升。可见，传统薪酬更多地强调职位因素，而宽带薪酬则更多地强调能绩因素，这是宽带薪酬内在的本质属性。

二、宽带薪酬的功能

宽带薪酬除了与传统薪酬一样，对人具有维持、保障、激励功能，对酒店具有保值增值功能，对社会具有劳动力资源的再配置功能之外，还在以下几个方面表现出独特的功能和作用：

1. 宽带薪酬适应酒店战略动态调整的需要

随着市场竞争的日益激烈，酒店所面临的外部环境日益复杂，酒店的战略需要不断地调整，酒店机构也要随之作出灵活的变动，以往庞大的酒店架构（有人戏称为“恐龙”）难以应对快节奏、多变化的市场情况。同时市场环境也要求酒店以及酒店的许多员工有更强的应变能力，对于酒店的员工，尤其是核心员工来说，工作内容不再是稳定的，而是面临着经常的变化与调整。岗位的区分越细，对于岗位职责的描述和限定越清楚，越是难以适应工作内容复杂化和不断变化的情况，这就使得传统的单纯以岗位职责定薪的薪酬制度不能够完全反映员工所承担的责任。宽带薪酬正是适应这种状况需要，通过导入宽带概念，在同一级别内拉大员工之间的薪酬差异，弥补岗位描述和评估相对固定的缺陷，能够更好地适应变化的和复杂的竞争环境，通过薪酬水平对员工的工作内容进行更好、更公平的体现，从而引导酒店战略的平稳“落地”。

2．支持酒店扁平化设计

进入20世纪90年代以来，为了适应竞争日趋激烈和灵活多变的外部市场环境，许多大型公司、跨国集团纷纷精简机构和人员，通过实行组织结构扁平化，压缩公司层级来促使组织变得更加灵活，反应更加灵敏，上下信息沟通更加通畅。当组织结构改变后，之前等级众多的传统薪酬结构就不能适应组织结构调整的要求了。首先，组织机构大大减少就不需要那么多的薪酬等级；其次，扁平化的组织结构要求有灵活的薪酬制度，能够依据市场的变化随时作出反应和调整。宽带薪酬的出现打破了传统薪酬结构维护和强化的等级观念，可以说是为扁平化酒店结构量身定做的，它的最大特点是减少薪酬等级，增强薪酬体系的灵活性和弹性，更加突出外部市场的导向作用，使得酒店酒店结构变得更加有效率和灵活，提高了酒店酒店结构对外部市场竞争的适应能力。

3．关注员工技能和能力的提高

在传统的薪酬体系下，员工薪酬水平的提高只能依靠在职位上的提升，唯有员工上升到更高的职位上，他们的薪酬才会得到大幅的增加。在这种情况下，员工即使掌握了更多的工作技能，工作能力有显著的改进，而职位没有提升时，员工还是不能得到较高的薪酬。而宽带薪酬设计的初衷是关注员工技能和能力水平的提高，通过压缩薪酬等级，扩大薪酬带范围，使得即使是在同一个薪酬带之内，员工通过技能和工作能力水平的改变，导致绩效的提升，可以获得薪酬水平更大范围的变动。这样，员工就不必只盯住晋升到更高层的职位，而只要专心提高自己的工作能力就行了，因为他们明白，只要依照酒店和岗位的要求，不断提高个人技能，注重工作效率和效果，同样能够得到薪酬水平的增加，甚至比之前提升到更高一级的职位上所获得的薪酬更多。因此，相对于传统的薪酬体系，宽带薪酬虽然为员工提供的晋升职位大大减少了，但是它作为一种激励手段和形式，将员工的注意力引导到注重个人能力和工作业绩提高的方向上去了，从而也推动了酒店的绩效进一步改进。

4．有利于职位轮换与员工职业生涯发展

在传统薪酬结构下，薪酬水平与职位等级严格挂钩，员工职位的同级变动虽然能够学习到更多的东西，但由于不是晋升到更高级别的职位上，员工的薪酬不会得到大幅度的提高。此外，由于岗位的更换起先会增加工作的难度，还可能造成工作绩效的降低而影响员工的业绩考评，因此员工一般来说都不会愿意接受这种职位的轮换。这种情况下，员工的目光都关注在职位的晋升上，员工的发展始终是沿着薪酬等级在一个“垂直”的方向进行着。引入宽带化薪酬模式后，一些业绩突出的员工，除了职位上的晋升能带来薪酬的提高外，还能够依靠自身在薪酬带中的移动得到薪酬涨幅的嘉奖，由于每个薪酬带变化范围的拉大，处于低一级薪酬带的水平也许会高于上一级的薪酬水平。这样的话，员工会乐意接受上级安排的职位轮换，甚至跨职能的职位“横向”流动。宽带薪酬的实施使得员工在职业生涯发展自我规划上弱化了职位和层级的概念，而强调了岗位的重要，宽带薪酬模式要告诉员工的就是“只要找准一个合适的岗位，你就能一直干下去”。

5．促进绩效的改进

宽带型薪酬结构尽管存在对员工的晋升激励下降的问题，但是它却通过将薪酬与员工的能力和绩效表现紧密结合来，更为灵活地对员工进行激励。在宽带型薪酬结构中，上级对有稳定突出业绩表现的下级员工可以拥有较大的加薪影响力，而不像在传统的薪酬体制下，直线管理人员即使知道哪些员工的能力强、业绩好，也无法向这些员工提供薪酬方面的倾斜。因为那时的加薪主要通过晋升来实现，而晋升的机会和实践却不会那么灵活。此外，宽带薪酬结构不仅通过弱化头衔、等级、过于具体的职位描述以及单一的向上流动方式，向员工传递一种个人绩效文化，而且还通过弱化员工之间的晋升竞争而更多地强调员工之间的合作和知识共享、共同进步，以此来帮助酒店培育积极的团队绩效文化。酒店整体绩效的实现是建立在员工个体的绩效之上的，宽带薪酬的本质是倡导员工发扬团队精神，鼓励员工以不断地增长技能和知识为工作主导，而这对于酒店整体业绩的提升无疑是非常重要的一种力量。

6．配合劳动力市场上的变化

宽带薪酬是以市场为导向的，它不同于以往的传统薪酬强调酒店内部公平性，而是注重个人发展以及自身在外埠劳动力市场上的价值。而在本身的设计中，宽带薪酬的工资水平是以市场调查数据以及酒店的工资定位来确定的，这样通过薪酬水平的定期审查与调整。保证酒店的薪酬水平始终保持在市场上的竞争地位，同时还有利于酒店的薪酬成本的控制工作。宽带薪酬设计的特点是灵活性强、弹性大，在应对市场的快速变化时，酒店薪酬制度能作出最快的调整。比如，市场上某些人才的市场薪酬水平大幅度上升的时候，在宽带薪酬结构下只要提高这些人员的起薪就可以了，而用不着去调整整个酒店的薪酬级别和结构，同时也不至于对酒店内部的薪酬公平性造成太大的影响。

从宽带薪酬的功能分析出发，进一步分析传统薪酬与宽带薪酬的区别（见表 7-2），有助于我们加深对宽带薪酬的了解和认识。

表 7-2 传统薪酬与宽带薪酬的区别

比较内容	传统型薪酬	宽带型薪酬
薪酬战略与酒店发展战略的关系	难配套	易配套
与劳动力市场的关系	市场是第二位的	以市场为导向
直线经理的作用	几乎没有参与	更多地参与
薪酬调整的方向	纵向	横向及纵向
酒店结构的特点	层级多	扁平
与员工工作表现的关系	松散	紧密
薪酬等级	多	少
等级差距	小	大
薪酬变动范围	窄	宽

三、宽带薪酬结构的设计

宽带薪酬结构由于是对传统职位等级薪酬结构的一种改进，因此它的设计步骤和方法与一般的薪酬结构设计没有本质的区别，仍然也要满足前面提到的薪酬设计的 8 大原则，另外还要考虑一个完整薪酬结构涉及的几项内容：一是确定薪酬宽带的数目，二是确定薪酬宽带的价位。

1．确定薪酬宽带的数目

经过职位评价，确定各职位的相对价值之后，就要将相对价值相同或者相近的职位归入同一工资等级。从传统的薪酬结构对接到宽带薪酬结构，就是将原来相邻的几个薪酬等级合并成为一个薪酬等级，从而达到缩减薪酬等级的目的。在宽带薪酬体系下，酒店到底应该设计几个薪酬等级，没有一个统一的标准。大多数酒店设计4～8个薪酬宽带；有些酒店设计10～15个宽带；有些酒店甚至只设计3个薪酬宽带，一个是给管理人员用的，一个是给操作人员用的，一个是给领导者用的。

确定薪酬带比较常用的方法有两个：

（1）依据酒店结构的层级和职位的属性划分薪酬宽带。如果在进行评价时使用的是要素计点法，一个工资等级包括的是点值相同的职位；如果使用的是排序法，那就包括两三个工资等级的职位；如果使用的是职位分类法，那就包括同一类或同一级的职位。在把不同的职位归入不同的工资等级以后，接下来根据现存的酒店层级，将若干个工资等级进一步合并，使他们成为一个薪酬宽带。合并工资等级可以采用从低到高或从高到低依次排序合并的方法。合并的原则应当是把那些工作性质大体类似、工作复杂程度大体相同的职位归入同一薪酬宽带，从而使宽带内的职位性质具有更大的模糊性，如图7-5所示。

（2）依据员工为酒店带来的附加价值和贡献等级来划分薪酬宽带。宽带中的不同分界点往往是在一些重要的“分水岭”处，即在工作或技能、能力要求存在较大差异的地方。比如根据员工为公司的服务年限和掌握的技能水平设计三个级别的薪酬带，即入门级、职业级、专家级。每一个薪酬带在能力要求和业绩表现上都有着明显的区别。

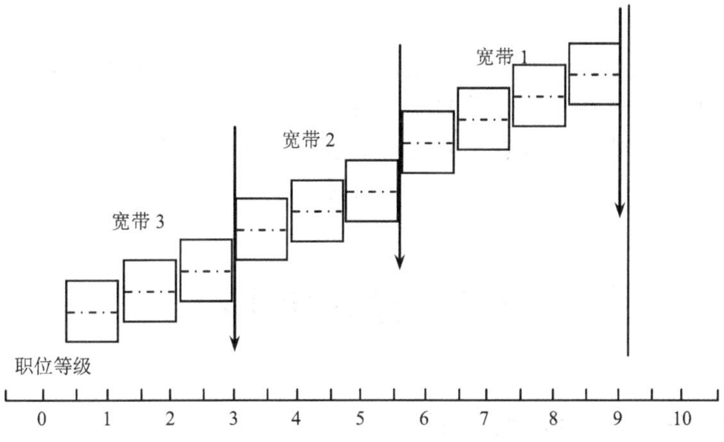

图7-5　宽带内的职位等级

2．确定薪酬宽带的价位

由于薪酬宽带的方法是将酒店内部的职位更多地根据职位的头衔或者管理级别来划分出少数几个薪酬带，那么处于不同部门的同一级别的职位必然就处于同一个薪酬带中。很显然，由于其承担的职责和任职资格等重要的薪酬要素不同，他们不可能获得完全相同的工资。因此要作出这种区分，就要对不同部门同一级别的薪酬宽带确定不同的薪酬水平。比如，同样是专员这个级别，财务部门专员的薪酬水平可能就要高于行政部门的专员，即财务专员的薪酬宽带要高于行政专员的薪酬宽带。而确定财务专员的薪酬水平比行政专员高多少，往往有两个标准：一是不同职能部门对酒店战略的贡献，战略贡献越大，薪酬水平越高；二是不同职能人员的市场价值的高低。

3．宽带薪酬设计中需要注意的问题

（1）像传统薪酬体系设计一样，在宽带薪酬体系设计之前也需要根据酒店战略进行科学的工作分析，明确各职位的职责、权限及任职资格条件。但对于宽带薪酬体系设计来说，对工作分析的要求更高、更严格。因为在宽带薪酬体系下，管理人员在决定员工工资时有更大的自由，使人工成本有可能大幅度上升。据调查，在宽带薪酬结构下，薪酬成本上升的速度比传统工资结构快，因为管理人员习惯于给员工加薪以换取酒店内部的和谐稳定。因此为了有效地控制人工成本，克服宽带薪酬模式带来的弊端，在建立宽带薪酬体系时，必须通过构建相应的任职资格体系，明确工资评级标准及办法，营造一个以绩效和能力为导向的酒店薪酬文化氛围。

（2）相对于传统薪酬体系，宽带薪酬体系设计对职位评价的要求也更高。这是因为在宽带薪酬体系下，在拉长宽带幅度之后，很多职位可能会划分在一个带里，甚至不同部门、不同门类的职位也会分布在同一个带里，那么在同一个带内对这些职位的价值作进一步的区分就需要以严格、科学的职位评价结果为基础。

（3）掌握市场薪资水平，是我们设计好宽带内薪资基准的基础。宽带与宽带之间薪酬水平的高低不仅要反映市场行情，更重要的是要与酒店战略相适宜。宽带薪酬水平不宜过高，过高会加大酒店的人工成本，过低又会导致酒店丧失对人力资源的竞争力。宽带内薪酬级差要反映出职位任职资格条件在水平、幅度和深度上的差别，薪酬浮动幅度应该根据薪酬调查得到的客观数据及职位描述结果来确定，级差标准应该体现不同层级和职位对于酒店战略的贡献率。

（4）宽带薪酬方案要保证酒店可以进行大规模职位轮换，因为这是宽带薪酬的主要功能，这种职位轮换不需要在薪酬体系的不同级别之间进行转换，而往往仍然处于同一薪酬宽带中。如果酒店不需要进行或者不能成功地进行大规模职位轮换，那么宽带工资就失去了其价值和意义；反之，宽带薪酬的弱点也就暴露了出来。

第五节　浮动薪酬设计

一、奖金体系设计与综合奖励计划

奖金是薪酬中十分重要的组成部分，它根据员工的工作绩效进行浮动，因此也称为可变薪酬。同样是对员工的工作绩效进行反映，它相对于绩效调薪而言，具有两个方面的优点：

① 绩效调薪中薪酬的上升可能比较容易，但降薪实施起来相对较难，因此许多酒店的绩效调薪往往是只升不降，因此会由于工资的刚性造成整个酒店薪酬成本的大幅度提升。而奖金则由于不累计计入基础薪酬部分，只一次性发放，在酒店经济效益不好的情况下可以不再发放，因此不具有刚性，有利于酒店控制其人工成本的膨胀。

② 绩效调薪相对于整个薪酬而言，其比例过小，即使绩效杰出的员工获得的绩效提薪也往往难以获得超过10%。另外，不同绩效水平的员工的提薪往往也难以拉开差距，因此

提薪难以真正起到对员工的激励作用，而奖金却由于其基数相对较大，所以能够有效地对员工形成激励。

奖金根据其支付基础的不同可以分为酒店奖励、团队奖励和个人奖励。酒店奖励是以酒店的整体业绩来作为奖金支付的基础，团队奖励是以团队的整体业绩作为支付的基础，而个人奖励则是根据个人的业绩来作为奖金发放的依据。下面我们将对这三种不同的奖金发放方式进行介绍。

1．酒店奖励

（1）酒店奖励的依据　现代酒店绩效评价指标体系，不再仅仅是对财务指标这一反映酒店短期经济成果的指标进行衡量，而是要求建立一套综合性的评价指标体系。目前平衡记分卡的方法是一种得到广泛认可的公司绩效评价的框架。平衡记分卡从酒店的战略出发，综合财务指标、市场与客户指标、内部经营管理过程指标以及学习与成长指标这四个维度，形成一套完整的绩效指标体系。根据平衡记分卡模型所得到的酒店绩效评价指标体系，往往会包括十几个，甚至二十个以上的指标体系，因此需要将平衡记分卡作为一个指标库，从这个指标库中提炼出少数几个对酒店成功至关重要的关键性指标来作为酒店奖励的依据。

通常的做法是，根据酒店的利润指标的完成情况确定酒店奖励的基数，然后根据其他几个关键指标的完成情况确定能够实际发放的奖金比例。

例如，某酒店在年初制定的利润目标为 5 000 万元，如果该酒店在年终完成了利润目标，全体员工就分享酒店利润的 10%，即将这 500 万元的利润作为酒店奖励的基数。然后，该酒店根据其成功关键提炼出了其他几个关键指标，包括销售计划的达成率等。根据这几个关键业绩指标的完成情况，公司确定 500 万元利润分享的实际发放比例。如果这几个关键业绩指标的考核结果达到了 S 等（远远超过绩效期望），那么全体员工就能完全获得这 500 万元的奖励，如果达到了 A 等（超过绩效期望），那么全体员工就能获得这 500 万元奖励的 90%，随着考核结果的下降，奖金的发放比例逐步减少。

（2）酒店奖励的对象和分配方式　由于酒店奖励是根据酒店的整体业绩来进行发放的，参与酒店奖励计划的人员就是酒店的全体人员。

但参与酒店奖励计划的人员并非对奖金总额进行平均分配，而是仍然需要区分不同人员对酒店业绩的贡献的差异。关于奖金如何在参与酒店奖励计划的人员中进行分配，有几种不同的方式。

1）根据参与人员的职位评价点数进行分配。

人员 A 所获得的奖金 = 奖金总额/参与人员的总的职位评价点值 ×A 所在职位的职位评价点值

2）根据参与人员的基础工资来进行分配。

人员 A 所获得的奖金=奖金总额/参与人员的基础工资总额×A 的基础工资

3）根据参与人员的职位等级来进行分配。例如，参与人员分布于 3 个职位等级，其分配的相对比例为 1.2∶1∶0.8。那么，先用奖金总额除以总的分配人数，可以得到平均奖金，3 个职位等级的人员分别得到平均奖的 1.2 倍、1 倍和 0.8 倍。

4）根据参与人员的绩效水平来进行分配。例如，参与人员的绩效水平分布于 S、A、B、C、D 5 个等级，其分配的相对比例为平均奖的 150%、120%、100%、80%、60%。

上述几种分配方式中，前 3 种主要考虑参与人员的职位和工作性质不同所造成的贡献差异，第四种方式则主要考虑参与人员的绩效差异所造成的贡献差异。

2．团队奖励

团队奖励是根据酒店、团队或者部门的业绩来进行奖金分配决策的一种方式。团队奖励计划在酒店中的应用比较广泛，主要表现在利润分享方面，即酒店某个利润单位所获得的利润或者超额利润的一部分在酒店和员工之间进行分享。

一般来讲，利润分享的关键在于确定利润分享的额度，而这一比例的确定有 3 种方式：

（1）以利润实体获得的总体利润为基数，在酒店和员工之间分享总利润的一定比例，如规定拿出总利润的 5%来奖励员工。

（2）采用超额利润分享的方法，即设定一个目标利润，将超过这一目标利润的部分的一定比例用来进行分享。比如规定目标利润为 1 000 万元，将超过了 1 000 万元利润以上的部分在酒店和员工之间以 7:3 的比例来进行分享。

（3）采用累进分享比例的方法，即规定若干个利润段，在不同的利润段采用不同的分享比例。比如规定在 300 万元利润以内分享比例为 5%，在 300 万元到 600 万元之间分享比例为 10%，600 万元到 900 万元之间的部分分享比例为 15%，900 万元以上的部分分享比例为 20%。

利润分享计划，着重在于引导员工关注酒店的利润实现，但由于它忽视了其他很多因素，所以常常导致员工过度追求酒店的短期利润，而忽视酒店长期核心能力的培养。因此，现在很多酒店在实施利润分享计划时，不仅仅是简单地根据利润的实现来进行分享，而是在利润分享的基础上，结合其他关键指标的实现来最终确定分享的奖金。这种方式与前面所讲到的酒店奖励计划是一致的。

3．个人奖励与综合奖励计划

个人奖励计划，主要是根据员工个人的工作业绩来作为其奖金发放的依据。下面将个人奖励与酒店和团队奖励计划进行一个比较，以说明它们各自的优缺点（见表 7-3）。

表 7-3　个人奖励与酒店和团队奖励计划

个人奖励计划	酒店和团队奖励计划
主要根据个人业绩来进行奖励，可以根据不同人员之间的绩效差异实施有针对性的奖励，使那些努力工作、能力较强的员工获得更高的报酬	主要根据酒店和团队的整体业绩来进行奖励，有利于发扬酒店和团队内部的协作精神
有可能会导致员工之间的激烈竞争，从而破坏整个团队的内部协作，影响整个团队的业绩和对酒店的贡献	由于没有直接与团队成员的个人工作绩效相挂钩，可能会导致团队内部的搭便车现象，即可能某些团队成员并不依靠自身的努力工作来获得奖金，而是享受团队其他成员努力工作带来的团队和酒店绩效的提升

个人奖金的发放首先需要确定奖励的周期，根据酒店的考核周期，可以采用年终奖、半年奖和季度奖等几种不同的奖励方式。在酒店中，目前使用最为普遍的方式是在每年年末根据年度考核结果来发放的年终奖。因此，在下面的内容中，我们主要依据年终奖的发放来讲解个人奖金的基本原理。

个人奖励计划的制订主要涉及两个方面，一是如何确定个人奖金的基数，二是如何根据考核结果确定奖金发放的比例。后者主要是绩效考核所要解决的问题，因此，我们主要针对第一个问题——确定个人奖金的基数来进行介绍。

奖金基数的确定主要有两种不同的方式，一种是根据基础工资来确定奖金基数，这是一种传统的仅仅考虑个人因素的奖励方式；另一种是根据酒店和团队的整体业绩来进行自上而下的奖金切分，这是一种综合了酒店奖励、团队奖励和个人奖励的三位一体的奖励计划。

现代酒店在制定酒店内部的个人奖励系统时，需要综合酒店、团队和个人 3 个层面的贡献和业绩来设计奖金系统，它主要包括以下几个步骤：

（1）根据酒店的整体经济效益确定酒店可以发放的奖金，再根据酒店的其他非经济类指标的结果，来确定在这一部分可发放的奖金中具体可以有多大比例能够用来进行奖金发放，从而确定酒店的总体奖金包。

（2）在确定酒店的总体奖金包的基础上，酒店需要进一步将奖金包分配到各个部门。而分配的主要依据是各部门对酒店的战略贡献的差异，这就需要对各部门的战略贡献能力进行评价。例如，通过对各部门的战略贡献能力进行评价，将酒店内的各部门分配比例界定为 3 个等级，分别为 1.2:1:0.8，那么这 3 种部门的平均奖系数分别为 1.2:1:0.8。这样结合各部门的人数便可得到各部门的奖金包。其计算公式如下：

部门 A 的可发奖金包=[（部门 A 的奖金系数×部门 A 的人数）/（Σ部门 B 的奖金系数×部门 B 的人数）]×公司的总体奖金包

上述公式中“部门 A 的可发奖金包”还不能代表部门 A 能够实际发放的奖金数量，它还需要根据部门 A 的 KPI 指标的考核结果确定部门 A 的发奖金数量。当部门 A 的业绩高于酒店期望时，就能够得到超额奖励；反之，就要从奖金包中扣除一部分。

（3）在得到各部门实发奖金包的基础上，需要进一步进行部门内部人员的奖金分配。这种部门内部奖金分配需要对部门人员进行价值评价，这种价值评价通常可以采用两种方式来进行，一种方式是根据职位评价点数来进行，另一种方式是以部门内各员工的基础工资作为依据。其具体方式可以参考酒店奖励的内部分配方法，在此不再赘述。

（4）通过这样的分配，就可以得到每个员工的奖金基数，然后再结合该员工的年度考核结果，确定其奖金的实际发放额度（见图 7-6）。

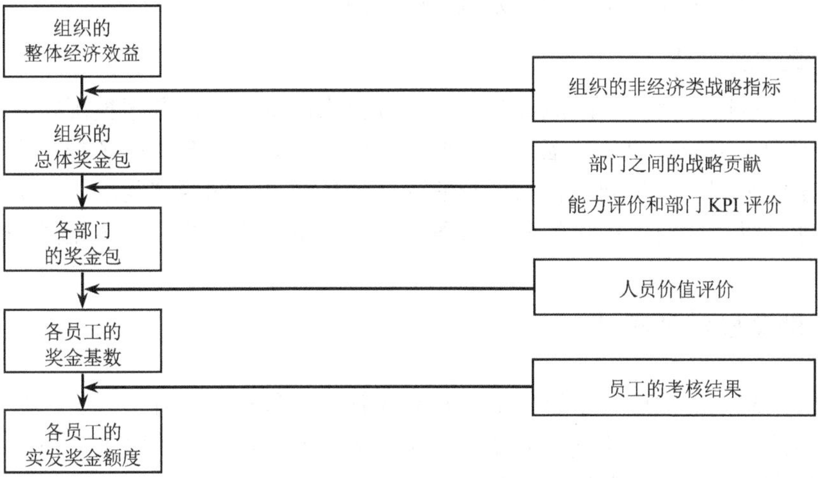

图 7-6　综合奖励计划的框架

二、福利体系设计与自助式福利计划

酒店提供给员工的整体薪酬包中，福利已经成为越来越重要的组成部分。所谓福利，是指酒店向员工提供的除工资、奖金外的各种保障计划、补贴、服务以及实物报酬。在现代酒店中，福利在整个薪酬包中的比重已经越来越大，对酒店的人工成本产生了十分重要的影响。

1. 福利的作用

相对于工资、奖金等直接报酬而言，福利属于间接报酬，它在整个薪酬体系中发挥着与直接报酬不同的作用，主要表现在以下几方面：

（1）传递酒店的文化和价值观　现代酒店越来越重视员工对酒店文化和价值观的认同，因为是否有一个积极的、得到员工普遍认同的文化氛围，将对酒店的运营效率产生十分重要的影响。而福利恰恰是体现了酒店的管理特色，传递酒店对员工的关怀，创造一个大家庭式的工作氛围和酒店环境的重要手段。以往那些在市场上获得成功的酒店，无一不重视酒店文化的塑造，无一不强调以员工为中心来展开管理，也无一不向员工提供形式多样、富有吸引力的福利计划。

（2）吸引和保留人才　一方面福利是酒店体现其管理特色的一种工具，另一方面员工本身也存在着对福利的内在需求，因此越来越多的求职者在进行工作选择时，将福利也作为十分重要的因素来进行考虑。那么对于酒店来讲，是否能够向员工提供有吸引力的、能够切实给员工带来效用的福利计划，就成为酒店吸引和保留人才十分重要的因素。

（3）税收减免　福利相对于工资和奖金，还有一个十分重要的作用就是减免税收。因为福利作为酒店提供给员工的各种保障计划、服务和实物等，它完全可以用现金来进行替代，那么把这些福利完全折算成现金计入工资中，将会使员工为这些福利支付一笔高额的所得税。但如果采用福利的形式，员工就能够在得到这些报酬的同时，获得税收的减免，这也是福利在当前越来越受欢迎的十分重要的原因。

2. 福利的主要形式

酒店福利可以区分为两个组成部分：一部分称为法定福利，是根据国家的政策、法律和法规，必须为员工提供的各种福利，主要是酒店必须为员工缴纳的各种社会保险；另一部分称为非法定福利，它是酒店根据自身的管理特色和员工的内在需求，向员工提供的各种补充保障计划以及向员工提供的各种服务、实物、带薪休假等。具体见图 7-7。

三、长期激励薪酬模式

现在有越来越多的酒店为了更好地激励高级管理人员和酒店骨干人员，除了前面我们提到的基础薪酬部分和浮动薪酬中的绩效薪酬、奖金等短期激励薪酬部分外，还建立了股权激励和股票期权激励等长期激励薪酬模式。

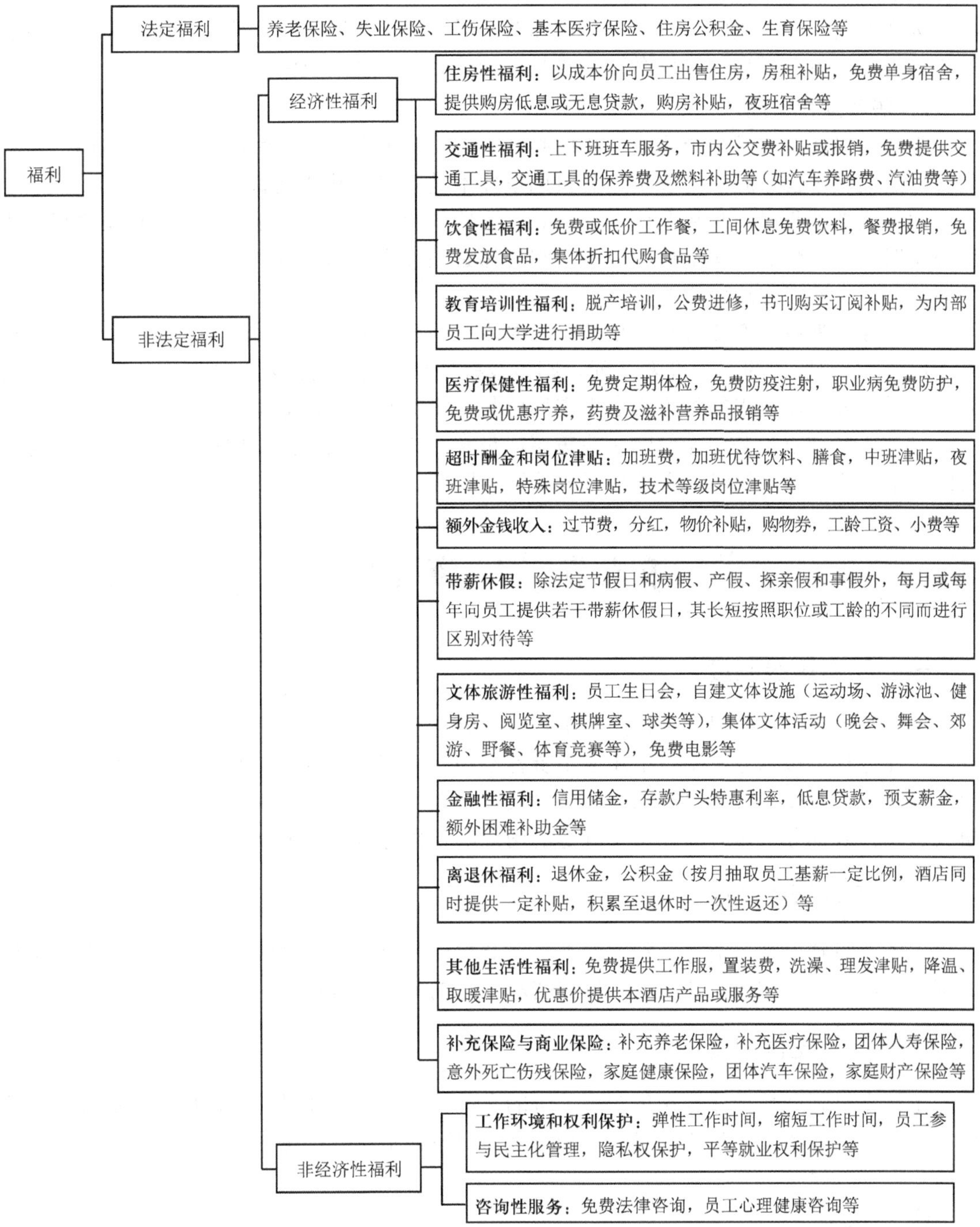

图 7-7　福利的形式

1．股权激励

股权激励就是让经营者持有股票或股票期权，使之成为酒店股东，将经营者的个人利益与酒店利益联系在一起，以激发高级管理人员和骨干人员通过提升酒店长期价值来增加自己的财富。

按其性质，股权激励方式可以分为股票购买、股票奖励、后配股、虚拟股票、名义股票 5 种类型。每种类型的股权激励方式又可划分为若干种股权激励方式。

2．股票期权激励

股票期权就是给予决策层成员和核心骨干人员在未来一段时间内按预定价格(行权价)购买一定数量本公司股票的权利。股票期权并不是股票，其特征如下：

（1）股票期权是一种权利而非义务。股票期权的受益人在规定时间内可以买也可以不买公司股票。若受益人决定购买股票，则公司必须卖给他们；若他们决定不购买股票，则公司或其他人不能强迫他们购买。

（2）股票期权只有在行权价低于行权时本公司股票的市场价时才有价值。若行权价格为 10 元，公司股票的市场价为 8 元，则该股票期权一文不值；若公司股票的市场价为 18 元，则受益人行使期权的每股收益为市场价与行权价的差额，即每股收益为 8 元。

（3）股票期权是公司无偿赠予决策层成员和核心骨干人员的。他们获得股票期权是免费的，但实施股票期权时，必须按行权价购买股票。

第六节　工 资 制 度

一、工资等级制度

工资等级制度是指根据工作的复杂程度、繁重程度、风险程度、精确程度等因素，将各类工作进行等级划分，并规定相应工资标准的一种工资制度，是其他工资制度的基础，也称基本工资制度。其主要特点是从劳动质量方面来反映劳动差别。酒店还通常对长期从事夜班工作或部分工作时间经常不确定的岗位实行额外酬劳制度。

二、工资调整制度

工资调整制度是工资等级制度的补充。其主要内容有考核升级、自动增加工资、考核定级、提高工资标准等，使工资制度在变动中趋向平衡与合理。

三、工资支付制度

工资支付制度是指计算支付职工工资的有关原则、标准和具体立法的一种制度，主要包括支付原则、各类人员的工资待遇和特殊情况下的工资处理等内容。

小资料

某酒店关于调整销售人员工资分配政策的试行方案

为了进一步调动销售人员的工作积极性，增强销售人员的责任心，体现多劳多得、合理分配的原则，我部拟调整销售人员的工资和销售奖金分配方案，具体方法如下：

销售部任务额原则上不低于全店总任务额的50%，任务分配及工资和销售奖金的计算按以下几部分划分：

一、外销组

1. 销售经理

（1）完成任务即可享受工资（税前）6 000元，超额部分按以下比例（见表7-4）提取销售奖金（税前）：

表7-4　提取比例

超额金额X/万元	提取比例（个人完成）	增加提取比例（部门完成）
X≤15	1.8%	+0.2%
15<X≤30	2.5%	+0.5%
X>30	3%	+0.5%

（2）未完成任务按以下计算方法支付工资，保底工资为1 000元：

完成比例≥90%时，工资=6 000−6 000×（1−实际完成数/任务额）×2。

完成比例< 90%时，工资=6 000−6 000×（1−实际完成数/任务额）×2.5。

工资不能低于1 000元

（3）连续3个月所得为保底工资的员工，视为不适合销售工作，部门将其退回人事部另行安排。

（4）任务额将由销售部经理根据总体销售指标、市场状况、人员情况等因素进行调整。

2. 高级销售经理

（1）任务额及工资和销售奖金的计算方法同销售经理。

（2）作为外销组的高级销售经理，将负责安排、督促、协调销售经理外出销售，所以当本组其他销售经理的完成额达到或超过他们对应的任务总额时，以此任务总额的1%作为奖励发给高级销售经理；未达到时，按此任务总额的0.2%从其工资中扣除。举例如下：

假设外销组共4名销售经理，每人每月任务额40万元。其中A为高级销售经理，则本组其他3人的完成额达到或超过40万元×3=120万元时，A即可享受1%×120万元=1 200元的奖励；若其他三人未完成120万元时，将从A的工资中扣除0.2%×120万元=240元。

对于以上人员每月可提供交通费、通信费，最高金额3 000元，凭正式发票报销现金。具体程序如下：

1）秘书将当月各销售经理的正式发票整理汇总，分别填写报销单据，经销售部经理签字认可后，于次月1日之前送交财务部审核。

2）财务部审核票据合格后，于次月4日之前将单据转给人事部作为计算工资的依据。

3）报销额将从销售经理的税前工资中扣除；税前工资与保底工资（1 000元）的差额不足3 000元的，仅报销相当于差额的费用。人事部将可报销金额填入表中的“核准金额”栏中，由人事部经理签字后连同当月工资表一起转回财务部。

4）报销的后续手续由财务部继续按有关程序操作。

3. 实习人员

（1）新入职人员可根据实际情况以6个月作为实习期；实习期不合格的视为不适合

销售工作，部门将其退回人事部另行安排。

（2）到岗的前3个月工资固定在每月1 200元（含交通、通信费用）；3个月中任何一个月完成金额5万元，当月享受工资1 500元。

（3）第四至六个月，任务额分别定为每月5万元、10万元和15万元，工资固定为每月1 500元，超额部分按1%提成。

（4）实习人员可根据个人情况申请提前转正，转正后月任务额及工资、提成计算办法同销售经理。

二、电话销售

（1）电话销售员负责接听预订电话、接收传真，进行电话销售以及提前确认等工作；还负责酒店现有会员的维护和再销售。

（2）任务额每月80万元，完成任务工资为1 500元，超额部分按1%提成；未完成任务按以下计算方法支付工资，保底工资为800元：

800≤未完成任务工资=1 500 −1 500×（1−实际完成数/任务额）

三、前厅销售

（1）前厅销售的主要职责是全力做好接待工作，同时与销售经理密切配合，负责会议的安排、协调及到店客人的维护。

（2）任务额每月25万元，完成任务工资为1 500元，超额部分按1%提成；未完成任务按以下计算方法支付工资，保底工资为800元：

800≤未完成任务工资=1 500−1 500×（1−实际完成数/任务额）

四、文秘及美工

文秘和美工在销售团队中具有不可或缺的作用，所以当销售部完成任务额的当月，文秘和美工可享受每人100元的奖金。

五、会员卡的销售

会员卡的销售金额不计入个人业绩，仅作一次性提成奖励，金额为1 200元。此后的消费金额，除免费项目外，计入个人业绩。

六、其他

（1）政府局、委、办及长期合作客户由销售部负责预订，订单转发大堂经理接待；业绩由销售部单独统计。

（2）凡集团、总办转销售部的会议业务，消费额的1/3计入销售部个人业绩。

（3）销售部其他人员有责任接听电话及预订，消费额计入电话销售业绩。

（4）特殊情况另议。

第七节 薪酬管理控制与调整

一、人工成本核算

人工成本核算是酒店在生产经营活动中，因使用劳动力而发生的所有费用，包括员工劳动报酬总额、社会保险费用、福利费用、教育费用、劳动保护费用、住房费用和其他人工成本等。可以看出，人工成本并不仅仅是酒店成本费用中用于人工的部分，还包括酒店税后利润中用于员工分配的部分。

人工成本基本核算指标的核算方法如下：

（1）酒店从业人员年平均人数

从业人员年平均人数=（1月平均人数+2月平均人数+…+12月平均人数）/12

月平均人数=（月初从业人员数+月末从业人员数）/2

（2）酒店从业人员年人均工作时数　酒店从业人员年人均工作时数指标是核算酒店从业人员实际发生的年人均实际工时。核算方法是：

酒店从业人员年人均工作时数=（酒店年制度工时+年加班工时−损耗工时）/酒店从业人员年平均人数

（3）酒店人工成本总额　酒店人工成本反映一个酒店在一定时间内所支出的全部人工成本。核算方法是：

人工成本=酒店从业人员劳动报酬总额+社会保险费用+福利费用+教育费用+劳动保护费用+住房费用+其他人工成本

（4）从业人员劳动报酬总额　从业人员劳动报酬总额是核算酒店支付给所有有酬从业人员的劳动报酬总额，包括在岗员工工资总额和其他从业人员的劳动报酬。

1)在岗员工工资总额是核算酒店在一定时期内直接支付给本酒店全部在岗员工的劳动报酬总额。国家统计局对于工资总额的组成有明确的界定，确定工资总额的组成是：

工资总额=计时工资+计件工资+奖金+津贴和补贴+加班加点工资+特殊情况下支付的工资

2)工资总额管理不仅包括工资总额的计划与控制，还包括工资总额调整的计划与控制。对于酒店来说，工资总额是人工成本的一部分，是酒店掌握人工成本的主要信息来源，是酒店进行人工成本控制的重要方面。

（5）人工成本投入产出指标的核算

1）销售收入（营业收入）与人工费用比率。销售收入（营业收入）与人工费用比率给出的是每获得一个单位的销售收入（营业收入）需投入的人工费用的概念。

人工费用比率=人工费用/销售收入（营业收入）

=（人工费用/员工总数）/[销售收入（营业收入）/员工总数]

=薪酬水平/单位员工销售收入（营业收入）

2）劳动分配率。劳动分配率是指在酒店获得的增加值（纯收入）中用于员工薪酬分配的份额。

劳动分配率=人工费用/增加值（纯收入）

人工费用比率=人工费用/销售收入（营业收入）

=[增加值（纯收入）/销售收入（营业收入）]×[人工费用/增加值（纯收入）]

=增加值率×劳动分配率

二、薪酬调整

造成薪酬调整的原因很多，如晋升、职务调整、酒店效益好坏、物价指数的变化等。

薪酬调整大体包括7大类，即绩效调薪、工资定级性调整、生活指数调整、工龄调整、奖励性调整、效益调整、特殊调整。

1．绩效调薪

本章第三节我们介绍了基础薪酬体系的设计，而基础薪酬体系的设计最终将得到一整套的薪酬结构体系，但这套薪酬结构体系在酒店的日常运作过程中，还必须根据员工个人的工作业绩和表现进行进一步的调整。因为无论是职位评价还是能力评价，本身都带有一定的主观性，难以完全保证科学、客观和公正，因此所得到的薪酬结构也必然难以完全体现不同员工为酒店创造价值的差异，这时就需要根据员工的业绩来对工资进行动态的调整，使那些长期业绩最好、能力最强的员工，能够最终和那些业绩和能力较差的员工拉开差距。

绩效薪酬又称为绩效调薪，是指根据员工的绩效考核结果来对其基础工资进行动态调整，并将调整的结果作为下一个考核周期内的工资水平。

表7-5中所示的调薪办法，完全依据员工的考核结果来制定，只有高于平均绩效水平的员工才能够获得提薪，平均绩效水平的员工基础薪酬保持不变，低于平均绩效水平的员工将降低其基础工资。

表7-5 不同绩效对应的调薪幅度

	远高于平均绩效水平	高于平均绩效水平	平均绩效水平	低于平均绩效水平	远低于平均绩效水平
考核等级	S	A	B	C	D
调薪幅度	6%	3%	0%	−3%	−6%

表7-6中所示的调薪办法，是根据员工的考核结果和其处于薪酬范围中的位置两个因素来做出。处于薪酬范围下端的员工，其绩效平平也能获得提薪，而不会降薪，并且其相同绩效水平的员工能够获得更大幅度的提薪；而处于薪酬范围上端的员工，则必须达到S级的绩效水平才能获得提薪，并且其相同绩效水平所获得的提薪比薪酬范围低端的员工要少。

表7-6 不同绩效水平结合在薪酬范围中的位置决定的调薪幅度

考核等级 / 薪酬范围中的位置	远高于平均绩效水平	高于平均绩效水平	平均绩效水平	低于平均绩效水平	远低于平均绩效水平
	S	A	B	C	D
处于前1/5	4%	0	0	−3%	−6%
处于前1/5～前2/5	4%	2%	0	−3%	−6%
处于前2/5～前3/5	6%	3%	0	−3%	−6%
处于前3/5～前4/5	9%	6%	3%	0	−3%
处于前4/5之后	12%	9%	6%	3%	0

2．工资定级性调整

工资定级性调整是对那些原来本没有工资等级的员工进行工资等级的确定，具体包括：对试用期满或没有试用期，但办完入职手续的新员工的工资定级；对原来没有的岗位或没有在酒店中聘任的专业人员的工资定级；对已工作过但新调入酒店的员工的工资定级等。定级时要考虑员工的正常生活费用、同地区同行业相同或相似职位的劳动力的市场薪酬水平以及新员工的实际工作能力。

3. 生活指数调整

为了补偿员工因通货膨胀而导致的实际收入无形减少的损失，使员工的生活水平不致渐趋降低，酒店应根据物价指数状况对薪酬进行调整。生活指数调整常用的方式有两类：①等比调整，即所有员工都在原有薪酬基础上调升同一百分比；②等额调整，即全体员工不论原有薪酬高低，一律给予等幅的调升。当然我们也注意到，生活指数调整总是滞后于实际经济发展情况的。

4. 工龄调整

薪酬的增加意味着工作经验的积累与丰富，代表着能力或绩效潜能的提高，也就是薪酬具有按绩效与贡献分配的性质。因此薪酬调整最好不要实行人人等额逐年递增的办法，而应将工龄与考核结果结合起来，确定不同员工工龄在不同的绩效考核结果的情况下薪酬调整的幅度。

5. 奖励性调整

奖励性调整又叫功劳性调整，是为了奖励员工作出的优良工作绩效，鼓励员工继续努力、再接再厉、更上一层楼，即论功行赏。例如，某员工在行业竞赛中获得了名次，作为奖励，酒店调升其工资一档。

三、薪酬沟通

薪酬是连接酒店与员工的十分重要的桥梁与纽带，但薪酬同时也是一把双刃剑：用得好，它可以是激励员工努力工作、提升工作绩效的强力推动器；用得不好，它也可能削弱员工的动力，造成员工的不满和抱怨。而这把双刃剑用得好与坏，不仅仅取决于薪酬设计是否科学合理，同时还取决于酒店能否对薪酬进行有效的管理。在薪酬方案的实施前、薪酬体系的运行中，以及薪酬调整的过程中都离不开有效的薪酬沟通，沟通不到位，或者沟通方式不对，都会产生适得其反的效果。

一个酒店只有在确定了沟通目标，获取了必要的信息，开发了整体沟通策略之后，才能选择最有效的沟通工具，即决定采用什么沟通媒介最为有用。可运用的媒介的选择范围非常广阔，从简单的到技术上非常复杂的工具都可以运用，并且这些工具之间不是相互排斥，而是可以同时使用的。每一个成功的沟通项目，都是同时使用多种有效沟通工具的结果。薪酬沟通中可使用的媒介种类繁多，我们用下表 7-7 来进行说明。

表 7-7 薪酬方案沟通可选用的媒介种类

薪酬沟通的媒介			
视 听	印 刷	人 际	电子（基于计算机）
● 幻灯片 ● 电影 ● 磁带	● 手册 ● 信件 ● 备忘录	● 大型会议 ● 小型见面会 ● 面对面协商 ● 经理/员工会议	● 交互个人计算机项目 ● 电子邮件系统 ● 电话通信回复体系 ● 董事薪酬陈述

第八节 薪酬管理外包、创新以及发展趋势

一、薪酬管理外包

随着薪酬职能的变化，薪酬方案日益纷繁复杂，用于支持这些方案的管理系统日趋强大和烦琐，其维护成本也日趋昂贵。因此，一些酒店的人力资源部门开始与第三方服务机构签约，寻求薪酬外包管理。

对酒店而言，薪酬外包管理是一种简化行政管理的改革形式，但并非所有酒店都适合采取这一举措。可以采用薪酬外包管理的酒店要符合下述特征：大量的管理活动，通常与市场数据息息相关；承诺妥善地管理薪酬计划；期望节省管理工作所耗费的时间，以便投入更多的精力来进行经营；尝试和体验过外包管理其他人力资源工作。

二、薪酬管理创新

1．薪酬管理理念的创新

在经济全球化的今天，酒店内外经营环境的日趋变化和挑战性使薪酬成为酒店经营成功的战略条件。那么，酒店在薪酬管理的理念上如何创新呢？

（1）对薪酬概念的认知水平的更新。传统的薪酬理论知识对直接经济的报酬特别是货币工资感兴趣。随着酒店管理模式的变革，员工报酬的成分发生了实质的变化，间接经济报酬和非经济报酬的部分越来越重要，与物质报酬完全不同的精神报酬也成为争议的焦点。一些酒店的管理者更加注重利用薪酬和福利管理对员工内在价值和创造潜力的挖掘。例如将员工的培训和开发投入与薪酬管理结合起来，增加带薪休假制度，使员工的工作更具有挑战性、趣味性、成就感和责任感，为员工提供舒适的工作条件和灵活的工作时间等。

（2）对薪酬公平化的新理解。公平付酬历来是薪酬理论争论的焦点之一。因为合理而公平的劳动报酬可以充分调动大多数劳动者的积极性，减少劳资纠纷。传统理论将公平的概念绝对化，并将其等同为均等。近年来，与薪酬公平化思想相关的概念“可比性价值”的提出发展了传统的同工同酬概念，也是薪酬内涵深化的表现。它将公平化建立在更为宽广的基础上，即将报酬公平与否的标准从相对相同职位转移到对相似职位的工作评价上，使得酒店的薪酬管理更为灵活和现实。

（3）行为科学和心理学的新应用。常见的关于人的需求满足与激励之间的关系研究证明，在人的诸多需求之中，金钱只能满足某些需求，而不是全部需求，成绩、权利或者自我实现属于员工的精神需求，它们对激励人的行为有很重要的作用，但不能通过物质刺激来得到满足。

2．薪酬管理战略的创新

随着薪酬制度在复杂的酒店管理中所起的作用越来越大，薪酬管理被看作推动酒店实现战略目标的一个强有力的工具。如果把酒店战略比作酒店生存和发展的生命线，那么薪酬管理就是酒店战略中的一个链条，而在以创新为特征的酒店管理趋势中，薪酬管理的创新更是酒店战略管理和管理政策创新的一个有机组成部分。将薪酬上升为战略管理的高度，主要表现在以下两个方面：

（1）针对酒店的不同经营战略，采用不同的薪酬战略。酒店的经营战略反映到薪酬制度上来，就是酒店的经营战略需要什么样的人才（是看中追求卓越的控制成本能力，还是标新立异的创新思维，或者是细分市场的能力）以及如何去激励员工潜能的发挥。

当酒店的目标是以客户至上时，就迫切需要对那些让客户满意的行为和表现实施奖励的激励机制和以订单来评价工作及能力的评估机制，由此获得酒店的竞争优势。

（2）结合酒店所处的不同阶段，实行不同的薪酬战略。对于那些处于迅速成长阶段的酒店，经营战略是以投资促进酒店成长。为了与这个经营战略保持一致，薪酬战略应该具有较强的激励性，建立一个有魄力的、酒店型的领导班子，着重将高额报酬与中高程度的奖励相结合。这种做法虽然风险较大，但是回报率也高，酒店可以迅速成长。对于处于成熟阶段的酒店，其经营战略基本上以保持利润和保护市场为目标。相应的薪酬战略就应以奖励市场开拓和新技术开发，以及运用管理技巧为主，以平均水平的报酬与中等的奖励相结合。对于处在衰退阶段的酒店，恰当的经营战略是收获利润并转移目标，开发新的投资点。与这种战略目标相适应的薪酬战略应实行低于中等水平的基本工资、标准的福利水平，采用适当的刺激与鼓励措施，并直接与成本控制相联系，避免提供过高的薪酬。

3．薪酬制度结构的创新

近年来，酒店的薪酬结构发生了很大的变化：在薪酬制度的选择上，传统的以职务为基础的等级薪酬制度逐步转变为以技能和职务为基础的绩效薪酬制度；基于产出的绩效薪酬制度转变为基于绩效的团队薪酬制度。同时，酒店更关注薪酬结构中的长期激励的成分，将酒店的长期利益与酒店的中高层管理人员紧密联系起来。另外，在工资本身的结构上，将工资等级标准线延长，形成级差增加的宽带型结构。

三、薪酬管理的发展趋势

建立全新的、科学的、系统的薪酬管理系统，对于酒店在知识经济时代获得生存和竞争优势具有重要意义；而改革和完善薪酬制度，也是当前酒店面临的一项紧迫任务。与传统薪酬管理相比较，现代薪酬管理有以下发展趋势：

1．全面薪酬制度

正如我们前面所介绍的，薪酬不是纯粹的货币报酬，还包括精神方面的激励，如优越的工作条件、良好的工作氛围、培训机会、晋升机会等，这些方面也应该很好地融入到薪酬体系中。物质与精神并重，这就是目前提倡的全面薪酬制度。

2．薪酬与绩效挂钩

单纯的高薪并不能起到激励作用，只有与绩效紧密结合的薪酬才能够充分调动员工的积极性。而从薪酬结构上看，绩效工资的出现丰富了薪酬的内涵，过去那种单一的、僵死的薪酬制度已经越来越少，取而代之的是与个人绩效和团队绩效紧密挂钩的灵活的薪酬体系。增加薪酬中的激励成分常用的方法是灵活的弹性工资制。

3．弹性工时制度

把员工作为酒店经营的合作者，以技能和绩效作为计酬的基础而不是工作量。宽带型薪酬结构，工资等级减少，各种职位等级的工资之间可以交叉，打破了传统薪酬结构所维护的等级制度，有利于酒店引导员工将注意力从职位晋升或薪酬等级的晋升转移到个人发展和能力的提高方面，给了绩效优秀者比较大的薪酬上升空间。

4．雇员激励长期化和薪酬股权化

此方式的目的是为了留住关键的人才和技术，稳定员工队伍，其方式主要有员工股票选择计划、股票增值权、虚拟股票计划、股票期权等。

5．重视薪酬与团队的关系

以团队为基础开展项目、强调团队内协作的工作方式正越来越流行，与之相适应，应该针对团队设计专门的激励方案和薪酬计划，其激励效果比简单的个人激励效果好。团队奖励计划尤其适合人数较少、强调协作的酒店。

6．薪酬的细化

薪酬的细化，首先是薪酬构成的细化，以多元化、多层次、灵活的新的薪酬构成，取代旧的僵化的薪酬构成。其次是专门人员薪酬设计专门化。例如，营销人员在公司作用巨大，专业人员的排他性比较强，临时工身份特殊，在设计这些人员的薪酬时不应该采取和其他部门人员相同的薪酬体系。此外，在一些指标的制定过程中，也应当细化，尽量避免“一刀切”的做法。例如，岗位评价、绩效考评系统对不同职位层和不同性质岗位的考评应该分别制定标准。

7．薪酬制度的透明化

关于薪酬的支付方式到底应该公开还是透明，这个问题一直存在比较大的争议。从最近的资料来看，支持透明化的呼声越来越高，因为毕竟保密的薪酬制度使薪酬应有的激励作用大打折扣。实行薪酬透明化，实际上是向员工传达了这样一个信息：公司的薪酬制度没有必要隐瞒，薪酬高的人有其高的道理，低的人也有其不足之处；欢迎所有员工监督其公正性，如果对自己的薪酬有不满意之处，可以提出意见或者申诉。

8．有弹性、可选择的福利制度

公司在福利方面的投入在总的成本里所占的比例是比较高的，但这一部分的支出往往被员工忽视，认为不如货币形式的薪酬实在，有一种吃力不讨好的感觉；而且，员工在福利方面的偏好也是因人而异，非常个性化的。解决这一问题，目前最常用的方法式采用弹性福利计划，即让员工在规定的范围内选择自己喜欢的福利组合。

9．薪酬信息日益得到重视

薪酬信息分为外部信息和内部信息。外部信息是指相同地区、相似行业、相似性质、相似规模的酒店的薪酬水平、薪酬结构、薪酬价值取向等。薪酬外部信息主要通过薪酬市场调查获得。内部信息是指员工满意度调查和员工合理化建议。满意度调查的功能并不一定在于了解有多少员工对薪酬是满意的，而是了解员工对薪酬管理的建议以及不满到底是在哪些方面，进而为制定新的薪酬制度打下基础。

本章小结

薪酬管理是酒店人力资源管理工作的重要组成部分，它是吸引、激励、留住员工的重要手段之一。本章从薪酬的含义、构成、分类等内容入手，介绍了薪酬管理在酒店管理中的地位，分析了酒店制定薪酬方案的程序和方法，既涉及较为通用的基础薪酬体系的设计，也加入了较为流行的宽带薪酬体系设计方法。同时，还介绍了薪酬管理与应用中应当注意的问题，并对福利项目的内容和设计进行了描述，提供了比较完整系统的薪酬体系的内容。

复习思考题

一、单项选择题

1. 奖金属于（　　）。

A. 间接薪酬　　B. 直接薪酬

C. 非经济性薪酬　　D. 内在薪酬

2. 当酒店处于迅速发展阶段时，薪酬结构类型侧重于（　　）。

A. 高弹性，以年功工资为主　　B. 低弹性，以绩效为导向

C. 高弹性，以绩效为导向　　D. 低弹性，以能力为导向

二、多项选择题

1. 薪酬设计需要遵循的原则有（　　）。

A. 战略导向原则　　B. 公平性原则

C. 竞争性原则　　D. 激励性原则

E. 经济性原则

2. 酒店薪酬设计要考虑的因素有（　　）。

A. 酒店的发展阶段　　B. 酒店的发展战略

C. 文化因素　　D. 其他酒店的薪酬水平

E. 市场人才供需状况

3. 宽带薪酬的特点有（　　）。

A. 层级淡化　　B. 宽幅化

C. 自由裁量性　　D. 能绩薪酬制

E. 标准宽泛

三、分析题

1. 为什么薪酬体系应当具有公平性？怎样才能设计出公平的薪酬体系？
2. 薪酬体系的激励性体现在哪些方面？如何更好地发挥薪酬的激励作用？
3. 试分析你目前的工作职责，确定你获得的薪酬支付方法是否恰当。

四、案例分析

某酒店的工资调整政策如下：

工资结构分为8级23档，从4级（经理级）到8级（员工级），每个级别段中分出a、b、c、d四档；有些职位以“a—b—c”作为“高级档—标准档—初级档”（多为技术工种或重要岗位），而有些职位则以“b—c—d”作为“高级档—标准档—初级档”（多为熟练工种）。没有经验的新员工工资级别应在初级档上，以表示该员工对其职位所需技能的掌握程度和经验程度。高级档用来奖励在同一职位上工作时间长、工作表现出色的员工。酒店大

部分员工则应在其职位的标准档上。以下为确定员工工资级别的具体指南，以保证员工的工资相对平衡。

1．**新员工工资确定**

（1）所有新（正式）员工都将经过 1～3 个月的试用期，在试用期内员工的工资、津贴、表现奖同转正后员工，赢利奖享受 50%。

（2）新员工入职的前三个月，工资低定一档；工资调整以部门评估及《人事变动单》为依据，且调整的当月，日期为 15 日（含）之前的按调整后工资发放，日期为 15 日之后的按调整前工资发放。

（3）新员工工资起始，根据下列规定，由部门经理提出建议，经人力资源部审核，报请总经理批准后方可实行。

1）在同一类酒店、酒店同一职位工作经验较少的员工，从其职位段的初级档开始。

2）在同一类酒店、酒店同一职位有一定工作经验的员工（主管级以下工作经验多于 1 年，主管级以上工作经验多于 2 年），从其职位的标准档开始。

3）新毕业学生或无酒店、酒店正式工作经验者，从学员级开始进行实习培训，为期三至六个月，签订实习协议。实习期间待遇及实习期满转正程序见"学员管理制度"（略）。

2．**本岗位的工资调整**

（1）各级别工资初级档调至标准档　享受各职位初级工资的员工，如果表现良好，无严重违纪过失，罚单少于两张，并且显示出胜任其职位所需的工作能力，可在试用期满后，由部门经理根据以下规定时间申报将工资由初级档调至标准档，见表 7-8。

表 7-8　初级档调至标准档申报时间表

级别段	最短时间
员工级	6个月
领班级	6个月
主管级	9个月
助理级	12个月
经理级	12个月

（2）各级别工资标准档调至高级档　享受各职位标准级别工资的员工，如果表现优秀，无严重违纪过失，罚单少于两张，由部门经理可根据以下规定时间申报将工资由标准档调至高级档，并经评审小组批准后方可生效（评审小组由酒店总经理、酒店人事部经理和员工所在部门经理组成。对于经理级以上人员的评审还应有集团公司人力资源总监加入），具体申报时间见表 7-9。

表 7-9　标准档调至高级档申报时间

级别段	最短时间
员工级	12个月
领班级	12个月
主管级	18个月
助理级	24个月
经理级	24个月

注：

① 享受高级档工资的员工占部门此级别段总人数的 15%。助理级以上的不受比例限制，部门认为合乎标准的可向人力资源部申报，由评审小组审批。

② 凡调整到所在职位高级工资档的员工，如工作表现下降，工作效率低，违反规章制度，达不到享受高级工资档标准的，部门经理可申报由高级工资档调至标准工资档。

3．提升情况下的工资调整

员工被提升到一个新职位，作为新职位的培训生，在原工资档工作满三个月后，由部门对其进行评估，如果证明能够胜任新职位，则调整到新职位的初级工资档；如果评估结果证明不能胜任新职位，部门经理可视情况将员工作为培训生继续培训，也可将员工恢复到原职位、原工资档。

4．降职情况下的工资调整

由于各种原因而导致降职的，员工工资降至新职位的标准工资档。

问题：

（1）案例中的薪酬调整方案是否恰当？

（2）此薪酬调整方案中哪些地方体现了公平性，哪些体现了激励性？

第八章

员工激励

知识目标

- 认识和理解激励理论及其实际运用。
- 掌握员工激励的特点及思维方法。
- 熟悉酒店员工激励的原则和操作技巧。

能力目标

- 会应用各种不同的激励模式。
- 能针对不同的员工特点运用适当的激励方法和激励手段。

引导案例

总经理的自画像

怡东酒店餐饮部零点餐厅的费小姐来酒店从事服务工作已有4年，她似乎生来就适于干酒店，经常得到客人的表扬。

5月初某天，费小姐提前20分钟来到酒店。刚换好工作服，只见餐厅经理兴冲冲走过来。“费小姐，恭喜你，总经理又写信夸奖你了。”餐厅经理的声音引来了费小姐周围不少服务员羡慕的眼光。

费小姐又是嫣然一笑，她恭敬地接过总经理的信。

“咦，总经理的画像——一幅漫画，这是谁画的？”她不禁感到诧异。她先后收到过两封总经理签署的表扬信件，那是因为有宾客给总经理写的意见书上点名称赞了她。酒店总经理给自己定了一个规矩：凡是客人在意见书上表扬某员工，他便一定要亲笔给那位员工写封信，感谢员工为酒店做出了杰出贡献，可是今天的这封信里不仅有总经理的亲笔赠言和签名，还有他的自画像呢！费小姐和餐厅几位小姐越想越不理解……

"你们都不明白，这是一种很高的荣誉。你们都不知道我们的总经理还有一条规矩：凡是一位员工受到客人 3 次以上表扬，总经理都会送一幅自画像。总经理不仅是个企业家，还是一位挺出色的漫画家呢！"餐厅经理边看漫画边眉飞色舞地说道。"费小姐今晚不要忘了请客！"同事们围着不好意思的费小姐七嘴八舌地嬉闹开来。

思考：

（1）本案例给你怎样的启发？

（2）怎样的激励是最有效的激励？

第一节　激励理论模式与应用

激励一词作为心理学的一个术语，是指激发人的动机的心理过程。具体来说，是人在某种内部或外部刺激的影响下，始终保持一种积极的心理状态，并指向一定的对象。心理学和行为科学研究表明，人类一切有目的的行为都具有一定的动机性，而人的动机是由他所体验到的某种未满足的需要所引起的，因为未获得满足的需要会引起个人的内心紧张，从而会导致采取某种行为来满足需要，以解除或减轻其紧张程度。人的需要，既可以是生理上或物质上的（如衣、食、住、行等），也可以是心理上或精神上的（如社交、自尊、荣誉、成就等）。在现实中，人的需要往往不止一种，而是会同时存在多种需要，这些需要的强弱也随时会发生变化，但在任何时候，一个人的行为动机总是由其全部需要结构中最重要、最强烈的需求所支配和决定的，这种最重要、最强烈的需要就叫优势需要。人的一切行为都是由当时的优势需要引发的，这种行动的结果（目标达成、接近或失败）又作为新的刺激反馈回来调整人的需要结构，产生新的动机和行为。需要——动机——行为——目标——反馈——新的需要，这就是激励的心理过程，也称动机——行为过程。实际上，人的需要是无穷无尽的，激励也应是循环往复、持续不断的。

具体到酒店管理中，激励是指酒店管理者通过内部或外部刺激，激发和培养员工的工作动力，使员工产生内在工作动机，从而促使员工为实现酒店经营目标而努力工作的过程。作为酒店各级管理人员，在管理过程中首先要学会探索和发现员工的各种需要，激发其良好的工作动机，使员工产生一种自动力，将"要我做"转化为"我要做"。

酒店的管理者要想有效地激励员工，必须较全面地了解各种激励理论。自 20 世纪二三十年代以来，管理学家、心理学家和社会学家们就从不同的角度研究怎样激励人的问题，并提出了许多激励理论。

一、马斯洛的需要层次理论与应用

1．需要层次理论的基本内容

需要层次理论是由美国社会心理学家亚伯拉罕·马斯洛（Abraham Maslow）提出来的。马斯洛于 1943 年初次提出了"需要层次"理论，他把人类纷繁复杂的需要分为生理需要、安全需要、社交需要、尊重需要和自我实现需要 5 个层次。

（1）生理需要　生理需要是人类维持自身生存的最基本要求，如对空气、食物、水等事物的需要。生理需要是推动人们行动最首要的动力。马斯洛认为，只有这些最基本的需要满足到维持生存所必需的程度后，其他的需要才能成为新的激励因素，而到了此时，这些已相对满足的需要也就不再成为激励因素了。

（2）安全需要　安全需要可以保证身心免受伤害。马斯洛认为，整个有机体是一个追求安全的机制，人的感受器官、效应器官、智能和其他能量主要是寻求安全的工具，甚至可以把科学和人生观都看成满足安全需要的一部分。当然，当这种需要一旦相对满足后，也就不再成为激励因素了。

（3）社交需要　社交需要包括感情、归属、被接纳、友谊等方面的需要。人人都希望得到关心和照顾。感情上的需要比生理上的需要来得细致，它和一个人的生理特性、经历、教育、宗教信仰都有关系。

（4）尊重需要　尊重需要包括内在的尊重如自尊心、自主权、成就感等需要和外在的尊重如地位、认同、受重视等需要。人人都希望自己有稳定的社会地位，要求个人的能力和成就得到社会的承认。尊重需要又可分为内部尊重和外部尊重。内部尊重是指一个人希望在各种不同情境中有实力、能胜任、充满信心、能独立自主。总之，内部尊重就是人的自尊。外部尊重是指一个人希望有地位、有威信，受到别人的尊重、信赖和高度评价。马斯洛认为，尊重需要得到满足，能使人对自己充满信心，对社会满腔热情，体验到自己活着的用处和价值。

（5）自我实现需要　自我实现需要包括个人成长、发挥个人潜能、实现个人理想的需要。这是最高层次的需要，它是指实现个人理想、抱负，发挥个人的能力到最大限度，达到自我实现境界的人，接受自己也接受他人，解决问题能力增强，自觉性提高，善于独立处事，要求不受打扰地独处，完成与自己的能力相称的一切事情的需要。也就是说，人必须干称职的工作，这样才会使他们感到最大的快乐。马斯洛提出，为满足自我实现需要所采取的途径是因人而异的。

马斯洛认为，只有低层次的需要得到部分满足以后，高层次的需要才有可能成为行为的重要决定因素。5 种需要是按次序逐级上升的。当下一级需要获得基本满足以后，追求上一级的需要就成了驱动行为的动力。但这种需要层次逐渐上升并不是遵照“全”或“无”的规律，即一种需要 100%的满足后，另一种需要才会出现。事实上，社会中的大多数人在正常的情况下，他们的每种基本需要都是部分地得到满足。

马斯洛把 5 种基本需要分为高、低两级，其中生理需要、安全需要、社交需要属于低级的需要，这些需要通过外部条件使人得到满足，如借助于工资收入满足生理需要，借助于法律制度满足安全需要等。尊重需要、自我实现需要是高级的需要，它们是从内部使人得到满足的，而且一个人对尊重和自我实现的需要，是永远不会感到完全满足的。高层次的需要比低层次需要更有价值，人的需要结构是动态的、发展变化的。因此，通过满足职工的高级需要来调动其生产积极性，具有更稳定、更持久的力量。

2. 需要层次理论在酒店中的应用

马斯洛的需要层次理论，将人的需要分为 5 个层次，由低到高形成阶梯。在酒店人力资源管理中，不同层次的员工对应不同的需求层次，因此必须充分了解和针对员工的需要，并采取不同的激励机制满足员工的需要，以达到激励的目的（如表 8-1 所示）。

表 8-1　员工需要层次及表现形式在酒店管理中的应用

需　　要	表 现 形 式	应　　用
生理需要	衣、食、住、行	工资报酬、福利待遇、工作环境和条件
安全需要	工作保障、工作安全、工作稳定	安全教育和设施、用工合同、职业保障、各类保险
社交需要	同事间友谊、群体的接纳、相互信任	协商制度、团体活动、沟通制度、酒店文化
尊重需要	自尊和受人尊重、地位、名誉、赏识	工作职称、提升、表彰制度、加大责任
自我实现需要	有挑战性的工作、能表现和开发自身个性的环境、参与管理	人与工作的匹配、创造性的酒店环境、决策参与制度、个人职业发展计划

（1）生理需要　满足员工生理需要，即关注员工衣、食、住、行等基本需要是基本的要求。如果员工们还在为生理需要而奔波，他们就无法专心于本职工作，只要能谋生，任何一种工作都可以接受。增加工资、改善劳动和生活条件、给予更多的业余时间和更长的工休时间，以及较好的福利待遇是满足员工生理需要的基本形式。针对酒店工作连续性、高强度的特点，许多酒店采取的福利措施包括：一般设有清洁卫生的员工餐厅供员工免费用餐，提供倒班宿舍供员工休息，为员工购买公交月票等。满足员工基本生理需要，可以保证员工有精力完成工作。

（2）安全需要　酒店中涉及的安全因素主要有防火、防盗、劳动保护、工作和生活保障。防火、防盗是酒店对客服务工作的重要组成部分，许多酒店投入了先进的消防设施和监控系统，并配备了训练有素的保安队伍。从本行业酒店所发生的一些事故来看，培训员工学会自防自救、配备相应的劳动保护措施是不容忽视的。

在激励员工方面，酒店酒店可以从员工更深层次的人身安全和职业安全角度考虑，为员工提供医疗、工伤或意外伤害保险，满足员工人身安全。针对员工的性别、年龄、家庭状况、负担的不同，酒店还可以建立灵活的福利制度供员工选择或以保险作为奖励激励员工。

员工保障制度可满足员工职业安全的需要。酒店员工流动性很大，一方面是因为酒店数量众多，规模差别很大；另一方面也有管理不善的原因，酒店若能注重为员工提供完善的职业保障，就能吸引和留住员工。

（3）社交需要　社交需要对于满足了基本需要的员工来说是最为强烈的，得不到满足可能影响员工的心理健康，进而影响员工的工作热情和工作态度。希尔顿曾经说过，“只有快乐的员工才会有快乐的顾客”，酒店应通过改善工作环境、生活环境和人际环境来吸纳和留住员工，人际关系融洽、环境宽松、氛围温馨、生活安定、心情愉快，人的创造性、积极性才能得到充分发挥。酒店可以定期开展各种技能型及娱乐型、趣味型比赛，如托盘比赛、餐巾折花比赛、摆台比赛、消防比赛、球赛、歌咏比赛、旅游等活动，既增长员工的技能知识，又发展了员工的兴趣，在增加员工结识朋友机会的同时，为员工创造良好的酒店氛围，促进了部门间的合作。

（4）尊重需要　尊重员工，员工感到受重视，其内在激励动因会明显增强。在管理上，当尊重成为员工的主导性需要时，酒店管理者一方面要注意建立合理的培训、进修制度等，提高员工的知识和技能，保证他们能够胜任工作。另一方面，酒店管理者也要充分尊重员工，对员工工作上取得的成绩进行公开的奖励和表扬、发给荣誉奖章、设立光荣榜，并提供更多的独立自主地从事工作的机会，多采用协商的方式和口气，减少管理者的干预，充分维护员工的自尊，发挥员工的自主性，以提高员工对工作的满足感和工作绩效。

（5）自我实现需要　自我价值实现的需求是人才高层次的需求，是指人们希望完成与自己能力相衬的工作，使自己的潜在能力得到充分的发挥，成为所期望的人物。酒店可通过使员工得到晋升、让员工参与管理、负责一个独立部门的工作或承担一项能发挥其能力的重任，来满足员工的成就感，也可以通过内部招聘竞岗、重奖做出特殊贡献的优秀员工、重视员工个人职业生涯设计等方式来满足员工自我实现需要，同时也可达到留住和吸引优秀员工、用人所长的目的。

二、激励-保健双因素理论与应用

1．激励-保健双因素理论

双因素理论又称激励-保健理论，是美国的行为科学家弗雷德里克·赫茨伯格（Fredrick Herzberg）在对匹兹堡地区多家工商酒店机构的工作人员进行大样本调查的基础上在 1959 年以后提出的。双因素理论认为引起人们工作动机的因素主要有两个：一是保健因素，二是激励因素。只有激励因素才能够给人们带来满意感，而保健因素只能消除人们的不满，但不会带来满意感。

激励-保健因素理论的要点是：使职工不满的因素与使职工感到满意的因素是不一样的。赫茨伯格认为，职工非常不满意的原因，大都属于工作环境或工作关系方面的，如公司的政策、管理措施、监督、人际关系、物质工作条件、工资、福利等。他发现上述条件如果达不到职工可接受的最低水平，就会引发职工的不满情绪。但是，具备了这些条件并不能使职工感到激励。赫茨伯格把这些没有激励作用的外界因素称为“保健因素”。他还认为，能够使职工感到非常满意的因素，大都属于工作内容和工作本身方面的，如工作的成就感、工作成绩得到上司的认可与赏识、挑战性的工作、增加的工作责任，以及成长和发展的机会等。这些因素的改善，能够激发职工的热情和积极性。赫茨伯格把这一因素称为“激励因素”。这就是“双因素理论”。这两类因素与员工对工作的满意程度之间的关系如图 8-1 所示。

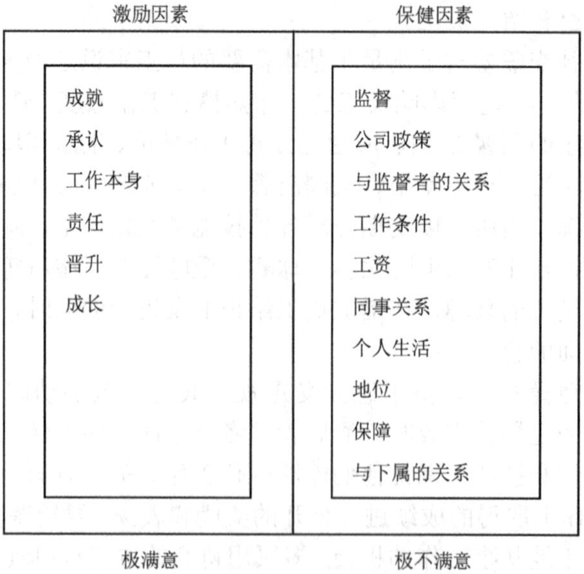

图 8-1　赫茨伯格的双因素理论

这一理论告诉我们，管理者首先应该注意满足职工的“保健因素”，防止职工消极怠工，使职工不致产生不满情绪，同时还要注意利用“激励因素”，尽量使职工得到满足的机会。

赫茨伯格的双因素理论的重要意义，在于它把传统的满意—不满意（认为满意的对立面是不满意）的观点进行了拆解，认为传统的观点中存在双重的连续体：满意的对立面是没有满意，而不是不满意；同样，不满意的对立面是没有不满意，而不是满意。这种理论对酒店管理的基本启示是：要调动和维持员工的积极性，首先要注意保健因素，以防止不满情绪的产生。但更重要的是要利用激励因素去激发员工的工作热情，努力工作，创造奋发向上的局面，因为只有激励因素才会增加员工的工作满意感。

赫茨伯格的双因素理论同马斯洛的需要层次理论有相似之处。他提出的保健因素相当于马斯洛提出的生理需要、安全需要、社交需要等较低级的需要；激励因素则相当于尊重需要、自我实现需要等较高级的需要。当然，他们的具体分析和解释是不同的。但是，这两种理论都没有把“个人需要的满足”同“酒店目标的达到”这两点联系起来。

2．双因素理论在酒店中的应用

根据双因素理论，保健因素可以消除员工的不满情绪，但不满意并不等于生产率下降，满意也并不意味着生产率提高；激励因素可以从员工内心激发积极性和创造性，为酒店激励工作指明了方向和途径。双因素理论为工作丰富化和工作扩大化提供了理论指导，它使酒店管理者清楚地看到员工所处的心理状态及其影响因素。

（1）工作丰富化　工作丰富化是指在工作中赋予员工更多的责任、自主权和控制权。工作丰富化与工作扩大化、工作轮调都不同，它不是水平地增加员工工作的内容，而是垂直地增加工作内容。这样员工会承担更多重的任务、更大的责任，员工有更大的自主权和更高程度的自我管理，还有对工作绩效的反馈。

由于酒店的绝大多数服务性工作都是简单而重复的体力劳动，容易使员工失去工作的兴趣甚至产生厌恶感。进行工作丰富化的设计，酒店可以在服务方式和流程方面广泛接受员工的建议，使工作具有更高的挑战性，采用多种服务形式来提高工作兴趣和成就感，使工作本身成为一种乐趣，从而激发员工工作的积极性。例如，酒店客房部可以在定量的基础上，让员工交替工作，采用搭配合作法，共同完成客房的清洁工作，以激发员工的兴趣。

（2）工作扩大化　工作范围具有两个维度——广度和深度。工作广度是个体所直接负责的不同任务的数量。变化幅度从十分狭窄（重复地执行一项任务）到十分宽泛（若干项工作）。只有狭窄的工作广度的员工，有时会得到更多的职责，以减少他们工作中的单调乏味，这个过程称为工作扩大化。例如，前台部门员工的工作可以从原来只专门分捡各部门邮件，增加到负责分送到酒店各个部门。为了完成这些额外的职责，员工在每种职责上只能花费较少的时间。改变工作广度的另一种方法称为工作轮换，是定期给员工分配完全不同的一套工作活动。工作轮换是培养员工多种技能的一种有效的方法，既使酒店受益，又激发了员工更大的工作兴趣，创造了更多的前途选择。有些酒店从长期培养员工的角度出发，在录用新员工后的1～2年内让员工在酒店主要的部门都工作一段时间。这种方法能非常有效地提高员工的能力。工作扩大化主要适用于同一部门不同班组或不同工作岗位之间的变动，也适用于在不同部门之间进行工种的变换。尽管工作扩大化会给培训和服务质量带来一定程度的不良影响，但员工积极性的提高以及一专多能所创造的效益是能够弥补这些损失的。

工作丰富化试图通过赋予员工执行工作中更多的控制权、责任和自由决定权，来加深工作的深度。扩大化与丰富化的区别在于，工作丰富化集中于满足工人更高层次的需要上，而工作扩大化集中于加入额外的任务，而使工人的工作更具多样化。两种方法甚至可以混合使用，在扩大工作数量的同时，加入更多的激励，从而在两方面尝试改善工作生活质量。

三、亚当斯的公平理论与应用

1．亚当斯的公平理论

公平理论又称社会比较理论，是由美国心理学家亚当斯（J. S. Adams）在 1965 年提出来的。该理论侧重于研究工资报酬分配的合理性、公平性及其对职工生产积极性的影响。该理论的基本要点是：人的工作积极性不仅与个人实际报酬多少有关，而且与人们对报酬的分配是否感到公平更为密切。人们总会自觉或不自觉地将自己付出的劳动代价及其所得到的报酬与他人进行比较，并对公平与否作出判断。公平感直接影响职工的工作动机和行为。因此，从某种意义来讲，动机的激发过程实际上是人与人进行比较，作出公平与否的判断，并据以指导行为的过程。

公平理论主张人能否通过某种行为得到满足和满意，除了取决于自身所得到的结果的大小之外，还取决于跟他人的对比程度。这可以概括为如下的公式：

$$\frac{\text{自己的所得/自己的投入}}{\text{他人的所得/他人的投入}}\begin{cases} >1 & \text{比较满意} \\ =1 & \text{公平合理、心态平衡} \\ <1 & \text{不满意或比较不满意} \end{cases}$$

这个理论也给我们一些启发，就是在激励员工的时候，很多情况下起作用的也许不见得是绝对值，人们能否得到满意常常还取决于跟他人的比较。

我们看到，公平理论提出的基本观点是客观存在的，但公平本身却是一个相当复杂的问题，这主要是由于下面几个原因：

（1）它与个人的主观判断有关。上面公式中无论是自己的或他人的投入和报偿都是个人感觉，而一般人总是对自己的投入估计过高，对别人的投入估计过低。

（2）它与个人所持的公平标准有关。上面的公平标准是采取贡献率，也有采取需要率、平均率的。例如，有人认为助学金应改为奖学金才合理，有人认为应平均分配才公平，也有人认为按经济困难程度分配才适当。

（3）它与绩效的评定有关。我们主张按绩效付报酬，并且各人之间应相对均衡。但如何评定绩效？是按工作成果的数量和质量，还是按工作中的努力程度和付出的劳动量？是按工作的复杂、困难程度，还是按工作能力、技能、资历和学历？不同的评定办法会得到不同的结果。最好是按工作成果的数量和质量，用明确、客观、易于核实的标准来度量，但这在实际工作中往往难以做到，有时不得不采用其他的方法。

（4）它与评定人有关。绩效由谁来评定，是领导者评定还是群众评定或自我评定，不同的评定人会得出不同的结果。由于同一酒店内往往不是由同一个人评定，因此会出现松紧不一、回避矛盾、姑息迁就、抱有成见等现象。

2．公平理论在酒店中的应用

公平理论对酒店管理者有着重要的启示：①影响激励效果的不仅有报酬的绝对值，还有报酬的相对值。②激励时应力求公平，使等式在客观上成立，尽管有主观判断的误差，也不致造成严重的不公平感。③在激励过程中应注意对被激励者公平心理的引导，使其树立正确的公平观，一是要认识到绝对的公平是不存在的，二是不要盲目攀比，三是不要按酬付劳，按酬付劳是在公平问题上造成恶性循环的主要杀手。

公平理论指出，管理者必须对员工的贡献给予恰如其分的承认，否则员工就会产生不公平的感觉。酒店管理者应客观公正地评价员工工作业绩并据此确定合理的工作报酬，以消除员工不公平感。为了避免职工产生不公平的感觉，酒店往往采取各种手段，在酒店中造成一种公平合理的气氛，使员工产生一种主观上的公平感。例如，有的酒店对于员工的薪酬具体数据采用保密的办法，以免职工互相比较而产生不公平感。但与此同时，薪酬政策、薪酬制度、薪酬分配的决策过程以及员工自己的薪酬标准、数额、结构构成，薪酬水平与绩效表现之间的联系，加薪的资格条件、时间等都应该向员工公开。这样酒店在薪酬制度的建立上才能向员工传递出一种积极信息，表明这个制度是公平的、可信的，并且使提供的报酬既要有内部的公平性，又要有外部的竞争力，这样才能起到激励员工努力工作的目的。

四、弗鲁姆的期望理论与应用

1．弗鲁姆的期望理论

美国心理学家 V·弗鲁姆（Victor H. Vroom）在 20 世纪 60 年代中期提出的期望理论认为，人总是渴求满足一定的需求并设法达到一定的目标。该理论用公式可以表示为：激励力（M）=目标效价（V）×期望值（E）。其中，激励力（Motivation）指调动一个人的积极性，激发出人的潜力的强度；目标效价（Valence）指达成目标后对于满足个人需求的价值和重要性；期望值（Expectancy）指根据以往的经验进行的主观判断，达成目标并能导致某种结果的概率。具体来说，即当员工认为努力会带来良好的绩效评价时，他就会受到激励，进而付出更大的努力；良好的绩效评价会带来酒店奖励，如奖金、加薪或晋升；酒店奖励会满足员工的个人目标，如图 8-2 所示。

图 8-2 个人期望管理

根据这一理论的研究，人们对待工作的态度取决于对下述 3 种联系的判断：

（1）努力—绩效的联系。需要付出多大的努力才能达到某一绩效水平？我是否真能达到这一绩效水平？概率有多大？

（2）绩效—奖赏的联系。当我达到这一绩效水平后，会得到什么奖赏？

（3）奖赏—个人目标的联系。这一奖赏能否满足个人的目标？吸引力多大？

期望理论的基础是自我利益，它认为每一员工都在寻求获得最大的自我满足。期望理论的核心是双向期望，管理者期望员工的行为，员工期望管理者的奖赏。期望理论的假设是管理者知道什么对员工最有吸引力。期望理论的员工判断依据是员工个人的知觉，而与实际情况不相关。不管实际情况如何，只要员工以自己的知觉确认自己经过努力工作就能达到所要求的绩效，达到绩效后能得到具有吸引力的奖赏，他就会努力工作。

因此，期望理论的关键是，正确识别个人目标和判断 3 种联系，即努力与绩效的联系、绩效与奖励的联系、奖励与个人目标的联系。

激励过程的期望理论对管理者的启示是，管理人员的责任是帮助员工满足需要，同时实现酒店目标。管理者必须尽力发现员工在技能和能力方面与工作需求之间的对称性。为了提高激励，管理者可以明确员工个体的需要，界定酒店提供的结果，并确保每个员工有能力和条件（时间和设备）得到这些结果。酒店管理实践中不时有公司在酒店内部设置提高员工积极性的激励性条款或措施，如为员工提供担任多种任务角色的机会，激发他们完成工作和提高所得的主观能动性。通常，要达到使工作的分配出现所希望的激励效果，根据期望理论，应使工作的能力要求略高于执行者的实际能力，即执行者的实际能力略低于（既不太低，又不太高）工作的要求。

2．期望理论在酒店中的应用

期望理论的内容表示，人总是渴求满足一定的需要并设法达到一定的目标，人最终的目的是实现自己的目标需要。不同级别的员工需求不同，员工在自己努力的情况下产生绩效得到酒店相应的报酬，是希望自己的需要得以实现。因此，酒店人力资源部门在制订激励计划与措施时，要让员工把自己的目标、需要和能力与酒店目标结合起来，形成目标锁链，从而成为对员工产生激励的一种有效方法。要做到这一点，酒店管理部门应加强与员工的沟通，了解员工在工作中的问题，明确员工需要，帮助员工发展；避免“一刀切”地对所有的人采用同样的激励手段，而应根据不同级别、不同类型的员工的需求设定相应的激励措施，使酒店的激励与个人的需要相吻合，以达到酒店激励的目的和效果；根据动态发展的员工需要，建立确实可行的绩效评估体系和员工职业发展计划，让员工认识到通过自己的努力，可以得到酒店公正合理的评价，并根据评价结果得到报酬，实现员工目标与酒店经营目标的统一。

五、斯金纳的强化理论与应用

1．斯金纳的强化理论

强化理论是美国心理学家斯金纳（B. F. Skinner）首先提出的。强化理论是以学习的强化原则为基础的关于理解和修正人的行为的一种学说。所谓强化，从其最基本的形式来讲，指的是对一种行为的肯定或否定的后果（报酬或惩罚），它至少在一定程度上会决定这种行为在今后是否会重复发生。根据强化的性质和目的，可把强化分为正强化和负强化。

（1）正强化就是奖励那些酒店上需要的行为，以使这些行为得到进一步加强，从而有利于酒店目标的实现。正强化的方法包括奖金、对成绩的认可、表扬、改善工作环境和人际关系、提升、安排担任挑战性的工作、给予学习和成长的机会等。为了使强化达到预期的效果，还必须注意实施不同的强化方式。有的正强化是连续的、固定的正强化，譬如对每一次符合酒店目标的行为都给予强化，或每隔一段固定的时间给予一定数量的强化。尽管这种强化有及时刺激、立竿见影的效果，但久而久之，人们就会对这种正强化有越来越高的期望，或者认为这种正强化是理所应当的。管理者要么不断加强这种正强化，否则其作用会减弱，甚至不再起到刺激行为的作用。另一种方式是间断的、时间和数量都不固定的正强化，管理者根据酒店的需要和个人行为在工作中的反映，不定期、不定量实施强化，使每次强化都能起到较大的效果。实践证明，后一种正强化更有利于酒店目标的实现。

（2）负强化就是惩罚那些与酒店不相容的行为，以削弱这种行为，从而保证酒店目标的实现不受干扰。负强化的方法包括批评、处分、降级等，有时不给予奖励或少给奖励也是一种负强化。实际上，不进行正强化也是一种负强化。譬如，过去对某种行为进行正强化，现在酒店不再需要这种行为，但基于这种行为并不妨碍酒店目标的实现，这时就可以取消正强化，使行为减少或者不再重复出现。实施负强化的方式与正强化有所差异，应以连续负强化为主，即对每一次不符合酒店的行为都应及时予以负强化，消除人们的侥幸心理，减少直至完全避免这种行为重复出现的可能性。

总之，强调行为是其结果的函数，通过适当运用即时的奖惩手段，集中改变或修正员工的工作行为。强化理论的不足之处，在于它忽视了诸如目标、期望、需要等个体要素，而仅仅注重当人们采取某种行动时会带来什么样的后果，但强化并不是员工工作积极性存在差异的唯一解释。

2．强化理论在酒店中的应用

目前，我国绝大多数酒店都是采用严密的规章制度和严格实施惩罚手段来保证服务质量的。这一方式在一定程度上能够达到保证管理水平，使酒店正常运转的目的。但是，要想进一步提高酒店人力资源管理水平，就需要管理者在实际工作中，认真研究学习和实践强化理论。

（1）采用负强化手段，思想、行为双重制约　如果一种特定的强化能够防止产生个人所不希望的刺激，就叫作消极强化或负强化。就负强化手段而言，管理者要注意让员工认识到惩罚并不是因为管理者对其有个人的偏见，而是作为实施规章制度的一种必然结果，管理人员仅仅是在履行这一职责。例如，酒店不允许员工使用酒店的客用电梯，规定每天必须完成的数量定额（如清洁房间数）和质量标准以及达不到这些规定的处理方法等。同时，在行使惩罚促使员工行为转变的过程中，还要争取员工思想方面的接受，即实现“双重制约”。所谓“双重制约”是指要想改变员工的行为，就必须从员工的思想根源入手，使其意识到行为的不良后果，在管理者的帮助下，逐步改变不良的行为方式。

（2）采用正强化手段，树立员工工作的自觉性和自信心　正强化是指当积极的行为发生后，立即用物质或精神的鼓励来肯定这种行为。学习和使用正强化手段是现代酒店管理者必须掌握的人力资源管理方法。酒店服务质量的优劣在很大程度上取决于员工对客服务时的即兴表现，而这种表现又很容易受到员工个人素质和情绪的影响，具有很大的不稳定性。服务人员的心境与情绪、公关意识与能力、自信心的培养等都需要管理者有效采用正强化的手段进行管理，公平、公正、公开地在日常管理中及时运用表扬、奖励及其他手段，合理配备、培训、激励员工，以树立员工工作的自觉性和自信心，从而创造出满意的员工，形成良好的酒店氛围。

第二节　酒店员工激励的特点及思维方法

小案例

小李怎么了

小李是刚从大学毕业的学生，经酒店试用后被挑选到总台工作，而其他同学有的到了餐饮部，有的到了客房部。总台对员工各方面的素质要求相对较高，小李也为能在此工作岗位工作深感自豪，工作非常努力。小李用心学习，熟悉业务，进步很快。一年后，小李获得了酒店颁发的“优秀员工”的荣誉称号。转眼两年多过去了，小李的一些同学有的已提升为领班，有的跳槽到了别的酒店，有的出国进修了……面对日复一日从事的熟悉工作，小李渐渐失去了当初的激情与新鲜感，取而代之的是麻木与枯燥感……且升职空间很有限，小李的工作积极性陷入低谷……

思考：小李的工作积极性为何发生转变？该酒店在员工激励方面应注意哪些问题？

一、酒店员工激励的特点

员工是酒店最宝贵的资源，酒店必须重视员工、激励员工，在员工身上倾注精力。要达到激励的效果与目的，酒店管理者首先应把握员工激励的特点，才能设计一套体系完备、科学、可行的员工激励方式、策略与体系。

根据激励原理的分析，我们知道，激励是对人的潜在能力进行开发，它不同于对物质资源的开发，无法通过精确的计算来进行预测、计划和控制，具有其自身的特点：

① 激励是以人的心理作为出发点，通过在其作用下的行为表现出来。

② 由激励产生的动机行为不是固定不变的，在不同的时间、不同的场合，其表现必然不同。

③ 激励的对象是有差异的，从而决定了不同的人对激励的满足程度和心理承受力也各不相同。

④ 激励的目的是使人的潜力得到最大限度的发挥。

因此，要做好酒店员工激励管理，必须将员工需求的特点与激励结合起来。根据酒店员工需求特点的分析，可以看出酒店员工激励具有以下特点：

1. 层次性

根据马斯洛需要层次理论，人的需求体现出层次性的特点。在实际操作中，酒店管理者要根据员工需要层次中的需求迫切性来决定。这就是说，人虽然有多种需求，但这些需求并不是在同时以同样的程度来影响人们的行为的。因此，酒店人力资源工作的首要任务在于找出符合每个员工不同层次的各种需要的适当激励因素，采取相应的酒店措施来满足不同层次的需要，引导员工行为，实现酒店目标。

2. 多样性

不同员工有不同的需要，同一员工的需要也是动态变化的。员工的职位不同、经济状况不同、文化层次不同、性别不同等，决定了酒店员工对于激励的需求呈现出多元化的特点。因此，在激励方式与激励手段的安排和选择上就不能搞“一刀切”，而应根据激励对象的差异（年龄、学历、受教育程度、职务等），设计“一揽子”激励计划，以适应员工需要的动态变化。激励方式与手段的多样化程度直接影响员工需要的满足程度，进而影响酒店的整体激励效果。

3．动态性

从经济学角度来看，每种激励方式与手段的激励效果也基本符合“边际效用递减”规律：酒店采用某种方式对员工进行激励时，初始阶段产生的激励强度较大，员工能表现出较多的积极态度和行为；但随着时间的推移及使用频率的增加，由于员工的需要逐渐得到满足并开始转移，他的积极行为就会逐渐消退，激励的效果也随之减弱乃至消失。由此也可以看出，要维持良好的激励效果，激励方式与手段必须变静态为动态。

4．灵活性

一劳永逸的激励措施和万能的激励方法是不存在的，酒店应通过员工需要调查，及时了解并掌握员工的需要状况及其分布状态，不断了解员工需要层次和需要结构的变化趋势，根据员工的个体差异构建针对性强、灵活多变的激励策略与激励机制，这样才能取得良好的激励效果。

二、以人为本的“三位一体”思维方法

酒店业的发展要求酒店员工具有主动性、积极性和创造性。因此，酒店应该构建以人为本、尊重人性的酒店文化，即尊重人本身所具有的生理、心理行为等特点，追求酒店与员工共同发展、共同参与、共同分享，高度重视人的个人价值。要做到这一点，酒店人力资源部门应该树立“以人为本”、“员工第一”的价值观，运用“三位一体”思维方法，真正做到“换位、定位和到位”，关注、尊重和发展员工的需求，这样才能提高员工的满意度，真正地发挥激励机制的作用。

1．换位：立足于换位思考，真正了解员工需要

动机理论告诉我们：一位员工之所以愿意积极地去从事某项工作，是因为从事这项工作能在一定程度上满足其个人的需求。每个人的需要存在着个体差异和动态性。因此，酒店在进行激励时，要树立“以人为本”的观念，像服务顾客一样服务员工。员工不是简单的“经济人”，更是“社会人”，有各种各样的需要。酒店应把员工当成合作者，建立适应时代特点和员工需求的人性化激励机制；真正做到从员工角度出发，立足于换位思考，设身处地地为员工着想，考虑当时当地员工的工作动机，有针对性地采取激励措施，才能收到实效。

2．定位：针对需求差异，对每位员工的激励措施进行有效定位

分析和掌握酒店员工的需求是产生有效激励的必由之路。对于一个酒店来讲，员工队伍的构成，因受教育程度的不同、社会阅历的不同、年龄的不同、性别的不同等诸多因素的影响，在需求上会表现出种种的差异。而特定员工在不同时期内的需求也不一样。因此，酒店管理要甘于面对和正视这些差异，针对员工的个性化需求，对每位员工的激励措施进行有效定位，将激励因素与每位员工的需求对应，让每一位员工真正了解自己应该完成的任务、达到的目标以及相对应的奖惩，这样才能使激励发挥其作用，如果采用简单性的一

般激励方法，则会使激励失去其应有的作用。当然，满足员工个性化需求同时，要坚持公正公开公平的原则，对于员工合理、正确的需求，酒店要做到及时适度地激励，准确地把握激励的时机，以达到激励的成效；对于员工的不正当、不合理需求，则应该规避、抑制和纠正，并进行有效引导，使员工逐步树立高层次的需求，与酒店的发展目标相吻合。

3．到位：落实到位激励制度，兑现对员工的最终奖惩

酒店制定了明确的激励制度后，必须在实际的管理工作中落实到位，对员工的行为所作出的奖惩一定要兑现，这样才不会失信于员工，才能有助于树立酒店的威信，真正激发员工潜能，调动员工工作积极性。这要求酒店在对员工进行激励时，必须做到赏罚严明、赏罚适度。赏罚严明要求铁面无私、不论亲疏、不分远近、一视同仁；赏罚适度要求从实际出发，赏与功相匹配，罚与过相对应。

奖励和惩罚都是激励的有效手段。要达到激励的效果，一定要严格按激励制度执行，将奖惩落实到位。俗话说“小功不奖则大功不立，小过不戒则大过必生”，讲的就是这个道理。对于员工的正确行为给予肯定和鼓励，对有成就的员工给予奖励，这不仅使被肯定者、受奖励者本人看到自己的努力与成绩受到酒店的肯定，从而更加努力工作，同时又能使周围的人得到鞭策和鼓励。同样，对不良行为给予处罚，不仅可以使员工本人从中吸取教训，也可以使周围的人受到教育。基于这两点，员工在工作中只能努力工作，不能放松，始终保持高度的积极状态，而这正是奖惩并用所带来的双重激励效果。

三、了解员工需求的具体方法

酒店管理者应该明确激励的起点是满足员工的需要。不同的员工有不同的需要，即使同一员工在不同的时期、不同的环境也有不同的需求，并且在不同时期，员工还有起主导作用的优势需要。因此，酒店管理者必须深入地进行调查研究，不断了解员工需要层次和需要结构的变化趋势，掌握员工不同时期的优势需要，有针对性地采取激励措施。

1．改进管理者的管理方式，关心和尊重员工

作为激励主体，各级管理者要加强学习，掌握激励技巧，把握激励实际，尽快实现从管家、教练到服务者的角色转变。在具体的管理过程中，要给予员工充分的尊重与信任，并合理地授权；不应只把员工当作命令执行者，而应征询员工的意见、让员工参与决策、实行意见征集等。

关心和尊重员工，是了解员工需要的基础。成功的管理者往往能观察员工的细微表现，能体察员工的生活甚至可能包括感情、家庭生活等方面。关爱每一个员工，与员工之间建立平等和亲切的感情，让员工们觉得这个工作环境就是一个温暖的大家庭，往往能取得意想不到的良好效果。尊重员工，就是尊重员工在酒店的主人翁地位；理解员工，就是理解员工的精神需求和物质追求；关心员工，就是要心系员工，尽可能解决员工的实际困难。这样，通过深入的了解与平等对话，才能及时细致地了解员工需要。

2．采用科学合理的调查方法，进行员工需求分析

（1）问卷调查法　通过设计一套问卷，把能够想到的员工需要（当然是酒店能够满足的需要）都列入调查表中，让员工自主进行选择，这样最终确定每一个员工的需要。这种方法的优点在于不仅简便易行，而且可以使激励措施和方法能有针对性地照顾到绝大多数员工的需求。

（2）访谈调查法　通过访谈方式进行调查，可以促使每位上司与员工进行积极而且有效的沟通，建立员工的个人需求档案，并随着酒店的发展动态进行更新，并以此作为差异化激励的客观依据。这种方法的优点在于深入细致。

（3）观察法　使用问卷调查法和访谈调查法都无法真正了解员工的需要时，作为管理者只能通过平时的观察，来分析、判断员工的不同需要。

酒店管理人员在实际工作中，可以将上述3种方法结合在一起应用，取长补短，以便能更全面地了解员工的需求，来达到最佳激励效果。另外酒店管理人员还应考虑到员工的需求不是一成不变的，要定期对员工的需求进行调查。

3. 加强员工沟通，保证酒店内部信息沟通顺畅

根据期望理论，人总是为了达到自己心理期望的东西而努力工作，在他们的目标还没有实现之前，它表现为一种期望，是员工努力的动力。沟通是人们社会生活的基本需求之一。沟通是了解员工需要的最好方式，通过沟通可以了解员工在工作中的问题，及时了解员工需要，帮助员工发展。若酒店中，员工与管理者、员工与员工、各部门之间沟通不畅，或只是单向沟通，均可能引起员工的不满，产生误解，降低士气，就很难建立起良好和谐的人际关系，缺乏凝聚力。酒店管理者与员工的沟通要建立在平等的基础上，不定时地和员工进行交流，明白员工的心理需求，在工作中适当地听取员工意见，关心员工的发展，尽可能地帮助员工做好职业规划。只有进行深层次的沟通，才能了解员工的不同需要。

酒店内部信息公开和信息沟通顺畅对员工的影响较大。因此，酒店应以新闻简报、公告牌和内部网络等多种形式与员工进行沟通，鼓励各部门之间和部门内部员工之间交流相关信息，让员工知道酒店的愿望和目标，及时了解酒店的经营动态和管理信息。开诚布公的沟通可以形成平等、宽松的工作氛围，消除上下级误会。沟通是员工发泄不满、提出意见和建议的好方式，员工能以更愉快的心情投入工作。沟通的形式有多种，如“走动式管理法”、“开门办公”的政策，总经理热线和信箱，座谈会，与员工共同进餐等。酒店信息的透明化和公开化不仅能使酒店管理者了解员工需求，而且能够使员工意识到自己是酒店的一份子，酒店的事与自己息息相关，从而激发员工的参与意识和积极性，提高工作效益。

四、制定有效激励政策的方法

1. 深入调查员工需求并建立适合本酒店的激励菜单

现在大多数酒店激励措施针对性不强，对员工的最佳需要的捕捉仍然停留在简单的粗略估计上，没有以真实的调查和科学的需要分析为基础，也没有结合酒店自身的特点来制定激励政策和措施，所以激励政策缺乏针对性和及时性，出现了激励空当现象和激励错位现象，造成了人力、物力、财力资源的浪费。酒店要提高激励的效率就应该对员工（特别是核心员工）采取“一对一”的激励。根据员工不同的情况和需要量身定制不同的福利，并确保让这项福利对该员工是最有吸引力的。

酒店员工的激励手段和激励方式有工作成就激励、参与激励、目标激励、带薪休假、公开表扬、信任与授权、情感激励、物质激励等。酒店应该建立适合本酒店的激励菜单，列出激励项目并规定激励总值，让员工可以在菜单范围内进行部分选择，各取所需，从而使激励手段更具个性化和针对性，其激励绩效自然也将更为突出。

2．制定明确和公平的激励制度

激励行为本身应该规范化、制度化。酒店的激励制度不明确、不健全，模棱两可，会导致员工不清楚自己工作中的哪些行为属于可以奖励，不明确该做什么，以及怎样做，造成干好干坏一个样的情形，严重挫伤期望以自己优秀的工作能力赢得认可的员工。同时，规章制度模糊、不健全、不科学，也将直接导致管理人员在处理问题时无章可依，凡事凭自己的主观决断，因而引发员工的不满，导致管理混乱，大大降低工作效率。

因此，酒店必须在实际工作中大力狠抓制度建设，明确哪些行为属于激励的范畴，何时开展一次集中的激励活动，什么样的行为对应什么样的激励，并以制度的形式规范下来，将各项工作细化，使员工明确知道自己的努力会得到怎样的激励，为获得期望的激励应该完成怎样的成绩等。酒店可在广泛征求员工意见的基础上出台一套大多数人认可的制度，并且把这个制度公布出来，成为所有员工都知道的行动方针，酒店在激励中严格按制度执行并长期坚持。通过规范化和制度化的激励制度，使员工的期望能在恰当的时候以恰当的形式和恰当的力度得到实现，从而将外部的推动力量转化成一种自我努力工作的动力，员工的潜能将得到极大的发挥。

3．在管理实践中不断完善和调整激励措施

员工需要的内容及构成是动态的，是随着时空的变化而变化的。因此，要满足其最强烈的需要来进行激励的效果也是有时效性的。针对不断变化的员工需求，激励要不断完善调整，真正满足员工当时当地的需求。如果同一激励手段不断重复使用，激励效力就会降低，就难以使人保持持续的积极状态，因而不能将激励限于特定的类型。激励方案的设计要具有柔性，能够根据激励对象不同的需求期望、不同的情境而灵活地运用不同的激励因素，使员工的积极性不因激励措施的不当而有所减弱。员工的需求是随着年龄、知识和个人事业的发展不断变化的，管理者要能够及时察觉员工需求的变化，每隔一段时间做一定的调整，及时地改变激励方案，调整激励的方式、内容和激励程度等，避免激励措施与员工需求脱节，也防止员工对激励措施麻木，这样方能实现激励的意义。

第三节　酒店员工激励的原则及应注意的问题

小案例

员工是酒店的上帝

美国第四大零售店华尔连锁商店成功的秘诀就一句话：“我们对自己的员工关怀备至。”

华尔的创办人华顿自 1962 年开始，每年都要视察下属的各个连锁店。公司的经理们在他的带动下，每年都用大量的时间到连锁商店里工作，办公总部空荡荡得像个无人仓库。华顿说：“我们最好的主意都是职员提出的；我们最重要的工作是让同事们说话，请他们参与管理工作。”

有一次，华顿到批货中心去，他站在货运甲板上和工人聊天。根据那里的工作条件和员工的需要，他决定建两个淋浴大棚。每个员工都感到了老板无微不至的关怀。

又一次，华顿坐专机到得克萨斯州的蒙特皮雷森镇去，他在半路就下了飞机，让驾驶员在目的地等他。他在公路上拦住一辆华尔连锁店的运货车，乘车到达了目的地，在车上他同司机聊得非常投机。

华尔连锁店的员工都感到自己有所成就。在每周六召开的例行管理会议上，工作成绩突出的员工会获得一枚徽章。每星期都有几个店面荣登“荣誉榜”。

到1970年，华尔连锁店就已经拥有员工2万多人，销售额从4500万美元猛增到16亿美元，连锁店分店由18家发展到330家。

在酒店的管理中，有一种管理理论及模式行之有效：把人的尊严放在第一位，关心员工，使他们自尊自信，感受到酒店的关怀与尊重，以更好地激励员工心情舒畅地参与酒店的生产、管理活动。

思考：华尔连锁商店在员工激励方面的做法有什么值得借鉴的地方？

一、员工激励的一般原则

1. 引导性原则

在激励员工的过程中，必须配以积极的、及时的、来自多方面的引导。激励措施只有转化为被激励者的自觉意愿，才能取得激励效果。因此，引导性原则是激励过程的内在要求。酒店人力资源工作应该以积极的态度指导员工及时纠正工作中的偏差，并注意保护员工的积极性，提高激励的成效。

2. 公平公正性原则

公平公正是激励的一个基本前提，缺乏公正的激励，奖罚不当，不仅收不到预期的效果，反而会造成许多消极后果，危害酒店。公平公正一方面意味着所有员工在激励面前享有平等的权利和义务，另一方面也意味着奖励的程度与价值贡献度对等。公平公正是员工管理中一个很重要的原则，任何不公的待遇都会影响员工的工作效率和工作情绪，影响激励效果。

3. 合理性原则

激励的合理性原则包括2层含义：

（1）激励的措施要适度　要根据所实现目标本身的价值大小确定适当的激励量。

（2）奖惩要公平　激励措施的使用一定要合理、适度，从量上进行把握，激励程度不能过高或过低，否则不但起不到激励的真正作用，有时甚至还会起反作用。

4. 明确性原则

激励的明确性原则包括3层含义：

（1）明确　激励的目的是需要做什么和必须怎么做。

（2）公开　特别是分配奖金等大量员工关注的方面时，更为重要。

（3）直观　实施物质奖励和精神奖励都需要直观地表达它们的指标、总结和授予奖励与惩罚的方式。直观性与激励影响的心理效应成正比。

二、员工激励的高级原则

1．按需激励原则和因人而异相结合的原则

在激励过程中要注意员工人性化、个性化原则。管理者要成为员工的知心人、贴心人，及时、全面地掌握员工的情况，了解员工的性格和特长。针对员工的需求量身定制激励措施，要求管理者提供的奖励必须对员工具有意义，否则效果不大。不同员工的需求不同，即便是同一位员工，在不同的时间或环境下，也会有不同的需求。所以，激励要根据员工不同时期的需要，实施差别激励，达到“你所给予和激励的正是他最需要的”。

激励的起点是满足员工的需要，但员工的需要因人而异、因时而异，并且只有满足最迫切需要（主导需要）的措施，其效价才高，激励强度才大。因人而异的激励方式，提倡奉行能力重于学历、内在重于外在、心理重于物质、身教重于言教、肯定重于否定、激励重于控制的原则。例如，根据酒店现状及发展目标，系统制订各部门员工的培训发展计划，根据每个人的职业生涯设计制订个性化的培训计划，搭建起个性化发展的空间，激发员工的工作潜能，从而收到事半功倍的效果。

2．物质激励与精神激励相结合的原则

许多酒店管理者认为，员工上班就是为了挣钱，因此金钱是激发员工工作积极性和创造性的最有效工具。事实上，员工的需要是多种多样的，除了物质需要外，还需要有精神上的嘉奖和鼓励。因此，在现代酒店业人力资源管理中，应淡化物质激励和精神激励的界限，把物质激励与精神激励紧密结合起来，发挥物质激励和精神激励的双重激励效果。酒店管理者要调动员工的积极性，不仅要注意物质利益和工作条件等外部因素，更重要的是要注意工作的安排，量才录用，各得其所，注意对员工进行精神激励，给予表扬和认可，注意给员工以成长、发展、晋升的机会。这逐渐成为酒店人力资源管理非常关注和需要解决的重要问题。只有将二者紧密结合起来，才能更好地对其进行有效的管理。

3．正强化和负强化相结合的原则

正强化就是对员工符合酒店目标的期望行为进行奖励。负强化就是对员工违背酒店目标的非期望行为进行惩罚。在酒店的激励管理中，树立正面的榜样和负面的典型，都能给员工造成一定的压力和动力，在酒店中形成激励的氛围。正负强化都是必要而有效的，不仅作用于当事人，而且会间接地影响周围其他人。但负强化的惩罚措施，会在一定程度上打击员工的信心，产生挫折心理，影响其工作绩效，所以在激励管理中，应坚持正强化为主、负强化为辅的原则。

4．目标性和时效性相结合的原则

激励是为了鼓励员工向实现酒店目标的方向作出努力，是实现酒店目标的一种手段。在激励机制中，设置目标是一个关键环节。目标设置必须遵循酒店目标与员工个人目标相结合的原则。在激励管理的过程中，首先，要体现酒店目标的要求，如果员工目标脱离酒店目标，激励就起不到提高效率的目的；其次，要体现员工的个人利益，否则将达不到激励的预期效果，甚至事与愿违，引起员工反方向的行为。

激励时机是激励机制的一个重要因素。激励在不同时间进行，其作用与效果是有很大

差别的。把握激励的时机，“雪中送炭”和“雨后送伞”的效果是不一样的。超前激励可能会使下属感到无足轻重，迟到的激励可能会让下属觉得画蛇添足，失去了激励应有的意义。激励越及时，越有利于将人们的激情推向高潮，使其创造力连续有效地发挥出来。

5. 情感激励与发展激励相结合的原则

酒店是一个软性因素占主导地位的行业。如果管理者一味地依赖指挥和控制，是难以达到满意效果的。酒店要有骄人的业绩，首先要让员工“感觉良好”，视自己为酒店这个“大家庭”的一员。员工对酒店产生的感恩情结将能激发出惊人的力量，使其自觉努力地工作。管理者应充分了解员工的经济、住房、健康、家庭状况，尽力帮助员工解决衣食住行等生活上的问题，使其没有后顾之忧，能全身心地投入工作。

当然，酒店在期望员工为酒店的发展努力工作的同时，也应为员工个人的发展考虑，尤其是为员工进行职业生涯规划设计，提供适合其要求的升迁道路。这是一种长期激励措施，是一种必不可少的激励手段。酒店应充分了解员工的个人和职业发展意愿，结合实际，为员工提供适合其要求的升迁道路，使员工的个人发展与酒店的可持续发展得到最佳结合，员工才有动力为酒店贡献自己的力量。个人职业生涯设计包括职业理想、职业发展方向、业务技能目标、知识水平和管理能力的培养等。但值得注意的是，员工职业生涯的设计切忌千篇一律，否则形同虚设，激励的有效性将大大弱化。

三、领导激励部属的注意事项

1. 构建共同愿景，将酒店目标与员工个人需要有机结合

成功的酒店要善于构建共同愿景，使其成为全体员工共同奋斗的方向，增强员工的使命感、凝聚力和向心力。酒店业是劳动密集型的服务行业，需要每位员工紧密配合实现酒店的目标。酒店的这种特殊性，要求酒店人力资源部门在激励员工时，树立明确的目标，并把目标进行分解，使每一部门、每一个人都知道自己承担的责任和应作出的贡献，把员工个人、班组、部门、群体与酒店内有关各方的需求统一起来，这样才能使员工激励取得良好的效果。

具体而言，酒店在大力宣传酒店的战略目标和发展前景的同时，要注意把酒店目标与员工个人目标结合起来，引导员工个人目标与酒店目标同向，使员工的个人切身利益与酒店的整体利益一致，这样使员工认识到酒店目标包含着个人目标，个人利益与酒店整体利益息息相关，只有完成酒店目标才能实现个人目标。把酒店要求与个人需要结合起来的酒店目标，是酒店凝聚力的核心，体现了员工工作的意义，预示着酒店光辉的未来，能有效激发员工的斗志，让全体员工看到自己工作的巨大社会意义和光明的前途，从而心甘情愿地为酒店整体利益服务，树立强烈的事业心和使命感，激励他们更出色地完成工作。

2. 用“行动”去昭示部下

酒店管理者的行为对激励制度的成败至关重要。管理者要善于用自己的“行动”去昭示部下，依靠自己的自然影响力给部属以积极的影响。①领导者要从生活行为上甘于同员工同甘苦、共荣乐，以更大的奉献精神、更卓越的工作业绩、严肃和蔼的合作态度，构成平等互助的优秀团队；②要做到公正公平，不任人唯亲，经常与员工进行沟通，尊重支持下属；③酒店管理人员要为员工做出榜样，在日常的处世与待人接物的活动中和工作中，

展示自己的学识水平、工作能力、管理艺术、品德修养和良好的职业意识，让员工受到教育和感染，培养下属对自己的尊敬，从而增加酒店的凝聚力。这要求领导者要加强学习，注重修养，不断提高自己的人格魅力和领导才干，靠自己出众的才华和高尚的品格服众。

3．善用“引导而非控制”的方式

在酒店实际工作中，经常可以看到管理人员对下属实施心理压力，以监视、罚款或者辞退相威胁，试图对员工进行心理上的控制，这种心理压力却导致员工从心理上对酒店与管理人员的极度不信任，甚至产生憎恨的情绪。而且在工作中一味地否定和控制会使人产生挫折感，严重挫伤员工的工作积极性与主动性，反而带来员工的不良行为。诚然，任何一位员工都是矛盾的统一体，他既有积极的、正确的一面，也有消极的、错误的一面，但是对于大多数员工来说，前者是主流，后者是支流。所以，酒店应提倡柔性管理模式，倡导主流，否定支流。在激励员工时，应该充分肯定其成绩，认可员工的努力，多运用欣赏激励的方法，这样不仅会给他心理上带来满足，而且使他有明确的是非观念并为取得更好成绩而努力工作。而对于员工的负面行为，适度运用相应的控制和惩罚措施也是必要的，这可以使员工从中吸取教训，也可以使周围的人受到教育。但是一味地严厉处罚和控制的方式是不可取的，酒店管理者应该在此基础上，更注重采用引导员工的行为方式，通过积极的、及时的、多方面的引导，以理服人，用正确的道理来启发员工，适时地使用规章制度规范员工的言行，纠正员工工作中的偏差和错误，奖惩并用，坚持以奖励和引导员工的正确行为为主，以惩罚和控制为辅的原则。只要领导者引导得法，及时总结经验，肯定主流，就有可能获得多数人的理解，提高员工管理的效率和质量。

4．信任员工，给予员工充分授权

信任员工，意味着充分授权。充分授权体现了管理者相信员工的判断力和处理问题的能力。信任是对员工的智慧和创造力的肯定。通过授权，可以给员工带来正面的自我认知和任务导向行为。信任能够唤起员工的责任感和自豪感，满足员工对成就、认可和自我实现这样高层次需要的追求。管理者对员工的信任是一种很大的奖赏，员工因为得到授权以及领导对自己的信赖，而大大激发工作的创造性和主动性，在工作中更加得心应手，能够为宾客提供更好的服务，赢得宾客满意。

5．激励员工从结果均等转移到机会均等，努力创造公平竞争环境

酒店各部门因情况不同，分配机制也有所不同。如何稳定酒店员工队伍，创造公平的竞争环境呢？首先，酒店应在分配上尽量做到合理，所有的员工在获得或争取奖酬资源方面，机会一定要均等。其次，让所有员工处在同一起跑线，具备同样的工作条件，使用同一考核标准。再次，激励措施实施的过程要公正，要做到过程的公开化和民主化，公平处事、公平待人，不以好恶论人，亲者厚、疏者薄。只有这样才可以增强员工的思想交流和心灵沟通，融洽酒店员工的人际关系，营造一种酒店关心员工，员工热爱酒店，实现双赢的环境氛围。

6．改善管理方式，营造和谐的员工工作氛围

管理者要改变高高在上、管理中简单粗暴的形象。有效的沟通是转变员工态度和行为，使其向积极的方面发展的重要途径。领导者在工作期间和工作之余多与员工交流，多听取员工意见，收集员工工作中的意见或对领导看法，并积极将其中有建设性的建议予以实施；

对某些领导的看法，要及时与该领导通气，让其在以后的工作中不断修正。领导者在激励员工时，要注重加强内部的信息沟通畅通，尤其能让员工有参与管理的机会，这有利于增强团队精神，提高员工积极性。例如，处理简单客人投诉或酒店服务细节制定等问题中，适度放权于普通服务员，员工参与到管理当中，感受到自己对于酒店的重要性，有利于工作氛围的和谐融洽。对于这种放权的激励机制，能让员工在酒店有主人翁意识，主动处理酒店中发生的诸多问题，服务中主动意识更强。

第四节 酒店员工激励的操作技巧

“没有满意的员工，就没有满意的顾客。”对于酒店管理者来说，要实现顾客的满意，首先应该让自己的员工满意。而员工的满意来自于对现任工作的心理感受，这对酒店的发展起着至关重要的作用。酒店必须根据影响员工满意度的因素，了解员工气质，把握员工类型，挖掘员工潜力，综合运用多种激励机制，把激励的手段和目的结合起来，改变思维模式，真正建立起适应酒店特色和员工需求的开放的激励体系，调动员工的积极性，充分发挥员工在酒店中的价值。

一、员工气质与激励

每位员工都具有某种特定的员工气质和属于某种特定的类型，都拥有自己的独特的价值观念与奋斗目标。因此，优秀的管理者必须熟悉员工的类型、了解员工的需求，在做员工的思想工作中要依员工的气质差异，采取相应的方式方法，这会起到事半功倍之成效。

俄国生理学家巴甫洛夫指出：“气质是每个人区别于他人的最一般的特征，是他们神经系统最基本的特征。而这种特征在每一个人的一切活动上都打上了一定的烙印。”巴甫洛夫把气质分为 4 种基本类型，即多血质型、黏液质型、胆汁质型、抑郁质型。在管理工作中，我们也可以按照这 4 种类型对应员工的气质进行激励管理。

1. 多血质型

灵活性高，易于适应环境变化，善于交际，在工作、学习中精力充沛而且效率高；对什么都感兴趣，但情感兴趣易于变化；有些投机取巧，易骄傲，受不了一成不变的生活。代表人物有韦小宝、孙悟空。多血质的人表现粗心大意、注意力不够集中，批评时要命中要害、尖锐严肃，因为这类人比较开朗，可塑性强，易于接受批评。

2. 黏液质型

反应比较缓慢，坚持而稳健地辛勤工作；动作缓慢而沉着，能克制冲动，严格恪守既定的工作制度和生活秩序；情绪不易激动，也不易流露感情；自制力强，不爱显露自己的才能；固定性有余而灵活性不足。代表人物有鲁迅。黏液质的人比较固执、不易改变，做这类人的工作要耐心细致，反复说服，动之以情，晓之以理，使其逐步改变。

3. 胆汁质型

情绪易激动，反应迅速，行动敏捷，暴躁而有力；性急，有一种强烈而迅速燃烧的热情，不能自制；在克服困难上有坚韧不拔的劲头，但不善于考虑能否做到，工作有明显的周期性，能以极大的热情投身于事业，也准备克服且正在克服通向目标的重重困难和障碍，但当精力消耗殆尽时，便失去信心，情绪顿时转为沮丧而一事无成。代表人物有张飞、李逵。胆汁质的人易冲动，好挑衅，故可以直截了当，先肯定成绩，后严肃批评。

4．抑郁质型

高度的情绪易感性，主观上把很弱的刺激当作强作用来感受，常为微不足道的原因而动感情，且有力持久；行动表现上迟缓，有些孤僻；遇到困难时优柔寡断，面临危险时极度恐惧。代表人物有林黛玉。抑郁质的人感情脆弱多疑，对这类人更要鼓励、少批评，多侧面引导，少正面指责，但因这类人多疑、孤僻、怯懦、缺乏果断和信心，则一定要讲服说透，最终切记要鼓励和激励。

当然，作为管理者在看到某种气质积极面的同时，必须正视消极的一面；同样，在看到消极的一面的时候，也不能够忽略积极的一面。这就要充分利用每位员工气质的积极因素，控制其消极的影响，扬长避短。尽可能地根据员工气质，安排能够充分发挥其积极因素的工作环境，创造消除消极因素的氛围。

二、人才类别与激励

1．对高层次管理人员的激励

高级管理人员是酒店管理的决策层，包括酒店的正、副总经理，各部门总监等。管理人员一般收入很高，物质享用比较丰富，中等偏上的需求已得到基本满足。此时，这一部分人所需求的已进入高层次，他们希望自己的社会地位能得到别人的认可，他要在社会上得到别人的尊重，他要表现甚至实现自己的人生价值。麦克利兰的成就需要理论告诉我们，管理人员的优势需要集中在成就需要和权力需要；双因素理论告诉我们，高层次需要更多是从工作本身获得满足的。酒店应建立立体的激励方式，即以经济激励为基础，辅之以发展激励和感情激励来保证管理者工作积极性的发挥。①在物质刺激上，根据管理者贡献的大小，实行股票期权制度，把管理者的物质利益同酒店的长远发展相结合，避免短期行为，消除不确定因素的影响，规避人为的风险。②董事会根据发展需要，在可约束的前提下，进一步扩大管理者的经营管理权力，使得决策者的自我实现价值体现到酒店的发展方向上，提高和加强决策者对酒店的忠诚度。③更加注重精神激励，对管理层做出的成绩要给予及时的表扬和认可，给管理者更多的发展和展示机会，以便有进一步施展才华和实现抱负的平台。

2．对中层管理人员的激励

中层管理人员包括部门正副经理、部门主管等。中层管理者是一个特殊的群体，大多都有成就一番事业的目标和冲动。他们构成了酒店的核心员工，在酒店的发展中起着举足轻重的作用。如果简单地采用“胡萝卜加大棒”、“重赏之下必有勇夫”等措施，几乎起不到激励作用，有时可能适得其反。因此，对中层管理人员的激励应采用“动静”结合、“长短”结合的办法。“动静”是指动态与静态激励因素相结合，其中“静态”因素包括职务工资、职务消费等与职务相联系的待遇，“动态”因素包括绩效工资、项目工资等与工作效果与效率有关的收入。“长短”是指长期与短期因素相结合，其中“短期”因素包括年度目标奖励、年度绩效评价与评比等以一个年度为周期的激励措施，“长期”因素包括期股期权、长期培训、签订长期雇佣合同等与酒店长期目标和可持续发展相关的激励因素。

3. 对一线员工的激励

酒店一线从业人员有两个最为突出的特征：一是文化素质普遍偏低；二是年龄普遍偏小。这就决定了他们在性格上还没有完全成熟，具有较强的随意性和可塑性；在事业上，由于刚刚起步，职业发展方向迫切需要规划与引导；在生活上，多为打工族，所获报酬较低，急需得到生活上的帮助；在文化上，刚刚走出学校大门，自理能力和认识能力有限。根据一线从业人员的这些特点，激励应主要放在物质激励和职业培训上。主要表现为以下几点：

（1）改善员工薪酬福利制度。酒店薪酬福利是酒店对员工工作的回报和补偿，是影响一线员工积极性的关键因素。一般来讲，影响员工对酒店薪酬福利的评价因素有：①员工对薪酬福利的理解程度；②员工实际得到的薪资数额；③对比薪资水平。目前不少酒店的薪酬福利在当地水平偏低。因此，在开展薪资认知教育的同时，调整目前工资结构和工资水平是保持物质刺激动力、提高员工积极性的关键。

（2）建立公平合理的绩效考评制度与晋升机制。绩效考评制度是否公平合理，不仅关系到薪资待遇，更重要的是关系到员工士气，关系到整个酒店的精神状态。酒店应保证员工绩效考评制度的客观性、公正性、精确性、全面性和完整性。

（3）重视员工培训，有效提升员工的职业能力。有计划、有步骤地进行多层次、全方位的培训，采用科学化、多样化的培训手段，丰富培训内容，提高员工知识技能，促进员工可持续发展，增强员工适应环境变化的能力，满足员工追求自身价值的内在要求。

三、引爆员工潜力的实用法则

当前国内酒店业中普遍存在着激励方式重点不突出、对象不明确（如对不同层次员工的激励）、缺乏力度、机制单一、重物质轻精神等问题。这在一定程度上产生了激励与需要的错位。酒店业应该重视激励手段和措施的创新，根据自身的一些实际情况综合运用酒店员工激励八法则，以达到预期的目标。

1. 充分尊重——让员工在平等中进取

尊重能够赢得人心。酒店应视员工为合作者。酒店的所有者、管理者和员工在人格上是平等的，在工作上只是扮演的角色不同而已，如“员工以顾客为上帝、管理人员以员工为上帝”的管理模式，就充分体现了尊重员工和优质服务之间的激励作用。另外，管理者见到员工时，首先向员工打招呼或问好，每天早晨在酒店门口迎候员工上班等小的举动都能给员工以平等和谐的感觉，拉近双方的距离，并让员工感受到酒店对他的尊重和理解。

2. 量身定做——让员工享受“一对一”激励

激励的目的是为了提高员工工作的积极性，影响工作积极性的主要因素有工作性质、领导行为、个人发展、人际关系、报酬福利和工作环境等，而且这些因素对于不同酒店所产生影响的排序也不同。酒店要根据不同的人才类型和特点制定激励制度，充分考虑员工的个体差异，实施“一对一”的有差别的激励机制。

3．雇佣保障——让员工感受职业安全

酒店应通过设计保障政策减少员工失业，不到迫不得已不轻易提出裁员计划，让员工有职业安全感。日本的一些酒店就倡导终身雇佣制，使员工与酒店成为一体，员工对酒店就产生了更多的认同感和主人翁的意识，实现员工对酒店的忠诚。

4．即时奖励——让员工感受及时雨

员工一旦有了好的工作表现，酒店应该给予即时奖励。即时奖励有助于调动员工积极性，强化员工的优异行为，刺激员工产生更高期望，使他们有更努力的工作。这种即时奖励多次重复后，员工良好的行为习惯就会自然化。

5．小型激励——让员工乐不思蜀

酒店应增加小型激励，在不减少激励分量的同时，适当提高激励的覆盖面。实际上，频繁的小规模奖励会比大规模奖励更有效。小型激励会让员工经常沉浸在受奖励的快乐中，能够产生持续的激励效果，增加员工的工作动力。

6．心理契约——让员工有意外收获

减少定期奖励，增加不定期奖励，以抑制员工由于对固定奖励的模式化的思维而产生惰性心理。酒店在对员工实施管理的每个环节中，要注意建立和维持这种无制度的心理契约以发挥心理契约的激励作用，这样员工不知道会在什么时候得到意外的奖励，这会给员工带来意外的惊喜，让他觉得工作更有乐趣。维持整个心理契约的关键，是心理契约发展的每个阶段是否存在有效沟通和能否获得满意的解释。

7．联络家属——让大家、小家成为一家

酒店应设立一些专门为员工家属提供的特别福利，比如在节日之际邀请家属参加酒店的联欢活动，赠送酒店特制的礼品，让员工和家属一起旅游，给孩子提供礼物、奖学金等，让自己的员工在家属面前感到有“面子”，也让其家属感到温情和满足。

8．系统培训——让员工持续充电

酒店不仅应让员工有充电的机会，并且有持续的充电机会，为每一个有需要的员工建立培训档案，与员工一起进行职业规划，将员工的发展与酒店的发展联系起来。同时倡导建立一个学习型酒店，让员工感觉到这个酒店的氛围可以让他不断地提升自己的技能，充实自己的经验。

四、如何处理员工的抱怨

在工作中员工不可避免地会产生各种抱怨，当员工认为自己受到不公正待遇时，会采取一些方式来发泄心中的怨气。抱怨并不可怕，可怕的是管理者没有体察到这种抱怨，或者对抱怨的反应迟缓，从而使抱怨的情绪蔓延下去，最终导致管理的更加混乱与矛盾的激化。管理者要认识到，员工的抱怨在一定程度上反映了酒店存在的问题和不足，妥善地处理好员工抱怨，不仅可以消除员工的怨气，而且还可以促进情感沟通和酒店管理水平。

1．正确处理员工抱怨对于酒店经营管理的意义

（1）员工抱怨有助于酒店管理者发现酒店服务与管理中存在的问题与不足。酒店的问题是客观存在的，但管理者不一定都能发现。原因之一是，“不识庐山真面目，只缘身在

此山中”，长期在一个环境中工作，会视而不见，但员工长期工作在服务第一线，是酒店各项规章制度的实际履行者，在工作中与各部门、各种类型的客人打交道，对于酒店问题有切身体会和感受，容易找到问题和不足。

（2）为酒店管理者提供了一个改善员工关系的机会。要知道管理者怎样对待员工，员工就会怎样对待顾客。要想保证和提高服务质量，首先要改善员工关系，创造“满意”的员工。通过员工的抱怨，酒店了解到员工的“不满意”，从而为酒店提供了一次极好的机会，使其能够将“不满意”的员工转变为“满意”的员工，消除员工对酒店的怨气，改善员工关系。

（3）有利于酒店改善服务质量，提高管理水平。不要小看员工的抱怨，不能不理不睬，或者针锋相对，要以冷静、和缓的态度来处理，否则到一定程度时，伴随着抱怨，可能还会有出现降低工作效率等情况，有时甚至会有拒绝执行工作任务、破坏公司财产等过激行为。酒店通过员工的抱怨可以不断地发现问题，如果采取有针对性的措施很好地消除员工抱怨并解决问题的话，有利于酒店改善服务质量，提高管理水平。

在对员工抱怨持有了正确的认识态度之后，处理员工抱怨的管理者还应了解员工为什么会抱怨，即要清楚员工抱怨的原因是什么，就像医生为人治病一样，只有清楚病因，才能对症下药，否则药不对症只会引起更大的问题。

2．员工抱怨的主要原因

员工产生抱怨的原因有很多，但从总体上讲，可分为以下 4 个方面：

（1）经济报酬不合理　薪酬是酒店员工特别是普通员工最看重的激励因素，酒店普通员工的工作比较辛苦，收入还处于低水平，如果酒店的薪酬制度以及福利待遇等长期停滞不前，甚至减少，或者分配不公平合理，肯定会成为员工抱怨最多的内容。

（2）对工作条件或工作本身的要求得不到满足　员工对工作环境和工作条件的抱怨几乎能包括工作的各个方面，小到公司的信笺的质量，大到工作场所的地理位置等都可以涉及。另外，员工所从事的工作内容本身枯燥无味，使他们感到不能展示自己的才能和长处，与自己的兴趣、能力不相符合，也会产生抱怨。

（3）个人职业发展空间有限　员工进入酒店工作，有着自己的价值追求，如希望在酒店学到新的知识技能，渴望得到较高的报酬和良好待遇，期望在符合个人志趣的工作岗位上得到赏识和晋升，拓展自己的职业发展空间等。当酒店无法满足员工的正当职业发展需要的时候，员工也会产生抱怨，甚至离职。

（4）酒店管理不善　由于管理人员督导不力，酒店管理比较松懈、部门之间缺乏沟通和协作精神、部门之间的工作衔接不畅，造成同事之间的抱怨、部门和部门之间的抱怨等。

3．酒店管理者如何处理员工的抱怨

（1）做好应对员工抱怨的心理准备　抱怨是一种正常的心理情绪，当员工认为他受到了不公正的待遇，就会产生抱怨情绪，这种情绪有助于缓解心中的不快。管理者大可不必对员工的抱怨产生恐慌，但一定要认真对待。管理者要做好应对抱怨的心理准备，不要害怕员工的抱怨，而应该以乐于接受、善于体谅、勇于承担、敢于负责的态度应对员工抱怨。

（2）认真倾听，真诚相待，平等沟通　员工抱怨的发泄需要听众，而这些听众往往是他最信任的那部分人。当管理者发现下属在抱怨时，首先要保持冷静理智，设法消除员工的怒气，可以找一个单独的环境，让员工无所顾忌地进行抱怨，管理者所做的就是认真倾听、真诚相待。这样有利于使员工感受到管理者对他的尊重和关爱，建立对管理者的信任。

实际上，80%的抱怨是针对小事的抱怨或者是不合理的抱怨，它来自员工的习惯或敏感。对于这种抱怨可以通过与抱怨者平等沟通来解决。管理者首先要认真听取抱怨者的抱怨和意见，其次对抱怨者提出的问题做认真、耐心的解答，并且对员工不合理的抱怨进行友善的批评，这样做就基本可以解决问题。另外20%的抱怨是需要处理的，它往往是因为公司的管理或某些员工的工作出现问题。对抱怨者首先还是要平等地进行沟通，先使其平静下来，阻止抱怨情绪的扩散，然后再采取有效的措施。

（3）深入调查，处理迅速，言行一致　任何抱怨都有起因，除了从抱怨者口中了解事件的原委以外，管理者还应该对事情的经过进行深入调查，如听取其他当事人或员工的意见。如果是因为同事关系或者部门关系之间产生的抱怨，一定要认真听取双方当事人的意见，不要偏袒任何一方。在事情没有完全了解清楚之前，管理者不应该发表任何言论，过早地表态，只会使事情变得更糟。

需要做出处理的抱怨中有80%是因为管理混乱造成的，由于员工个人失职只占20%，所以规范工作流程、岗位责任、规章制度等是处理这些抱怨的重要措施。在规范管理制度时，应采取民主、公开、公正的原则。对公司的各项管理规范首先要让当事人参加讨论，共同制定，对制定好的规范要向所有员工公开，并深入人心，只有这样才能保证管理的公正性。如果员工失职，要及时对当事人采取处罚措施，尽量做到公正严明。

（4）吸取经验教训，重视员工激励，减少员工抱怨　此次员工抱怨处理完以后，有关人员，尤其是管理人员，还应对该抱怨的产生及处理过程进行反思，员工抱怨有助于酒店发现其服务和管理中存在的问题，是酒店提高服务质量和管理水平的杠杆，因此酒店管理人员应十分重视员工抱怨，加强对员工抱怨工作的管理。

1）分析原因，改进管理制度，改善管理方式。管理者应充分分析员工抱怨形成的原因，迅速找到有关责任人所在部门，总结经验教训。同时对员工抱怨进行深入分析和思考，分析一下员工抱怨的产生是偶然的还是必然的；员工抱怨较多的问题与环节是什么；出现问题最多的部门、个人及问题是什么；应采取哪些措施；制定哪些制度，以防止它再次出现。另外，对这次员工抱怨的处理是否得当，有无其他更好的处理方法。从这些分析中发现员工抱怨的规律，采取相应的措施或制定有关制度，以便从根本上解决问题，从而不断提高员工的满意度和管理水平。

2）了解员工需求，采取针对性的激励方法，减少员工抱怨发生。员工之所以抱怨，是由于他们的某些需求没有得到满足，不同类型的员工有着不同的需求，管理者应认真地加以研究，根据员工的需求特性和员工构成的复杂性，实行多形式、多层次、多方位、重点激励的方法，综合运用物质激励、精神激励、目标激励、责任激励、榜样激励等多种激励手段，关心员工，注重员工合理需求的满足，有效地防止类似员工抱怨的再次发生。

3）尊重员工，树立以员工为中心的管理思想。酒店管理者应树立以员工为中心的管理思想，理解员工、尊重员工，让员工参与管理，适当授权，及时识才，适时举才，发现并造就员工，这样员工对管理者的服从就会变为认同，再进一步内化于自己的服务工作中，积极主动地投入工作。

五、员工激励的误区

1. 物质激励为主，忽略精神激励

多数酒店是以物质激励为主，基本上是工资加奖金，有的地方在年终时进行一次性奖励，少数酒店近年开始实行年薪制，普遍忽略了精神激励。物质激励如果没有精神激励相辅助，过量的物质激励会加大酒店的负担，对员工的成长和发展不利，对酒店的长远发展反而有害。

只强调物质激励这种做法的根源在于管理者对酒店中的“人”存在错误假设。酒店管理者对于酒店中的“人”产生的一些错误理解，直接妨碍了激励对于实现酒店目标的促进作用。一些管理者认为：作为一个“经济人”，追求物质利益的最大化自然成为个人行为的根本动机。员工上班就是为了挣钱，因此金钱对于员工来说就是最为有效的激励方式，只要员工工作表现突出就拿奖金来奖励他们。事实上，员工除了期望从工作中获得金钱以外，还有个人能力的提高、他人和社会对自己的尊重、对酒店的归属感、自我价值的实现等许多其他方面的需要。金钱虽然对员工能够起到一定的激励作用，但是这种激励作用会呈现出边际递减的趋势，将其单一而长久地作为激励手段就难免会失效了。

2. 短期激励加强，而长期激励不足

工资加奖金，或者年薪制都只属于短期激励，如果只片面追求短期经济利益，会影响酒店的长期发展。马斯洛的需要层次理论告诉我们，人的最高需求是自我价值的实现。因此酒店在构建激励机制的时候，不能仅仅停留在工资、奖金等短期物质激励的层面，还应制定行之有效的长期激励措施，为员工个人成长所需做更多的考虑，以实现员工和酒店的共同发展与成长。

3. 强调普遍激励，忽略特殊激励

一些酒店在实施激励时并未对不同的员工进行具体分析，而是“一刀切”地对所有员工都采用同样的激励手段，致使得到的结果不尽如人意。事实上，各种激励手段具有各自的特点，同一激励政策在不同的酒店环境下会产生不同的激励效果。另外，不同员工的激励需求是不一样的，且不同的员工对于同一激励手段的反应往往会呈现不同的特点。如果酒店的管理者不能看到员工需求的多样性，就有可能让酒店的激励机制走入“任何激励都适合任何人”的误区。这就会造成酒店的激励机制只对一部分员工起作用，而不能充分发挥出激励的作用。因此，管理者在研究激励机制时，要把握每个激励对象的核心驱动力和最缺乏的需要，有的放矢地进行激励。

4. 激励机制和约束机制不对称

健全的激励机制应包括激励和约束两方面，而大多数酒店制定激励机制时，只强调否定而忽视肯定，只注重控制而忽视激励。只有在良性运转的酒店治理结构中，才能最大限度地激发人力资本的积极性。

5. 重视激励制度的建设而忽视实施过程的协调

许多酒店建立了相应的激励制度，但是缺乏具体的系统科学的评估标准，在实施过程中导致“平均主义”，打击了贡献大的员工的积极性，助长了机会主义行为。奖金分配制度在实现过程中的偏差，有时造成酒店成员的不满意感，抑制和消减了员工的努力水平。另外，员工的激励措施不是一成不变的，酒店内外部的环境会不断变化，激励方案在实施

过程中也会遇到各种问题，这就需要根据员工的反馈和激励效果，及时对激励措施进行改进和调整，以期达到最好的效果。

6. 重视酒店利益，轻视员工的个人利益

由于酒店的高层管理人员往往全神贯注于如何提高营业收入，完成上级布置的任务，完全忽视了下属员工的个人培养；重视酒店的发展，轻视下属员工个人的发展；重视对下属的管理，轻视对下属员工的开发；重视员工对酒店的贡献，轻视对员工个人的需求等。这样，酒店员工看不到个人发展的空间，缺乏成就感和归属感，从而根本不能调动员工的积极性，更谈不上创造性。

第五节　高级经营管理人员如何激励

一、经营管理层激励的必要性

市场经济条件下，酒店经营的成功，不只是靠资金、设备、信息、技术等资源，关键是靠那些能有效掌握并有效利用这些资源的人才。高级管理人员是酒店管理的决策层，是酒店人才宝库中最重要的资源。他们虽然不是酒店物质资本的所有者，但他们拥有优良的管理素质和能力，可以为酒店的生产与经营提供特殊的人力资本。这种人力资本是现代酒店生存和发展最重要、最稀缺的资源。这一部分人有较深的资历、较高的文化程度、较好的素质、较广的社会关系。一家成功的酒店，全凭成功的经营管理层来领导，他们对酒店的贡献率是很高的。因此，高级管理人员的激励问题是酒店成败的关键，也是酒店发展的重要基础。

对于现代酒店来说，酒店高管（高层管理人员）的工作绩效，是决定该酒店总体经营管理水平和经营效益的核心因素之一，酒店需设立一些新型激励机制，使薪酬制度成为竞争工具，真正适合酒店发展战略和切合高管人员需要，从而在激烈的竞争中获得竞争优势，使激励制度真正发挥吸引人、留住人、激励人、凝聚人的作用。

酒店高管作为自主化、个体化、多样化和具有创新精神的员工群体，激励他们的动力更多来自工作的内在报酬本身。根据马斯洛的需求层次理论，酒店高管通常具有较高的需求层次，往往更加注重自身价值的实现。对经营管理层的激励，要注重长期效应，把经理人员的发展、成就和酒店的长期发展结合起来，允许其获得部分剩余索取权。在激励方式上，现代酒店业强调的是个人激励、团队激励和酒店激励的有机结合，在激励的时间效应上，把对管理者的短期激励和长期激励结合起来。目前在我国酒店业中实行的年薪制和股票期权，正是基于这个出发点，把高级经营管理者个人的自我实现和酒店的长期发展结合，在管理者个人自我价值实现的同时，在经济效益上给予有效的保证。

二、酒店年薪制设计

1. 年薪制的定义及构成

年薪制是针对酒店的高级经营管理者，根据酒店规模和经营业绩，以酒店生产经营周期年度为单位，按此周期确定报酬方案，并根据个人贡献情况和酒店经营成果发放报酬的一种人力资本参与分配的工资报酬与激励制度。

一般来说，年薪制由以下几部分构成：

（1）基本年薪　由当地所有酒店经营者年工资的平均水平来确定，这部分年薪是以其所在酒店担任的岗位来确定的，也可称为岗位年薪，即在什么岗，拿什么工资。也有的酒店经营者的基本年薪以本酒店职工工资的平均水平作为参照物，以其一定的倍数来确定。基本年薪可以包括岗位工资、学历工资、福利、津贴、交通费、通信费、招待费等，以及与该职位相应的其他合法隐性收入（如发放的各种物品，按规定享受的车、房等）。

（2）效益年薪　效益年薪是与酒店的效益成果挂钩的，它可以依据酒店类型、激励目的、激励力度和酒店内外部条件，采用多样化的办法加以确定。

效益年薪的兑现是建立在风险抵押及严格考核基础上的，只有在考核、审计通过后才能兑现。考核不是单一指标考核，应有一整套指标体系。考核须兼顾经营者所承担责任和风险综合判断。

（3）奖励年薪　奖励年薪是由资产经营公司或产权单位根据酒店的经营环境和主要经济指标增长对经营者酌情给予的过程考核奖励。

2．年薪制的特点

（1）年薪制的针对性　年薪制适用于特定的对象，一般包括酒店的高级经营管理者，他们素质较高，其工作性质决定了工作需要较高的创造力，工作中需要得更多的是激励而不是简单的管理和约束，工作的价值难以在短期内体现。

（2）较长的周期　一般是以年为周期，这是和其考核相关的，对于绝大部分的年薪制适用人员，都是以酒店经营年度为周期。

（3）存在一定的风险　薪酬中的很大一部分是和本人的努力及酒店经营好坏情况相挂钩的，因此具有较大的风险和不确定性。

传统的工资主要是面向过去，而年薪制在相当大的程度上是面向未来，年薪的制定不是简单地依据过去的业绩，同时更取决于接受者所具备的经营酒店（或其他工作）的能力和贡献潜力。对于接受年薪制的酒店经营者而言，年薪制是委托人和代理人之间的一个动态合约，是双方通过博弈而实现的动态均衡。对双方来说，年薪制的目标就是以最低的委托代理成本实现双方相对满意的委托代理收益，把委托人即酒店的利益和经营者个人的利益更多更紧密地联系起来。

3．实行经营者年薪制的原则

（1）坚持经营者责任、贡献、利益相一致的原则。年薪制的根本目的，是为了激励和约束经营者的经营行为，最大限度地调动经营者的积极性、主动性和创造性，将自己的智慧和劳动贡献给酒店，以达成酒店所有者财富最大化的目标。

（2）坚持利益共享、风险共担的原则。必须在机制上使经营者同酒店结成真正的命运共同体，只有这样，酒店经营者和所有者的利益才会真正得到保障。

（3）坚持确定年薪指标合情合理与酒店的历史现状相互兼顾的原则。科学地制定经营管理者应完成的经营目标，要体现出难度和风险，兼顾酒店的现状和历史沿革情况，真正体现出挑战与公平，有效地发挥年薪制的作用。

（4）建立严密的绩效考核体系并切实加以执行的原则。建立健全并切实实施约束机制，规范经营者的行为，否则经营管理人员有可能不付出努力就能获得高薪，年薪制就失去了对管理人员的约束作用，就成了自身滋生腐败和懒惰的温床，产生消极影响。

（5）经营者收入与本酒店职工收入相分离的原则。充分考虑到经营者同本酒店职工之间由于工作性质的差异而造成的在能力要求、工作压力、风险等方面本质性的不同，更应该考虑到经营者，尤其是优秀的经营者是极其稀缺的资源，所以必须转变观念，将经营者的收入同酒店职工的收入相分离。

4．年薪制设计的基本思路

（1）统筹兼顾酒店的所有者、经营者两者利益的统一。

（2）年薪制业绩目标不宜太多，要突出重点，主要考核所有者资产保值增值和酒店效益提高情况。

（3）根据地区经济发展状况、效益情况等确定合理的年薪数额。

（4）在目前阶段，可考虑现金和期权等多种形式进行经营者年薪的分配。

三、股票期权的基本模式

为加大激励力度，有些酒店对经营者年薪制收入采用了股票期权的激励形式，如把经营者的年薪制分成两部分，一部分以货币现金支付，另一部分以酒店股票或股份期权形式支付。这样可以增强对经营者的长期激励，还可以从制度上防止经营者的短期或损害酒店资产的行为。

股票期权作为一种薪酬激励的有效方式，在公司激励机制中发挥着重要的作用。股票期权（Stock Options），也称认股权证，是指公司给予员工（主要是高级管理人员和技术骨干）的一种权利，期权持有者可以凭此权利在一定时期内以一定价格购买一定数量公司股票。由于在有效市场中股票价格是公司长期盈利能力的反映，且是股票期权的价值所在，而股票期权至少要在一年以后才能实现，所以要求经营者努力改善公司的经营管理，以保持公司价值的长期稳定增长，这样才能取得收益。正是股票期权的上述特点，才使其具有长期激励的功能，较好地解决了所有者和经营者之间的利益矛盾。

股票期权是国外适用性最广、发展最成熟的激励模式，是对酒店的高层管理者长期激励的好办法，将起到不可低估的作用。股票期权其实是公司提供给高层管理者的一种或有报酬，具有延期支付的特点，若高管人员在合同未到期前离开公司，将失去本可以获得的期权，加大跳槽的机会成本。通过对股票期权的行权期限、价格、方式等方面予以充分设计，上市酒店公司可以将高管人员予以“锁定”，使他们能为酒店的长期战略目标而奋斗。

国内外酒店报酬制度改革的实践证明，股票期权是协调经营管理者与股东利益最直接的方式，是对经理人实施长期激励约束的有效手段。然而，股票期权的可行性和有效性并不意味着目前我国每一家酒店都要采用，也不意味着所有酒店都能获得立竿见影的效果。要想使股票期权得以顺利有效地实施，还需依赖于政策法规、市场培育、公司治理结构等多方面的共同发展。具体而言：①国家应抓紧制定有关股票期权激励机制的政策法规，包括股票期权的授权主体、激励对象、来源、比例、数量和价格，股票期权的最短保留期、最低保留率和不可转让性，以及经理人中途离职或退休等情况的处理办法等，以使酒店股票期权激励计划有法可依、有章可循、运作规范。②加快建立和完善职业经理人市场，建立畅通有效的渠道和契约保障，充分挖掘和发挥经理人市场的功能，完善委托—代理机制，对经理人的任期、权责利等建立明确而又严格的契约规定，为股票期权的顺利实施提供酒店保证。③着力培育有效的股票市场，正确反映酒店的经营业绩，使经理人的股票期权收入与酒店经营业绩具有较高的相关性。④切实完善酒店法人治理和监督机制，真正做到由股东大会和董事会确定对经理人报酬激励的具体方案;同经理人签订具有法律效力的契约，并由监事会行使日常的监督职能。

本章小结

员工激励是酒店的一个永恒话题。如何利用激励手段有效地激发员工的工作动机，调动员工的积极性和工作热情，是人力资源开发和管理所追求的目标。本章阐述了激励的含义，介绍了激励的主要理论及在酒店管理中的应用，并提出酒店员工激励工作的开展应根据酒店员工激励的特点，树立正确的观念和思维方法，遵循员工激励的基本原则，在实际实施中注意针对不同的员工气质和类型运用不同的激励模式，处理好员工的抱怨，防止进入员工激励的误区，掌握适当的激励操作技巧。同时结合高级经营管理者的激励问题，提出了年薪制和股票期权的设计思路。

复习思考题

一、单项选择题

1. 赫兹伯格认为工作条件、工资、福利等因素属于（　　）。

A. 正强化　　B. 负强化　　C. 保健因素　　D. 激励因素

2. 惩罚那些与酒店不相容的行为，以削弱这种行为，从而保证酒店目标的实现不受干扰指的是（　　）。

A. 正强化　　B. 负强化　　C. 保健因素　　D. 激励因素

3. （　　）为工作丰富化和工作扩大化提供了理论指导，它使酒店管理者清楚地看到员工所处的心理状态及其影响因素。

A. 双因素理论　　B. 需要层次理论

C. 期望理论　　D. 公平理论

二、多项选择题

1. 员工激励的一般原则包括（　　　）。

A. 引导性原则　　B. 公平公正原则

C. 合理性原则　　D. 明确性原则

E. 因人而异原则

2. 树立以人为本的“三位一体”思维方法要求酒店管理者做到（　　　）。

A. 换位　　B. 到位　　C. 缺位　　D. 定位

3. 员工激励的特点有（　　　）。

A. 层次性　　B. 多样性　　C. 动态性　　D. 固定性

E. 灵活性

4. 员工激励的误区主要有（　　　）。

A. 物质激励为主，忽略精神激励　　B. 短期激励加强，而长期激励不足
C. 强调普遍激励，忽略特殊激励　　D. 重视酒店利益，轻视员工的个人利益
E. 激励机制和约束机制不对称

三、分析题

1. 结合各种激励理论的主要内容，分析说明在酒店的实际管理工作应如何贯彻激励理论。

2. 管理人员在遇到员工抱怨时，应如何采取相应措施？

3. 在酒店中，如何根据不同的员工气质和人才类别实施激励？

四、案例分析题

有一家酒店，每年春节，会额外给员工发放一笔 1 000 元的奖金。但几年下来，这笔奖金正在丧失它应有的作用，因为员工在领取奖金的时候反应相当平和，每个人都像领取自己的薪水一样自然，并且在随后的工作中也没有人会为这 1 000 元表现得特别努力。既然奖金起不到激励作用，经理决定停发，加上行业不景气，这样做也可以减少公司的一部分开支。但停发的结果却大大出乎意料，公司上下几乎每一个人都在抱怨经理的决定，有些员工明显情绪低落，工作效率也受到不同程度的影响。

经理很困惑：为什么有奖金的时候，没有人会为此在工作上表现得积极主动，而取消奖金之后，大家都不约而同地指责、抱怨甚至消极怠工呢？

问题：试运用激励理论中的“双因素理论”对员工的行为进行分析，并结合相关理论知识分析经理应如何改进激励措施。

五、实训项目题

1. 实训内容

实地调查一家酒店，分析这家酒店员工工作的积极性和激励现状，运用激励理论知识评价和制订酒店的激励计划。

实训目的：巩固所学的激励理论；应用相关理论培养解决问题的实际操作能力；提高调研、收集资料及分析问题的能力。

实训指导：以小组为单位（自愿组合，原则上每组不超过 5 人）对某一酒店进行实地调研，在调查、收集资料的基础上，结合酒店激励现状分析，对该酒店如何进一步调动员工工作积极性、实现有效激励进行研讨，运用激励理论知识评价酒店的激励计划，并结合所学知识起草一份激励计划（每组一份，字数不少于 1 000 字）。一周之内完成。

实训结果展示：在课堂上集中汇报调研结果及所拟订的针对性激励计划；全班一起讨论各小组的激励计划，比较异同，并对各小组的激励计划进行改进。

2. 方案设计

又到年底了，酒店工会为了让大家过一个热热闹闹的丰盛大年，辛辛苦苦从超市采购了很多年货，有整箱的油、各种山珍干货、鸡鸭等，外加一张某康乐中心的健身卡，价值好几百元。一些中老年员工拿到后挺高兴的，感谢酒店想得真周到；可不少青年员工却不太乐意，说不如发现钱好，还说我们年纪轻轻也不需要健身。真是几家欢乐几家愁！工会领导有些犯难了。

请设计一个方案，根据不同的员工类型进行激励。

第九章

酒店劳动关系管理

知识目标

■ 熟悉劳动关系的内涵、要素。

■ 理解处理劳动关系的原则、社会保险的重要性、劳动争议处理的原则。

■ 掌握改善劳动关系的途径、劳动合同的管理、工时制度的安排、劳动保护措施的完善、劳动纪律和奖惩制度的制定、工资体系的设计、社会保险的缴纳、劳动争议的处理等劳动关系管理实务的基本内容。

能力目标

■ 能改善酒店中的劳动关系。

■ 能与员工签订合法的劳动合同。

■ 能够合理安排酒店员工工作时间，实施劳动保护。

■ 能够制定酒店的劳动纪律和奖惩制度。

■ 能够依法设计员工的工资体系。

■ 能够依法为酒店员工缴纳社会保险。

■ 能够依照法定程序处理劳动争议。

引导案例

究竟是谁的错

李某2009年3月到A酒店工作，酒店安排其先到行政人事部门从事相关工作，并约定，这只是临时安排，以后根据需要酒店可以进行调整。4月，酒店与李某签订劳动合同时，在合同中将李某安排到销售部门工作，李某不愿意，认为自己对销售并无兴趣，也没有从事这项工作的意愿，遂向酒店提出，要求继续在原岗位上工作。酒店认为，当初并未对其岗位进行承诺，酒店的安排是同与李某事先约定相符的，双方就此发生了争议。

思考：李某与该酒店是否已经发生了劳动关系？该争议应如何处理？

第一节　劳动关系概述

一、劳动关系的内涵

酒店人力资源管理所讨论的劳动关系，是指酒店的所有者或其委托代理人（指受所有者委托的管理者）、酒店经营者与员工及其组织（主要是工会）之间，在酒店的经营活动中基于有偿劳动所形成的各种责、权、利及义务关系。

劳动关系是酒店人力资源管理的重要内容之一，劳动关系涉及的内容非常广泛，主要包括员工同酒店在劳动用工、工作时间、休息休假、劳动报酬、劳保福利、劳动培训，以及辞退、裁员、下岗等方面所形成的劳动关系，同时还涉及代表单个员工利益的工会同酒店在就业、报酬、奖金、考评、社会保险、裁员等方面的参与决策所形成的劳动关系。

二、劳动关系的要素

酒店劳动关系的要素包括劳动关系的主体与客体。

1. 劳动关系的主体要素

劳动关系的主体是指劳动关系系统的参加者，又被称为劳动关系的当事人。狭义上讲，劳动关系的主体包括参与劳动关系的两方：劳动者及其组织（工会、职工代表大会）；用人单位（酒店）及其代理人（所有者和经营管理者）。广义上讲，劳动关系的主体还包括政府。在劳动关系的发展过程中，政府通过立法介入和影响劳动关系，发挥其调整、监督和干预的作用。

劳动关系是一种劳动法律关系。根据这一性质，劳动关系中的主体必须依照国家劳动法律法规规范双方的关系。劳动者一方必须加入某一酒店，成为该用人单位的一员，并参加单位的生产劳动，遵守单位内部的劳动规则，而酒店则必须根据劳动者的劳动数量和质量给付其报酬，提供工作条件，并不断改进劳动者的物质文化生活。

（1）劳动者　劳动者是指被用人单位即酒店以支付劳动报酬的方式所雇用的员工。酒店员工的范围非常广泛，包括普通的职员、管理人员以及职业经理人员。

酒店员工依法享有的主要权利有劳动权、民主管理权、休息权、劳动报酬权、劳动保护权、职业培训权、社会保险、劳动争议提请处理权等。

酒店员工应当承担的主要义务有按质按量完成工作任务、学习各项技术业务知识、遵守劳动纪律和规章制度、保守酒店的机密。

（2）用人单位　用人单位是指能够依法雇用职工的具有独立法人地位的酒店机构。酒店劳动关系中的用人单位当然是指酒店本身。员工受雇或者受聘于酒店，并与酒店签订劳动合同从而形成与酒店的劳动关系。但是酒店是一个酒店机构，不能真正行使自己的法人权利，因此只能通过其代理人，即经营管理者来行使其权利，并履行其责任。

酒店依法享有的权利有：依法录用、调动和辞退员工；决定酒店的机构设置，任免酒店的各类管理人员；制定工资、报酬和福利方案；依法奖惩员工。

酒店承担的义务有：依法录用、分配安排员工的工作；保障工会和职工代表大会行使其职权；按员工的劳动质量和数量支付劳动报酬；加强对员工思想、文化和业务的教育、培训；改善劳动条件，搞好劳动保护和环境保护。

（3）政府　政府在劳动关系中的角色，是代表国家运用法规和政策手段对劳动关系的运行进行宏观调控、协调和监督，具体包括法规制度的制定者、监督者、损害控制者以及协调与仲裁者。

2．劳动关系的客体要素

劳动关系的客体是指主体的劳动权利和义务共同指向的事物，如劳动时间、劳动报酬、劳动安全卫生及劳动保护要求、劳动纪律、福利保障、教育培训、劳动环境等。

三、劳动关系管理实务的基本内容

劳动关系是劳动者（酒店员工）与用人单位（酒店）在实现劳动的过程中所形成的一种社会经济利益关系，为了促使这种经济利益关系和谐发展，继而促进酒店的可持续发展，酒店必须完善劳动关系管理制度，调整自身与员工之间的劳动关系。具体而言，酒店可以从以下几个方面着手此项工作：

1．劳动合同管理

劳动合同是酒店与员工建立劳动关系的合法途径，是酒店进行劳动关系管理和人力资源管理的重要手段和工具，也是处理劳动争议的重要依据。酒店必须将劳动合同管理放在首要的位置，严格按照国家相关法律，与员工订立劳动合同，同时依照劳动合同法履行、变更、解除和终止与员工之间的劳动合同。

2．酒店用工管理

酒店用工管理是指酒店从员工招聘、录用后的试用期管理到员工的培训管理、保守商业秘密和竞业限制管理等。这些内容是酒店与员工建立劳动关系的前置和必经阶段，与劳动关系管理有着密不可分的关系。

3．劳动标准管理

劳动标准主要包括工作时间、休息休假、工资、劳动条件和劳动保护等方面的劳动标准体系。对于酒店而言，这些内容构成了酒店劳动关系管理的基本内容和酒店规章制度的主要部分，是酒店用工自主权和管理权的集中体现。

4．社会保险管理

社会保险不仅关系到用人单位（酒店）和劳动者（酒店员工）双方的权利和义务，而且关系到员工的基本生活，乃至社会稳定。为员工缴纳各项国家强制性的社会保险是酒店的义务，其项目主要包括养老保险、医疗保险、工伤保险、失业保险和生育保险。

5．劳动争议处理

劳动争议是酒店劳动关系中无法回避的问题。当酒店与员工之间发生劳动争议，酒店应如何着手处理，我国在处理劳动争议的机构、程序等方面具体有哪些规定，对酒店的劳动关系管理者来说都是必须了解和掌握的基本内容。

四、处理劳动关系的原则

正确处理劳动关系，应该遵循以下原则：

1．兼顾各方利益的原则

在签订劳动合同、处理劳动关系时，应当兼顾到劳动关系主体各方的利益，当发生劳动争议时，劳动争议处理机构也要做到公平公正、不偏不倚，保证劳动关系主体处于平等的地位，具有平等的权利和义务，对于双方之间权利和利益关系进行合理的分配，只有遵循了这样的原则，劳动关系主体各方才能真正地和谐相处，为酒店创造一个良好的经营发展氛围。

2．以协商为主解决争议的原则

酒店在劳动关系管理过程中，势必会遇到各种问题，当争议发生时，酒店应当遵循以协商、调解为主要解决途径的原则，使争议双方在互谅互让的基础上达成协议，从而消除矛盾。这样，有利于争议双方在和谐友好的氛围中及时解决劳动纠纷，避免矛盾进一步扩大，同时有利于降低解决劳动争议的成本。

3．以法律为准绳的原则

酒店在劳动关系管理的各项工作中，必须遵循以法律为准绳的原则，无论是劳动合同的签订、工时制度及工薪体系的设计、劳动保护措施的提供、社会保险的缴纳，还是劳动争议的处理，都需要以法律为准绳，所有工作的处理程序、方法和内容不得违反相关法律。

4．劳动争议以预防为主的原则

劳动争议的发生不仅会影响当事人双方的关系，不利于安定团结，而且由于劳动争议涉及员工切身利益，发生后必然影响员工积极性，不利于酒店劳动生产率的提高和生产的发展。另外，争议发生后，一般要进行调解，有时需要经过仲裁和诉讼才能解决问题，这都需要耗费大量的人力、物力和时间，增加双方当事人在经济和精神上的负担，即便劳动争议能够解决，已经发生的损失也已无法挽回，因此尽量避免劳动争议的发生是酒店劳动关系的重中之重，酒店应当遵循劳动争议以预防为主的原则，尽可能地减少因劳动争议的发生所带来的成本上升。

五、改善劳动关系的途径

改善劳动关系可以保障酒店与职工的双向选择权，实现生产要素的优化配置，保障酒店内各方面的正当权益，调动各方面的积极性，改善酒店内部的劳动关系，创造出一个相互信任、相互尊重、互助合作、令员工心情舒畅的工作环境，有利于酒店文化的形成和酒店的建设，因此酒店必须要借助各种手段改善劳动关系。具体而言，酒店改善劳动关系的途径有以下几种：

1．国家和地方政府加强立法

国家和地方政府应当尽可能地完善健全法律、法规，出台有针对性的政策，明确酒店各方的权责利，并在法律法规的基础上加以调整。只有这样，当酒店各方因利益冲突而产生矛盾时，才能够有法可依。

2. 发挥工会及职工代表大会的作用

通过设立工会与定期召开职工代表大会，开拓员工与酒店协调劳动关系的渠道，能够起到兼顾员工与酒店的利益，避免矛盾激化的作用。

3. 培训管理人员

劳动关系紧张，产生劳动争议，常常与酒店中管理人员的工作作风、业务知识、法律意识及劳动争议处理手段的熟练程度等有关。通过对酒店管理人员的培训，能够增强他们的劳动关系意识，帮助他们掌握处理劳动关系问题的原则及技巧。

4. 提高员工的工作及生活质量

提高员工的工作及生活质量是改善劳动关系的根本途径。其主要内容包括：鼓励员工参与管理，帮助员工设计职业生涯，根据法律规定及酒店实际情况合理安排员工的作息，周期性地安排“培训——工作——休息”，尽可能地满足员工个人正当、合理的要求，使员工在工作中感受到真正的休息。

5. 员工参与民主管理

员工参与民主管理可以使员工参与酒店的重大决策，尤其是涉及广大员工切身利益的决定，这样做一方面可以提高员工的主人意识，真正促使员工将自身利益与酒店利益相联系，并将“以店为家”的观念贯彻至每位员工的脑海之中，另一方面可以更好地促使管理者在作出重大决策时充分考虑员工利益，增强员工对于酒店的归属感。

第二节　劳动管理

一、酒店的劳动合同及其管理

劳动合同又称劳动契约或劳动协议，是指酒店与员工之间确立劳动关系，明确双方权利与义务的协议。通过劳动合同的签订、履行、终止，以及变更、解除，既能使员工有一定的择业和流动自由，又能够制约员工在合同期间履行劳动义务和完成应尽职责，从而使酒店员工有相对的稳定性和合理的流动性。

1. 酒店劳动合同的订立

劳动合同法规定：建立劳动关系，应当订立书面劳动合同，已建立劳动关系，未同时订立劳动合同的，应当自用工之日起一个月内订立书面劳动合同。

（1）酒店劳动合同的内容　酒店劳动合同的内容包括必备条款和约定条款两大类：

1）必备条款。必备条款是法律规定的合同必须具备的内容，包括：用人单位名称、地址和法定代表人；劳动者的姓名、住址和有效身份证号码；合同期限（劳动合同当事人可以选择的期限有固定期限、无固定期限和以完成一定工作为期限的劳动合同）；工作内容和工作地点、工作时间和休息休假；劳动报酬、社会保险；劳动保护、劳动条件和职业危害防护；法律法规规定应当纳入劳动合同的其他事项（如劳动纪律和违反劳动合同的责任等）。

2）约定条款。约定条款一般是当事人根据具体情况自愿选择是否在合同中约定，约定事项一般有试用期条款、培训条款、保守商业秘密及竞业限制条款、补充保险条款、福利待遇条款。

（2）酒店劳动合同的订立程序　酒店与员工在订立劳动合同时一般遵循以下程序：

1）酒店向员工提出拟订的劳动合同草案。

2）酒店向员工介绍内部劳动规则。

3）商定劳动合同。酒店与员工对合同条款逐条协商后，以书面形式确定其具体内容。

4）酒店与员工在劳动合同文本中签名盖章。凡属不需要鉴证的劳动合同，在双方当事人签名盖章后即告成立。

5）按照国家规定或当事人要求而需要鉴证的劳动合同，应当交合同签订地或履行地的合同鉴证机构进行鉴证。

（3）劳动合同的有效要件　酒店劳动合同要具有法律效力，必须以完全具备法定有效要件为前提。劳动合同有效要件一般包括：合同主体必须合格；合同内容必须合法；双方当事人的意思表示必须出于自愿，必须真实；合同形式必须合法；订立程序必须合法。

（4）劳动合同的无效　劳动合同无效是指劳动合同由于缺少有效要件而全部或部分不具有法律效力。其中，全部无效的劳动合同所确立的劳动关系应予以取消；部分无效的劳动合同，所确立的劳动关系可依法存续，无效部分的劳动合同条款无效。

1）无效合同的认定。根据劳动合同法规定，下列劳动合同无效或者部分无效：

① 以欺诈、胁迫的手段或者乘人之危，使对方在违背真实意思的情况下订立或者变更劳动合同的。

② 用人单位免除自己的法定责任，排除劳动者权利的。

③ 违反法律、行政法规强制性规定的。劳动合同是否有效，由劳动争议仲裁机构或者人民法院确认。

2）无效劳动合同的法律后果。对于劳动合同被确认无效或者部分无效的，其法律后果有以下几点：

① 劳动合同被确认无效，劳动者已付出劳动，用人单位向劳动者支付劳动报酬。劳动报酬的数额，参照本单位同类岗位劳动者的劳动报酬确定；无同类岗位的，按照本单位上年职工平均工资确定。

② 劳动合同被确认无效，给对方造成损害的，有过错一方应当承担赔偿责任：

- 用人单位有过错的，按下列规定赔偿劳动者损失：造成劳动者工资收入损失的，按劳动者本人应得工资收入支付给劳动者，并加付应得工资收入25%的赔偿费用；造成劳动者劳动保护待遇损失的，应按国家规定补足劳动者的保护津贴和用品；造成劳动者工伤、医疗保险待遇损失的，除按国家规定为劳动者提供工伤、医疗待遇外，还应支付劳动者相当于医疗费用25%的赔偿费用；造成女职工和未成年工身体健康损害的，除按国家规定提供治疗期间的医疗待遇外，还应支付相当于其医疗费用25%的赔偿费用；劳动合同约定的其他赔偿费用。

- 劳动者有过错的，给酒店造成损失的，劳动者应赔偿因其过错而对酒店的经营工作所造成的直接经济损失。

- 双方都有过错的，各自承担相应的责任。
- 双方恶意串通订立的，若损害他人和公共利益的，要追缴责任人已经取得的利益，返还第三人和国家。

2. 酒店劳动合同的履行

劳动合同的履行，是指劳动合同双方当事人按照劳动合同的约定，履行各自的义务，享有各自的权利。劳动合同履行的一般原则包括：

（1）亲自履行原则。劳动合同签订后，员工不允许请他人代为劳动，酒店未经员工同意，也不能擅自将员工调动转移至其他单位。

（2）全面履行原则。劳动合同当事人双方都必须履行合同的全部条款和各自需要承担的义务，要按照合同约定的时间、地点、方式、标准、种类、数量和质量履行。

（3）合法原则。劳动合同双方在履行义务时，不能因为全面履行原则，而违反劳动法强制性的规定。酒店应当按照劳动合同的约定和国家规定及时支付足额劳动报酬；酒店应当严格执行劳动定额标准，不得强迫或者变相强迫劳动者加班，酒店安排加班的，应当按照国家有关规定向劳动者支付加班费。劳动者对酒店管理人员违章指挥、强令冒险作业有权拒绝，不视为违反劳动合同，对危害生命安全和身体健康的劳动条件，有权对用人单位提出批评、检举和报告。

3. 酒店劳动合同的变更

劳动合同的变更是指劳动合同依法订立后，在合同尚未履行或者尚未履行完毕之前，经酒店和员工双方当事人协商同意后，对劳动合同内容作部分修改、补充或者删减的法律行为。变更劳动合同应当采用书面形式。

（1）劳动合同变更的情形

1）协商一致变更。酒店与劳动者协商一致，可以变更劳动合同约定的内容。

2）客观情况发生重大变化的协商变更。劳动合同订立时所依据的客观情况发生重大变化，具体主要是指：

① 酒店方面的原因：酒店调整经营项目、重新进行劳动组合、修订劳动定额、调整劳动报酬或者员工福利方案、发生严重亏损、防止泄露商业秘密等。

② 员工方面的原因：员工身体健康发生变化、劳动能力部分丧失、所在岗位与其职业技能不适应、职业技能提高到一定等级等。

③ 客观方面的原因：如订立劳动合同所依据的法律法规已经修改或者废止、社会动乱、自然灾害等一些不可抗力的发生，由于物价大幅度上升、国民经济调整等客观经济情况变化使劳动合同的履行会花费太大的代价而失去经济上的价值，允许当事人对劳动合同有关内容进行变更。

当出现劳动合同订立时所依据的客观情况发生重大变化，致使劳动合同无法履行时，首先允许酒店与劳动者协商变更劳动合同，如果经酒店与员工协商，未能就劳动合同内容达成协议的，酒店在提前 30 日以书面形式通知劳动者本人或者额外支付劳动者一个月工资后，可以解除劳动合同。

（2）法定条件下酒店可变更劳动合同的情形　劳动者患病或者非因公负伤，医疗期满后不能从事原工作的，用人单位可以另行安排工作；劳动者不能胜任工作的，酒店可以调整其工作岗位；女职工在怀孕期间，从事国家规定的第三级体力劳动强度的劳动或者孕期禁忌从事的劳动的，酒店必须为其暂时安排其他禁忌以外的工作；女职工在哺乳未满一周岁的婴儿期间，从事国家规定的第三级体力劳动强度的劳动或者哺乳期禁忌从事的劳动的，用人单位必须为其暂时安排其他禁忌以外的工作。

4. 酒店劳动合同的解除

劳动合同解除是指劳动合同生效以后，尚未全部履行以前，当事人一方或双方依法提前消灭劳动关系的法律行为。

（1）劳动合同解除的情形　依据解除方式的不同，劳动合同的解除可以分为协商解除和单方解除。协商解除是指劳动合同经当事人双方协商一致而解除；单方解除是指享有单方解除权的当事人以单方意思表示解除劳动合同。员工可以无条件地预告辞职，但即时辞职则要受一定条件的限制；酒店在符合法定或约定条件的情况下方可辞退员工。

1）双方协商解除劳动合同。劳动合同的双方当事人在解除劳动合同时必须符合 3 个条件：双方自愿；平等协商；不得损害第三方的利益。

在双方协商解除劳动合同时，如果是由酒店提出解除建议的，之后双方达到一致的，酒店应当向劳动者支付经济补偿；如果是由劳动者主动提出解除建议的，在达成一致协议后，用人单位不必向劳动者支付经济补偿。

2）员工单方解除劳动合同。员工单方解除劳动合同分为以下 3 种类型：

① 提前通知解除。员工提前 30 日以书面形式通知酒店，可以解除劳动合同，在试用期内员工提前 3 日通知酒店，可以解除劳动合同。对于员工违反劳动合同约定的，如培训服务期的约定、保守商业秘密和竞业限制的约定，员工应承担违约责任；如员工违反规定或者劳动合同的约定解除劳动合同，对用人单位造成损失的，员工应赔偿酒店的损失，如招聘时支付的费用和培训费用、对酒店经营和工作造成的经济损失等。

② 随时通知解除。酒店有以下情形的，员工可以随时通知用人单位解除劳动合同：未按劳动合同约定提供劳动保护或者劳动条件的；未及时足额支付劳动报酬的；未依法为员工缴纳社会保险费的；用人单位的规章制度违反法律、法规的规定，损害劳动权益的；因劳动法规定的情形致使劳动合同无效的；法律和行政法规规定劳动者可以解除劳动合同的其他情形。出现上述 6 种情形之一的，员工不仅可以随时解除劳动合同，用人单位还需向员工支付经济补偿，且不得要求员工支付违约金。

③ 无需通知解除。用人单位以暴力、威胁或者非法限制人身自由的手段强迫员工劳动的，或者用人单位违章指挥、强令冒险作业危及员工人身安全的，员工可以解除劳动合同，不需事先告知用人单位。

3）酒店单方解除劳动合同。用人单位的单方解除权可以分为：

① 过失性辞退。有以下情形之一的，酒店可以随时通知员工解除劳动合同，无需征得员工同意：在试用期间被证明不符合录用条件的；严重违反酒店规章制度的；严重失职、营私舞弊，给酒店造成重大损害的；为酒店工作期间同时与其他单位建立劳动关系，对完成本单位的工作任务造成严重影响的，或者经酒店提出，拒不改正的；因劳动法规定的情形致使劳动合同无效的；被依法追究刑事责任的。

小案例

2001 年 5 月，某酒店与桂某签订劳动合同，约定桂某的职务为财务部工资员，负责核算酒店员工的工资。合同第七条规定："乙方有下列情况之一的，甲方可以随时通知乙方解除劳动合同、辞退乙方，而不需要支付给乙方任何经济补偿金：乙方不履行本劳动合同，严重违反劳动纪律和甲方依法制定之规定制度的；规章制度详见《员工手册》。"

2006 年 3 月 23 日，桂某在未按照员工手册的相关规定履行请假手续的情形下迟到及早退各达一小时，当月 29 日，酒店人力资源部门总监与桂某谈话，对其上述迟到、早退及私自将工资制作程序告知部门秘书的情形进行批评指正，桂某在记载上述谈话内容的谈话记录上签字。同日，酒店以上述违纪行为违反了酒店员工手册的相关规定为由，对桂某作出了最后警告处分。2006 年 4 月 28 日上午，桂某在未请假的情况下未到岗工作。当月 30 日，酒店财务部召开内部会议，对桂某的旷工行为进行批评，桂某参加了会议。2006 年 5 月 10 日，桂某所在部门经理安排其核算酒店一名外聘员工的所得税，双方均认可该项工作需要耗时一个小时，但桂某拒绝加班。当日，酒店对桂某作出解雇的处理决定。

桂某以酒店的除名决定不当为由，向北京市海淀区劳动争议仲裁委员会提出申诉，要求撤销解除劳动关系的决定，并要求酒店向其支付 2006 年 5 月 10 日～6 月 9 日的生活费 2 200 元。该委经审理，裁决驳回了桂某的申诉请求。桂某又诉至法院，法院的最终处理结果为对桂某提出的请求不予支持。

思考：你如何看待法院对于酒店申诉请求的处理结果？

分析：酒店与桂某签订的劳动合同系双方当事人的真实意思表示，其内容不违反法律的强制性规定，对双方均有法律约束力，酒店对其所处的警告处分并无不当，且有其本人签字认可的记录，酒店安排其从事的工作并未明显超出其工作范围，在桂某拒绝上述安排的情况下，酒店对其处以解除劳动合同的处分符合合同及员工手册的规定，没有任何不当之处，因此法院驳回了桂某的诉讼请求。

② 无过失性辞退。有下列情形之一的，酒店提前 30 日以书面形式告知员工本人或者额外支付一个月工资后，可以解除劳动合同：员工患病或者非因工负伤，在规定的医疗期满后不能从事原工作，也不能从事由用人单位另行安排的工作的；员工不能胜任工作，经过培训或者调整工作岗位，仍不能胜任工作的；劳动合同订立时所依据的客观情况发生重大变化，致使劳动合同无法履行，经用人单位与员工协商，未能就变更劳动合同内容达成协议的。

③ 经济性裁员。有下列情形之一，需要裁减人员 20 人以上或者不足 20 人但占酒店职工总数 10%以上的，酒店提前 30 日向工会或者全体职工说明情况，并听取意见后，将裁减人员方案向劳动行政部门报告，可以裁减人员：依照酒店破产法规定进行重整的；生产经营发生严重困难的；酒店转产或者经营方式调整，经变更劳动合同后，仍需裁减人员的；其他因劳动合同订立时所依据的客观经济情况发生重大变化，致使劳动合同无法履行的。

裁减人员时，应当优先留用下列人员：与本单位订立较长期限的固定期限劳动合同的；

与本单位订立无固定期限劳动合同的；家庭无其他就业人员，有需要抚养的老人或者未成年人的。

（2）劳动合同解除后双方的义务　劳动合同解除后，双方当事人需要承担各自相应的义务，主要包括：

1）酒店方需支付经济补偿金。劳动合同经协议解除，或者由酒店解除的（因试用不合格员工或员工有过错行为而解除者除外），按员工在本单位工龄，每满一年给相当于一个月工资的经济补偿金。但是，经协议解除或者因员工不胜任工作被酒店解除的，最多给予不超过 12 个月工资的金额。

2）酒店方需支付失业补偿费。酒店因破产或者歇业而解除劳动合同的，合同未满的时间每一年发给员工相当于一个月工资的失业补偿费，但最高不超过 12 个月工资的金额。

3）酒店方需支付医疗补助费。劳动合同因员工患病或者非因工负伤而由酒店解除的，在发给经济补偿金的同时，还应发给不低于 6 个月工资的医疗补助费。对患重病或者绝症者要增加医疗费。其中，患重病的增加部分不低于医疗补助费的 50%，患绝症的增加部分不低于医疗补助费的 100%。

4）酒店方应为裁减人员提供一定就业保障。酒店有条件的，应当为被裁减人员提供培训或者就业帮助。

5）员工赔偿损失。员工对劳动合同解除有过错的，应当按照法定或约定的要求，向酒店赔偿因此所受的损失。

5．酒店劳动合同的终止

劳动合同的终止是指劳动合同的法律效力依法被消灭，劳动合同所确立的劳动关系由于一定法律事实的出现而终结，员工与酒店之间原有的权利与义务不复存在。

（1）劳动合同终止的条件　有下列情形之一的，劳动合同终止：

1）劳动合同期满。劳动合同期满前，酒店应当提前一个月向职工提出终止或者续订劳动合同的书面意向，并及时办理有关手续。劳动合同的终止时间，以劳动合同期限最后一日的 24 时为准，酒店应在此时间内与期满的员工办理终止关系的手续，未办理者导致员工在用人单位工作的，两者形成事实劳动关系，视为续订劳动合同。自用工之日起，用人单位超过一个月不满一年未与员工订立书面劳动合同的，应当向员工每月支付两倍的工资。

劳动合同不再续订的情形有 3 种：用人单位不同意续订的；用人单位降低劳动条件续订劳动合同，员工不同意续订的；用人单位维持或者提高劳动条件续订劳动合同，员工不同意续订的。前两种情形下，用人单位应向员工支付经济补偿。

2）劳动合同一方当事人丧失法定资格。员工或者用人单位某一方当事人的法定资格消失，则劳动合同终止，这些情形包括：员工开始依法享受基本养老保险待遇的；员工死亡，或者被人民法院宣告死亡或者宣告失踪的；酒店被依法宣布破产的，酒店被吊销营业执照、责令关闭、撤销或者用人单位决定提前解散；法律和行政法规规定的其他情形。

（2）酒店不得解除和逾期终止劳动合同的情形　有下列情形之一的，酒店不得解除劳动合同：从事接触职业病危害作业的员工未进行离岗前职业健康检查，或者疑似职业病病人在诊断或者医学观察期内的；在本单位患职业病或者因工负伤并被确认丧失或者部分丧失劳动能力的；患病或者非因工负伤，在规定的医疗期内的；女职工在孕期、产期、哺乳期的；在本单位连续工作满 15 年，且距法定退休年龄不足 5 年的；法律法规规定的其他情形。

（3）劳动合同终止后双方的权利义务　劳动合同终止并消灭当事人双方权利义务的同时，又对双方当事人产生了新的权利义务：

1）酒店的义务。

① 支付禁止同业竞争补偿费：约定员工为保守酒店商业秘密而在劳动合同终止后一定期间内不与该酒店进行同业竞争的，酒店应当给予该员工一定数额的经济补偿。

② 向社会保险经办机构缴纳有关费用：凡是依法应当由酒店为员工缴纳的社会保险费用，在劳动合同终止时酒店应当负责全部缴足。

③ 返还员工寄存财产：在劳动关系存续期间员工寄存于酒店的各项财产，当劳动合同终止时，酒店应当返还给员工。

2）员工的义务。

① 结束并移交事务：劳动合同终止后，员工应当依酒店对其忠实义务的要求，结束其正在进行中的事务，对紧急事务做应急处理；同时，向酒店办理事务移交手续；对原归其保管的物品，在交接前负责继续保管。

② 继续保守商业秘密：员工对其在劳动关系存续期间得知的商业秘密，在劳动合同终止后一定期限内应当继续保密。

二、工作时间与劳动保护

1．酒店的工作时间管理

由于酒店工作的特殊性，对于酒店的人力资源管理而言，工作时间管理的主要任务是建立工作班制，制定好工作轮班以及合理安排工时制度。

（1）酒店的工作班制　酒店里的工作班制有单班制和多班制两种。

单班制是指每天酒店一个班工作。一般而言，酒店中工作过程可以间断进行的部门，如酒吧、康乐部中的舞厅、商务中心等，以及后台行政事务部门（如人力资源管理部门、财务部门、公关销售部门等）可以根据具体的实际情况实行单班制。

多班制是指每天酒店两班或两班以上的员工轮流工作。一般而言，服务工作不能间断进行的，或者需要连续运营 8 小时以上的岗位和部门（如前厅、餐饮、客房、健身、娱乐等前台业务部门，工程、保安等业务支持部门）需安排多班工作人员进行轮班。

总而言之，实行单班制还是多班制，主要取决于酒店具体工作岗位的经营和服务特点。

（2）酒店的工时制度　根据酒店实际情况灵活安排工时制度也是工作时间管理的一项重要内容，工时制度与工作班制联系非常紧密。目前，我国法定的制度工时是每周 40 小时，即每周工作 5 天，每天 8 小时，全年 11 个法定节假日，超出规定工时，酒店需要支付员工加班费，或者按照规定为员工进行调休。

酒店中，单班制的工作时间较好安排，一般为标准工时制度，即每周工作 5 天，每天工作 8 小时。多班制一般采用综合计算工时工作制，即通过轮休、倒班的方法，采用以周、月、季、年等为周期综合计算工作时间的一种工时制度，在某一时间段内，员工工作时间可以超出法定标准工时，但从长期而言，其平均日工作时间和平均周工作时间应当与法定标准工作时间基本相同。实行综合计算工时工作制的，无论员工平时工作时间数是多少，只要在一个综合工时计算周期内的总工作时间数不超过按标准计算的应当工作的总时数，即不视为加班，但周期内总工作时间数超过标准总时数的部分，视为加班；此外，即使在周期内但在法定节假日工作的，必须视为加班。

例如，酒店中需要全天 24 小时持续工作的部门，可以安排早、中、晚三班，早班工作时间为早 8:00 至下午 16:00，中班工作时间为下午 16:00 至夜间 24:00，晚班工作时间为凌晨 0:00 至早 8:00。员工在第一天上早班，次日上中班，第三日为夜班，第四日休息，这样四天为一个周期，平均下来，员工日均工作时间为 6 小时，一周工作时间为 42 小时，每月增加调休一天，正好符合国家法定每日 8 小时、每周 40 小时的工时要求。

酒店需要根据法定的工时制度和本酒店的经营服务特点、规律，在保证正常经营的同时，尽量满足员工的健康及休假时间的需要，具体安排适宜的工作时间，并安排员工按国家法定节假日休息，杜绝不必要的加班加点现象。

（3）延长工作时间　延长工作时间是指在酒店执行的工作时间制度基础上的加班加点。酒店延长工作时间必须与工会或者与员工本人协商。

在标准工时制度下，延长工作时间包括加班和加点两种情况，加班是在休息日和法定节假日工作的时间，加点是指超过正常工作时间以外延长工作的时间。在综合计算工时工作制下，在综合计算周期内，某一天（或周）的实际工作时间可以超过 8 小时（或 40 小时），但综合计算周期内的实际工作时间不应超过总法定标准工作时间，超出部分视为延长工作时间。

标准工作时间的计算：

年工作日：365 天−104 天（休息日）−11 天（法定节假日）=250 天

季工作日：250/4 季=62.5 天/季

月工作日：250 天/12 月=20.83 天/月

工作小时数的计算：以月、季、年的工作日分别乘以每日的 8 小时。

1）延长工作时间的长度限制。一般每日不得超过一小时，因特殊原因需要延长工作时间的，在保障员工身体健康的条件下延长工作时间每日不得超过 3 小时，但是每月不得超过 36 个小时，在综合计算工时工作制下，延长工作时间的小时数平均每月不得超过 36 小时。

小案例

某酒店于 6 月份进入经营旺季，由于人手紧缺，为了完成经营任务，酒店领导单方决定，全体职工每天加班 3 个小时，且在当月无休息日。对此，该酒店员工黄某等人十分不满，但还是坚持了半个多月，并多次向酒店领导提出意见，但均被驳回。黄某等人一气之下，自行决定按照原工作时间正常下班，为此，酒店领导以违反店规为由作出了对黄某等予以辞退的决定。黄某不服，诉至市劳动争议仲裁委员会，劳动争议仲裁委员会经审理，裁决店方对黄某等作出的辞退决定无效。

思考：劳动争议仲裁委员会为何会对黄某及店方之间的劳动争议采取上述处理结果？

分析：本案中酒店领导存在 3 处错误：一是延长工作时间程序违法，酒店领导没有同工会及员工协商，单方面作出决定，不符合法定程序；二是延长工作时间超出法律规定的限度；三是错误地理解酒店规章制度，将自己的临时决定作为店规，不符合法律规定。黄某等拒不执行酒店领导延长工作时间的决定，既没有违反酒店的规章制度，也不能因此认为黄某等违反劳动合同的约定，更不能因此辞退黄某等人。

2）延长工作时间的补偿。标准工时制度下，正常工作日安排员工延长工作时间的，支付不低于工资的 150%的工资报酬；休息日安排员工工作又不能安排补休的，支付不低于工资的 200%的工资报酬；法定节假日安排员工工作的，支付不低于工资的 300%的工资报酬。

上述 3 种情形中，第二种情形，酒店可以有两种选择：一是安排补休，二是支付加班工资。而第一种和第三种情形，酒店只能支付法律规定的加班工资报酬，不能以安排补休为由不支付高于正常工作时间的加班工资。

（4）休息休假　具体而言，休息休假包括以下内容：

1）一个工作日内的休息：指酒店员工在工作日内享有的休息时间和用餐时间。

2）两个工作日间的休息：指员工在 24 小时内除工作时间外，由员工自由支配的休息时间。

3）公休假日休息：又称周休息，指员工在一周内，享有连续休息在一天以上的休息时间，酒店可以采用集中工作、集中休息、轮休、调休、弹性工作时间等方式确保公休假日休息。

4）法定节假日：全体公民放假的节日包括新年元旦 1 天、春节 3 天、清明节 1 天、劳动节 1 天、端午节 1 天、中秋节 1 天、国庆节 3 天。部分公民如妇女在妇女节放假半天，14 周岁以上的青年在青年节放假半天。一些少数民族习惯的节日由少数民族聚居地区的人民政府按照少数民族的习惯规定放假日期。

5）带薪年假：员工累计工作已满 1 年不满 10 年的，年休假 5 天（请病假 2 个月以上的除外）；已满 10 年不满 20 年的，年休假 10 天（请病假 3 个月以上的除外）；已满 20 年的，年休假 15 天（请病假 4 个月以上的除外）。国家法定节假日、休息日不计入年休假的假期。对职工应休未休的年休假天数，单位应当按照该员工工资收入的 300%支付年休假工资报酬。

6）产假：女职工因生育而享有 90 天的产假，其中产前休假 15 天，难产的增加产假 15 天。多胞胎生育的，每多生育一个婴儿，增加产假 15 天。女职工怀孕不满 4 个月流产的，视医务部门意见给予 15～30 天的产假，女职工怀孕满 4 个月流产的，给予 42 天的产假。

7）病假：病假是员工在因病或非因公负伤需要停止工作而进行医疗的时间。在病假期间，在规定的医疗期内由酒店按有关规定支付其病假工资或疾病救济费，病假工资或疾病救济费可以低于当地最低工资标准支付，但不能低于最低工资标准的 80%。

8）事假：事假是员工因私人事务申请休假处理的时间，在事假期间，酒店可以不支付工资。

（5）酒店工作时间管理的注意事项

1）工作轮班的酒店，应从工作岗位、工作内容、服务对象、顾客消费的时间规律等具体情况出发，以便充分利用工时和节约人力成本。

2）要根据预订的工作量平衡各个轮班人员的配备。在顾客服务需求比较集中时，尽可能增加员工数量，以确保服务质量；在顾客服务需求相对较少时，应严格控制在岗人数，节约人力成本。例如，餐饮部的中餐和晚餐时间安排员工的在岗数量就必须多于早餐和夜宵营业时段的员工数量。此外，在业务素质、技术力量的配备上，也要注意平衡，确保服务质量的一致性。

3）建立健全交接班制度。交接班时，各班员工对于设施设备使用情况、宾客特殊需求及本班次未处理完毕的事宜，都必须通过书面形式向下一班员工交接清楚。

4）适当安排酒店员工交叉上班。由于酒店中许多岗位的工作都属于前后衔接密切的岗位，因此为便于各项工作交接清楚，在制定工作上岗时间时，可以把各班员工上下班的起止时间进行适当的交叉。

5）克服工作轮班制对员工生理心理的影响。酒店可以采取适当增加夜班前后的休息时间、缩短上夜班的次数、循环倒班法（每隔几周倒班一次）等方法，减少员工的不适感，确保工作轮班与人体生理机制相适应，提高员工的劳动效率。

2．酒店的劳动保护

劳动保护又称劳动安全卫生，是指酒店直接保护员工在工作中的安全和健康的法律保障。酒店中的劳动保护工作可以从以下几个方面展开。

（1）制定劳动保护管理制度

1）安全生产责任制度。安全生产责任制度是酒店各级领导、职能部门和全体员工在经营过程中应负的安全责任的一种制度。通过这一制度，可以把安全生产工作从酒店领导上统一起来，把“搞经营、搞管理、负责服务的都必须管安全”的原则从制度上固定下来。

2）编制劳动保护措施计划制度。这一制度将改善劳动条件与酒店的运营结合起来，把劳动保护措施所需经费、物资以及设计、施工等落在实处。

3）安全生产教育制度。安全生产教育制度旨在帮助员工正确地认识和掌握生产经营规律，提高员工技术水平，使其能够自觉地贯彻执行安全生产的方针和各项劳动保护政策，认真遵守酒店有关安全生产的规章制度，保证实现安全生产。

4）安全生产检查制度。安全生产检查包括酒店本身对生产中的安全卫生工作进行的经常性检查，也包括由地方劳动部门或者旅游部门酒店的定期、不定期的安全生产大检查，这种检查可以是普遍检查，也可以是专业检查和季节性检查，其内容主要包括查隐患、查管理、查制度等。

5）伤亡事故处理报告制度。酒店必须对员工伤亡事故进行报告、登记、调查、处理和统计分析工作，总结、吸取安全生产的经验教训，为改善劳动条件，减少伤亡事故和正确执行劳动保护政策、法令提供可靠的依据。通过对事故责任的追查处理，提高广大员工安全生产的责任感，同时发现酒店经营管理中的问题，采取预防措施，防止事故再次发生。

6）劳动防护用品和保健食品管理。劳动防护用品和保健食品是保护员工在生产过程中安全健康的一种辅助措施。它不是一般的生活福利待遇，必须严格按照规定的发放范围、原则和标准执行。在酒店中，需要提供劳动防护用品的岗位主要是电工、接触具有腐蚀性清洁用品的清洁人员、超低温工作的冷库保管人员；需要提供保健食品的岗位主要是在夏季高温作业的厨师、出租车队司机以及露天工作的保安和园艺工人等。

（2）酒店员工安全生产工作要点　为了防止安全事故的发生，酒店需要不断总结预防事故的经验，并在员工的各项工作中执行安全操作要点，主要包括：

1）不要一次拿太多东西。

2）拿重物时，要请人帮助。

3）当挂浴巾时，不要贴在浴盆边缘。

4）决不要用手拾顾客丢弃的剃刀片，可用抹布包裹着把剃刀片投入垃圾箱。

5）不要用手拾碎玻璃，应该用抹布包裹着拾起。

6）不要用手伸进废纸篓去掏垃圾，应该拿起废纸篓，把垃圾倒进垃圾箱。

7）擦玻璃时，注意破口，以防手指割破。

8）翻床垫时，从两侧抬起，对准床边一侧，然后放到恰当位置。

9）零星物品不要放在地上，以免绊倒他人。

10）临时电线要尽可能沿墙边布线，防止绊倒他人。

11）关门时，使用房门把手，直接抓门边可能会碰伤手指。

12）不要把刀对向自己或他人的身体，不用时，放在不会伤人的刀架上。

13）洗玻璃杯时，如果杯子破碎，应该先将水槽中的水放掉，然后用抹布捡起碎片。

14）不要用毛巾塞进玻璃杯去擦干杯子，玻璃杯有可能会在自己的手中破裂。

15）不要用玻璃杯舀冰块，要用不会破裂的金属勺子。

16）使用活梯时，要检查梯子是否牢靠。同时，在梯子上不要站得太高。

17）注意客房里一切不足之处，并加以改进。

18）擦高层客房的外墙及窗户玻璃时，必须牢系安全带。

19）在点燃燃气炉前，要检查一下是否漏气。

20）在点燃燃气炉时，人要站在一边，不要用火柴点火，要用电子点火装置点火。

21）端热锅时应该使用布垫。

22）用钢丝球或烈性清洁剂擦洗器皿时，应该戴上防护手套。

23）需要跪下清洁浴室地面或其他相似地方时，要使用护膝。

24）电梯载客量一定不能超过规定限度。

25）电梯操作必须经过批准。

26）客梯和货梯在每次停止使用时，都要关掉电源。

27）盛物盘不要装载过多。

28）长距离运送或长时间放置玻璃器皿时，要使用专用玻璃器皿架。

29）正在维修的机器，要挂上警告标志。

30）不要在移动的机器上工作。

（3）劳动疲劳管理　劳动疲劳是长时间、大强度、快强度持续地干同一种工作而引起劳动效率下降，不愿继续从事工作的反应以及无法工作的状态等症状。

劳动疲劳分为生理性疲劳和心理性疲劳两大类。生理性疲劳易于发现，如办公行政人员手腕、手指易出现疲劳及疾病隐患，客房清扫人员腰部可能会出现疲劳甚至病症，厨师可能患颈肩腕症候群、腱鞘炎、下肢静脉曲张等疾病。有些工作人员由于劳动强度大，时间久了，会产生全身疲劳，继而发展为过劳，其症状为有显著的疲劳感，如果继续工作会感到痛苦，工作欲望减退，事故错误增多，消极对待工作中的任何事情。心理性疲劳不仅表现为体力上的不足，还伴有多种精神不安方面的体验，导致注意力感觉失调、动觉紊乱，记忆思维有故障，甚至会导致失眠、精神疾病。无论是生理性疲劳还是心理性疲劳都会影响到对客的服务及工作质量。

劳动疲劳产生的原因有多种，工作强度、工作速度、工作方式、工作持续的时间、员工本身生理条件，以及个人的情绪兴趣、态度、动机、意志等心理因素都会对疲劳产生影响和作用。酒店管理人员需要结合劳动疲劳产生的原因，从完善休息制度和改善劳动条件方面消除员工的劳动疲劳感。尤其是在安排员工休息时，应当注意：休息的效果是随着时间的增加而不断下降的，在员工开始感到疲劳时即安排休息，避免员工进入过度疲劳状态，到那时，即便是安排短期的休息时间，员工也很难恢复至较好的工作状态。另外，休息不一定是静止不动的，动中休息是积极的休息，因此在员工工作之余安排一些体育、娱乐、郊游活动等，会获得更好的效果。

三、劳动纪律和奖惩制度

1. 劳动纪律

劳动纪律是指酒店依法制定的，要求员工在工作过程中必须遵守的劳动规则和秩序，它是保证员工按照规定的时间、质量、程序和方法，完成自己承担的工作任务的行为准则。

酒店在制定劳动纪律时，不得随意扩大自身权限，更不得使已经制定的劳动纪律与法律相抵触。另外，酒店还应注意劳动纪律条款的严密性，防止条款间的冲突。一旦酒店按照相冲突的条款来处理员工，其结果往往是使酒店陷于失败的诉讼。

劳动纪律的内容一般包括：

（1）时间纪律　时间纪律是员工作息时间、考勤、请假方面的规则。员工应在规定的作息时间内按时到岗执勤，不得随意迟到、早退，更不能无故旷工。请假时需经上级批示才有效。

（2）酒店纪律　酒店纪律即员工在服从人事调配、听从指挥、保守秘密、接受监督方面的规则。员工在与酒店协商的基础上，应积极服从酒店的调配，听从上级指示，接受酒店监督，准时完成酒店分配的任务。另外，对于涉及酒店经营秘密的一些文件内容，要妥善保管，防止泄露。

（3）岗位纪律　岗位纪律即员工在完成劳动任务、履行岗位职责、遵循操作规程、遵守职业道德方面的规则。员工应履行岗位职责，按时完成劳动任务，保证酒店的生产进度。另外，员工还应遵守一定的职业道德，如爱岗敬业、诚实守信、办事公道、奉献社会。

（4）协作纪律　由于酒店的很多工作是由多人一起完成的，且满足客人的需求有一定的程序性，因此员工相互之间的协作变得尤为重要。酒店需要制定协作纪律，即员工在工种之间、工序之间、岗位之间、上下级之间的连接和配合方面的规则。

（5）安全卫生纪律　安全卫生纪律即员工在劳动安全卫生、环境保护方面的规则，为了保证员工的工作安全和保护环境，员工应按照正确的操作规则进行作业，防止出现安全事故或对环境造成重大污染。

（6）品行纪律　品行纪律即员工在爱护财产、厉行节约、关心集体方面的规则。员工应从自身做起，努力提高自身觉悟，像爱护私有财产一样去爱护集体财产，养成节约的好习惯。

2．奖惩制度

在规定劳动纪律的基础上，酒店需要根据自己的实际情况制定相应的奖惩办法。酒店的奖惩制度主要包括奖励制度和处罚制度。

（1）奖励制度　奖励是酒店对员工良好行为的肯定，通过奖励可以使员工受到激励，充分调动其工作积极性，从而强化良好行为，同时树立榜样作用，使其他员工向受奖励员工学习。酒店实行奖励制度必须坚持精神鼓励和物质激励相结合的原则。

1）奖励条件。

① 在完成工作任务、提高服务质量、节约财产和能源方面，取得显著成绩的。

② 在改进酒店经营管理、提高经济效益方面作出显著成绩，对酒店贡献较大的。

③ 在保护酒店财产，防止或挽救事故有功，或对维持酒店正常工作秩序有显著功绩的。

④ 由于忠于职守，积极负责，获得客人好评的。

⑤ 其他方面因表现突出，为酒店争得荣誉，应当给予奖励的。

2）奖励的种类。对员工奖励的种类可以分为记功、晋级、通令嘉奖、授予模范称号。在给予奖励时，可以发给一次性奖金。

（2）处罚制度　处罚制度也是贯彻劳动纪律的重要措施，通过惩罚可以起到警示作用，从而弱化或消除不良行为，减少给酒店带来的危害和损失。

1）处罚条件。

① 违反劳动纪律，经常迟到、早退、旷工，消极怠工，没有完成工作任务的。

② 无正当理由，不服从工作分配和调动、指挥，或者无理取闹、聚众闹事、打架斗殴，影响工作秩序的。

③ 玩忽职守，违反安全操作规程，或者违章指挥，造成事故，使宾客及其他员工生命安全受到威胁、财产遭受损失的。

④ 工作不负责任，损坏酒店设备工具，浪费酒店财产及能源，给酒店造成经济损失的。

⑤ 其他违反劳动纪律的行为。

2）处罚的种类。酒店对于违纪员工的处罚方式可以有以下几种：

① 警告处分：酒店对于违反劳动纪律的员工可以视情节的严重程度及员工违反纪律的次数处以口头警告、书面警告、最后警告等警告处分。警告处分以批评教育、向员工开出过失单、违纪违规记入档案等为主要手段。

② 职务惩罚、辞退等处分：对于一些违纪严重的员工，酒店可以采取暂时停职（在接受对违纪事实调查期间，作无薪停职处理）的惩罚处分；对于违反酒店规章制度极为严重，给酒店带来重大损失或不便的员工，酒店可以实施一定时期内不提升职务、合同期满不再续签合同，直至直接解除劳动合同将其辞退等惩罚手段。

③ 经济处罚：在对违纪员工实施处罚时，可以根据员工违纪违章的严重程度及其给酒店造成的经济损失程度，对员工施以相应的经济处罚。经济处罚可以从员工本人工资中扣除，但每月扣除的部分不得超过其月工资的 20%，并且扣除后的剩余工资不得低于当地最低工资标准。此外，对于一些有意违纪违规给酒店造成经济损失的，还可视情节轻重采取

扣减一定时间内的绩效工资、减缓工资提升等方式对其进行经济处罚。

对于员工触犯刑律的，宜直接交司法机关依法惩处。

3．制定劳动纪律和奖惩制度的原则

在制定奖惩规定时应当注意以下几个原则：

（1）依法制定，合法有效　制定和修改的相关规章制度和奖罚办法应按照合法、民主、公示3个步骤进行。

合法，即主体合法、内容合法、程序合法。其中内容合法是指规定的内容需符合国家劳动法等相关法规对工作时间、工资、劳动安全与卫生和社会保障等方面的强制性标准。总而言之，酒店制定的规章制度必须依法制定。

民主，即酒店和工会或者员工双方共同提出方案，双方通过平等协商，使员工知悉内容。

公示，即制定和修改的员工奖惩办法或相关规章制度必须告知每一位员工。

（2）标准严谨　奖惩的依据和奖惩的尺度不能含糊不清、模棱两可，最好能量化标准，尤其是处罚的部分。对于奖惩办法或相关管理制度中规定应处罚的违纪违规行为，如量罚时缺乏明确标准或难以准确把握的，应按制定和修改奖罚办法或相关规章制度的程序进行补充，确定处罚方式和标准，并予以公示。

四、劳动报酬

劳动报酬有广义和狭义之分，广义的劳动报酬是指员工为酒店提供劳动而获得的各种报酬，包括货币工资、实物报酬和社会保险等，狭义的劳动报酬仅指货币工资。本章所使用的劳动报酬概念仅指狭义的劳动报酬，即货币工资，简称工资，且对于劳动报酬的介绍仅限于劳动法中的相关规定。

1．工资的组成部分

根据《关于工资总额组成的规定》，工资总额由计时工资、计件工资、奖金、津贴和补贴、加班加点工资以及特殊情况下支付的工资6部分组成。有关劳动保险和职工福利方面的各项费用、劳动保护的各项支出、各类补助、股息、利息等不列入工资项目。

2．工资的计算

（1）计时工资的计算　计时工资是按计时工资标准和工作时间支付给个人的劳动报酬，因此计算计时工资的关键是核定计时工资标准和具体的工作时间。

日工资标准=月工资标准/月计薪天数

月计薪天数=（365天−104天）/12=21.75天（国家法定节假日为带薪休假，不在此扣除）

小时工资标准=日工资标准/8小时

标准工作时间的计算如前所述。

员工全勤，即提供正常劳动的，就按月工资标准计发工资；员工缺勤或加班加点，按日工资标准或小时工资标准乘以缺勤或加班加点的工作时间扣除或加发工资。

应付计时工资=月工资标准−日工资标准×缺勤天数+小时工资标准×加班小时数×加班工资系数

（2）计件工资的计算　计件工资是在一定技术条件下，根据员工完成的工作量，按计件单价支付的劳动报酬。这种工资计算方式可以看成是在合理确定劳动定额的基础上对于计时工资的转化形式，其关键是确定员工的劳动定额和计件报酬标准。在有些酒店的客房部，会按照员工清扫客房的数量，采用此种工资核算方法。

计件工资=计件工作量×计件单价

计件单价=单位时间的标准工资/单位时间的劳动定额。

（3）加班工资的计算　加班工资的具体标准为：

1）酒店依法安排员工在法定标准工作时间以外延长工作时间的，按照不低于劳动合同规定的员工本人小时工资标准的150%支付员工工资。

2）酒店依法安排员工在休息日工作的，而又不能安排补休的，按照不低于劳动合同规定的员工本人日工资标准或小时工资标准的200%支付员工工资。

3）酒店依法安排员工在法定节假日工作的，按照不低于劳动合同规定的员工本人日工资标准或小时工资标准的300%支付员工工资。

4）实行计件工资的员工，在完成计件定额任务后，由酒店安排延长工作时间的，应根据上述规定的原则，分别按照不低于其本人法定工作时间计件单价的150%、200%、300%支付其工资。

5）对于实行综合计算工时工作制的员工，其综合计算工作时间超过法定标准工作时间的部分，视为延长工作时间，并按员工本人日工资标准或小时工资标准的150%支付工资，工作日正好是休息日的，属于正常工作，不支付加班工资，工作日正好是法定节假日的，按不低于员工本人日工资或小时工资标准的300%支付加班工资。

3．工资的支付

工资应当以货币形式按月支付给员工本人，不得克扣或者无故拖欠员工的工资。

（1）工资支付对象　酒店应将工资支付给员工本人，员工本人因故不能领取时，可由其亲属或委托他人代领。

（2）工资支付形式　工资应当以法定货币支付，不得以实物或有价证券代替货币支付。酒店可委托银行代发工资。酒店必须书面记录员工工资的数额、时间、领取者的姓名及签字，并保存两年以上备查，酒店在支付工资时应向员工提供一份其个人的工资清单。

（3）工资支付时间　酒店必须在与员工约定的日期支付其工资，如遇节假日或休息日，则应提前在最近的工作日支付。工资至少每月支付一次，实行周、日、小时工资制的，可按周、日、小时支付工资。双方依法解除或终止劳动合同时，酒店应在解除或终止劳动合同时一次付清员工工资。

（4）特殊情况下的工资支付

1）员工在法定工作时间内依法参加诸如选举、乡镇以上政府、党派、工会、青年团、妇联等酒店召开的会议；出任法院证明人，出席劳模、先进工作者大会等正常社会活动期间，酒店应视同其提供了正常劳动而支付工资。

2）员工依法享受年休假、婚假、丧假，在此期间，酒店应按劳动合同规定的标准支付员工工资。

3）加班加点工资按前述标准加以支付。

4）非因员工原因导致的酒店停止经营，在一个工资支付周期内的，酒店应按劳动合同规定的标准支付员工工资。超过一个工资支付周期的，若员工提供了正常劳动，则支付给员工的劳动报酬不得低于当地的最低工资标准；若员工没有提供正常劳动的，应按国家有关规定办理。

5）酒店依法破产时，员工有权获得其工资，在清偿顺序中，应首先支付欠付本单位员工的工资。

6）在员工遇有紧急情况导致不能维持生活时，酒店可以预支其可得工资的相当部分。

4．最低工资标准

最低工资标准是国家规定的，当职工在法定工作时间或依法签订的劳动合同约定的工作时间内提供了正常劳动的前提下，用人单位在最低限度内应当支付的足以维持职工及平均供养人口基本生活需要的劳动报酬，即工资的法定最低限额。

劳动关系双方当事人不得在劳动合同中约定在法定最低工资额以下的工资：只要员工提供了正常劳动，酒店向员工支付的工资就不得低于法定的最低工资额，如有违规者，由劳动保障行政部门责令其期限支付差额，逾期不支付的，按有关规定，责令其按应付差额50%以上1倍以下的标准支付赔偿金。同时，还应对用人单位处以相应的罚款。

5．工资扣除

用人单位只有在以下情况下才能扣除工资：应由职工缴纳的个人所得税；应由员工负担的各项社会保险费用；法院判决、裁定中要求代扣的抚养费、扶养费、赡养费；法定可以从工资中扣除的其他费用。另外，员工违纪违章给酒店造成经济损失而应予赔偿的，可以从职工本人工资中扣除，但每月扣除的部分不得超过其月工资的20%，并且扣除后的剩余工资部分不得低于当地月最低工资标准。

第三节 社会保险

社会保险是国家通过立法强制征集专门资金，来保障员工在暂时或永久丧失劳动能力时，或在工作中断期间基本生活需求的一种物质帮助制度。劳动法规定：“国家发展保险事业，建立社会保险制度，设立社会保险基金，使员工在年老、患病、工伤、失业、生育等情况下获得帮助和补偿。”社会保险呈现保障性、社会性、互济性、福利性和普遍性等特征。社会保险的主要项目主要包括养老保险、医疗保险、工伤保险、失业保险和生育保险。

一、养老保险

养老保险是国家为解决员工在达到国家规定的解除劳动义务的劳动年龄界限，或因年老丧失劳动能力退出劳动岗位后的基本生活而建立的一种社会保障制度。我国推行的是多层次养老保险制度，即基本养老保险、酒店补充养老保险、个人储蓄性养老保险相结合的养老保险体系。其中，基本养老保险是由国家统一制定并强制实施的养老保险制度；酒店补充养老保险由酒店及其职工自愿建立、自主管理；个人储蓄性养老保险则由员工自愿参加、自愿选择经办机构。

1．基本养老保险

（1）基本养老保险的筹集　我国养老保险实行国家、酒店、个人三方共同负担，通俗些讲，即“国家拿一部分、酒店出一部分、个人承担一部分”。其中，国家通过让税、让利、补贴等方式承担，酒店和个人则通过直接缴费的方式负担。

酒店缴纳的基本养老保险按本酒店职工工资总额和当地政府规定的比例在税前提取，由酒店开户银行按月代为扣缴。酒店缴费的比例一般不得超过酒店工资总额的 20%，具体比例由省、自治区、直辖市政府确定。

酒店员工个人缴纳的基本养老保险按当地政府规定的比例从工资中提取，由酒店在发放工资时代为收缴。个人缴费的比例，为本人缴费工资的 8%。员工本人一般以本人上一年度月平均工资为个人缴费工资基数。酒店员工月平均工资收入超过当地一般职工月平均工资 300%以上的部分，不计入个人缴费工资基数；低于当地职工平均工资 60%的，按 60%计入。

酒店如以本单位全部职工工资总额作为单位缴费基数，实际操作中，一般以本单位全部职工个人缴费基数之和作为单位缴费基数。

（2）养老保险的管理模式　我国城镇职工的基本养老保险实行“社会统筹和个人账户相结合”的基本模式，即分别设立社会统筹基金和个人账户基金。

1）个人账户基金。个人账户基金由酒店员工的个人缴费形成，即本人缴费工资的 8%全部划入个人账户。

个人账户储存额，每年参考银行同期存款利率计算利息。个人账户储存额只用于职工养老，不得提前支取（另有规定者除外）；酒店员工调离本酒店时，个人账户全部随同转移；职工或退休人员死亡，个人账户中的个人缴费部分可以继承。

2）社会统筹基金。社会统筹基金属于全部参保人员所有，由社会保险经办机构集中管理，统一调剂使用。根据我国现行政策，基本养老保险社会统筹基金主要来自于两部分：一是酒店为其员工缴纳的全部基本养老保险费；二是城镇个体工商户和灵活就业人员缴费的一部分。

（3）基本养老保险的享受条件　根据我国现行政策，享受基本养老保险待遇需要同时具备两个条件：缴费年限和年龄条件。

员工享受基本养老保险待遇的前提条件是：在基本养老保险覆盖范围内并且参加保险缴费年限满 15 年。㊀

员工享受基本养老保险待遇的必要条件是：达到了国家法定的退休年龄，其中包括正常退休和提前退休。我国法定的正常退休年龄为男士满 60 岁，女工人满 50 岁，女干部满 55 岁。提前退休是指酒店职工未达到国家规定的正常退休年龄而退出工作岗位、办理退休手续、领取养老金的行为，主要包括特殊工种提前退休和因病提前退休。

（4）基本养老保险的待遇支付　根据 1997 年《关于建立统一的酒店职工基本养老保险制度的决定》（以下简称《1997 年决定》）以及 2005 年《关于完善酒店职工基本养老保

㊀ 缴费年限是指单位和员工个人依法共同缴纳基本养老保险的累计年限，包括实际缴费年限和视同缴费年限。其中，实际缴费年限是指职工按规定足额缴纳基本养老保险费的年限；视同缴费年限是指员工全部工作年限中，本人实际缴费之前按照国家规定计算的连续工龄和连续工作年限。

险制度的决定》（以下简称《2005 年决定》），基本养老保险的支付办法因人而异，具体有以下几种情况：

1）《1997 决定》实施后（1998 年 7 月 1 日）参加工作、《2005 年决定》实施后（2006 年 1 月 1 日）退休，且缴费年限（含视同缴费年限）累计满 15 年的人员，养老待遇为：按月发给基本养老金，基本养老金由基础养老金和个人账户养老金组成。具体计算公式为

基础养老金月标准=（当地上年度在岗职工月平均工资+本人指数化月平均缴费工资）/2×缴费年限×1%

本人指数化月平均缴费工资=当地上年度职工月平均工资×本人平均缴费工资指数

本人平均缴费工资指数=（$a_1/A_1+a_2/A_2+a_3/A_3+\cdots+a_n/A_n$）/$n$

式中 a_1，a_2，a_3，…，a_n——参保人员退休前 1 年、2 年、3 年，……，前 n 年本人缴费工资额；

A_1，A_2，A_3，…，A_n——参保人员退休前 1 年、2 年、3 年，……，前 n 年全省职工平均工资；n 为酒店和职工实际缴纳基本养老保险费的年限。

个人账户养老金月标准=个人账户储存额/计发月数

式中，计发月数根据职工退休时城镇人口平均预期寿命、本人退休年龄、利息等因素确定。

2）《1997 决定》实施前（1998 年 7 月 1 日）参加工作、《2005 年决定》实施后（2006 年 1 月 1 日）退休，且缴费年限（含视同缴费年限）累计满 15 年的人员，养老待遇为：在按月发给基础养老金和个人账户养老金的基础上，再发给过渡性养老金。具体计算公式为

基本养老金标准=基础养老金标准+个人账户养老金标准+过渡性养老金月标准

过渡性养老金=退休前本人指数化月平均缴费工资×过渡性养老金计发比例（1%～1.4%）×职工个人账户建立以前的缴费年限

3）《1997 决定》实施前（1998 年 7 月 1 日）已经退休的人员，养老待遇为：仍按国家原来的规定发给养老基本金，同时执行基本养老金调整办法。

4）《1997 决定》实施前（1998 年 7 月 1 日）参加工作、《2005 年决定》实施后（2006 年 1 月 1 日）退休，但缴费年限累计不满 15 年的人员，养老待遇为：不发基础养老金，个人账户储存额一次性支付给本人，终止基本养老保险关系。㊀

2．酒店补充养老保险

酒店补充养老保险又称酒店年金，是指酒店及员工在依法参加基本养老保险的基础上，自愿建立的补充养老保险制度，是多层次养老保险体系的组成部分。可以建立酒店年金的酒店必须符合以下条件：依法参加基本养老保险并履行缴费义务，具有相应的经济负担能力；已建立集体协商机制。酒店的补充养老保险制度应由酒店与员工（工会组织可以作为职工代表）根据国家政策，在协商一致的基础上建立，并由职工根据自己的能力和条件自愿选择参加。

酒店年金基金由下列各项组成：酒店缴费、职工个人缴费、酒店年金基金投资运营收益。酒店缴费每年不超过本酒店上年度职工工资总额的 1/12。酒店和职工个人缴费合计一

㊀ 不同地方政府规定有所不同，在实务操作中一定要参照地方规定执行。

般不超过本酒店上年度职工工资总额的 1/6。

酒店年金基金实行完全积累、采取市场化的方式进行管理和运营。酒店年金基金可以按照国家规定投资运营，酒店年金基金投资运营收益并入酒店年金基金。

3．个人储蓄性养老保险

由社会保险机构经办的职工个人储蓄性养老保险，由社会保险主管部门制定具体办法，职工个人根据自己的工资收入情况，按规定缴纳个人储蓄性养老保险费，计入当地社会保险机构在有关银行开设的养老保险个人账户，并按不低于或高于同期城乡居民储蓄存款利率计息，所得利息记入账户，本息一并归职工个人所有。

职工达到法定退休年龄退休后，凭个人账户将储蓄性养老保险一次提取或分次提取。职工未到退休年龄而死亡，计入个人账户的储蓄性养老保险由其指定人或法定继承人继承。

二、医疗保险

医疗保险是当酒店员工生病或受到伤害后，由国家或社会给予的一种物质帮助，即提供医疗服务或经济补偿的一种社会保障制度。我国的医疗保险制度主要包括基本医疗保险（包括职工基本医疗保险、城镇居民基本医疗保险和新型农村合作医疗）、公务员医疗补助、酒店补充医疗保险、大额医疗补助、职工互助医疗保险以及商业医疗（健康）保险等。此处主要介绍职工基本医疗保险和酒店补充医疗保险。

1．基本医疗保险基金的筹集

我国城镇职工基本医疗保险制度实行“统账结合”的模式，即分别设立社会统筹基金和个人账户基金。同时，在缴费上遵循“费用分担”原则，基本医疗费用全部由用人单位和职工共同承担。用人单位即酒店缴费率一般控制在职工工资总额的 6%左右，职工缴费率一般为本人工资收入的 2%左右。各地可以伴随社会经济的发展，适当调整用人单位和职工的缴费标准。

职工个人缴费基数一般为本人上年月平均工资或本人上月实际工资，单位缴费基数为本单位全部职工工资总额，低于上一年统筹地区职工月平均工资 60%的，按 60%作为缴费基数，高于上一年统筹地区职工月平均工资 300%的，按 300%作为缴费基数。

2．基本医疗保险基金的划拨

筹集的医疗保险基金分别划拨入基本医疗保险个人账户和基本医疗保险统筹基金两部分。

（1）基本医疗保险个人账户　基本医疗保险个人账户是指社会医疗保险机构按照国家基本医疗政策法规的规定设立的，用于支付参保本人及其家属医疗费用的社会医疗保险基金专用账户。基本医疗保险的个人账户基金主要来自 3 个方面：一是个人强制性缴费的全部，即职工个人缴纳的基本医疗保险费，全部计入个人账户；二是用人单位强制性缴费的一部分，划入个人账户的比例一般为用人单位缴费的 30%左右，具体比例由统筹地区根据个人账户的支付范围和职工年龄等因素确定；三是个人账户存储额的利息。

（2）基本医疗保险统筹基金　统筹基金是指在某一统筹区域内按照统一标准征收，并在其统筹区域内统一管理、统一调剂、统一使用的基本医疗保险基金。各地区统筹基金按照服务项目的不同，又可分为门诊统筹基金和住院统筹基金。从统筹区域内用人单位按照职工工资总额的一定比例（一般为 6%）缴纳的医疗保险费总额中，扣除按一定比例（一般为 30%）划入个人账户后剩余的部分，即形成该统筹区域内的基本医疗保险统筹基金，另外还包括依法纳入的其他资金，如滞纳金、财政补贴收入等。

注：退休人员个人不缴纳基本医疗保险费，也无需单位再为退休人员缴费。退休人员的基本医疗保险费用，是从单位按工资总额作为缴费基数缴纳的基本医疗保险费用中，由社会保险经办机构按规定比例，为退休人员建立个人账户，对退休人员发生应由统筹基金支付的医疗费用，也同样由单位缴费建立的统筹基金中支付。

3. 基本医疗保险基金的支付

（1）统筹基金和个人账户的支付范围　个人账户主要用于支付参保人员的一般门诊医疗费用和药店买药费用，即小病医疗费的支出；统筹基金主要用于支付特殊疾病门诊和住院医疗费用，即所谓大病医疗费。

统筹基金的起付标准原则上控制在当地职工年平均工资的 10%左右，最高支付限额原则上控制在当地职工年平均工资的 4 倍左右。起付标准以下的医疗费用，从个人账户中支付或由个人自付。起付标准以上、最高支付限额以下的医疗费用，主要从统筹基金中支付，个人也要支付一定比例（一般为 10%左右）。超过最高支付限额的医疗费用，可以由酒店补充医疗保险计划支付，或者通过购买商业医疗保险等途径解决。统筹基金的具体起付标准、最高支付限额以及在起付标准以上和最高支付限额以下医疗费用的个人负担比例，由统筹地区根据以收定支、收支平衡的原则确定。

（2）基本医疗保险的费用报销条件

1）参保人员必须到基本医疗保险的定点医疗机构就医购药，或持定点医院的大夫开具的医药处方到社会保险机构确定的定点零售药店外购药品。一般在非定点医疗机构就医和非定点药店购药发生的医疗费用，除符合医疗保险制度中转诊等规定的相应条件外，基本医疗保险基金将不予支付。

2）参保人员在看病就医的过程中所发生的医疗费用必须符合基本医疗药品目录、诊疗项目、医疗服务设施标准的范围和给付标准，才能由基本医疗保险基金按规定予以支付。

3）参保人员符合基本医疗保险支付范围的医疗费用中，在社会医疗统筹基金起付标准以上、最高支付限额以下的费用部分，由社会医疗统筹基金按一定比例支付（一般为 90%）。

4）基本医疗保险基金不支付以下医疗费用：①参保人员因发生工伤（含职业病）、进行生育以及其发生并发症而产生的治疗费用。②参保人员因刑事犯罪、打架斗殴、酗酒、自杀、自残、蓄意违反法律规定造成身体伤害而发生的治疗费用。③参保人员因交通事故发生的医疗费用。④参保人员在出国、出境期间因身体健康受到影响需治疗而发生的治疗费用。⑤参保人员在出国、出境期间因身体健康受到影响需治疗而发生的医疗费用。⑥参保人员参加的各种科研性、临床验证性的诊疗项目而发生的费用。⑦参保人员在就医治疗过程中发生医疗事故而产生的医疗费用等。

4. 酒店补充医疗保险

酒店补充医疗保险是酒店在参加基本医疗保险的基础上，国家给予政策鼓励，由酒店自主主办或参加的一种补充性医疗保险形式。酒店如具有持续的税后利润，保证足额发放职工工资和缴纳基本医疗保险费用，现已形成的医疗保障待遇高于基本医疗保险待遇，且有能力建立或参加酒店补充医疗保险，酒店可以在报经国家有关行政管理部门批准后实施补充医疗保险。

酒店补充医疗保险可以采用以下几种形式：

（1）建在酒店内部。有实力的大酒店可以自办补充医疗保险，但应建立相应的经办和管理机构，并使补充保险资金与酒店经营性资金分离，确保保险资金的安全。

（2）与商业保险机构合作。酒店可以通过与商业保险机构合作，购买商业保险公司的产品，也可以保险公司的某一相关产品为基础，根据实际情况设计补充医疗保险方案，由商业保险机构根据制订的方案确定费用。

（3）酒店补充医疗保险可以实行酒店和参保人员共同缴费，也可以实行酒店单独缴费，具体根据实际情况确定。

三、工伤保险

工伤保险又称职业伤害保险，是指员工在生产工作中或法定的特殊情形下发生意外事故，或因职业性有害因素危害而负伤（或患职业病）、致残、死亡时，对其本人或供养亲属给予物质帮助或经济补偿的一种社会保险制度。作为用人单位，酒店一定要依法为员工办理工伤保险，这是酒店所负的法定义务。

工伤保险的原则是“无责任补偿原则”，又称为“无过失赔偿原则”，是工伤保险的特有原则，指员工在各种伤害事故中，只要属于工伤或视同工伤，无论事故责任属于本人、酒店或是相关第三者，均应依法按照规定的标准给付工伤保险待遇。待遇给付与责任追究分开，不能因为事故责任的追究与归属，影响待遇给付的时间及额度（本人犯罪或故意行为除外）。

1．工伤保险基金的筹集

工伤保险费由酒店缴纳，职工个人不缴纳任何费用，这是工伤保险与养老保险、医疗保险、失业保险的区别之处。

国家根据不同行业的工伤风险程度确定行业的差别费率，同时建立单位缴费浮动机制，根据用人单位的工伤保险费使用情况调整用人单位的缴费费率。根据《关于工作保险费率问题的通知》的规定，金融业、服务业、文化艺术业等风险较小的行业，基准费率控制在0.5%左右，且不实行费率浮动。

2．工伤认定

职工因工作遭受事故伤害或者患职业病，用人单位必须在规定时间内向劳动保障行政部门申请工伤认定。工伤认定是职工享受工伤保险待遇的前置程序。

（1）工伤范围的认定

1）应当认定为工伤的7种情形：①在工作时间和工作场所内，因工作原因受到事故伤害的；②工作时间前后在工作场所内，从事与工作有关的预备性或收尾性工作受到事故伤害的；③在工作时间和工作场所内，因履行工作职责受到暴力等意外伤害的；④患职业病的；⑤因工外出期间，由于工作原因受到伤害或者发生事故下落不明的；⑥在上下班途中，受到机动车事故伤害的；⑦法律、行政法规规定应当认定为工伤的其他情形。

2）视同工伤的3种情形：①在工作时间和工作岗位，突发疾病死亡或者在48小时之内经抢救无效死亡的；②在抢险救灾等维护公共利益活动中受到伤害的；③职工原在部队服役，因战、因公负伤致残，已取得革命伤残军人证，到用人单位后旧伤复发的。

符合“视同工伤”前两种情况的，按规定享受工伤待遇；符合“视同工伤”第三种情况的，按规定享受一次性伤残补助金以外的工伤保险待遇。

3）不能认定工伤的3种情形：①因犯罪或违反治安管理伤亡的；②醉酒导致伤亡的；③自残或者自杀的。

（2）工伤认定程序

1）申请人提交工伤认定申请：用人单位、受伤职工及其直系亲属、工会组织都可成为申请人，申请对象为所属地区劳动保障部门，用人单位应当在本单位职工发生工伤事故或被诊断、鉴定为职业病之日起30日内提出认定申请；如用人单位在规定期限内没有提出申请，受伤职工或其直系亲属、工会组织可以在事故发生之日或被诊断鉴定为职业病之日起一年内，直接提出工伤认定申请。（注：如用人单位未在规定时限内提交认定申请，在此期间发生符合《条例》规定的工伤待遇等有关费用由该用人单位负担。）

2）劳动保障行政部门受理申请。

3）劳动保障行政部门调查核实。（注：如用人单位与职工对工伤认定有歧义纷争，由用人单位承担举证责任。）

4）劳动保障部门自受理日起60日内作出工伤认定决定，并在决定作出之日起20个工作日内，将决定送达申请人及受伤害职工和用人单位，并抄送社会保险经办机构。

5）如受伤害职工及其直系亲属、用人单位对决定不服，可以依法提请行政复议或提起行政诉讼。

3．工伤保险待遇

（1）工伤医疗待遇　工伤医疗待遇是指职工遭遇工伤之后到评定伤残之前的治疗期间应享有的各项待遇，但工伤职工治疗非工伤引发的疾病，按照基本医疗保险办法处理。工作医疗待遇包括：

1）诊疗费、药费、住院费及康复性治疗费。享受这些待遇需具备两个基本条件：一是原则上应在签订服务协议的定点医疗机构就医，情况紧急时可以先到就近的医疗机构急救；二是各项服务和费用必须符合国家规定的工伤保险诊疗项目目录、工伤保险药品目录和工伤保险住院报务标准，超出部分工伤保险基金不予支付。

2）住院伙食补助费与交通食宿费。工伤职工需要住院治疗的，由所在单位按照本单位因公出差伙食补助标准的70%发给住院伙食补助费；经医疗机构出具证明，报经办机构同意，工伤职工到统筹地区以外就医的，所需交通费、食宿费按照本单位职工因公出差待遇标准报销。

3）辅助器械费用。经劳动能力鉴定委员会确认，需要安装假肢、矫形器、义眼和配置轮椅等辅助器具，所需费用按照国家规定标准从工伤保险基金中支付。

4）停工留薪期工资待遇。在停工留薪期，原工资福利待遇不变，由所在单位按月支付。停工留薪期一般不超过12个月，伤情严重或情况特殊，经企业所在的市级劳动能力鉴定委员会确认，可适当延长，但延长不得超过12个月，评定伤残等级后，停发原待遇，按规定享受因工伤残待遇。

（2）因工伤残待遇　因工伤残待遇是指职工评定伤残等级之后享有的各项工伤待遇，主要包括生活护理费、一次性伤残补助金、伤残津贴、一次性工伤医疗补助金和伤残就业补助金。

生活护理费按照生活完全不能自理、生活大部分不能处理和生活部分不能自理 3 个不同等级支付，其标准分别为统筹地区上年度职工月平均工资的 50%、40%和 30%。

所有伤残等级的工伤职工都享有相当于 6～24 个月本人工资的一次性伤残补助金，由工伤保险基金一次性支付；1～6 级伤残的工伤职工享有数额不等的伤残津贴，由工伤保险基金或用人单位按月发放；7～10 级伤残的工伤职工则享有由用人单位发给的一次性工伤医疗补助金和伤残就业补助金。此外，不同伤残等级的工伤职工在与用人单位的劳动关系保留问题上也有不同的规定。

（3）因工死亡待遇　因工死亡，其直系亲属按规定从工伤保险基金中领取丧葬补助金、供养亲属抚恤金和一次性工亡补助金。

1）丧葬补助金：职工因工死亡后，其直系亲属可以一次性领取丧葬补助金，具体标准为 6 个月的统筹地区上年度职工月平均工资。

2）供养亲属抚恤金：发给由死者生前提供主要生活来源、无劳动能力的死者亲属。抚恤标准按照职工本人工资的一定比例发放，核定的各供养亲属的抚恤金之和不应高于因工死亡职工生前的工资；供养亲属失去供养条件时不再享受该项抚恤金。

3）一次性工亡补助金：基本标准为 48～60 个月的统筹地区上年度职工平均工资，具体标准由各统筹地区确定。

伤残职工在停工留薪期间内因工伤导致死亡的，其直系亲属可以享受丧葬补助金待遇；1～4 级伤残职工在停工留薪期满后死亡的，其直系亲属可以享受丧葬补助金和供养亲属抚恤金的待遇。

（4）停止享受工作保险待遇的情况

1）丧失享受待遇条件的。

2）拒不接受劳动能力鉴定的。

3）拒绝治疗的。

4）被判刑正在收监执行的。

四、失业保险

失业保险是指国家通过立法建立失业保险基金，对因失业而暂时中断生活来源的员工在法定期间内给予失业保险金，以维持其基本生活需要的一项社会保障制度。失业保险基金来源于用人单位和职工个人缴纳的失业保险费、失业保险费的利息、财政补贴和滞纳金等其他资金。其中，用人单位和职工个人缴纳的失业保险费为基金的主要来源。

1．失业保险费的缴纳

酒店应按照本单位工资总额的 2%缴纳失业保险费；职工按照本人缴费工资的 1%缴纳失业保险费。失业保险的缴费工资没有最高和最低限制，这与基本养老保险和基本医疗保险的缴费规定不同，失业保险的缴费工资没有 300%和 60%的上限和下限的限制，根据实际工资执行。

2．失业保险金的申领

（1）失业保险金的申领条件　失业人员具备以下条件的，可以领取失业保险金：

1）按照规定参加失业保险，所在单位和本人已按照规定履行缴费义务满一年的。

2）非因本人意愿中断就业的人员，主要有以下情况：

① 终止劳动合同的；被用人单位解除劳动合同的。

② 被用人单位开除、除名和辞退的。

③ 因用人单位以暴力、威胁或者非法限制人身自由的手段强迫劳动的和用人单位未按照劳动合同约定支付劳动报酬或者提供劳动条件而由员工提出解除劳动合同的。

④ 法律、行政法规另有规定的。

3）已办理失业登记，并有求职要求的。

（2）失业保险停止领取的情况　失业人员在领取失业保险金期间有下列情形之一的，停止领取失业保险金，并同时停止享受其他失业保险待遇：

1）重新就业的。

2）应征服兵役的。

3）移居境外的。

4）享受基本养老保险待遇的。

5）被判刑收监执行或者被劳动教养的。

6）无正当理由，拒不接受当地人民政府指定的部门或者机构介绍的工作的。

7）有法律、行政法规规定的其他情形的。

（3）失业保险的发放　我国失业保险金的发放标准，按照低于当地最低工资标准、高于城市居民最低生活保险标准的水平，由省、自治区、直辖市人民政府确定。

失业保险发放的期限具体分为以下几种情况：

1）失业人员失业前所在单位和本人按照规定累计缴费时间满 1 年不足 5 年的，领取失业保险金的期限最长为 12 个月。

2）累计缴费时间满 5 年不足 10 年的，领取失业保险金的期限最长为 18 个月。

3）累计缴费时间 10 年以上的，领取失业保险金的期限最长为 24 个月。

4）重新就业后，再次失业的，缴费时间重新计算。

5）领取失业保险金的期限可以与前次失业应领取而尚未领取的失业保险金的期限合并计算，但是最长不得超过 24 个月。

（4）申领程序

1）用人单位证明备案。

2）失业人员登记申请。失业者应在终止或解除劳动合同之日起 60 日内到指定的失业保险经办机构办理失业保险金登记申领手续，逾期视为放弃申领失业保险待遇的权利。

3）经办机构审核认定。失业保险经办机构自受理申领之日起 10 日内对申领者的资格进行审核认定，并将结果及有关事项告知本人。

4）领取失业保险金。经审核合格者，从失业者办理失业登记之日起计发失业保险金，失业者凭经办机构开具的单证按月到指定银行领取。

五、生育保险

生育保险是国家通过立法，对怀孕、分娩女职工给予生活保障和物质帮助的一种社会保险制度。

1．生育保险基金

生育保险基金按照“以支定收，收支基本平衡”的原则筹集，由酒店按照其工资总额的一定比例向社会保险经办机构缴纳生育保险费，建立生育保险基金，实行社会统筹，职工个人不缴纳生育保险费。生育保险费的提取比例最高不得超过工资总额的 1%，大多数地区控制在 0.5%～0.8%。

2．生育保险待遇支付

（1）享受生育保险待遇的条件　职工享受生育保险待遇必须满足的条件有：

1）所在单位按照规定参加了生育保险并履行了缴纳义务。

2）符合国家计划生育政策规定生育或施行计划生育手术的。

（注：有些地区规定还将生育保险费的缴费时间作为职工享受生育保险待遇的条件之一。）

参加了生育保险的女职工在生育或流产后，由本人或所在酒店持当地计划生育部门签发的计划生育证明、婴儿出生证、死亡或流产证明，到当地社会保险经办机构办理手续，领取生育津贴和报销生育医疗费。

（2）生育保险待遇支付项目　女职工在孕期、分娩和哺乳期间，可以享受的生育待遇项目除了产假以外，还包括生育津贴和生育医疗服务。

1）生育津贴。生育津贴是指由生育保险基金向享受产假的女职工支付的现金补助，在过去一直被称为产假工资。我国生育津贴的支付方式和支付标准有两种：①在生育保险社会统筹地区，支付标准按本酒店上年度职工月平均工资的标准支付，期限不少于 90 天，由生育保险基金支付；②在没有开展生育保险社会统筹的地区，生育津贴由酒店支付，标准为女职工生育前的基本工资和物价补贴，期限一般为 90 天。

2）生育医疗服务。我国生育保险医疗服务项目主要包括以下内容：检查、接生、手术、住院、药品、计划生育手术费用等，由生育保险基金支付；超出规定的医疗服务费和药费由职工个人负担；女职工生育出院后，因生育引起疾病的医疗费，由生育保险基金支付；其他疾病的医疗费，按照医疗保险待遇规定办理；女职工产假期满后，因病需要休息治疗的，按照有关病假待遇和医疗保险待遇规定办理。

生育医疗费的支付方式因地而异，可以采用定额补贴、按项目和限额支付相结合两种方式。

第四节　酒店劳动争议与处理

一、劳动争议的概念

劳动争议又称劳动纠纷，指酒店等用人单位和员工之间因实现劳动权利和履行劳动义务所发生的纠纷与争议。从本质上来讲，劳动争议是劳动关系不和谐的反映。

劳动争议的主体即劳动争议的双方当事人，它必须是建立劳动关系的劳动力供求双方，在酒店的劳动关系中，即酒店方与员工。若争议不是发生在双方当事人之间，即使内容涉及劳动关系也不构成劳动争议。

劳动争议的内容涉及劳动争议主体之间的权利和义务关系，包括就业、劳动报酬、工作时间、休息休假、劳动条件、劳动保护、保险与福利、技能培训、劳动纪律等。

劳动争议的客体是指劳动争议主体的权利和义务所指向的对象，具体包括行为、实物和与人身相联系的非物质财富等。例如，酒店开除、除名、辞退员工和员工自动离职等行为，具体的工资、奖金的数额，劳动保护设施等财物，以及员工技术专利等非物质财富，都可以成为劳动争议的主体。

二、劳动争议的分类

按照不同的分类，劳动争议可以作以下分类：

（1）按照争议的主体不同，分为个别劳动争议、集体劳动争议和团体劳动争议 个别劳动争议是指单个员工与用人单位发生的争议。集体劳动争议是指多位员工（我国法定为10人以上）基于共同的理由与用人单位发生的争议。集体争议的员工当事人应推举代表参加争议处理。团体劳动争议是指集体合同双方当事人因签订和履行集体合同所发生的争议。团体争议中工会的法定代表人是酒店工会主席，在争议处理中代表全体员工的共同利益。

（2）按照争议的性质不同，分为权利争议和利益争议。权利争议又称既定权利争议，是指因实现劳动法律法规、集体协议和劳动合同所规定的权利和义务发生的争议。利益争议又称待定权利争议，是在当事人的权利和义务尚未明确的情况下，对于相互间的权利和义务是否维持或变更而发生的争议。它针对的不是现实的权利和义务，而是未来待定的权利和义务。目前我国劳动争议仲裁处理的范围仅局限于权利争议。对于权利争议，目前仅靠在政府的干预下协商解决，一般发生在集体谈判过程中。

（3）按照争议当事人的国籍不同，分为国内劳动争议和涉外劳动争议。国内劳动争议是指具有中国国籍的员工与用人单位之间的劳动争议。涉外劳动争议是指当事人一方或双方具有外国国籍或无国籍的劳动争议，具体包括中国用人单位与外籍员工之间的劳动争议、在华外籍酒店与中国员工之间的劳动争议、在华外籍酒店与外籍员工之间的劳动争议。由于中国外资酒店较多，且酒店业中聘用外籍员工现象比较普遍，因此涉外劳动争议在酒店行业出现不足为奇。需要说明的是，凡用人单位在我国境内的涉外劳动争议，都适用我国法律进行处理。

三、酒店劳动争议处理的原则

1. 合法原则

合法原则是指劳动争议处理机构在处理过程中必须以事实为根据，以法律为准绳，依法处理劳动争议案件，即劳动争议处理的程序、方法和内容不得违反法律，不得损害国家、集体和他人的权益。除劳动合同法、劳动争议仲裁委员会酒店规则、劳动争议仲裁委员会办案规则等相关法律法规外，依法签订的劳动合同、集体协议以及依法制定并经职工代表大会或者职工大会讨论通过的酒店规章制度，都可以作为处理劳动争议案件的依据。

2．公正原则

公正原则是指在处理劳动争议的过程中，劳动争议处理机构要做到公平正义、不偏不倚，保证争议当事人处于平等的法律地位，具有平等的权利和义务，并对人们之间权利或利益关系进行合理的分配，由于员工和酒店之间存在着隶属关系，员工处于相对弱势的地位，因此劳动争议处理机构要防止把这种不对等关系带到劳动争议处理程序中，确保双方在争议解决程序中处于平等地位。

3．及时原则

劳动争议当事人和处理机构应当遵循劳动争议处理法律、法规规定的期限，尽可能快速、高效率地处理和解决劳动争议。劳动争议一旦发生，当事人应及时申请处理，各级处理机构应及时处理，对于处理结果当事人应及时执行。应当注意的是，及时原则并不意味着一味求快，还须保证劳动争议案件的处理质量、反对草率。

4．调解原则

调解原则是基于调解在劳动争议处理过程中的积极作用而提出的。调解是指在第三人的主持下，依法劝说争议双方在互谅互让的基础上达成协议，从而消除矛盾的一种方法。调解原则包含两方面的内容：①调解作为解决劳动争议的基本手段贯穿于劳动争议的全过程。即使进行仲裁和诉讼，劳动争议仲裁委员会和人民法院在处理劳动争议时，仍必须先进行调解，调解不成的，才能作出裁决和判决。②调解必须遵循自愿原则，在双方当事人自愿的基础上进行，不能勉强和强制，否则即使达成协议或者作出调解书也不能发生法律效力。在调解中要注意能够调解的就调解，不能够调解的就尽快进入仲裁或诉讼阶段。

四、酒店劳动争议处理程序

对劳动争议的处理应遵循一定的程序来进行，在我国，劳动争议的处理实行的是“一调一裁两审”的处理体制。发生劳动争议，员工可以与用人单位协商，也可以请工会或者第三方共同与用人单位协商，达成和解协议。和解不成，当事人可以向劳动争议仲裁委员会申请仲裁；对仲裁裁决不服的，除另有规定的外，可以向人民法院提起诉讼。因此，劳动争议的处理程序包括当事人协商解决、劳动争议调解、劳动争议仲裁委员会仲裁、人民法院审判裁决。具体劳动争议的处理程序如图 9-1 所示。

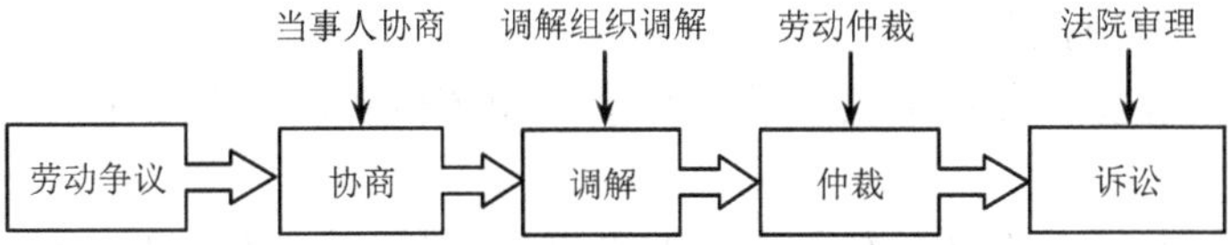

图 9-1　劳动争议处理的程序

1．协商

劳动争议的协商是指发生争议的员工与用人单位通过自行协商，或者员工请工会或者其他第三方共同与用人单位进行协商，从而使当事人的矛盾得以化解，自愿就争议事项达成协议。协商有利于争议双方在和谐友好的氛围中及时解决劳动纠纷，避免矛盾进一步扩大，同时有利于减轻劳动争议仲裁组织和人民法院的压力，降低劳动争议的成本。劳动争议协商具有自愿性、灵活性、可选择性和非终局性的特征。

通过协商解决劳动争议，酒店必须注意：是否通过协商解决劳动争议，必须是双方当事人的自愿行为，经协商达成的和解协议必须是双方意志的体现，一方不能强迫另一方接受并履行其不愿接受的条件。如果协商不成的，当事人有权自主决定继续选择申请调解或仲裁，任何酒店和个人无权干涉，即使达成协议，协议也没有必须履行的法律效力，并不是最终的裁决，当事人仍然可以选择其他方式解决纠纷。

2．调解

劳动争议调解是指在劳动争议调解机构对发生在用人单位和员工之间的争议，在查明事实、明辨是非、分清责任的基础上，依据国家法律、法规和依法制定的酒店内部规章条例和劳动合同以及道德规范，通过民主协商，促使双方互谅互让，达成协议，从而解决纷争的一种活动。调解不是劳动争议处理的必经程序，调解不具有法律效力，但是它是劳动争议处理制度中的“第一道防线”，对于及时解决劳动争议，稳定劳动关系具有不可忽视的作用。

《酒店劳动争议处理条例》规定的法定调解机构是酒店劳动争议调解委员会，该调解机构设在酒店内部，由员工代表和酒店代表组成。人数由职工代表大会提出，与酒店领导协商确定，酒店代表不得超过 1/3。酒店劳动争议调解委员会主任由工会成员或者双方推举的人员担任，其办事机构设在酒店工会委员会。劳动争议调解应当遵循自愿、民主协商、尊重当事人申请仲裁和诉讼的原则。

劳动争议的调解程序如下：

（1）当事人申请调解：当事人应当知道或自其权利被侵害之日起 30 日内，以口头或书面形式向调解委员会提出申请，并填写《劳动争议调解申请书》。

（2）调解委员会接到调解申请后，应当征询对方当事人的意见，对方当事人不愿调解的，应作好记录，在 3 日内以书面形式通知申请人。调解委员会应在 4 日内作出受理或不受理申请的决定，对不受理的，应向申请人说明理由。对调解委员会无法决定是否受理的案件，由调解委员会主任决定是否受理。

（3）发生劳动争议的员工一方在 10 人以上，并有共同请求的，应当推举代表参加调解活动。

（4）酒店劳动争议调解委员会在决定受理劳动争议案件后，就进入正式受理阶段。调解委员会按下列步骤进行调解：

1）及时指派调解委员会对争议事项进行全面调查核实，调查应作笔录，并由调查人签名或盖章。

2）调解委员会主任主持召开有争议双方当事人参加的调解会议，有关单位和个人可以参加调解会议协助调解，简单的争议，可由调解委员会指定一至两名调解委员进行调解。

3）调解委员会应听取双方当事人对争议事实和理由的陈述，在查明事实、分清是非的基础上，依照有关劳动法律、法规，以及依照法律、法规制定的酒店规章和劳动合同，公正调解。

4）经调解达成协议的，调解委员会应当制作调解协议书。调解协议书由双方当事人签名或者盖章，经调解员签名并加盖调解酒店印章后生效，对双方当事人具有约束力，当事人应当履行。

5）调解不成的，调解员应作记录，并在调解意见书上说明情况，由调解委员会主任签名、盖章，并加盖调解委员会印章。

（5）调解委员会调解劳动争议，应当自当事人申请调解之日起 30 日内结束，到期未结束的，视为调解不成功。

3．仲裁

劳动争议仲裁是指经劳动争议当事人申请，由劳动争议仲裁委员会对用人单位与员工之间发生的劳动争议进行评价、判断和裁决的一种劳动争议处理方式。

仲裁是劳动争议的中间环节，也是劳动争议诉讼的前置程序，只有经过仲裁方可向人民法院提起诉讼，与调解不同的是，仲裁的处理结果具有法律效力，劳动争议当事人如果不履行仲裁裁决，享有权利的当事人可以依法申请法院强制执行。

（1）劳动争议的仲裁机构 劳动争议仲裁委员会是国家授权、依法独立处理劳动争议的专门机构，它由劳动行政部门代表、工会代表和酒店方面代表组成。仲裁委员会设主任 1 名、副主任 2 名、委员若干。主任由劳动行政部门的负责人担任，副主任由仲裁委员会协商产生。劳动争议仲裁委员会组成人员应当是单数，实行少数服从多数的原则。仲裁委员会召开会议决定有关事项，应有 2/3 以上委员参加。劳动争议仲裁委员会下设办事机构，负责办理仲裁委员会的日常事务。仲裁委员会处理劳动争议，应当组成仲裁庭，仲裁庭由 3 名仲裁员组成，简单劳动争议案件可以由 1 名仲裁员独任仲裁。处理员工一方在 30 人以上集体劳动争议的特别仲裁庭由 3 名以上仲裁员组成。仲裁庭是根据具体劳动争议案件成立的，随案件的结束而自行解散。

（2）劳动争议仲裁的参加人

1）劳动争议仲裁当事人。劳动争议仲裁当事人是指基于劳动权利与义务发生争议，以自己的名义参加仲裁活动并受仲裁裁决约束的利害关系人。通常，酒店与员工为劳动争议的当事人。

2）劳动争议仲裁第三人。与劳动争议处理有利害关系的第三人，可以申请参加仲裁活动，或者由仲裁委员会通知其参加。

3）劳动争议仲裁代理人。劳动争议仲裁代理人是指代理当事人一方，用被代理当事人的名义，在法律规定或者当事人授权范围内，为被代理人行使劳动争议仲裁权利和承担仲裁义务的行为。仲裁代理人有 3 种情况：

① 法定代理人，指根据法律规定行使代理权的人，无须办理委托代理书，如酒店的法定代表人是酒店的法定代理人。

② 指定代理人，指基于仲裁委员会的指定而行使代理权的人。

③ 委托代理人，指受仲裁当事人、法定代理人的委托而代理仲裁的人。当事人可以委托 1～2 名律师或者其他代理人参加仲裁活动。委托人参加仲裁活动，必须向仲裁委员会提交委托人签名盖章的授权委托书，委托书应明确委托事项和权限。

（3）劳动争议的仲裁时效 仲裁时效是指劳动争议当事人如果不在法定期限内向劳动争

议仲裁机构申请仲裁，就丧失通过仲裁程序保护其合法权益的制度。我国劳动争议申请仲裁的时效期间为一年，仲裁时效期间从当事人知道或应当知道其权利被侵害之日起计算。

在一定条件下仲裁时效可以中断，即在仲裁时效进行期间，因发生法定事由致使已经经过的仲裁时效期间统归无效，待时效中断事由消除后，重新开始计算仲裁时效期间。仲裁时效中断的法定事由有3种情形：①向对方当事人主张权利，如员工向用人单位讨要拖欠的工资或者经济补偿。②向有关部门请求权利救济，如员工向劳动监察部门或者工会反映用人单位违法要求加班，请求保护休息权利；也可以是指向劳动争议调解机构申请调解。③对方当事人同意履行义务，如员工向用人单位讨要被拖欠的工资，用人单位答应支付。从仲裁时效中断时起，仲裁时效期间重新计算。

仲裁时效还可以中止，即在仲裁时效进行中的某一阶段，因发生法定事由，如不可抗力或者其他正当理由致使当事人不能行使请求权，暂停计算仲裁时效，待阻碍时效进行的事由消除后，继续进行仲裁时效期间的计算。

劳动关系存续期间因拖欠劳动报酬发生争议的，员工申请仲裁不受一年期限的限制。

（4）劳动争议的仲裁程序

1）申请与受理。劳动争议发生后，当事人应当从知道或应当知道其权利被侵害一年内向劳动争议仲裁委员会提交书面仲裁申请，并按照被申请人人数提交副本。劳动争议仲裁委员会收到仲裁申请之日起5日内，认为符合受理条件的，应当受理，并通知申请人，否则，应当通知申请人不予受理，并说明理由。受理仲裁申请后，劳动仲裁委员会应在5日内将仲裁申请书副本送达被申请人，被申请人收到仲裁申请书副本后，应当在10日内向劳动争议仲裁委员会提交答辩书。劳动争议仲裁委员会收到答辩书后，应当在5日内将答辩书副本送达申请人，被申请人未提交答辩书的，不影响仲裁程序的进行。

2）仲裁前的准备。为了保证劳动争议仲裁的顺利进行，开庭前应做好必要的准备工作：①组成仲裁庭。劳动争议仲裁委员会应当在受理仲裁申请之日起5日内将仲裁庭的组成情况书面通知当事人。②仲裁委员会决定仲裁员是否申请回避。③仲裁庭应当在开庭5日前，将开庭日期、地点书面通知双方当事人，当事人有正当理由的，可以在开庭3日前请求延期开庭，是否延期由劳动争议仲裁委员会决定。④开庭前由书记员查明当事人和其他仲裁参加人是否已到庭。⑤宣布仲裁纪律。⑥核对当事人，宣布案由，由首席仲裁员宣布开庭，并依次核对当事人。⑦宣布仲裁员、书记员并告知当事人的权利和义务。

3）开庭审理和裁决。①申诉和答辩。其发言顺序是申诉人及代理人、被诉人及代理人、第三人及代理人。②质证。当事人出示证据，对于对方提供证据中存在的问题与质疑，当事人需要作出回应。③辩论。双方当事人就争议的事实认定问题和法律适用问题各自陈述己方的主张和根据，挑战对方的主张和根据，对对方的挑战进行反驳。辩论结束后，首席或独任仲裁员应按照申请人、被申请人、第三人的顺序，征询他们各自的意见。④仲裁庭调解。仲裁庭在裁决前应先进行调解，达成协议的，仲裁庭应制作调解书。⑤仲裁庭合议。裁决应当按照多数仲裁员的意见作出，不同意见必须如实记入笔录。⑥仲裁庭宣读仲裁决定，同时告知当事人的走访权利。

仲裁庭裁决劳动争议案件，应当自劳动争议仲裁委员会受理仲裁申请之日起45日内结束，案情复杂需要延期的，经劳动争议仲裁委员会主任批准，可以延期并书面通知当事人，但是延长期限不得超过15日。逾期未作出仲裁裁决的，当事人可以就该劳动争议事项向人民法院提起诉讼。

4）制作仲裁裁决书。仲裁庭作出裁决后，应制作仲裁裁决书，仲裁裁决书由仲裁员签名，加盖仲裁委员会印章，送达双方当事人。当事人对"一裁终局"以外的其他劳动争议案件的仲裁裁决不服的，可以自收到仲裁裁决书之日起15日内向人民法院提起诉讼；期满不起诉的，裁决书发生法律效力。

当事人对发生法律效力的调解书、裁决书，应当依照规定的期限履行，一方当事人逾期不履行的，另一方当事人可以依照民事诉讼的有关规定向人民法院申请执行。受理申请的人民法院应当依法执行。

（5）劳动争议仲裁的再监督　劳动争议仲裁的监督程序又叫再仲裁程序，指仲裁委员会对本委员会已发生法律效力的裁决书，发现确有错误，决定对原案进行重新处理予以纠正的程序。

4．诉讼

劳动争议诉讼是解决劳动争议的最终程序，它通过司法程序保证了劳动争议的最终解决。劳动争议诉讼是指劳动争议当事人不服劳动争议仲裁委员会的裁决，除法律另有规定的情形外，当事人可以在规定的期限内向人民法院起诉，人民法院在劳动争议当事人和其他诉讼参与人的参与下，依据民事诉讼程序，依法对劳动争议案件进行审理的活动。（法律另有规定的情形，是指对于"一裁终局"案件，此类仲裁裁决为终局裁决，用人单位不得向人民法院提起诉讼。）劳动争议诉讼还包括当事人一方不履行仲裁委员会已发生法律效力的裁决书，另一方当事人申请人民法院强制执行的活动。劳动争议诉讼应当遵循辩论原则、处分原则和监督检查的原则。

（1）劳动争议诉讼的当事人　劳动争议诉讼的当事人，是指由于劳动实体上的权利和义务关系发生纠纷，以自己的名义进行诉讼，并受人民法院判决约束的利害关系人。作为劳动争议诉讼当事人，应同时具备3个条件：①当事人须以自己的名义进行诉讼；②诉讼当事人是因劳动权利和劳动义务发生纠纷，向人民法院请求解决劳动争议的人；③当事人受人民法院判决的约束。

（2）劳动争议的证据　劳动争议的证据有7种，即书证、物证、视听材料、证人证言、当事人陈述、鉴定结论和勘验笔录。劳动争议诉讼当事人应当在举证期限内向人民法院提交证据材料，当事人在举证期限内不提交的，视为放弃举证权利。举证期限可以由人民法院根据案件情况指定，也可以由当事人协商一致，并经人民法院认可。由人民法院指定举证期限的，指定的期限不得少于30日，自当事人受到案件受理通知书和应诉通知书的次日算起。

（3）劳动争议诉讼审判程序　诉讼程序是处理劳动争议的最终程序。人民法院处理劳动争议案件主要程序有第一审普通程序、第二审程序和审判监督程序。

1）第一审普通程序。一审程序分为4个阶段进行：

① 起诉和受理。当事人对仲裁裁决不服的，自收到裁决书之日起15日内，可以向人民法院起诉，人民法院接到起诉后，经审查，认为符合起诉条件的，应当在7日内立案，并通知当事人；认为不符合起诉条件的，也应在7日内裁定不予受理；原告对裁定不服的，可以提起上诉。

劳动争议当事人向人民法院起诉必须具备以下 6 个条件：原告是与本劳动争议案件有直接利害关系的用人单位或者员工；有明确的被告；有具体的诉讼请求和事实、理由；案件已经经劳动争议仲裁机构的裁决；起诉应在法定的期限内提出，否则不予受理；属于人民法院受理劳动争议诉讼的范围和受诉人民法院管辖。

② 审理前的准备阶段。正式审理之前人民法院需要在法定期间向原告、被告送达诉讼文书；告知当事人的诉讼权利、义务和合议庭的组成人员；审核诉讼材料，调查收集必要的证据；追加当事人等。

③ 开庭审理。法庭调查时，按当事人陈述，证人作证，出示书证、物证和视听资料等证据，宣读鉴定结论和勘验笔录，当事人在法庭上提出新证据的顺序进行。进入法庭辩论后，先由原告及其诉讼代理人发言，然后由被告及其诉讼代理人答辩，再由第三人及其诉讼代理人发言或者答辩，最后由各方相互辩论。辩论之后由审判长按照原告、被告、第三人的先后顺序征询各方最后意见。

④ 判决和裁定。判决前当事人能够调解的，法庭还可以进行调解，调解不成的，应当及时判决。当庭宣判的，应当在 10 日内发送判决书；定期宣判的，宣判后立即发送判决书。判决书内容应当包括：案由、诉讼请求、争议的事实和理由；判决认定的事实、理由和适用的法律论据；判决结果和诉讼费用的负担；上诉期限和上诉法院。

2）第二审程序。当事人不服一审判决的，可依法提起二审程序，但须在一审判决书送达之日起 15 日内向上一级人民法院提起上诉。当事人不服一审裁定的，则须在一审裁定书送达之日起 10 日内向上一级人民法院提起上诉。上诉状的内容涉及：当事人的姓名、法人名称及法定代表人的姓名或者其他酒店的名称及其主要负责人的姓名；原审人民法院名称、案件编号和案由；上诉的请求和理由。上诉状应通过原审人民法院提出，并按对方当事人或代表人的人数提交副本，当事人直接向第二审人民法院上诉的，第二审人民法院应当在 5 日内将上诉状移交原审人民法院。

原审人民法院收到上诉状，应当在 5 日内将上诉状副本送达对方当事人，对方当事人在收到之日起 15 日内提出答辩状。人民法院应当在收到答辩状之日起 5 日内将副本送达上诉人。对方当事人不提出答辩状的，不影响审理。原审人民法院收到上诉状、答辩状，应当在 5 日内连同全部案卷和证据，报送第二审人民法院。

二审人民法院对上诉案件，应当组成合议庭，开庭审理。经过阅卷和调查，询问当事人，在事实核对清楚后，合议庭不需要开庭审理的，也可以进行判断、裁定。第二审人民法院审理上诉案件，除二审的某些特殊规定外，适用第一审普通程序。二审人民法院审理上诉案件，可以进行调解，调解不成的应及时裁定。二审人民法院作出的判决为终审判决。

3）审判监督程序。审判监督程序是针对错误生效裁判的事后补救措施，它是指人民法院、劳动争议当事人，认为人民法院作出的已经生效的判决或者裁定确有错误而依法提起或申请再审，或人民检察院依法提出抗诉，由人民法院对案件再次进行审理并重新作出裁判的诉讼程序。它不是一种诉讼程序，不构成独立的审级。

再审的情形有 3 种：①劳动争议当事人申请再审。当事人对已经发生法律效力的判决、裁定，认为有错误的，可以向上一级人民法院申请再审；当事人的申请符合法定情形之一的，法院应当再审；当事人对已经发生法律效力的调解书，提出证据证明调解违反自愿原则或者调解协议的内容违反法律的，可以申请再审。②人民法院决定再审。各级人民法院院长对本院已经发生法律效力的判决、裁定，发现确有错误，认为需要再审，应当提交审判委员会讨论决定；最高人民法院对地方各级人民法院已经发生法律效力的判决、裁定，上级人民法院对下级人民法院已经发生法律效力的判决、裁定，发现确有错误的，有权提审或者指令下级人民法院再审。③人民检察院抗诉，最高人民检察院对各级人民法院已经发生法律效力的判决、裁定，上级人民检察院对下级人民法院已经发生法律效力的判决、裁定，发现有符合当事人的再审申请条件之一的，应当提出诉讼；地方各级人民检察院对同级人民法院已经发生法律效力的判决、裁定，发现有符合当事人再审申请条件之一的，应当提请上级人民检察院向同级人民法院提出抗诉。

按照审判监督程序决定再审的案件，应中止原判决的执行，人民法院另行组成合议庭再审。再审案件没有专门的审判程序，人民法院可根据不同情况，分别适用第一审程序和第二审程序进行审理。

本章小结

劳动关系管理贯穿于酒店人力资源管理的各项工作之中，酒店必须以国家相关的法律法规政策以及酒店的规章制度为依据，正确处理自身与员工之间的劳动关系，合理处理劳动争议，为酒店业务的展开提供一个和谐稳定的经营环境。本章从劳动关系的基本概念入手，重点介绍了酒店的劳动管理、酒店社会保险、酒店劳动争议与处理等内容。通过本章的学习，酒店管理者及学生应当熟悉以下实务性的工作内容：如何与员工签订、履行、变更、解除劳动合同；如何依照劳动法设计酒店的工时制度、劳动保护制度、劳动纪律与奖惩制度以及工资制度；如何依法缴纳社会保险；如何依法协调、解决处理员工与企业之间发生的劳动争议等。

复习思考题

一、单项选择题

1. 下列有关劳动合同无效的法律后果的说明中，正确的选项是（　　）。
   A. 劳动合同被确认无效，劳动者已付出劳动，用人单位向劳动者支付劳动报酬；劳动报酬的数额，按照本单位上年职工平均工资确定
   B. 劳动合同被确认无效，用人单位有过错的，且造成劳动者工资收入损失的，按劳动者本人应得工资收入支付给劳动者，不必支付赔偿费用
   C. 劳动者有过错的，给酒店造成损失的，劳动者不必赔偿因其过错而对酒店的经营工作所造成的直接经济损失
   D. 双方恶意串通订立的劳动合同，若损害他人和公共利益的，要追缴责任人已经取得的利益，返还第三人和国家
2. 当劳动合同订立时所依据的客观情况发生重大变化，致使劳动合同无法履行时，酒

店应当（ ）。

A. 立即单方面与员工解除劳动合同

B. 与劳动者协商解除劳动合同

C. 提交劳动争议仲裁委员会进行仲裁，在调解后与员工解除劳动合同

D. 与劳动者协商变更劳动合同，如果经酒店与员工协商，未能就劳动合同内容达成协议的，酒店在提前 30 日以书面形式通知劳动者本人或者额外支付劳动者一个月工资后，可以解除劳动合同

3. 下列部门中，可以实施单班制工作时间制度的是（ ）。

A. 前厅 B. 餐饮 C. 酒吧 D. 工程

4. 员工累计工作已满 10 年不满 20 年的，可享受年休假（ ）。

A. 5 天 B. 10 天 C. 15 天 D. 20 天

5. 养老保险的个人账户基金由酒店员工的个人缴费形成，划入个人账户的费用金额是（ ）。

A. 本人缴费工资的 8% B. 本人缴费工资的 10%

C. 本人缴费工资的 12% D. 本人缴费工资的 20%

6. 基本医疗保险基金在缴费上遵循“费用分担”原则，基本医疗费用全部由用人单位和职工共同承担。用人单位即酒店缴费率一般控制在（ ）。

A. 职工工资总额的 2%左右 B. 职工工资总额的 6%左右

C. 职工工资总额的 8%左右 D. 职工工资总额的 10%左右

7. 不符合失业保险申领条件的选项是（ ）。

A. 按照规定参加失业保险，所在单位和本人已按照规定履行缴费义务的

B. 终止劳动合同的；被用人单位解除劳动合同的；被用人单位开除、除名和辞退的

C. 因用人单位以暴力、威胁或者非法限制人身自由的手段强迫劳动的和用人单位未按照劳动合同约定支付劳动报酬或者提供劳动条件而由员工提出解除劳动合同的

D. 已办理失业登记，并有求职要求的

8. 下列有关劳动争议调解的叙述中，正确的选项是（ ）。

A. 劳动争议调解是劳动争议处理的必经程序

B. 劳动争议调解不具有法律效力

C. 劳动争议的法定调解机构是劳动争议仲裁委员会

D. 劳动争议的法定调解机构设在酒店内部，由员工代表和酒店代表组成。人数由职工代表大会提出，与酒店领导协商确定，酒店代表不得超过 1/3。

二、多项选择题

1. 正确处理劳动关系，应该遵循以下原则（ ）。

A. 兼顾各方利益的原则 B. 协商为主解决争议的原则

C. 以法律为准绳的原则 D. 劳动争议以预防为主的原则

E. 劳动关系处理以事后仲裁、调解为主的原则

2. 劳动合同有效要件一般包括（ ）。

A. 合同主体必须合格

B. 合同内容必须合法

C. 双方当事人的意思表示必须出于自愿，必须真实

D. 合同形式必须合法

E. 订立程序必须合法

3. 有下列情形之一的，酒店提前30日以书面形式告知员工本人或者额外支付一个月工资后，可以解除劳动合同：（　　）。

A. 员工患病或者非因工负伤，在规定的医疗期满后不能从事原工作，也不能从事由用人单位另行安排工作的

B. 员工不能胜任工作，经过培训或者调整工作岗位，仍不能胜任工作的

C. 严重违反酒店规章制度的，严重失职、营私舞弊，给酒店造成重大损害的

D. 对完成本单位的工作任务造成严重影响的，或者经酒店提出，拒不改正的

E. 劳动合同订立时所依据的客观情况发生重大变化，致使劳动合同无法履行，经用人单位与员工协商，未能就变更劳动合同内容达成协议的

4. 对于实行综合计算工时工作制的员工，其综合计算工作时间超过法定标准工作时间的部分，视为延长工作时间，对于延长工作时间的工资支付，下列说法中，错误的选项是（　　）。

A. 延长工作时间按员工本人日工资标准或小时工资标准的150%支付工资

B. 工作日正好是休息日的，属于正常工作，不支付加班工资

C. 工作日正好是休息日的，按员工本人日工资标准或小时工资标准的150%支付工资

D. 工作日正好是法定节假日的，按不低于员工本人日工资或小时工资标准的300%支付加班工资

E. 工作日正好是法定节假日的，不支付加班工资

5. 社会保险的主要项目包括（　　）。

A. 养老保险　　B. 医疗保险　　C. 工伤保险　　D. 失业保险

E. 生育保险

6. 下列有关劳动争议仲裁时效的叙述中，正确的选项有（　　）。

A. 我国劳动争议申请仲裁的时效期间为一年

B. 仲裁时效期间从当事人知道或应当知道其权利被侵害之日起计算

C. 当员工向用人单位讨要拖欠的工资或者经济补偿，员工向劳动监察部门或者工会反映用人单位违法要求加班，请求保护休息权利或者员工向劳动争议调解机构申请调解时，仲裁时效可以中断，待时效中断事由消除后，重新开始计算仲裁时效期间

D. 因发生法定事由，如不可抗力或者其他正当理由致使当事人不能行使请求权，暂停计算仲裁时效，待阻碍时效进行的事由消除后，继续进行仲裁时效期间的计算

E. 劳动关系存续期间因拖欠劳动报酬发生争议的，员工申请仲裁也受一年期限的限制

三、案例分析题

1. 王某是A酒店的员工，已在酒店工作多年，2011年，酒店与王某订立无固定期限劳动合同，劳动合同第一款约定：甲方A酒店聘请乙方王某从事某部门培训主管岗位，公司可根据工作需要和王某的工作能力及其表现变更王某的工作岗位，如无正当理由，王某将服从调动。2012年初，酒店进行结构调整，对其所属培训主管的工作职责要求其必须具备熟练的计算机操作技能和良好的英语听说读写技能，考虑到王某英语听说能力欠佳，基于员工手册中的相关规定以及劳动合同中的约定，酒店决定将其调整至某部门后勤主管岗位，享受新岗位的工资待遇。王某对酒店的安排不服，开始休病假，同时向劳动仲裁委员会申请仲裁，要求酒店继续履行原劳动合同，恢复其原工作岗位及工资待遇。

问题：如果你是劳动仲裁委员会的仲裁委员，依据上述事实，你将如何处理这一劳动争议案件？

2. 李先生在某酒店任职已3年，他每星期都要上6天班，并且几乎每天在8小时工作时间外还要加班2～3小时，但酒店从未支付过李先生加班费。

2008年因受金融危机影响，酒店决定进行裁员，对于劳动合同到期的员工不再续签，此时，李先生与酒店的劳动合同到期终止，虽然酒店依法支付了李先生经济补偿金，但李先生还要求酒店再支付其最近两年的加班费50 000元，酒店人力资源总监表示无此先例，拒绝支付其加班费。

在劳动合同到期终止后的第二天，李先生向酒店的劳动争议调解委员会申请调解，双方最终达成调解协议，酒店同意向李先生支付加班费25 000元。但是，自调解协议达成后一个月，酒店仍未向李先生支付协议上注明的加班费用。无奈之下，李先生只好向劳动争议仲裁委员会申请仲裁。

仲裁委员会在受理该案后，在仲裁员的出面调解下，双方最终再次达成调解协议：酒店在签收调解书后10天内支付李先生加班费30 000元，仲裁庭制作了调解书，并送达双方当事人签收。但是10天过去了，酒店却一直以酒店内部正在进行财务制度改革为由迟迟不支付加班费，因此李先生持调解书向法院申请强制执行，法院受理了李先生的执行申请。

问题：

（1）为什么李先生经历了由酒店劳动争议调解委员主持的调解程序以后，到了仲裁环节还要进行调解？这体现了我国在处理劳动争议案件时的什么原则？

（2）本案中，李先生与酒店先后达成了两次调解协议，但结果却不一样，请结合本案例阐述两次调解的区别。

参 考 文 献

[1] 李志刚．酒店人力资源管理[M]．北京：中国旅游出版社．2005．

[2] 陈维政，李贵卿，毛晓燕．劳动关系管理[M]．北京：科学出版社．2010．

[3] 吴晓巍．酒店劳动关系管理[M]．大连：东北财经大学出版社．2009．

[4] 陈丽，戴卫东．劳动关系管理[M]．北京：电子工业出版社．2010．

[5] 夏志强，杨红．劳动关系与劳动法[M]．成都：四川大学出版社．2007．

[6] 顾沉珠，田刚，于丽华．酒店人力资源管理实务[M]．南京：东南大学出版社，2007．

[7] 周文霞．管人用人激励人[M]．北京：企业管理出版社，2007．

[8] 张波．酒店人力资源管理[M]．大连：大连理工大学出版社，2009．

[9] 王佳欣．如何运用个性化激励[J]．酒店现代化，2005（2）：44～45．

[10] 高志仁，刘小丽．中国酒店业人力资源管理中激励机制的应用研究[J]．企业家天地：理论版，2008（4）：43～45．

[11] 贺湘辉，徐明．酒店人力资源管理实务[M]．沈阳：辽宁科学技术出版社，2005．

[12] 周文，黄宝明，方浩帆．薪酬福利管理[M]．长沙：湖南科学技术出版社，2005．

[13] 郑晓明，刘军胜．薪酬管理实务手册[M]．北京：机械工业出版社，2005．

[14] 彭剑锋．人力资源管理概论[M]．上海：复旦大学出版社，2003．

[15] 帕特里夏·津海姆，杰伊·舒斯特．打造 500 强酒店的薪酬体系[M]．北京爱丁文化交流中心，译．北京：电子工业出版社，2004．